普通高等教育"双一流"建设物流管理专业数字化精品教材

物流配送中心规划与运作管理（第三版）

Distribution Center Planning and Operation Management

- 主　编　徐贤浩
- 副主编　彭红霞　陈雯
- 主　审　刘志学

华中科技大学出版社
http://www.hustp.com
中国·武汉

普通高等教育"双一流"建设物流管理专业数字化精品教材

编 委 会

主　任：马士华

副主任：崔南方　刘志学

编　委：（以姓氏笔画为序）

王长琼　王　林　王海军　卢少平　沈小平　李延晖

李昆鹏　周水银　林　勇　徐贤浩　海　峰　鲁耀斌

总　序

随着我国经济的迅猛发展,企业为消费者提供的商品和服务日益丰富和多样化,极大地提高了我国人民的生活水平。但与此同时,企业面临的竞争环境也日趋严峻。人们已经认识到,要想提高企业的整体竞争力,企业不仅要在产品开发、生产、销售等核心领域取得竞争优势,在物流管理乃至整个供应链管理上也应该而且必须拥有自己的优势,单凭一己之力已经无法很好地适应当今的竞争要求了。在这种情况下,企业表现出对物流管理越来越强烈的需求。过去,企业不是很重视物流管理,甚至不十分了解物流管理存在的意义和价值。现在,企业已经认识到物流在整个企业竞争力中的重要地位,更希望能够通过实施有效的物流管理为提高企业竞争力增添力量。为了满足企业对物流管理人才的需求,在我国高等教育体系中重新设立了物流管理专业,为社会和企业培养急需的专业管理人才。

从我国物流管理专业教育的发展历史看,虽说过去也有少数高等院校设有物流管理或者类似物流管理的专业,但是,无论从这一专业的系统性,还是学科的先进性,以及专业的基础理论研究方面,均与社会发展对物流管理专业的要求相去甚远,所具有的专业教育基础性资源远远不能满足当前的发展需要,这就需要我们尽快确立能够适应当今社会发展需要的物流管理专业人才的培养体系,而教材无疑是这个体系中非常重要的组成部分。"普通高等院校物流管理专业核心课程精品规划教材"就是在这样一种背景下策划出版的。

为了编撰好这套教材,我们特地组织了编委会。经过认真研究,编委会在组织本套专业教材时突出了如下几个特色定位。

第一,将国际上先进的物流管理理论与我国有特色的物流管理实践充分结合,在体现中国具体国情和社会现实的基础上,吸收和借鉴国际比较成熟的理论、方法、概念、范式、案例,体现本土化特色,使读者可以在学习、借鉴和研究的基础上发现问题、解决问题,获得理论上的发展与创新。

第二,加强案例分析和配套教学课件建设。物流管理学科是实践性与应用性很强的学科,只有通过对大量典型的、成熟的案例的分析、研讨、模拟训练,才能拓展学生的视野,积累学生的经验,培养学生独立分析问题、解决问题、动手操作的能力。同时,为方便老师教学,每种教材配有教学课件,免费赠送给相关任课教师。

第三,寻求编写内容上的突破与创新。结合当前已经出版的物流管理专业教材存在的不足之处,结合当前学生在学习和实践中存在的困难、急需解决的问题,积极寻求内容上的突破与创新。

在考虑本套教材的整体结构时,编委会参考了大量国内外著名大学的物流管理专业设置资料,认真分析了课程设置和配套教材的构成情况,然后结合中国实际,提出了以《供应链管理》《采购与供应管理》《第三方物流》《物流园区规划的理论与方法》《物流运输组织与管理》《物流管理基础》《仓储管理》《物流配送中心规划与运作管理》《物流系统建模与仿真》《物流信息技术与应用》《物流网络规划与设计》《物流学导论》《物流项目管理》为主体的系列教材体系。本套教材所确定的体系,包含了物流管理从操作层、运营层到战略层的综合需要,涵盖了定性分析和定量分析的各个层面,试图给读者一个完整的理论与实践体系。当然,考虑到一套系列教材的容量和实际教学学时数的具体要求等情况,这里所说的"完整体系"只是相对的,还有一些比较重要的内容没有选择进来。这并不意味着这些内容不重要,只是因为取舍的原则而导致的结果。

本套教材的作者都具有比较丰富的教学经验,这些教材都是作者在反复使用的基础上扩充编撰而成的。他们将自己在教学中的心得和成果毫无保留地奉献给读者,这种奉献精神正是推动我国物流管理专业教育发展的动力。

在系列教材的写作过程中参考了大量国内外最新研究和实践成果,各位编著者已尽可能在参考文献中列出,在此对这些研究者和实践者表示真诚的感谢。由于多方面的原因,如果有疏漏之处,作者表示万分歉意,并愿意在得知具体情况后予以纠正,在此先表示衷心的谢意。

编撰一套教材是一项艰巨的工作,由于作者的水平有限,对本套教材所涉及的先进企业物流管理理念的理解还不是十分透彻,成功的运作经验还十分有限,因此,本套书难免会有疏漏和不妥之处,真诚希望广大读者批评指正、不吝赐教。

2014 年 6 月 18 日
2020 年 10 月修订

前　言

随着科技进步和时代发展,电子商务、网络经济取得了飞速发展,大数据、人工智能、物联网、区块链等先进技术在物流管理领域得到了广泛应用,商流与物流之间的结合更加紧密,客户对商品配送的时效性、灵活性、便捷性和安全性的要求越来越高。物流配送中心是物流配送网络的枢纽,是实现商品配送实效性、灵活性、便捷性和安全性的关键物流设施,在快速响应供应链中起着非常重要的作用。

本书自2008年第一版和2014年第二版出版以来,深受国内广大读者的欢迎,已被全国数十所高校选定为物流专业课程教材。为了紧跟科技发展步伐以及满足物流管理实践不断发展的迫切需求,决定对第二版进行修订。

本书第三版新增了一章内容,共有十章,仍然保持第二版案例丰富、面向实践及应用的特点。在第二版的基础上新增的一章作为第三章,并且对原来的第七章进行了修订。新增的第三章是物流中心的商业运作模式规划的理论与方法,首先系统地阐述了物流中心商业模式的含义、分类、要素等,然后详细介绍了三种典型的物流中心运作模式,即物流中心平台运作模式、物流中心订单履约运作模式和物流中心连锁经营运作模式,此外还提供了多个相关的案例分析。新增的章节针对不同类型的企业,对其适用的物流中心商业运作模式进行了详细分析,包括运作模式、运作方法、运作策略、规划步骤等方面,能够帮助企业设计更加实用、高效的物流中心运作模式。修订的第八章,是在第二版第七章的基础上,对仿真软件进行了补充和完善,删除了一些过时的、陈旧的内容,补充了一些最新的、与时俱进的内容。在编写本书的过程中,我们结合大量的实例介绍和案例分析,系统地介绍了物流配送中心的选址与布局、物流配送中心物流系统规划、物流配送中心设施规划、物流配送中心搬运系统分析与配送中心设施规划软件及仿真,物流配送中心作业系统、物流配送中心绩效管理等方面的理论知识和方法。与此同时,我们加入了一些新的案例和视频资料,帮助读者能更加清晰地对教材中的概念或方法进行理解。

本书由华中科技大学管理学院徐贤浩教授主编,主要工作包括大纲拟定、统稿,以及第一、三、九、十章的编写工作。湖北大学商学院彭红霞副教授编写了第六、七、八章,广州大学工商管理学院陈雯副教授编写了第二、四、五章。

本书在修订过程中,得到了华中科技大学管理学院马士华教授、崔南方教授、刘志学教授、王海军教授、李昆鹏教授的大力支持和帮助。陈玥蓉、岳睿婷、吴岩、寇宇航、赵楚樊、陈雪梅等做了大量的修订工作,在此对他们辛勤工作表示深深的谢意。

本书在编写过程中参考了大量的与物流配送中心规划相关的研究文献和著作,借鉴了国内外众多学者的研究成果,在此向国内外有关学者和专家表示衷心的感谢。

本书涉及的物流配送领域主要为流通行业,所介绍的物流配送中心规划与运作管理的原理和方法适用于制造商、经销商、连锁经营企业以及第三方物流企业。

本书可以作为高等院校相关专业本科生、硕士研究生的教材,以及企业物流管理人员的培训教材,也可以作为物流专业研究人员了解实际物流运作的参考书,还可以作为各类企业经营管理人员的参考读物。

由于编者水平有限及时间仓促,书中不妥之处,敬请读者批评指正。

作 者
2021 年 8 月于华中科技大学管理学院

目录 | Contents

第一章 物流配送中心概述 ………………………………………………………… 1
  第一节 物流配送中心概念 ……………………………………………………… 1
  第二节 物流配送中心的类型、功能与作用 …………………………………… 4
  第三节 物流配送中心的现状及发展 …………………………………………… 9

第二章 配送中心物流系统优化的理论基础 …………………………………… 21
  第一节 物流系统优化的概述 …………………………………………………… 21
  第二节 物流系统优化的应用领域 ……………………………………………… 24
  第三节 物流系统优化的基础理论与计算方法 ………………………………… 34
  第四节 优化方法在物流管理中的作用及应用难点分析 ……………………… 39

第三章 物流中心的商业运作模式规划的理论与方法 ………………………… 45
  第一节 物流中心商业运作模式概述 …………………………………………… 45
  第二节 物流中心的平台运作模式规划的理论方法 …………………………… 46
  第三节 物流中心订单履约运作模式与方法 …………………………………… 49
  第四节 基于物流中心的连锁经营运作模式规划管理 ………………………… 63

第四章 物流配送中心选址与布局 ……………………………………………… 81
  第一节 物流配送中心选址概述 ………………………………………………… 81
  第二节 物流配送中心单设施选址方法 ………………………………………… 85
  第三节 物流配送中心多设施选址方法 ………………………………………… 90

第五章 物流配送中心系统规划分析 …………………………………………… 116
  第一节 物流配送中心的规划流程 ……………………………………………… 116
  第二节 物流配送中心系统规划设计的原则 …………………………………… 117
  第三节 物流配送中心规划分析方法 …………………………………………… 118
  第四节 物流配送中心规划方案评估 …………………………………………… 139

第六章 物流配送中心设施规划 ………………………………………………… 147
  第一节 物流配送中心设施规划概述 …………………………………………… 147
  第二节 物流配送中心空间规划 ………………………………………………… 160

第七章 物流配送中心搬运系统 ………………………………………………… 179
  第一节 配送中心物料搬运系统概述 …………………………………………… 179
  第二节 配送中心物料搬运系统分析 …………………………………………… 183
  第三节 配送中心物料搬运系统的设计 ………………………………………… 187
  第四节 配送中心搬运设备的选择 ……………………………………………… 207

第八章 物流配送中心设施规划软件与仿真 226
- 第一节 物流配送中心设施规划仿真软件介绍 226
- 第二节 物流配送中心设施布局仿真实例 235

第九章 物流配送中心作业管理 271
- 第一节 进货作业 271
- 第二节 储存作业 274
- 第三节 搬运作业 280
- 第四节 订单处理 283
- 第五节 拣货与补货作业 287
- 第六节 配货作业 291
- 第七节 送货作业 294
- 第八节 直接转运 296
- 第九节 好美家团结店业务流程管理实例分析 301

第十章 物流配送中心的绩效管理 312
- 第一节 物流配送中心绩效评价及指标体系 312
- 第二节 物流配送中心绩效评价方法 321
- 第三节 物流配送中心绩效改进方法——基准化管理 326
- 第四节 物流配送中心成本分析 331

参考文献 355

第一章 物流配送中心概述

本章重点理论与问题

物流配送中心在我国的兴起,充分说明了这种组织形式具备发展现代物流的战略优势。配送中心拥有广泛的、相对稳定的零售及消费需求网络,能够保证产品顺畅地进入流通领域,有效地实现产品的价值。另外,物流配送中心是产品市场需求信息的最佳反馈渠道,因为它在处理大量订单的过程中,可以准确掌握某类(种)产品的市场需求情况,了解消费者对产品的改进要求,并且通过采购过程将这些信息及时地反馈给生产企业,以便及时调整生产,改进产品,提高产品的市场占有率。本章介绍了配送中心的相关名词的定义和范围,说明了物流配送中心的功能及作用,最后分析了我国物流配送中心的发展现状以及电子商务对物流配送中心带来的影响。

第一节 物流配送中心概念

一、物流配送中心的定义

配送中心是物流配送网络的枢纽,也是流通企业实施供应链管理的重要设施之一。很多学者认为物流配送中心是在仓库的基础上发展起来的。几千年来,仓库都被作为保管物品的设施,我国近年来出版的《现代汉语词典》,仍将仓库解释成"储藏大批粮食或其他物资的建筑物",其功能完全是静态的。当然,有些专业词典对动态仓库的概念也有所涉猎,如《中国物资管理词典》把仓库解释成:①专门集中储存各种物资的建筑物和场所;②专门从事物资收、发、保管活动的单位和企业。从收、发两方面赋予了仓库一定的动态功能。20世纪70年代石油危机过后,为了挖掘物流过程中的经济潜力,企业开始对物流过程进行细分。由于市场经济体制下的买方市场逐渐形成,所以服务质量的优劣便成为企业能否取得成功的关键,这就出现了"营销重心下移""贴近顾客"的营销战略,而"贴近顾客"一端的所谓"末端物流"便受到了空前的重视。配送中心就是为适应这一新的经济环境,在仓库的基础上不断进化和演变而成的创新性物流设施。物流配送中心是以组织配送性销售或供应,以实物配送为主要职能的流通型节点。如果说集货中心、分货中心、加工中心的职能还较为单一的话,那么物流配送中心的功能则较为全面、完整。可以说,配送中心实际上是集货中心、分货中心、加工中心功能的综合,并达到配与送的更高水平。配送中心作为物流中心的一种主要形式,有时便与物

打包

自动分拣

流中心等同起来。配送中心是物流领域在社会分工、专业分工进一步细化之后产生的。在新型配送中心没有建立起来之前,其承担的某些职能是在转运型节点中完成的;新型配送中心建成以后,这类职能中的一部分向纯粹的转运站发展,以衔接不同的运输方式和不同规模的运输,而另一部分则增强了"送"的职能,并会向更高级的"配"的方向发展。国内外对配送中心的说法列举如下。

(1) 配送中心是从供应者手中接收多种大量的货物,进行分装、分类、保管、流通加工和情报处理等作业,然后按照众多需要者的订货要求备齐货物,以令人满意的服务水平进行配送的设施。

(2) 配送中心是从事货物配备(集货、加工、分货、拣选、配货)和组织对用户的送货,以高水平实现销售或供应的现代流通设施。

(3) 配送中心是一种物流节点,它不以储藏仓库这种单一的形式出现,而是发挥配送职能的流通仓库,也称为基地、据点或流通中心,配送中心的目的是降低运输成本、增加销售机会,为此建立设施、设备并开展经营、管理工作。

(4) 配送中心是专门从事配送工作的物流据点。

(5) 配送中心是直接与顾客相联系的末端据点。

(6) 配送中心是典型的流通型仓库。

(7) 配送中心(仓库)是用来储存货物的场所,是货物从制造厂商至零售商之间的中间储存据点,配送中心就是一个为集中和分散货物、着重于使货物迅速流转的仓库。

(8) 根据不同经营者和不同的业务内容,配送中心还被称为流通中心、运输中心和货物储备场所等。

(9) 在典型的物流系统中,离开生产线的产成品首先暂时存放于某一地点,最后被运送到离市场较近的某处,这里就是配送中心。

(10) 配送中心的同义语有物流中心、发送中心、物流终端、部件中心、存货点。尽管名称不同,但其职能是完全相同的。

(11) 配送中心作为开展商品配送及相关业务的场所,通过先进的管理、技术和现代化的信息交流网络,对商品的采购、进货、储存、分拣、流通加工和配送等业务过程进行科学、统一、规范的管理,使整个商品运转过程高效、协调、有序,从而减少损失,节省费用,实现最佳的经济效益和社会效益。

(12) 2001 年 8 月 1 日颁布实施的中华人民共和国国家标准《物流术语》(GB/T 18354—2001),现已作废,其修订版(GB/T 18354—2006)中关于配送中心的定义如下。

从事配送业务的物流场所或组织,应基本符合下列要求:

① 主要为特定客户或末端客户提供服务;
② 配送功能健全;
③ 完善的信息网络;
④ 辐射范围小;
⑤ 多品种、小批量、多批次、短周期。

从上述这些定义中不难看出,有关配送中心概念的描述众说纷纭,使这一新的经济现象失去应有的理论依据,从某种意义上讲,配送中心的发展会受到挫折。所以,若能对配送中心提出涵盖其本质的定义，对配送中心的研究和发展都有重大意义。

上述对配送中心描述的共同点是：配送中心是一种暂时存放产品的设施，并通过有效的组织配货和送货，使资源得到充分利用。"小批量、多频次"的订货特点增加了现代企业物流管理的难度，同时也使更多的企业真切地感觉到配送中心的重要性。但是不同国家、不同领域、不同行业的学者们对配送中心的理解和描述上还存在着一定的差异。

配送中心不只是作为一个设施来承担储存和选、送货的任务，作为货流的汇集点，配送中心还承担着更加复杂的功能，是经济、信息、价值的结合点。在综合已有的配送中心定义后，给出配送中心的定义如下：配送中心是从事货物配备（集货、分货、拣货、配货）和组织对用户的送货，以高水平实现销售和供应服务的现代流通设施。具体地说，配送中心是接受并处理末端用户的订货信息，对上游运来的多种货物进行分拣，根据用户订货要求进行拣选、流通加工、储备等作业，并进行送货的设施和机构。

尽管配送中心还没有形成一个统一的定义，但可以肯定的是，配送中心与传统的仓库有着根本性的不同。传统的仓库更多地强调货物静态的仓储管理，而配送中心则更关注货物的动态配送管理。越来越多的人将配送中心放到供应链中或企业的整个物流系统中去考虑，更加强调配送中心在企业配送活动中所起到的作用。

二、与配送中心相关的概念

如果把物流网络用线和分支点来表示，那么分支点就是仓库。对于传统型仓库而言，由于物品在仓库内储存的时间较长，而且品种也很少，所以传统型仓库的主要职责是保管和保养好物品。但是对于现代的仓库而言，物品在仓库内的储存时间往往较短，应提高仓库周转率和降低成本；物品的品种也大大增多，即拣选物品的量、速度和配送点的数量都呈几何级数增长。由量变到质变，部分仓库名称转变为配送中心和物流中心。近年来，社会上许多原仓储企业、运输企业，甚至小型托运企业和送水、送奶企业等均翻牌改称物流中心或配送中心。这种现象本身也没有原则上的不妥和不可，但是，配送中心的概念在学术交流上应有一个基本的共识。

在《物流术语》（GB/T 18354—2006）中，对仓库、物流中心和配送中心已有明确的定义。这里对这些概念作一简单的区分（见表1-1）：仓库是保管和保养物品的场所的总称；配送中心是储存众多物品，且将储存周期较短的众多物品配送给众多零售店（如专卖店、连锁店、超市等）或最终客户的场所；物流中心是储存众多物品，且将储存周期稍长的众多物品送达配送中心的场所。或者说，"仓库"是针对设施而言的词汇，"配送中心"是针对功能而言的词汇。比如说到"某某配送中心"，则是从功能性角度上理解的，那里的建筑物，主要就是仓库。当人们说到"配送中心"时，通常给人以宽敞明亮、技术先进和现代化的印象。实际上看一看现代配送中心，与其说是物流仓库，倒不如说是一个"流通加工厂"，但又与生产工厂大不相同。生产工厂可根据生产计划使作业标准化、均衡化，容易做到作业的机械化、流程化，相对来说，配送中心要对业务订单作出快速反应。"物流中心"还用于宏观物流领域，如我们称某个城市为"物流中心城市"，通常没有"配送中心城市"的说法，这说明"配送中心"主要用于微观物流领域。

表 1-1　仓库、配送中心以及物流中心的区别

比较模式 种类	储存周期	现代化程度	针对角度	反应速度
仓库	长	低	设施	慢
配送中心	短	高	功能	快
物流中心	短	高	宏观	快

配送中心的特点是：其位置处于物流的下游；一般储存物品的品种较多、存储周期短；为使零售店或最终客户不设库或少设库以及不设车队，物流配送中心具有强大的多客户、多品种、多频次少量的拣选和配送功能。因为多客户、多品种才能实现保管、运输作业的规模化、规范化，节约费用。配送中心一般采用"门到门"的汽车运输，其作业范围较小，为本地区的最终客户服务。有时，配送中心还有流通加工的业务，如钢材的定尺加工，食品由大的运输包装改为小的零售包装，饲料由单一饲料改为复合饲料等服务的延伸和增值业务。

物流中心的特点是：其位置处于物流的中游，是制造厂仓库与配送中心的中间环节，一般离制造厂仓库与配送中心较远，为使运输经济，常采用大吨位汽车或铁路运输和少批次大量的出入库方式。

需要说明的是，仓库、配送中心、物流中心都是自营或代客户保管和运输物品的场所，要绝对地区分仓库、配送中心、物流中心是较困难的，有时它们的业务有明显的交叉性。

仓库、配送中心以及物流中心都有保管和保养物品的功能以及其他相同的功能，只是存在程度、强弱的不同，此外物流中心和配送中心是由仓库发展、派生而成，因此，有时说的仓库，也包括物流中心和配送中心，是三者的统称。在本书中，如不作特殊的说明，仓库、物流中心、配送中心三者的说法可以互相通用。

第二节　物流配送中心的类型、功能与作用

一、物流配送中心的类型

物流配送中心是企业销售物流系统的重要节点，是针对市场"小批量、多频次"的需求特点以及企业降低物流运作成本的要求而出现的。根据不同的标准，配送中心有不同的分类，具体分类方式如下。

1. 根据配送中心的设立者分类

配送中心的设立者会从自身利益出发，考虑所建配送中心在企业经营中所起到的作用。一般将配送中心分为制造商型配送中心、批发商型配送中心、零售商型配送中心和专业配送中心。

制造商型配送中心是制造类企业建设的配送中心。这种配送中心专门服务于制造企业本身的生产、销售活动，以此来降低企业产品销售的流通费用，提高企业的客户服务水平，协

助开展产品的促销活动等。这种配送中心主要服务于销售物流,有时也作为原材料的集运点参与企业的物流供应,使企业获得运输上的规模效益。

批发商型物流配送中心是产品的批发商或代理商出资建设的配送中心。批发商和代理商是传统销售方式的重要环节之一,将产品制造商与消费者或零售商联系起来,因此这种配送中心主要是将各个制造商生产的产品集中到一起,然后将各种产品进行组合搭配或单一地向消费者或零售商发货,实现产品的汇集和再销售。

零售商型配送中心是由零售商成立的配送中心,主要服务于大、中型零售企业。零售企业的经营规模达到一定水平后,企业通过集中采购和集中运输等手段以获得规模效益,包括节省运输成本、降低采购价格等。这种配送中心在零售商的采购过程中起到集运的作用,然后再通过各种产品的组合,整车地运到需求点。

专业配送中心是由专业的物流公司出资建设的。这种配送中心属于社会化的配送中心,由专业的第三方物流公司管理,向社会提供公共配送服务。这种配送中心通常具有较强的运输、配送能力,地理位置优越,能迅速地按照企业客户的要求将产品送到指定地点。

2. 根据配送中心的服务范围分类

配送中心的服务范围是由其服务半径决定的。配送中心的服务半径就是指"配送中心所服务的需求点的地理覆盖范围",配送中心的服务能力越强,其服务半径就越大,覆盖的服务范围就越广;反之,配送中心的服务能力相对较弱,其服务半径就要小一点,覆盖的服务范围也会相应缩小。因此,按照服务范围将配送中心分为城市配送中心和区域配送中心。

城市配送中心是以一个城市为配送服务范围的配送中心,公路运输是这种配送中心选择的主要运输方式。由于运输距离短,反应能力强,因此,城市配送中心能够进行"多品种、小批量、多用户"的配送。多数的零售商建设和管理的配送中心属于这种类型。

区域配送中心是以较强的辐射能力和库存储备,向全省、全国或国际范围内的用户进行产品配送的配送中心。这种配送中心的规模比较大,用户比较多,配送的批量也比较大。通常情况下,区域配送中心的产品先运到城市配送中心,然后再从城市配送中心运到最终需求点。如果最终需求点的需求量大,也可以从区域配送中心直接将产品运送到最终需求点上。

3. 根据配送中心的功能分类

从配送中心的定义来看,配送中心有仓储、流通加工、分拣、配送等功能,而各个配送中心又会有所侧重。根据各配送中心所强调功能的不同,将配送中心分为储存型配送中心、流通型配送中心和加工型配送中心。

储存型配送中心重点强调的是配送中心的储存功能,这种配送中心在功能上与传统的仓库非常接近。

流通型配送中心重点强调的是配送中心的集运功能,这种配送中心作为产品集中和组合的场所,将同方向的小批量的产品或原料集中起来,然后用整车进行运输。有时,也将不同方向运来的货物进行装卸、重新组合后,拼成整车进行运输。

加工型配送中心是以流通加工为主要业务的配送中心,这种配送中心对进入的货物进行简单加工,如贴标签、换包装等,实现产品价值的增值。

二、物流配送中心的功能

1. 基本功能

配送中心是专门从事货物配送活动的经济组织,也是集加工、理货、送货等诸多功能于一体的物流据点,综合了集货中心、分货中心和加工中心的功能。从理论上说,配送中心具备如下一些基本功能。

(1) 集散功能。配送中心凭借其在物流网络中的枢纽地位和拥有的各种先进设施设备,将分散在各地的生产厂商的产品集中到一起,经过分拣、配装后向众多用户发送。与此同时,配送中心也可以把各个用户所需的多种货物进行有效组合、配载,形成经济合理的货运批量。

(2) 衔接功能。通过开展货物配送活动,配送中心把各种产品运送到广大用户手中,客观上起到了产品传输链的衔接作用,在其间架起了相互沟通的桥梁。

(3) 运输功能。配送中心拥有一定规模的运输工具。具有竞争优势的配送中心不只是一个点,而是一个覆盖全国的网络。因此,配送中心首先应该为客户选择满足客户需要的运输方式,然后具体组织网络内部的运输作业,在规定的时间内将客户的货物运抵目的地。除了在交货点交货时需要客户配合外,整个运输过程,包括最后的市内配送都由配送中心负责组织,以尽可能方便客户。

(4) 储存功能。为了顺利而有序地完成向用户配送货物的任务,配送中心要兴建现代化的仓库并配置一定数量的仓储设备,用于储存一定数量的货物。但客户需要的不是在配送中心储存货物,而是要通过仓储来保证市场销售活动的开展,同时尽可能降低库存占压的资金,减少储存成本。

(5) 分拣功能。作为物流节点的配送中心,其服务对象有的能达到数百家。由于不同客户的经营特点和货物的物流方式不一,在订货或进货时会对货物的种类、规格、数量等提出不同的要求。因此,为了能有效地开展配送活动,适应市场需要,配送中心必须采取适当的方式、技术和设备对配送中心的货物进行分拣作业,以便向不同的用户配送多种货物。

(6) 装卸、搬运功能。为了加快货物在配送中心的流通速度,配送中心应该配备专业化的装载、卸载、提升、运送、码垛等装卸搬运机械,以提高装卸、搬运作业效率,减少作业对货物造成的破损。

(7) 包装功能。配送中心的包装作业目的不是要改变商品的销售包装,而是通过对销售包装进行组合、拼配、加固,形成适于物流和配送的组合包装单元。

(8) 流通加工功能。为了扩大经营范围和提高配送水平,许多配送中心都配备了各种加工设备,由此形成一定的加工能力。按照用户的要求与合理配送的原则,将组织进来的货物按一定规格、尺寸和形状进行加工,这样既大大方便了用户,省却了用户不少烦琐的劳动,而且也有利于提高资源利用率和配送效率。

(9) 物流信息处理功能。配送中心离不开计算机,将各个物流环节中各种物流作业的信息进行实时采集、分析、传递,并向货主提供各种作业明细信息及咨询信息,也是相当重要的。

2. 增值性功能

从一些发达国家的配送中心的具体实践来看,配送中心还具有以下增值性功能。

(1) 结算功能。配送中心的结算功能是配送中心对物流功能的一种延伸。配送中心的结算不仅只是物流费用的结算,从事代理、配送的物流配送中心还要替货主向收货人结算货款等。

(2) 需求预测功能。自有配送中心可以根据配送中心的货物进货、出货信息来预测未来一段时间的货物进出库量,进而预测市场对商品的需求。

(3) 物流系统设计咨询功能。公共型物流中心要充当货主的物流专家,因而必须为货主设计物流系统,代替货主选择和评价运输商、仓储商及其他物流服务供应商。国内有些专业物流公司正在进行这项尝试,这是一项增加服务价值、增强公共物流中心的竞争力的服务。

(4) 物流教育与培训功能。物流中心的运作需要货主的支持与理解,通过向货主提供物流培训服务,可以培养货主与物流中心经营管理者的认同感,提高货主的物流管理水平,将物流中心经营管理者的要求传达给货主,便于确立物流作业标准。

以上两大类功能中,基本功能需要经验和实力,增值性功能需要智慧和远见。功能是靠设计而来的,每个物流中心的功能都不会完全一样。有的物流中心可能只提供基本功能中的部分功能,但如果这部分功能特别强大,也是完全可以的。公司设计物流中心功能时要考虑各种影响因素,要确定物流中心的核心功能和辅助功能。辅助功能可能会使物流中心不一定只做物流,还可能做商流、信息流、资金流。如果一个物流中心是一个集商流、物流、信息流、资金流于一体的流通机构,那么它是否还是物流中心呢?这就要取决于这些业务的比重有多大,如果核心功能是物流,辅助功能是商流、信息流和资金流,那它肯定是物流中心,否则就不能算是物流中心了。

随着信息技术的普遍应用,物流成为制约商品流通的真正瓶颈。现代物流中心应该更多地考虑如何提供增值性物流服务,这些增值性物流服务是物流中心基本功能的合理延伸,其作用主要是加快物流过程、降低物流成本、提高物流作业效率、增加物流的透明度等。

三、物流配送中心的作用

(一) 从供应链和厂商的角度(以制造企业为例)

前面讲到了物流配送中心有很多不同类别,类别不同,具体作用也不一样。

制造企业自己投资建设物流配送中心具有战略意义,这样能够更好地发挥物流配送中心的功能,辅助企业的经营。其配送中心具有如下作用。

1. 配送中心有助于企业降低销售环节的物流成本

配送中心主要通过简化货物供应链和集中运输来降低物流成本。"小批量、多频次"的配送要求加大了企业产品配送管理的难度,如果是传统配送方式("一对一"方式),还增加了物流成本。而配送中心参与到产品配送环节,反而会降低物流运作成本,这是配送中心最根本的作用。当然,配送中心布局的合理性是降低成本的前提条件。

配送中心可以将"小批量、多用户"的待运货物进行集中,对相同方向的产品进行统一运输,运输货物数量的增加可以使制造企业用整车运输代替零担运输,从而降低单位货物运输成本。同时,配送中心还可以简化货物的供应链,减少供应链上的配送运输的作业次数,使企业可以更有效地利用现有资源和人员,节约配送的管理费用等。

2. 配送中心有助于企业电子商务业务的开展

随着网络技术的发展,电子商务作为一种新的交易方式,已被消费者和商家所接受,将成为制造企业未来销售模式的发展方向。但是我国传统的货物配送体系远远不能满足电子商务发展的要求,因此,货物配送的滞后性成为我国电子商务发展公认的瓶颈。配送中心是随着现代物流技术的发展而出现的,是对传统货物配送体系的运作模式的改进,它提高了货物配送的效率,缩短了企业对产品需求变化的反应时间。产品自销模式可以消除产品销售中不必要的环节,从而降低产品销售的成本。我国有些制造企业一直不能成功地推广产品的自销模式,是由企业配送系统的滞后造成的。因此,企业可以通过合理地建设配送中心来改善企业的配送体系,为电子商务的实施提供良好的支持。

3. 配送中心可以提高企业的服务质量,扩大产品的市场占有率

产品种类的日新月异,消费者对产品品牌忠诚度的下降,使同类产品制造企业之间的竞争越来越激烈。如果产品不能适时、适量地配送到需求点,就会造成产品的缺货现象,使得客户的忠诚度进一步下降。因此,提高配送服务水平,将为企业的发展提供机遇。

制造企业建设配送中心,可以缩短产品的交货时间,提高供货的频率,提供适时、适量的配送服务,降低缺货率。企业提供配送服务水平的提高,可以增强产品的市场竞争力,从而扩大产品的市场占有率。

4. 配送提高了物资利用率和库存周转率

配送采用配送中心集中库存,可以使有限库存在更大范围为更多客户所利用,物资利用率和库存周转率必然大大提高;还可以使仓储与配送环节建立和运用规模经济优势,使单位存货配送和管理的总成本下降。

5. 配送完善了干线运输中心的社会物流功能体系

采用配送作业方式,可以在一定范围内,将干线、支线运输与仓储等环节统一起来,使干线输送过程及功能体系得以优化和完善,形成一个大范围物流与局部范围配送相结合的、完善的物流配送体系。

6. 配送对于整个社会和生态环境来说,也起着重要的作用

配送可以减少运输车辆,缓解交通紧张状况,减少噪声、尾气排放等运输污染,为保护生态平衡、创造美好家园做出贡献。

(二)从需求方的角度分析(以连锁店为例)

1. 降低进货成本

配送中心集中进货不仅可以降低进货成本(运输、管理费用等),还可以在价格上享受优惠,使产品的成本降低,利润率上升。

2. 改善店铺的库存水平

由配送中心实行及时配送有利于店铺实现无库存经营。集中库存还可以达到降低库存总水平的目的。

3. 减少店铺的采购、验收、入库等费用

配送中心可以利用软硬件系统,大批量、高效率地检验、登记入库,从而大大简化了各个店铺的相应工作的程序。

4. 减少交易费用,降低物流整体成本

例如,M个厂商同N个店铺分别交易的情况下,交易次数为$M\times N$次,如果通过配送中心的中介,则交易次数仅为$M+N$次。显然,厂商和店铺数目越多,节约费用越明显。

5. 促进信息沟通

连锁店的配送中心起着供需双方的中介作用,掌握着供方的产品信息与需方的需求信息,因此,其基本运作有利于促进供需双方的信息沟通,提高整个供应链的运作效率。

第三节 物流配送中心的现状及发展

一、物流配送中心形成的原因

物流配送中心是随着社会生产的发展和社会分工的细化而产生的,主要基于以下几个条件。

1. 货运量迅速增加

随着科学技术的进步和迅速发展,人类利用自然资源的规模也在迅速扩大,资源分布的不均衡性、经济技术发展的不平衡性等因素导致原料、材料、产品在世界范围大量流动。货流量的增加,促进了运输业的发展,也加快了作为物流节点的仓库功能的变化。仓库从原来的单一保管功能发展到收货、分货、装卸、加工、配送等多种功能。港口、汽车站、火车货站、机场货站、城市仓库等物流节点都在扩展自己的功能,许多物流节点逐渐转变为现代的配送中心。

2. 运输方式的多样化和运输工具的发展

使用单一的运输工具不需要货物在运输工具之间进行转换,但当飞机、火车、汽车、轮船等多种运输工具和多种运输方式融合在一起的时候,货物在运输工具之间的转换使物流业务变得异常复杂。首先,货物需要在物流节点装卸、换载、理货,使配载工作量大大增加,同时也加大了货损、货差的可能性;其次,不同货物的同一流通方向、同一货物的不同流通方向、不同货主的同一流向货物、同一货主的不同流向货物、不同运输工具之间的转换交接,使得物流节点必须拥有足够的场地、泊位、铁路专用线、站台、仓库等设施,才能完成这些工作,这些因素要求物流节点发展成为配送中心。

3. 道路交通发展的因素

高速公路的发展,大大缩短了货物运输的时间,从而改变了物流节点或配送中心的布局和规模,众多小仓库消失了,取而代之的是分布在交通枢纽、城市边缘的设备先进、周转速度快的配送中心。

4. 追求物流成本降低的因素

竞争的压力和追求高额利润的动力,迫使厂商不断降低自己的物流成本。当市场竞争的压力还不足够大时,厂商、仓库所有者和运输业主之间是彼此相对独立的,但当市场竞争压力逐渐增大之后,这三者才会发现,他们之间必须密切配合才能降低物流成本。首先,拥有自备仓库的厂商觉得必须将仓储业务交给专业仓储企业去做,才能减少自己在仓储上的投入,增加生产资金,扩大生产规模;其次,必须减少产品的库存量,减少产品的资金积压,这就需要加快运输速度,减少货物损耗,需要与仓储运输企业密切合作,才能缩短货物在库、在途时间,降低物流成本;最后,专业化的操作使复杂的业务流程简单化和标准化,工作熟练程度的提高,可以使处理货物流通的速度加快,从而达到降低成本的要求。

5. 城市经济发展的因素

城市是一个国家或地区的政治、经济、文化中心,也是物流的集结之地。城市经济的发展,对物流中心的形成及其类别和功能都起着至关重要的作用。首先,城市经济规模的扩大,需要较大的物流场所与之适应,那种较小的单一功能的仓库也就被规模较大的多功能的配送中心所取代;其次,由于地价昂贵、交通不畅、装卸不便,以及车辆尾气、噪声污染等原因,导致城市中心仓库从市内迁往郊区,配送中心也就应运而生。

6. 科学技术发展的因素

自动化识别技术、计算机技术、信息传递技术、卫星定位技术以及货物递送、分拣、装卸、运输等技术的发展,使得大型配送中心有了先进的技术支持。

7. 交易形式变化的因素

在零售行业,随着激烈的商业竞争,超市、仓储超市、连锁商业、专卖店等新的交易形式大量出现,贴近顾客、低价格销售的营销方式使得配送中心应运而生。

二、国外连锁商业配送中心

国外连锁商业已经有一百多年的历史,无论从哪一方面来说,都比较完善。而在我国,连锁商业正处于起步阶段,各方面都还很不完善。因此,通过借鉴国外一些成熟的经验,可以少走弯路,建立符合我国实际情况的连锁商业配送中心。

在国外,配送中心已成为组建连锁店的一个最基本条件。一些著名的连锁商业集团都设立了功能齐全的配送中心,如美国的西尔斯、凯马特,日本的大荣、伊藤洋货堂、西友等,它们的配送中心为各自的连锁分店销售服务,为连锁经营体系服务,以实现整体上的经营优势。从连锁商业配送中心的现有情况看,无论在物流功能上还是在技术装备上都已达到了比较完善的地步,成为连锁经营强有力的物流支持系统。在这里,以日本西友公司的配送中心为例作一简单介绍。

日本西友公司是一家实行连锁经营的综合性大型零售企业,为了满足遍及全日本的连锁店铺销售需要,西友公司建立了多处配送中心,承担本公司以及邻近地区其他店铺的进货、配货和送货任务。这些配送中心都受公司物流部的直接领导,拥有常温、低温储藏设施及运输工具,为本公司连锁店提供无偿服务,为公司外的店铺送货则要收取费用。通过配送中心向各地店铺发送的商品分为两类：一部分是基本商品，包括日常用品，大约占总数的85%；另一部分是特殊商品，如北海道多雪，防寒及雪上活动的用品需求较多，再加上一些带有历史文化传统特征的商品，大约占总数的15%。日本国土面积不大，又具有发达的高速公路网络，为物流的畅通创造了有利条件。从位于东京的府中配送中心，用大吨位的集装箱卡车和冷藏车向各地的分中心送货，基本上当日都可到达。各地配送中心为店铺送货就更加方便及时了。为营业方便起见，运输大多在夜间进行，直接将商品送到店铺。

国外连锁商业配送中心具有如下特点。

（1）政府利用政策来规划和投资物流业，使连锁商业配送中心在建设中受益匪浅。

以日本为例，日本早在1965年就将物流列入政府计划，目标是充实社会资本，发展共同配送，推动大规模流通中心建设和物流技术进步。1969年制订了全国综合开发计划，提出建立系统化的管理机构和遍布日本的物流网络，这引起了企业和学术界的重视，并对物流存在的问题进行系统研究和解决。由于政府在设施建设上统一规划布局，讲求规范化，着眼于整个社会经济效益的提高，逐步形成发达的社会物流体系，因此，当需要兴建连锁商业的配送中心时，很快便被纳入政府的规划中，获得了政策和资金上的诸多优惠。

（2）配送系统规模大，配送中心数量多。

就连锁店来说，为了满足众多连锁分店对商品的需求，连锁店本部往往会有多个配送中心。例如，美国的西尔斯为开展邮购贸易，一次就投资2.43亿美元，兴建了13个大型邮购配送中心。这些中心负责为1700家邮购商店分送编制好的邮购图册，图册登载的商品均存在配送中心，并由配送中心负责向各邮购商店供货。另外，有的连锁店除了本部有多个配送中心外，其下面还有配送分中心。本部的配送中心有时称为中央配送中心。例如，韩国农协中央会的生活物资部，是于1970年在许多连锁店的基础上组建而成的，专门负责农产品的收购、加工、配货等配送业务，拥有庞大的物流体系。该组织下有一个中央货场和6个中央配送中心，2000多个连锁店，直接将415家农副产品加工厂的28万种商品送到各配送中心，由各配送中心分送全国各地的连锁店。

（3）配送中心呈现多样化和高效率的物流结构。

连锁商业的配送中心在商品经营上既有专业性的，也有综合性的；在配送范围上既有区域性的，也有全国性的；在组织上既有连锁店本部自己办的，也有各连锁分店投资合办的。如日本家庭市场公司是一个便利店的特许连锁集团，主要经营一些常用商品，如食品、酒、点心、快餐、杂货等。一般情况下，各店铺当天上午10点以前把所需商品报到本部，配送中心在第二天早上8点开门之前把货物送到店铺。日本吉野家公司的配送中心为了保持食品的新鲜度，甚至可在几小时内将食品送达店铺。其他配送中心也是如此，其物流速度之快，效率之高，体现了集约管理和直接配送的巨大优势。

（4）为各连锁店铺提供优质服务是配送中心的经营目标之一。

经济发达国家的高度工业化，使其市场始终处于供过于求的状态。市场变化快，在流通环节提高服务水平已成为在竞争中取胜的重要手段。配送中心为了使连锁店铺搞好销售，总是竭尽全力满足店铺的需要。以日本西友公司的东京府中配送中心来说，一年365天，不分白天黑夜，无休息时间，时时刻刻都在为店铺准确、及时、有计划地提供商品。

(5) 流通加工成为配送中心的重要功能。

由于配送中心的货物一般是从厂家或产地直接进货,因此,在送至消费者之前,除了要进行配装、配货外,还要进行简单的加工活动。其意义一方面是弥补生产加工的不足,另一方面便于消费者的消费,促进商品销售。从经济发展状况看,流通加工已成为配送中心的重要功能。以韩国农协中央会的配送中心来说,由于直接从产地收购农副产品,供应给超级市场,因此,必然要经过加工整理和包装。例如,畜产品要分割成小包装;粮食要经过脱壳,分装成 7 kg、10 kg、20 kg 等。配送中心的这一工作受到超级市场的欢迎。

(6) 物流作业的机械化和自动化是配送高效率的基础。

由于高科技的发展,国外连锁商业配送中心普遍采用了机械化和自动化作业,装卸搬运由吊车、电动叉车和传送带完成;设有高层货架的立体仓库,使储存向空间延伸。美国的立体仓库绝大部分都建有专业通信网,货物的搬运、存取都利用托盘、货架叉车和吊车,货物堆放高度可达 15 m。日本已呈现出采用尖端物流技术的趋势,如计算机控制的机器人和搬运特殊物品的机械手,高速分拣装置和特殊运货车辆等都已得到广泛应用。

国外连锁商业配送中心的经验表明,配送中心是流通社会化、现代化的产物,对物流过程起优化作用。配送是连锁经营的关键,配送中心是连锁经营必备的物流设施。

三、物流配送发展趋势

(一) 物流配送的若干观点

现代物流的发展,经历了将近一个世纪的演变,各种观点层出不穷,若干新观点应运而生。

1. "黑大陆"和"物流冰山"学说

著名的管理学权威 P. E. 德鲁克曾经讲过,"流通是经济领域里的黑暗大陆"。但是,由于在流通领域中物流活动尤其突出,是流通领域中人们更认识不清的领域,所以"黑大陆"学说现在主要针对物流而言。"黑大陆"主要是指尚未认识、尚未了解的领域。如果理论研究和探索照亮了这块"黑大陆",那么摆在人们面前的可能是一片不毛之地,也可能是一片宝藏。"黑大陆"学说是对 20 世纪经济领域中存在的愚昧的一种反对和批判,指出在当时资本主义繁荣和发达的状况下,科学技术也好,经济发展也好,都远未有止境;"黑大陆"也是对物流本身的正确评价,这个领域未知的东西还很多,理论和实践皆不成熟。从某种意义上来看,"黑大陆"学说是一种未来学的研究结论,是战略分析的结论,带有很强的哲学抽象性,这一学说对研究物流这一领域起到了启迪和动员作用。

"物流冰山"学说是日本早稻田大学西泽修教授提出来的,他在研究物流成本时发现,现行的财务会计制度和会计核算方法都不可能掌握物流费用的实际情况,因而人们对物流费用的了解是一片空白,甚至有很大的虚假性,他把这种情况比作"物流冰山"。冰山的特点是绝大部分沉在水面之下,而露出水面的仅是冰山的一角。物流就是一座冰山,其中沉在水面以下的是我们看不到的黑色领域,而我们看到的不过是物流的一部分。西泽修教授对物流成本的具体分析论证了德鲁克的"黑大陆"学说。事实证明,物流领域的各个方面对我们而言还是不清楚的,在"黑大陆"中和冰山的水下部分正是物流尚待开发的领域,也正是物流的潜力所在。

2. 第三利润源

这种说法最早是日本的一位物流学家提出的。所谓的第一利润源是指在西方发达国家的经济发展过程中,企业最初是把降低人工和材料的成本当作扩大利润的一个最重要的来源,所以这时候把降低人工和材料费用作为第一利润源。当人工和材料成本降低到一定幅度以后,再降低的空间就不大了,这时候发现通过扩大市场销售可以获取更多的利润,所以把这种途径称为第二利润源。随着市场竞争的日益激烈,企业在这个市场能够占有的市场份额也是有一定限度的,达到一定限度的时候,人们发现如果能有效地降低在成本中占有相当高比例的物流费用,就等于提高了利润,所以把物流服务称为第三利润源。

3. 供应链管理

供应链从客户开始,到客户结束,因此,重视和满足客户实际需求是供应链发展的原则和目标。从1975—1990年,企业开始集成自身内部的资源,企业的运营规则也从以生产为中心的模式转变为以客户需求为源动力的拉动式模式;进入20世纪90年代,企业的生产率和产品质量不再成为竞争的绝对优势,供应链管理逐渐受到重视,它跨越了企业的围墙,建立的是一种跨企业的协作,以追求和分享市场机会。因此,供应链管理覆盖了从供应商到客户的全部过程,包括外购、分销、库存、运输、仓储、服务等。随着涉及的资源和环节的增加,对供应链的管理变得十分复杂,要求也相应随之提高,信息技术的应用也就显得格外重要。

(二)我国物流配送的发展趋势和现实意义

在科技进步和管理技术创新的驱动下,物流产业经历了从量变到质变的过程,这种质的飞跃说明全球物流已经进入供应链时代,包括美国、日本在内的物流产业发达国家,都寻找到了合适的物流发展路径,而精细物流、闭环物流对中国物流产业的发展产生了直接的影响。伴随着全球经济增长,全球物流将会得到极大发展,发展中国家的物流业将迎来更大的发展机遇。根据国外物流发展情况,可以将21世纪物流的发展趋向归纳为信息化、网络化、柔性化、标准化、社会化等。物流专家认为:面对世界物流发展趋势,中国物流应该把握供应链管理,提升核心竞争力。供应链管理是物流管理在深度和广度方面的扩展。制造业企业、物流企业都应重视供应链,以供应链取代物流,不仅是理论层面上的发展,更是时代的变革,它能够使物流速度加快、准确率提高、库存减少、成本降低,以此延伸和放大传统物流的功能,为用户提供多功能、一体化的综合性服务。

四、电子商务与物流配送

(一)电子商务与物流配送存在的问题

我国的物流是从传统的计划经济体制下开始,经过30余年的改革开放,向现代电子商务物流发展而来的。在其发展过程中,存在着以下几方面的问题。

(1)我国真正实力超群、具有竞争力的物流企业很少,绝大多数物流企业具有"小、少、弱、散"的特点,即经营规模小,市场份额少,服务功能少,高素质人才少,竞争力弱,融资能力弱,结构单一,缺乏网络或网络分散,经营秩序不规范等。

(2) 物流管理体制和机制存在障碍。物流业的发展涉及基础设施、物流技术设备、产业政策、投资融资、税收与运输标准等各方面,它们分属不同的政府职能部门管理。各职能部门对现代物流认识不足并缺乏统一协调的战略思想。

(3) 配送服务难以让网购消费者满意。网络零售业的发展为物流业迎来了巨大的市场机遇,也对配送服务提出了更高的要求。在配送服务质量上,粗暴分拣导致货物破损、投递人员态度恶劣以及泄露快递单上的个人信息成为电子商务投诉的焦点。在配送服务效率上,物流"爆仓"、节假日休假、不可抗力致交通堵塞引起的快递变"慢递"都会让消费者不满,而消费者对快递效率的预期也在不断提高,希望网购物品能够更快送达。在配送方式上,特殊商品如危品品、贵重物品、生鲜食品等,对配送处理方式、运输条件和安全性提出了专门性要求。而随着电子商务"下乡",广大的农村地区正盼望着配送服务的覆盖。

(4) 物流人才稀缺。在上海,个别物流企业甚至出高达 30 万元的年薪来招聘高级物流人才。据有关统计显示,我国物流人才中,物流规划人员、物流管理人员、物流研究人员、物流师资人员全面紧缺。

(二) 电子商务与物流配送的对策

1. 建立以配送为中心的物流服务体系是商品市场发展的产物

随着大批量、少批次的物流配送活动逐步被小批量、多批次所取代,个性化、多样化的市场需求占有越来越多的市场份额,配送已成为电子商务时代物流活动的中心环节和最终目的。因此,物流活动必须围绕组织配送来表现出活跃的市场机制,物流企业内部的有关部门和人员应面向配送、面向市场、面向客户。此外,物流企业要改变单一的送货观念,利用电子商务为客户提供更多的增值服务,配送中心可以涉足购买方与原材料供应方之间的交易过程,如代替购买方下订单,原材料的运入和产成品的运出安排,还可以提供最终产品装配的操作和用仓库设施为顾客作产品测试,扩大配送中心的服务范围。物流配送方与客户要发展长期的战略伙伴关系,加强双方的信息沟通,切实站在客户的立场思考,挖掘更多潜在的合作伙伴。

2. 加强对物流配送的政策支持

为了大力促进流通体制改革和加快流通现代化的进程,国家有关部门对商品物流配送应采取更积极的鼓励和支持政策,如加强发展物流配送中心,出台鼓励国外资本投资物流配送设施的政策措施等。此外,要给物流配送企业营造一个良好的发展环境,健全和完善法律保障体系,建立一个开放、畅通、自由的物流配送市场。

3. 提高信息化程度

加强信息化建设是配送中心的主要任务之一。物流配送的信息化主要表现为:物流信息搜集的数据库化和代码化;物流信息处理的电子化和计算机化;物流信息传递的标准化和实时化;物流信息数据存储的数字化等。因此,条码技术、数据库技术、电子订货系统、电子数据交换、快速反应、有效的客户反应、射频技术、管理信息系统等先进技术与管理策略应在我国的物流配送企业中大力推广、运用。

综上所述,在科学技术日新月异的今天,只有最大限度地提高物流配送的效率,最大限度地降低物流配送的成本,才能使电子商务企业获得持续、健康的发展,才能最终得到消费者的认可。鉴于此,配送中心的建立已成为刻不容缓的任务。大型化、网络化的配送体系,有利于更好地发挥其对货源和运输路线集中调配的优势,带来配送的高效率,也带来我国电子商务企业发展的一个新高潮。

【经典案例1】

百胜餐饮集团物流运作成功之路

2003年9月19日,当肯德基在新疆克拉玛依的分店开业时,其火爆景象马上成为当地晚报上的话题,肯德基当天营业收入10万元,并很快实现单店赢利。但是,这同时也带来了一个问题:克拉玛依位于中国偏远的西北部地区,从乌鲁木齐还要经过4个多小时艰难的卡车旅程才能到达。肯德基怎样把鸡运过去呢?它的物流服务模式又是怎样的呢?肯德基克拉玛依分店是全球最大的餐饮集团百胜餐饮集团(以下简称百胜餐饮)在中国服务的最远的市场,为此百胜餐饮已经在河南建立了一个分销中心。冷冻食品和干货(储存在控温的集装箱中)需要3~5天的时间到达乌鲁木齐,在那里,百胜餐饮拥有5家餐厅和1个小库房。然后,货物再从那里通过一家第三方运输公司用卡车运送到克拉玛依分店,一般每周运送一到两次。像面包、蔬菜这样的新鲜食品由一个附近城市的当地供应商供货,每周运送四次。在同样条件下,百胜餐饮能依靠它强大的物流网络系统和无与伦比的物流管理经验,保证比别的企业运输成本更低,从而能利用成本优势覆盖更广的销售范围。

一、百胜餐饮的物流服务模式

截至2014年2月底,百胜餐饮集团在中国内地拥有4600家肯德基餐厅、1100家必胜客餐厅、200余家必胜宅急送、近30家东方既白和近400家小肥羊餐厅。为了满足如此一个庞大网络的需求,百胜餐饮需要一个大规模的物流网络,能够迅速实现包括易腐烂食品在内的各种产品的长途运输。在美国,百胜餐饮的配送一直由一家专业第三方物流公司Meclane Food Service来做,所以他们最初是想把美国的合作伙伴请到中国来继续为其服务。当时中国市场小,营运条件落后,让Meclane公司望而却步。如果从企业的发展角度来讲,像百胜餐饮这样的跨国企业,最理想的做法是把物流外包给专业的第三方物流公司,并与之建立长期的战略合作伙伴关系。这样他们就可以集中精力开发市场,服务客户,增强核心竞争力。但是百胜餐饮自1987年进入中国,一直都找不到一家理想的第三方物流公司,所以该公司创造出了业内公认的较成功的物流运营模式:自我物流服务+供应商提供物流服务+第三方物流服务(见图1-1)。

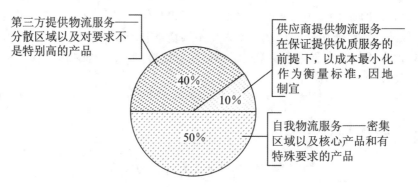

图 1-1 百胜餐饮的物流服务模式

从图 1-1 可以看出,百胜餐饮自我物流服务比例占 50%,主要进行核心业务以及有特殊要求的产品的物流服务,配送核心城市和餐厅密集型区域的核心产品,如必胜客餐厅的沙拉、肯德基餐厅的薯条(温度要求高);第三方提供物流服务的比例占 40%,主要是在分散的区域以及对温度要求不是很高的产品;供应商提供物流服务的比例占 10%,例如,其在湖南省长沙市有一家面包供应商,但整个湖南省的物流配送是由华中地区的配送中心来进行的。为了避免货物迂回运输增加成本,长沙、株洲、湘潭地区的餐厅需要的面包全部由厂家直送。中国百胜餐饮的物流为自己的多种餐厅做配送,最难掌握的便是在提高品质服务与控制成本之间寻找一个平衡点。餐厅有近千家,分布在全国各地,每种餐厅配送的食物品种和状态都不一样,而且在一些地方还会有地域差异,这对控制成本是个不利因素。百胜餐饮最终考虑的是如何去控制成本,所以他们打算采取这样的配送方法:自置一批冷藏车,负责冷冻食品的配送;冷藏食品和常温食品的配送工作则外包给其他公司;一些供应商可以提供配送的,比如面包和饮料,就由供应商直接把货物送到餐厅。只配送单一温度的食品,配送难度会比同时配送几种温度的食品难度小得多,这样百胜餐饮所付出的物流成本也会相应地降低。但百胜餐饮最后并没有选择这种做法,他们考虑到,如果把各类食品分开配送,对接受配送的餐厅来说,将会是一个沉重的负担,因为餐厅的工作人员忙着不停地收货、搬货,可能扰乱正常的营业秩序。后来,百胜餐饮采用了另一种解决方案,就是配备一种能在同一辆车中营造不同温度的车辆。这样,百胜餐饮可以先把所有食品集中到 DC(配送中心),根据每家餐厅的需要将需要配送的原料集中到一辆车中,然后一次性配送到餐厅。这种做法虽然提高了物流部门的成本,但却方便了餐厅的运作,同时百胜餐饮的服务品质也得以提高。从整体来看,只有把握住了服务与成本之间的平衡点,它的物流运作才是健康的。这是一种被同行业称为"灵活而实用"的物流模式。通过这种模式,百胜餐饮能够更贴近顾客,并能迅速地针对市场需求作出反应。

二、百胜餐饮的物流管理经验

对连锁餐饮这个锱铢必较的行业来说,靠物流手段节省成本并不容易。然而,作为肯德基、必胜客等业内巨头指定的物流提供商,百胜餐饮抓住运输环节大做文章,通过合理的运输安排,降低配送频率,实施歇业时间送货等优化管理方法,有效地使物流成本"缩水",给业内管理者指出了一条细致而周密的降低物流成本之路。

对于连锁餐饮业(QSR)来说,由于原料价格相差不大,物流成本始终是企业成本竞争的焦点。据有关资料显示,在一家连锁餐饮企业的总体配送成本中,运输成本占到60%左右,而运输成本中的55%~60%又是可以控制的。因此,降低物流成本应当紧紧围绕运输这个核心环节。百胜餐饮在运输环节上控制物流成本的措施是围绕以下几个方面展开的(见图1-2)。

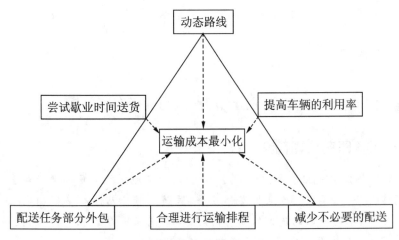

图1-2 百胜餐饮运输成本最小化的措施

1. 配送任务部分外包

尽管中国百胜餐饮已有一百多辆车,但还是不能满足其所有的配送需求,所以他们将一部分配送任务外包。百胜餐饮的外包业务遵循如下原则。

(1)对路程特别远、车辆无法在一天内返回的任务就外包出去。因为百胜餐饮的车辆回程不能顺载其他公司的货,配送所花的时间过长,会提高成本。

(2)一些特殊的路线也必须外包出去。例如,百胜餐饮的司机一般不擅长山路,路线中有山路的部分可以交给别的公司来做。

(3)对长途运输,百胜餐饮有时会雇用更熟悉路况的当地运输企业的车辆和司机。这种方法能够使公司节省成本,因为公司在市场低迷时无须承担卡车及司机方面的成本,而一旦市场反弹,与这类当地企业的长期合作关系则有助于确保有足够的车辆满足公司产品的运输。

2. 合理进行运输排程

运输排程的意义在于,尽量使车辆满载,只要载重量许可,就应该做相应的调整,以减少总行驶里程。

由于连锁餐饮业餐厅的进货时间是事先约定好的,这就需要配送中心就餐厅的要求,制订一个类似列车时刻表的排程表,此表是针对连锁餐饮业餐厅的进货时间和路线而详细规划制订的。众所周知,餐厅的销售存在着季节性波动,因此排程表至少有旺季、淡季两套方案。有必要的话,应该在每次营业季节转换时重新审核运输排程表。制订排程表的基本思路是:计算每家餐厅的平均订货量,设计出若干条送货路线,使之能覆盖所有的连锁餐厅,最终达到总行驶里程最短、所需司机人数和车辆数最少的目的。

【学习并分析】

1. 百胜餐饮物流运作的成功经验给我们带来什么启发?
2. 除了案例中的两点物流管理经验以外,你还能总结出什么物流管理经验?

【经典案例2】

GY医药公司在物流配送方面存在的问题

一、GY医药公司简介

GY医药公司成立于20世纪50年代,是中南地区经营医药商品最多、最全的医药专业公司,属下有专业批发部6个,医药连锁分店100多家,建立了以湖北省为中心,辐射全国的庞大的销售网络,其中包括医疗单位、商业调拨和零售连锁等网点。GY医药公司2001年销售额近50亿元。

GY医药公司经过十几年的实践探索,旗下的西药、中成药连锁门店及经销体系飞跃发展,已逐渐建成融商流、物流、信息流为一体,集储存保管、集散转运、流通加工、商品配送、信息传递、代购代销、服务等多功能于一体的物流配送中心。GY医药公司的物流系统主要特点表现如下。

(1)现有的配销形式是商流、物流一体化的配送模式,既从事药品的进货、储存、分拣、送货等物流活动,又负责药品的采购与销售等商流活动。这种配送模式不仅独立于药品流通的物流过程,而且将配送活动作为一种"营销手段"和"营销策略",既参与药品交易实现药品所有权的让渡与转移,又在此基础上向客户提供高效优质的物流服务。这种配销形式需要投入的资金、人力、物力比较大,也需要较强的组织和经营能力,但由于其直接负责药品的组织和销售,因而能形成储备资源优势,有利于扩大营销网络和经营业务范围,同时也便于满足客户的不同需求。

(2)具备一定的仓储硬件环境。GY医药公司拥有三大仓库,即A仓库、B仓库和C仓库。A仓库是储存药品量最大的仓库,其全部业务都集中实行整件进货与发货,大批量的供应、配送满足顾客群的要求。B仓库储存4 000多种药品,有阴凉库、常温库、冷藏库、新药特药库、特殊药品库等。C仓库大部分是散件配货,满足顾客的各种个性化需求,部分是整件出库,并办理顾客的退货。GY

医药公司的所有仓库均按国家GSP严格管理,是首批通过国家药监局GSP认证的企业。

(3) GY医药公司的物流配送方式基本能够满足其需求。GY医药公司的药品出库方式分成三种形式:一是由自己的车辆进行市区配送;二是由自己的车辆送到中转站(机场、铁路货运站等),再由专门的物流企业进行送货;三是将部分业务外包给第三方物流公司,由它们来承接整个运输送货环节,其运输方式可以根据客户需求进行选择,灵活性比较强。

(4) GY医药公司初步建立了现代化的物流信息系统。GY医药公司现有的配送中心均实行信息化管理,企业管理信息系统ERP(BMS)由英克(INCA)公司开发,2000年投入使用,其BMS的仓储模块(WMS—BMS3)拥有几百个模块,基本上包括了药品的物流管理的所有内容。主要运作分为两个模块,即送货模块和自提模块。

二、GY医药公司物流配送系统存在的问题

随着顾客需求的个性化,GY医药公司原有的物流管理模式也渐渐不能适应市场的变化;早期的A仓库、B仓库和C仓库已不能满足现实需求;物流成本居高不下,不能形成价格优势。物流成为拓展销售市场的重要影响因素。目前,GY医药公司物流方面有许多问题有待改善,具体分析如下。

(1) 各个流通环节分散、重叠,流通不畅,物流成本没有综合核算和控制。如在作业区段设备设计不合理,收货货车等待时间长;收货员不知道将药品放在什么地方,存在药品临时存放现象;收货地点过分拥塞;指定地点被占用,储存货道拥塞;不同种类药品的不规则混存,拣选不到所需的药品;在拣选某一份或某一批药品时,通过同一货道;包装材料无法再利用;产品贴错标签;药品集结货场拥塞;药品归类不正确;运输延迟,车辆等待。

(2) 供应商不稳定,没有实现集中采购和进货,采购成本(包括差旅费、通信费、各种手续费、招待费等)较高。GY医药公司是根据销售量的变化情况来确定订货批量,而没有考虑到订货成本、运输成本、库存成本以及每次订货所发生的其他费用,库存比较分散,库存管理未实行品项管理,未强化仓储各种费用的核算和管理。

(3) 没有实现统一的运输安排,配送率较低。未加强运输成本的核算,企业的实物流动路线不合理,药品的搬运环节过多,存在众多重复劳动,药品损耗率过高,装卸时间过长;标准化程度低,药品包装规格不一,组织散装物流能力薄弱,未实现包装作业的机械化;没有规划合理的运输路线以及合理的运输方式;未对药品运输进行整合规划,以做到"合理调运"和"合理流向",从而严重影响企业商流的顺利进行,使规模经营效应在GY医药公司运作中未能发挥出应有的积极作用。

(4) 配送中心功能不健全。现代物流配送中心主要包括进货、整理、分拣、加工、储存保管、配送、信息处理等功能。由于各方面原因,GY医药公司配送中

心只充当着仓库与运输中转站的角色,甚至只为某些单位提供储存,配送中心各项功能并未发挥出来。

(5) 配送中心配送效率低。GY医药公司的A仓库始建于1992年,由于医药行业不规范及药品规格不一、运输环节过多、管理不善等方面的问题,GY医药公司配送中心的配送率一般为60%~70%,差的时候仅有30%左右。另外,仓库区域布局不合理,物流环节存在相互重复、冲突现象,药品呆滞时间过长,人力资源浪费巨大,造成各个作业环节效率低下。

(6) 配送中心现代化程度低。GY医药公司配送中心计算机的应用程度仅限于日常事务和业务运作流程的管理,而物流中的许多重要决策问题,如配送中心的选址、药品组配方案、运输的最佳路径、最优库存控制等方面,仍处于半人工化决策状态。机械化水平程度较低,几乎所有的物流环节都是人工处理,与现代物流配送中心以机电一体化、无纸化为特征的配送自动化、现代化等特征相比,仍有相当大的差距。此外,在运输技术、储存保管技术、装卸搬运技术、物资检验技术、包装技术、流通加工技术以及与物流各环节都密切相关的信息处理技术等方面,与现代物流配送中心先进技术相比,差距也不小。

【学习并分析】

1. 导致GY医药公司出现问题的根源是什么?并给出理由。
2. 针对目前GY医药公司的问题,你的解决方案是什么?

【本章关键术语】

配送中心　distribution center　　　物流中心　logistics center
仓库　warehouse　　　　　　　　　电子商务　E-commerce
物流系统　logistics system
供应链管理　supply chain management

【本章思考与练习题】

1. 比较仓库、配送中心以及物流中心的异同点。
2. 简述配送中心的功能与作用。
3. 配送中心形成的原因有哪些?
4. 简述物流配送的若干观点。
5. 电子商务下的物流配送存在哪些问题?
6. 在电子商务环境下的物流配送应如何有效运作?

第二章 配送中心物流系统优化的理论基础

本章重点理论与问题

本章首先介绍配送中心物流系统优化的基本思路,然后指明物流系统优化的作用范畴,接下来分析物流系统优化的关键技术及算法,最后指出物流系统优化的注意事项。本章内容是物流配送中心规划的理论基础知识,同时,也涉及物流优化方法在其他领域中的应用,这有助于读者将物流优化方法的研究与应用推广到物流管理中的更宽广的领域。

第一节 物流系统优化的概述

一、物流系统优化的概念

通过理论分析获取物流管理优化方案,并将该优化方案予以实施的过程称为物流优化。也就是说,物流系统优化是指依据所提出的物流管理优化方案,通过对物流系统各个环节的计划与控制,使物流组织或物流系统提高以实现其物流目标能力的过程。具体地说,物流系统优化是使物流组织或物流系统不断降低物流成本,更好地实现利润最大化目标的过程。

优化实际上是运筹学在现代管理中的应用。运筹学(operation research,OR)也称作业研究,是运用系统化的方法,经由建立数学模型及测试,协助达成最佳决策的一门科学。它主要研究经济活动与军事活动中能用数量来表达的有关运用、筹划与管理等方面的问题。根据目标的要求,通过数学的分析与运算,作出合理的安排,达到经济、有效地使用人力、物力的目的。

二、物流系统优化的基本思路

现代物流管理系统处于复杂多变的环境之中,物流系统优化是围绕物流管理的目标而进行的,涉及物流管理的各个方面,可为物流战略、计划和运作提供合理性的方案。因此,物流系统优化对实现物流管理的目标具有重要的意义和作用。对大多数的企业来说,物流系统优化的目标是在支持企业经营战略决策的前提下,降低其运营总成本,而这种成本的节约必然转化为企业投资回报率的提高。

在进行物流系统优化时,应通过一系列的步骤,帮助决策者选择并实施物流优化决策方案。这些步骤包括研究决策者提出的整个问题,确定优化目标,收集资料,建立方案,并且根据各个方案的可能结果使用适当的方法去评价和比较各个方案,以便决策者能够依靠专家的判断能力和经验去进行决策。必要时,还需要重新考虑目标,并引进新的方案。这是一个不断改进和完善的过程,遵循的是系统分析的原理和方法。

在进行物流系统优化时,分析对象并建立反映该对象内在本质的抽象模型是其中一个重要的步骤。通过建立模型,可以分析物流系统的构成及其输入与输出之间的关系,并按照一定的方法选择合理的物流系统构建方案,从而为管理者进行合理决策提供依据。物流系统常用的模型主要有两种,即分析模型和仿真模型。

分析模型是指用数学关系式表达变量之间的相互关系的模型,仿真模型则是通过一系列逐步的或逐项的"伪试验",来预测有目的行动的各种后果的模型。所谓"伪试验"是指试验对象不是真实世界,而是仿真。计算机仿真是很有效的技术工具。对变量之间关系不清楚的系统,采用仿真模型是适合的。然而,从阐明原理的角度来说,仿真模型并不理想,因为它不能为观测到的结果提供理论上的解释,分析过程也较烦琐。因此,基于分析模型进行物流系统优化的方法是当前应用的主要方法。本书所阐述的物流系统优化的方法也主要是通过构建分析模型而进行的。

从系统分析的角度出发,当采用分析模型对物流系统进行优化时,其基本步骤如下。

1. 分析并研究决策者所提出的整个问题

实施物流优化的前提是了解和分析优化对象,即所考虑的配送中心的物流系统,这包括了解物流系统的构成,分析物流系统运行的内外影响因素,明确该物流系统的从属性以及该物流系统与其他系统之间的关系。由于物流系统优化的实质是对影响物流绩效的变量进行决策,因此,本步骤的主要目的是明确影响物流绩效的决策变量,并分析影响这些决策变量取值的内外因素和限制条件。

2. 明确物流系统优化的目标

物流系统优化的目标要视物流系统在企业生产经营中的地位和作用而定。通过使用定量和可测评的目标,决策者可以分析优化过程的效益,增强优化方法的可信度并有利于优化方法的选择。在通常情况下,物流系统优化的目标不止一个,例如,要求同时实现利润最大与顾客满意度最高。若有两个以上的目标,除非一个目标隶属于另一个,否则这些目标之间通常总是彼此矛盾的,因此,在明确目标任务时,应分清这些目标的优先次序,进行合理权衡。

3. 建立反映实际物流过程的模型

为了更好地分析和设计配送中心的物流系统,需要研究物流系统建模技术,建立恰当的物流系统模型,这对优化物流系统运行是非常必要的。建模的目的是做符合客观实际的描述,以分析系统的输入与输出之间的关系。物流系统通常为一个复杂系统,构成该系统的环节以及各个环节之间的关系比较复杂。因此,一种好的建模方法应该满足以下要求:①支持复杂系统的建模;②能够有效地反映模型的输入与输出之间的关系,提高模型的求解效率;③在建模的过程中,能够明确各种因素之间的因果关系,形成概念结构,并需要确定对所建立的求解模型进行评价的方法。

在用理论模型描述实际物流系统时,通常存在一些难以用定量方法表示的因素。因此,在构建模型时,可能要对实际物流系统做一些假设,这种假设是必要的,在一定的条件下也是允许的。但需要注意的是,这些假设的前提是不能使模型所描述的系统"失真",即不能将因果关系颠倒,让实际的物流系统去迎合理论模型。

4. 提供准确、及时和全面的数据

当采用优化模型分析并提供决策方案时,需要明确运行该模型的各种数据。这些数据包括与目标值以及约束有关的各类参数,如单位成本、生产能力约束、对服务水平的要求等。数据的全面、准确和及时是实现物流系统优化的必要条件,否则,由此产生的物流方案值得怀疑,甚至会带来负面作用。例如,如果运输费用与所运输的货物重量为阶梯函数关系,那么按照线性函数来描述两者之间的关系并以此作为模型的输入参数就是不合理的。

5. 设计并选择适用所构建模型的计算方法

为了给出物流系统优化解决方案,必须借助于优化算法来求解优化模型。由于所考虑的物流问题多数具有随着因素(变量)的增多而导致解空间迅速膨胀的特点(属于数学中的NP难题),即物流系统优化存在着大量的可行解决方案,因此,设计在合理的时间内能够给出模型最优解(或满意解)的算法,是实现物流系统优化的重要一环。按照算法所给出的模型解与最优解符合的准确程度来划分,计算方法可分为准确算法和近似算法。其中,准确算法的目标是获得模型的最优解,而近似算法的目标是获得模型的满意解,也就是近似最优解。

由于算法所获得解的准确程度与获得该解的计算时间通常呈互为消长的关系,因此,对算法性能的评价是设计与选择算法过程中的重要步骤。对算法的评价主要包括如下三个方面:①算法所得到的计算结果的准确性;②算法得到计算结果的计算时间;③算法的稳定性,即求解不同的算例时,计算结果的准确程度及其计算时间的稳定性。

6. 评价物流系统优化方案的性能

到上一步为止,可通过对实际问题的抽象及理论分析得到物流系统优化求解方案。由于在构建模型的过程需要设置一些假设条件,此外,在求解过程中,为了在合理的时间内得到模型的解,可能要采用近似算法,因此,需要分析和评价经过模型构建与求解过程所得到的优化方案在实际中的应用效果。对优化方案的评价,主要有以下三个步骤。

(1) 在实施优化方案之前,要根据优化目标来分析该方案的绩效,分析其在各种可能情形下的性能。如果该方案的稳定性较差,则有必要对构建模型的过程进行适当改进。

(2) 将实施物流优化解决方案后的结果与理想结果进行分析与比较,并与期望该方案所获得的绩效水平的下限值进行比较。

(3) 要定期分析物流系统优化方案的实施结果,以分析并评判该方案在实际问题中不同阶段、不同环境下的应用效果。

7. 不断改进物流系统优化方案

对物流系统优化方案的不断改进是实施物流系统优化过程中必不可少的一步,这是因为物流系统优化方案实施效果只能在实践中得以体现。实际的物流系统总处于一个不断变化的环境当中,这种变化使物流系统优化方案适应环境的难度增大,这也就意味着物流系统优化方案不可能总是一成不变的,需要在运行过程当中进行必要的改进。在对物流系统优化方案提出修改建议时,不仅要求数据获取和监测的方法、模型结构和算法等能够适应变化,还要结合物流管理的目标特点,对物流系统优化整体方案进行必要的修正。

为了使读者对上述过程有一个更直观的认识,图 2-1 给出了基于建立分析模型来进行物流系统优化的基本思路和相关步骤。

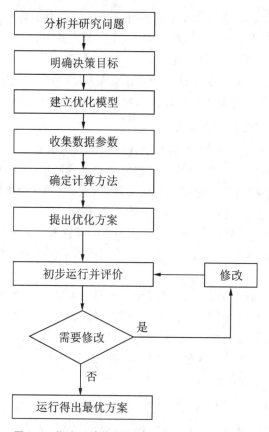

图 2-1　物流系统优化的基本思路与相应的步骤

第二节　物流系统优化的应用领域

物流管理绩效的关键驱动因素为选址、库存、运输以及信息技术等,其中,信息技术是构建与运作物流系统的平台,选址、库存与运输决策是物流系统优化的主要研究对象。那么,对这些驱动因素来讲,物流系统优化的具体内容包括什么?除了这些驱动因素以外,还有哪些是物流系统优化的应用领域?在进行物流系统优化时,应采用何种优化方法与优化技术?将在本节和第三节里分析和讨论这些问题。

一、优化方法在选址决策中的应用

选址决策就是通过网络分析,优化物流节点(包括供应商、制造工厂、分销中心、仓库、配送中心等设施)的位置和数量,使物流系统获得合理的运输和库存成本,有效满足顾客的需求。由于物流节点的选取意味着确定了货物的传送方向与传送路径,因此,可以将选址决策称为物流网络设计。通过优化物流渠道，可提高物流系统的敏捷性和响应性，降低物流成本。如果物流网络设计涉及多个执行主体，则是一个较为复杂的系统工程，需要从供应链管理的战略高度，从整体利益的角度去考虑问题。

根据所考虑的物流系统大小的不同，物流网络设计可分为两种情形：一种是局部的物流网络设计；另一种是全局的物流网络设计。前者主要是指所考虑的物流网络由一个执行主体构建与运作，后者则是指物流网络由多个执行主体参与构建与运作。不管是何种情形，物流网络设计通常可以分为三个步骤：第一步要进行网络分析，通过网络分析，确定网络要素和相互之间的关系，比如配送中心的位置、分销地点和数量、供应商的数量和位置等；第二步是优化设计，采用有关数学模型或其他方法进行优化决策分析；第三步是组织实施网络设计方案。

（一）局部物流网络设计

局部物流网络设计考虑的是如何选取物流系统中的部分节点，通常指物流网络中某个阶段或某几个阶段物流节点的选取，如制造工厂位置和规模的确定、配送中心位置和数量的选择等。在确定节点的位置和数量时，应当从需求者所要求的物流服务水平出发，做到以尽可能小的物流费用来实现各项功能。

在物流系统中，对节点的决策主要包括确定数量和位置两方面的内容。也就是说，需考虑设置几个、规模多大的节点，这些节点应选在哪里才能最有利于物流目标的实现。物流管理的目标可以是成本最低，也可以是对市场需求的反应速度最快，这要视企业的生产经营目标而定。例如，存在有多个备选配送中心可供选择，每个选中的配送中心从各生产厂进货后送到各个需求点，物流系统优化的目的是对配送中心的选择进行决策，包括配送中心的位置和供应能力，使总的配送成本最低。配送成本既包括经营配送中心的固定成本和变动成本，也包括配送过程所带来的运输及库存成本。与任何一种优化问题一样，该配送中心选取问题的优化也受到各种条件的约束，如生产厂的生产能力约束，即要求各生产厂的供应量应不超过其生产能力；用户的需求量约束，即要求进货量不小于需求量；配送中心的物流均衡约束，即要求配送中心进货量等于发送量。

（二）全局物流网络设计

全局物流网络优化设计所考虑的不是优化某个或某一阶段的节点，如上述配送中心构建与选取问题，而是从供应链的角度来考虑物流网络的构建，通常涉及决策者以外的其他执行主体。全局物流网络设计的主要决策问题，对上游供应链来说，是供应商的选择与确定；对下游供应链来说，是分销商与代理商的确定。因此，全局物流网络设计实际上是从决策者的角度出发，把影响供应链的物流管理目标实现的这两个市场约束均考虑进去。在选择决策变量(包括合作伙伴，如供应商、分销商、代理商等)时，既要考虑定量的因素，如选址、库存与运输的费用，也要考虑定性的因素。例如，对下游供应链的设计要考虑地区文化、消费观念等，对上游供应商的选取则要考虑技术合作的优势、供货的可靠性和协作管理成本等。因此，整体的供应链网络的物流系统优化不是单纯的网络运输问题的优化设计，而是一种战略性的规划，需要从供应链的整体角度去考虑问题。

不论是局部物流网络还是全局物流网络，进行网络设计最主要的目标是降低物流成本和缩短对顾客需求的响应时间。只要这两个目标达到了，物流网络的优化目标即可实现。

二、优化方法在物流运作管理中的运用

物流运作管理主要包括运输管理和物料管理两个方面。其主要内容有：运输工具的选择、使用与调度，采购与供应，库存控制的方法与策略。

运输管理与物料管理是物流管理的主要内容，必须不断地改进管理方法，使物流管理向减少不必要库存这个目标努力，以降低库存成本和运输费用，优化运输路线，保证准时交货，实现物流过程的适时、适量、适地的高效运作。物流运作管理的内容和目标可以依据不同的情况而发生变化，进行优化的主要内容包括如下几个方面。

（一）制订最优运输计划

物流活动中的运输是指为了克服物品的空间障碍所进行的场所移动。制订最优运输计划包括对运输工具、运输线路、运输时间等进行最佳选择。

对运输工具的选择，在大的方面，是指对铁路运输、公路运输、水路运输、管道运输以及上述方式联合运输的选择；在小的方面，是指对同一类运输工具（如汽车）中各种不同型号车辆的选择，以及该运输工具所属主体的选择。

对运输线路的选择是指对运输工具出发点、停留点的确定，以及相应的路线安排。

对运输时间的选择是指什么时候安排运输，什么时候访问客户。

满意的运行路线和时间安排的原则如下。

1. 将相互接近的停留点的货物装在一辆车上运输

车辆的运行路线应该将相互接近的停留点串起来，以使停留点之间的运行距离最小化，这样也就使总的路线上的运行时间最小化。

2. 将聚集在一起的停留点安排同一天送货

当停留点的送货时间是定在一周的不同天数进行时，应当将聚集在一起的停留点安排在同一天送货。要避免不是同一天送货的停留点在运行路线上重叠，这样有助于使所需的服务车辆数目最小化以及一周中的车辆运行时间和距离最小化。

3. 运行路线从离仓库最远的停留点开始

合理的运行路线是从离仓库最远的停留点开始将该聚集区的停留点串起来，然后返回仓库。一旦确认了最远的停留点后，送货车辆应该满载邻近这个关键停留点的一些停留点的货物。这辆运货车满载后，再选择另一个停留点，用另一辆运货车转载邻近第二个最远停留点的一些停留点的货物，按此程序进行下去，直至所有停留点的货物都分配给运货车辆。

4. 一辆运货车顺次途经各停留点的路线要呈凸状

运货车辆顺序途经各停留点的路线不应交叉，应该呈凸状。不过，停留点工作时间的约束和停留点送货后再提货的要求往往会导致路线的交叉。

5. 最有效的运行路线通常使用载重量大的运货车辆

最好是使用一辆载重量大到能将路线上所有停留点所要求运送的货物都能装载的送货车，这样一来可将服务停留点的总的运行距离或时间最小化。因此，在多种规格车型的车队

中,应优先使用载重量最大的送货车。

6. 提货应在送货过程中进行,而不要在运行路线结束后再进行

提货应尽可能在送货过程中进行,以减少交叉路程量,而在送货结束后再进行提货经常会发生交叉路程。提货在送货过程中进行,究竟能做到什么程度,取决于送货车辆的形状、提货量以及所提的货物对车辆内部后续送货通道的影响程度。

7. 对偏离聚集停留点路线远的单独的停留点可选用另一个送货方案

偏离聚集停留点远的停留点,特别是那些最小的停留点一般要花费大量的运输时间和车辆费用。因此,使用载重量小的车辆专门为这些停留点送货是经济的,其经济效益取决于该停留点的偏离度和送货量。一般情况下,如果偏离度越大,送货量越小,则使用载重量小的车辆专门为这些停留点送货就越经济。另一个可供选择的方案是租用车辆为这些停留点服务。

8. 应当避免停留点工作时间太短的约束

停留点工作时间太短常会迫使途经停留点的顺序偏离理想状态。由于停留点的工作时间约束一般不是绝对的,因此,如果停留点的工作时间确实影响到合理的送货路线,则可以与停留点商量,调整其工作时间或放宽其工作约束。

上述的原则可以很容易传授给运作人员,从而帮助他们制订出满意的现实可行的合理路线和时间安排。当然这些原则也仅是合理路线设计的指引,运作人员面对车辆运作的许多复杂情况并不是上述原则所能全部包容的。遇到特殊的约束条件,运作人员要根据自己的经验灵活处理。

(二)制订最优配送计划

当车辆不满载或者客户的需求为多批次、小批量时,为了节约费用,车辆一次装载的货物包括若干个客户的需求量,并且在一次运输过程中依次对这些客户进行访问。为了与一次运输过程中只访问一个客户的直线往返运输方式相区别,将此类运输问题称为配送。图2-2所示的为直线往返运输与配送这两种路线的示意图。

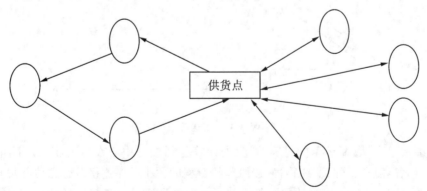

图2-2 直线往返运输路线与配送路线示意图

○ 客户; ←→ 直线往返运输路线; → 配送路线

配送的方式广泛存在于一个城市或地区内的近距离运输过程之中。对配送计划的制订,主要包括以下两方面的内容。

(1) 进行配送的车辆种类和数量的确定,需要权衡车辆的费用与承载能力,并考虑已有的车辆类型和数量。

(2) 车辆路线安排的确定就是有名的旅行商问题(traveling salesman problem, TSP)和车辆行程安排问题(vehicle routing problem, VRP)。根据约束条件的不同,可以有不同形式的 VRP。

当从若干配送点向众多的客户配送货物时,需要车辆数、所需时间、距离、配送量等都是做规划时必需的数据。最佳的配送路线应是车辆高效率运行且所需车辆最少、距离最短、所需时间最少的路线。除此之外,还应该符合下列条件:

① 满足所有顾客的需求;
② 各配送路线的货物量不得超过车辆的有限载量;
③ 必须按配送计划所制订的时刻表进行配送,不得超过规定的时间。

1) VRP 的基本思路

VRP 规划法的基本思路如图 2-3(a)所示。其中,P 为配送中心所在地,A 和 B 为客户所在地,相互之间道路距离分别为 a、b、c。最简单的配送方法是利用两辆车分别为 A、B 所在地的客户配送。此时,如图 2-3(b)所示,车辆运行距离为 $2a+2b$;然而,如果按图 2-3(c)所示改用一辆车巡回配送,运行距离为 $a+b+c$,如果道路没有什么特殊情况,可以节约车辆运行距离为 $(2a+2b)-(a+b+c)=a+b-c>0$,这也被称为"节约行程"。

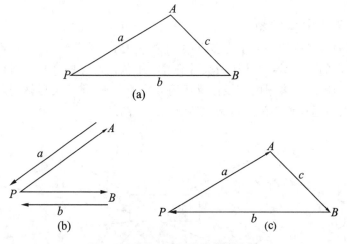

图 2-3 配送中心配送路线的选择

如果给数十家、数百家客户配送,则应先计算包括配送中心在内的相互之间的最短距离,然后计算各客户之间的节约行程,按照节约行程的大小顺序连接各配送地并规划出配送路线。但是,VRP 法所求出来的配送路线并不一定是最适解,有时是近似解。但是,对客户多、规模大的情况,它比人工计算要快得多。为了更好地掌握和运用 VRP 规划法,现举例说明如下。

图 2-4 所示的为一配送网络。P 为配送中心所在地，A~J 为客户所在地，括号内的数字为配送量，单位为 t，线路上的数字为道路行程，单位为 km。

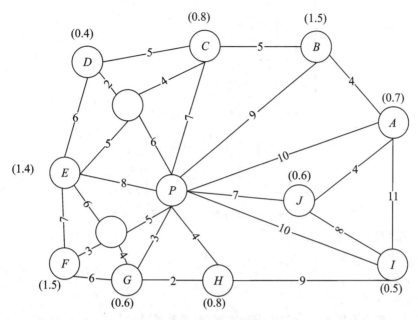

图 2-4　配送中心的配送网络图

为了尽量缩短车辆运行距离，必须求出最佳配送路线。现有可以利用的车辆是最大载装量为 2 t 和 4 t 的两种厢式货车，并限制车辆一次运行距离在 30 km 以内。

第一步：首先计算相互之间最短距离，根据图 2-4 中配送中心至各用户之间、用户与用户之间的距离，得出最短配送路线距离矩阵，如图 2-5 所示。

	P	A	B	C	D	E	F	G	H	I	J
A	10	A									
B	9	4	B								
C	7	9	5	C							
D	8	14	10	5	D						
E	8	18	14	9	6	E					
F	8	18	17	15	13	7	F				
G	3	13	12	10	11	10	6	G			
H	4	14	13	11	12	12	8	2	H		
I	10	11	15	17	18	18	17	11	9	I	
J	7	4	8	13	15	15	15	10	11	8	J

图 2-5　最短配送路线距离矩阵

第二步：从最短配送路线距离矩阵中，计算出各用户之间的配送线路节约行程图，如图 2-6 所示。

例如，计算 A—B 的节约行程：

	A								
B	15	B							
C	8	11	C						
D	4	7	10	D					
E	0	3	6	10	E				
F	0	0	0	3	9	F			
G	0	0	0	0	1	5	G		
H	0	0	0	0	0	4	5	H	
I	9	4	0	0	0	1	2	5	I
J	13	8	1	0	0	0	0	0	9	J

图 2-6 配送路线节约行程图

$P—A$ 的距离：$a=10$

$P—B$ 的距离：$b=9$

$A—B$ 的距离：$c=4$

$a+b-c=15$

第三步：对节约行程按大小顺序进行排列，配送路线节约行程排序表如表 2-1 所示。

表 2-1 配送路线节约行程排序表

序 号	连接点	节约行程	序 号	连接点	节约行程
1	A—B	15	13	F—G	5
2	A—J	13	14	G—H	5
3	B—C	11	15	H—I	5
4	C—D	10	16	A—D	4
4	D—E	10	17	B—I	4
6	A—I	9	18	F—H	4
6	E—F	9	19	B—E	3
6	I—J	9	20	D—F	3
9	A—C	8	21	G—I	2
9	B—J	8	22	C—J	1
11	B—D	7	23	E—G	1
12	C—E	6	24	F—I	1

第四步：按照配送路线节约行程排序表（见表 2-1），组合成配送路线图。

① 初始解。

如图 2-7 所示，从配送中心 P 向各个用户配送，配送线路 10 条，总运行距离为 148 km。

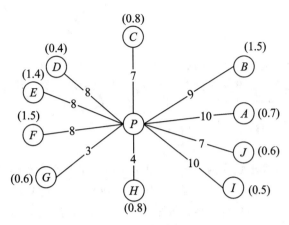

图 2-7 初始解

② 二次解。

按照节约行程的大小顺序连接 $A—B$、$A—J$、$B—C$。如图 2-8 所示，配送路线 7 条，总运行距离为 109 km，需要 2 t 车 6 辆，4 t 车 1 辆。在图 2-8 中可以看出规划的配送路线 1 的装配量为 3.6 t，运行距离为 27 km。

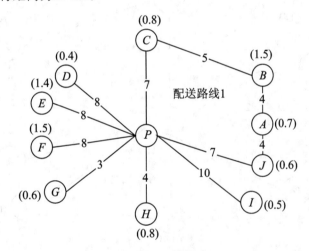

图 2-8 二次解

③ 三次解。

按照节约行程大小顺序，应该是 $C—D$ 和 $D—E$，$C—D$ 和 $D—E$ 都有可能连接到二次解的配送路线 1 中。但是，由于受车辆装载量和每次运行距离这两个条件的限制，配送路线 1 不能再增加用户，为此不再连接 $C—D$，而连接 $D—E$，组成配送路线 2，该线路装载量为 1.8 t，运行距离为 22 km。此时，配送路线共 6 条，总运行距离为 99 km，需要 2 t 汽车 5 辆，4 t 汽车 1 辆。

④ 四次解。

接下来的顺序是 $A—I$、$E—F$。由于将用户 A 组合到配送路线 1 中，而且该路线不能再扩充用户，所以不再连接 $A—I$。连接 $E—F$ 并入到配送路线 2 中，配送路线 2 装载量为 3.3 t，运行距离为 29 km。此时，配送路线只有 5 条，总运行距离为 90 km，需要 2 t 汽车 3

辆,4 t 汽车 2 辆。

⑤ 五次解。

按节约行程顺序接下来应该是 $I—J$、$A—C$、$B—J$、$B—D$、$C—E$。但是,这些连接均由于包含在已组合的配送路线中,不能再组成新的配送路线。接下来可以将 $F—G$ 组合到配送路线 2 中,这样配送路线 2 装载量为 3.9 t,运行距离为 30 km,均未超出限制条件。此时,配送路线只有 4 条,总运行距离为 85 km,需要 2 t 汽车 2 辆,4 t 汽车 2 辆。

⑥ 最终解。

接下来的节约行程大小顺序为 $G—H$,由于受装载量及运行距离限制,不能再组合到配送路线 2 内,所以不再连接 $G—H$,而连接 $H—I$ 组成新的配送路线 3,如图 2-9 所示。

到此为止,完成了全部的配送路线的规划设计,共有 3 条配送路线,运行距离为 80 km。需要 2 t 汽车 1 辆,4 t 汽车 2 辆。其中配送路线 1:4 t 汽车 1 辆,运行距离为 27 km,装载量为 3.6 t;配送路线 2:4 t 汽车 1 辆,运行距离为 30 km,装载量为 3.9 t;配送路线 3:2 t 汽车 1 辆,运行距离为 23 km,装载量为 1.3 t。

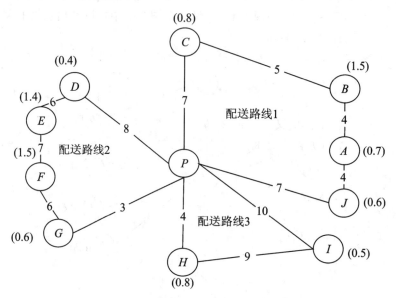

图 2-9 配送中心最佳配送路线(最终解)

2) 使用 VRP 规划法应注意的事项
- VRP 规划法适用于用户需求稳定的配送中心。
- 对需求不固定的用户,采用其他途径配送,或并入到有富余的配送路线中去。
- 最终确定的路线要充分听取司机及现场工作人员的意见。
- 尽量调整平衡各配送路线的负荷量。
- 要充分考虑道路运输状况。
- 应预测需求的变化及发展。
- 不可忽视在送达用户后需停留的时间。
- 要考虑司机的休息时间及指定的交货时间。
- 因为交通状况和需求变化影响到配送路线,最好利用仿真模拟研究对策及实施措施。

● 对于 VRP 规划法,几乎所有的计算机应用程序软件包都是比较完备的,对配送中心,特别是规模大的配送网络应该应用计算机进行规划设计。

(三) 库存决策

在配送中心物流网络中,节点的管理活动(主要为库存管理)和连接各节点的路线上的运输管理,构成物流管理的两大问题。

库存需要保管费用,此外,多余的库存会占用资金。因此,合理确定库存品种和数量就显得十分重要。"零库存"管理方式虽然可以有效地降低库存与保管所带来的费用,但在此种管理方式下有可能出现因缺货而使生产耽搁,或供货与用户预购的不符而丧失信用的情况,而且会带来频繁的运输,从而导致运输成本的增加和客户处理进出货物的工作量的增加。

因此,库存决策的目的就是考虑生产计划、顾客服务水平与经济性,使库存量合理,补充货物及时。对库存决策提供的条件有:用户的需求、库存费用、从订货到交货的时间等。上述条件如果随时间而变动,则相应模型称为动态系统模型;如果不随时间变动,则相应模型称为静态系统模型。

三、物流系统优化在其他领域中的应用

除了上述优化对象外,由于物流管理涉及范围较广,因此,物流系统优化的作用领域也不仅仅局限于上述对象。可以说,凡是影响物流管理目标实现的因素,均可成为物流系统优化的考虑对象,可归属于物流系统优化的应用领域。如果把对物流绩效关键驱动因素的优化作为物流系统优化的第一层应用领域,我们可以分析并指明物流系统优化的第二、第三直至更多层的应用领域,它们之间的关系是,某一层(如第二层)物流系统优化的研究对象,通常为上一层(第一层)物流系统优化需要考虑的因素,这些因素以参数或约束条件的形式给出。以某配送中心的库存决策为例,可以考虑物流系统优化的如下三个应用层次。

(一) 第一层次:配送中心的货物进货计划

在制订货物进货计划时,分销中心将考虑货物的需求特征,如货物的进货价格、定价、存储与运输过程发生的费用等各种因素,然后采用一定的优化方法,以发送订单的形式给出货物的进货计划,具体表现为明确货物的订货时间与每次订货的数量。优化的目标是在满足一定需求量(可以用需求的满足率来表示)的前提下,使经营过程中的相关费用达到最小。这些费用主要包括:货物的进货成本,订货、存储与运输过程中发生的费用。

在此层次上进行优化时,也就是配送中心在制订货物的进货计划时,市场对该货物的需求特征,以及与货物的进货、售出相关的各种费用(如单位物品单位时间的存储费用)均认为是存在于进货决策能力之外的因素,并直接影响到进货决策的制订。

(二) 第二层次:营销策略与货物的市场需求特征

在给出了第一层次的决策对象后,进一步地可以考虑改变其中的一些参数和约束条件的可能性。以配送中心所经销货物的市场需求特征为例,我们知道,由于竞争对手、货物品质特征、促销策略等因素的存在,某种货物在市场上的占有率是相对稳定的,配送中心的进货策略也主要是以此为依据来制订的。如果改变某些因素,如销售策略,则有可能带来需求

特征的变化,进一步会引发订货策略的改变。因此,通过改变销售策略的方法来改善货物的市场需求特征,并以此来影响货物的订货策略,以达到进一步提高配送中心在货物经营过程中的销售利润的目的。

货物的销售策略包括进行广告投入、制订打折方案、实行批量购买优惠政策等手段。由于销售策略的改变通常会带来营销费用的增加,因此,在用优化方法考虑并制订新的销售策略时,要对所投入的费用与增加的收入进行权衡,并在考虑企业的整体竞争策略与经营方针之后,着手进行最优方案的选择。

(三) 第三层次:货物的进货价格

在上述与库存优化相关的两个决策层次中,决策的参与主体为进货商(配送中心),配送中心对货物的进货价格是被动接受的,并依此进行货物的进货决策;从另一方面来考虑,当给定了货物的出售价格后,供货商对配送中心给出的订货决策也是被动接受的,为了赢得并满足配送中心的订单,供货商会想尽办法来做到这点。由此我们会想到,如果改变供货商供应货物的销售价格,则会使配送中心改变订货策略,并有可能增加供货商及(或)配送中心的销售利润。因此,可以考虑将供货商的销售价格作为决策变量,分析并确定该变量的最佳取值。当然,站在不同的立场上,该变量的最佳取值也是不同的。如果站在供应链的角度,则决策的目标是使得包括供货商与进货商(配送中心)在内的供应链的利润达到最大。

在此层次中,将货物销售价格(对配送中心来讲为进货价格)的制订作为决策变量。而这个决策变量是作为决策时需要考虑的参数,并存在于第一和第二层次之中。

第三节 物流系统优化的基础理论与计算方法

从第一章第一节的介绍中了解到,在进行物流系统优化时,需要遵循系统分析的方法,完成将理论分析结果应用于实践,并对所提出的方案进行不断改进与完善。在这个基本框架下,需要用一些基本理论与方法来帮助我们发现、分析和解决实际中的物流问题,支持优化过程的实现。在本节,首先介绍物流系统优化的一些基础理论知识,然后介绍优化模型的计算与分析技术。

一、规划论

规划论主要研究计划管理工作中有关安排的问题,一般可以归纳为在满足既定的要求下,按某一衡量指标来寻求最优方案的问题。可以根据所构建模型的特点,将规划方法分为不同的类型,例如,如果目标函数和约束条件的数学表达式都是线性的,则称为"线性规划",否则称为"非线性规划";如果所考虑的规划问题可按时间划为几个阶段求解,则称为"动态规划";如果目标函数中含有不止一项目标,则称为"多目标规划"等。

应用规划论进行物流系统优化的典型例子如"运输问题",即数量和单位运价都是给定的,将某种货物从配送中心运送到消费地点,要求在供销平衡的同时,定出流量与流向,使总运输成本最小。我国曾运用线性规划进行水泥、粮食和钢材的合理调运,取得了较好的经济效益。规划论方法还可以解决一些物流系统优化问题,如"合理选址"问题、"车辆调度"问题、"货物配装"问题、"物流资源(人员或设备)指派"问题等。

【例 2-1】 运输问题的数学模型。

大宗物资调运,如某种原材料在全国有若干生产基地,根据交通网络,制定调运方案,将这些物资运到各消费地点,且使总运费最小。用数学语言描述如下。

已知有 m 个生产基地,$A_i(i=1,2,\cdots,m)$ 可供应某种物资,其供应量分别为 $a_i(i=1,2,\cdots,m)$,有 n 个销售地 $B_j(j=1,2,\cdots,n)$,其需要量分别为 $b_j(j=1,2,\cdots,n)$,从 A_i 至 B_j 运输单位物资的运价(单价)为 c_{ij},这些数据汇总于产销平衡表和单位运价表中,分别如表 2-2、表 2-3 所示。

表 2-2 产销平衡表

产地 \ 销售地	$1,2,\cdots,n$	产量
1		a_1
2		a_2
$\vdots$		$\vdots$
m		a_m
销量	$b_1,b_2,\cdots,b_n$	

表 2-3 单位运价表

产地 \ 销售地	$1,2,\cdots,n$
1	$c_{11},c_{12},\cdots,c_{1n}$
2	$c_{21},c_{22},\cdots,c_{2n}$
$\vdots$	$\vdots$
m	$c_{31},c_{32},\cdots,c_{mn}$

若用 x_{ij} 表示从 A_i 到 B_j 的运量,在产销平衡的条件下,要求得到总运费最小的调运方案,可求解以下数学模型:

$$\min z = \sum_{i=1}^{m}\sum_{j=1}^{n} c_{ij} x_{ij}$$

$$\sum_{i=1}^{m} x_{ij} = b_j, j=1,2,\cdots,n$$

$$\sum_{j=1}^{n} x_{ij} = a_i, i=1,2,\cdots,m$$

$$x_{ij} \geqslant 0$$

这就是运输问题的数学模型。它包含 $m \times n$ 个变量,$m+n$ 个约束方程,其系数矩阵的结构比较松散,且很特殊,在运筹学中,可用单纯形法的简化方法——表上作业法来解答。具体解答过程请读者参考相关的运筹学书籍。

二、排队论

排队论主要研究具有随机性的拥挤现象,它起源于自动交换机的研究。对电话通信系统而言,叫号次数的多少和通话时间的长短都是不确定的,对于多条电话线路,叫通的机会和线路空闲的机会都是随机的,因此,服务质量和设备利用率之间存在矛盾。这类问题可以形象地描述为顾客来到服务台前要求接待服务。如果服务台已被其他顾客占用,那么就要排队等待。另一方面,服务台也时而空闲,时而忙碌。排队论的主要内容之一,就是研究等待时间、排队长度等的概率分布。根据服务台的数量,排队问题又分为单线或多线的排队问题。

排队论在物流过程中具有广泛的应用,例如,机场跑道设计和机场设施数量问题,即如何才能既保证飞机起降的使用要求,又不浪费机场资源;又如码头的泊位设计和装卸设备的购置问题,即如何达到既能满足船舶到港的装卸要求,而又不浪费港口资源;再如仓库保管员和物流机械维修人员的聘用数量问题,即如何达到既能保证仓储保管业务和物流机械的正常运转,又不造成人力浪费等。这些问题都可以运用排队论方法加以解决。

【例 2-2】 有一售票口。已知顾客按照平均两分三十秒的时间间隔的负指数分布到达,顾客在售票口前的服务平均时间为两分钟。①若服务时间也服从负指数分布,求顾客为购票所需的平均逗留时间和等待时间;②若经过调查,顾客在售票口前至少要占用一分钟,且认为服务时间服从负指数分布是不恰当的,而应服从以下概率密度分布:

$$f(y)=\begin{cases}e^{-y+1} & y\geqslant 1\\ 0 & y<1\end{cases}$$

在这种情况下,再求顾客的逗留时间和等待时间。

解 用 λ 表示单位时间平均到达的顾客数,μ 表示单位时间内能被服务完的顾客数,ρ 为服务强度,$\rho=\dfrac{\lambda}{\mu}$,$w_s$ 表示在系统中顾客逗留时间的期望值,w_q 表示在队列中顾客等待时间的期望值,L_s 表示系统中的平均顾客数,L_q 表示在队列中等待的平均顾客数。

P-K 公式为

$$L_s=\rho+\frac{\rho^2+\lambda^2\mathrm{Var}[T]}{2(1-\rho)}$$

P-K 公式适用于相继到达间隔时间为负指数分布、服务时间为一般分布、单服务台的排队模型(即 M/G/1 模型)。

① $\lambda=\dfrac{1}{2.5}=0.4$,$\mu=\dfrac{1}{2}=0.5$,$\rho=\dfrac{\lambda}{\mu}=0.8$

$$w_s=\frac{1}{\mu-\lambda}=10(分钟)$$

$$w_q=\frac{\rho}{\mu-\lambda}=8(分钟)$$

② 令 Y 为服务时间,那么 $Y=1+X$,X 服从均值为 1 的负指数分布,于是

$$E[Y]=2,\mathrm{Var}[X]=1$$

$\rho=\lambda E[Y]=0.8$,代入 P-K 公式,得

$$L_s = 0.8 + \frac{0.8^2 + 0.4^2 \times 1}{2 \times (1-0.8)} = 2.8$$

$$L_q = L_s - \rho = 2$$

$$W_s = \frac{L_s}{\lambda} = 7 (\text{分钟})$$

$$W_q = \frac{L_q}{\lambda} = 5 (\text{分钟})$$

三、库存论

库存论所关心的问题是对存货的科学管理。广义上讲，人、财、物等凡可以使用而未用的资源都可称为存货。描述一个存储系统主要包括三方面的内容：存储状态、补充和需求。存储状态是指存货随着时间的推移而发生的盘点数量的变化；补充是系统的输入，补充策略是根据系统的目标和需求方式来确定的；需求是系统的输出，它可以有不同的形式，包括连续需求、间断需求、已知的确定性需求和随机需求等。

确定存储策略时，首先是把实际问题抽象为数学模型，在形成模型过程中，对一些复杂的条件尽量加以简化，但前提是模型能够反映问题的本质，然后对模型用数学的方法加以研究，得出结论，结论是否正确还要拿到实践中加以检验。若结论与实际不符，则要对模型重新研究和修改。存储问题经长期研究已经得出一些行之有效的模型，大体上可分为两类：一类为确定性模型，即模型中的数据参数皆为确定性的数值；另一类为随机性模型，即模型中含有随机变量，而不完全是确定性的数值。

衡量一个存储系统的管理水平通常有两类指标：存储系统的服务质量和存储系统在一段时间内发生的费用。评价存储系统的服务质量主要是用系统出现缺货现象的概率来衡量，为了减少缺货现象、避免缺货损失，系统通常要有较高的存储准备，但这无疑会增加系统的存储费用。而存储系统欲实现其利润极大化或费用极小化，只有通过控制存储量来保证系统发生的各项费用总和最小，即协调影响系统状态各因素之间的关系，找到最佳的存储策略，使得各相关费用之和达到最小值。因此，求解存储系统的问题可归为达到一定服务质量要求下确定补充策略，使系统发生的与存储相关的费用达到最小。

【例 2-3】 已知仓库最大容量为 A，原有储存量为 I，要计划在 m 个周期内，确定每一个周期的合理进货量与销售量，使总收入最多。已知第 i 个周期出售一个单位货物的收入为 a_i，而订购一个单位的订货费为 $b_i (i=1,2,\cdots,m)$。

解 设 x_i、y_i 分别为第 i 个周期的进货量及售货量，这时总收入为

$$C = \sum_{i=1}^{m} (a_i y_i - b_i x_i)$$

求出 x_i、y_i，使 C 达到最大值，$i=1,2,\cdots,m$。为方便下文公式中的标号，记 $x_0 = y_0 = 0$。容易理解 x_i, y_i 这些变量是不能任意取值的，其约束条件说明如下：

① 它们受到库存容量的限制，即进货量加上原有库存量不能超过 A；
② 每个周期的售出量不能超过该周期的储存量；
③ 进货量及售出量不能取负值。

用方程组表示上述的限制（约束条件），即

$$I + x_s + \sum_{i=0}^{s-1}(x_i - y_i) \leqslant A, \quad s = 1, 2, \cdots, m$$

$$y_s \leqslant I + x_s + \sum_{i=0}^{s-1}(x_i - y_i), \quad s = 1, 2, \cdots, m$$

$$x_i \geqslant 0, y_i \geqslant 0, \quad i = 1, 2, \cdots, m$$

该问题的目标函数和约束条件都是线性的，利用线性规划可以求解这一问题。

四、对策论

对策论最初是运用数学方法来研究有利害冲突的双方在竞争性活动中是否存在制胜对方的最优策略，以及如何找出这些策略。在对策论中，把双方的损耗用数量来描述，并找出双方最优策略。对策论的发展，考虑有多方参加的竞争活动，在这些活动中，竞争策略要通过参加者多次的决策才能确定。

在市场经济条件下，物流业也充满了竞争。对策论是一种定量分析方法，可以帮助我们寻找最佳的竞争策略，以便战胜对手或者减少损失。例如，在一个城市内有两个配送中心经营相同的业务，为了争夺市场份额，双方都有多个策略可供选择，这时可以运用对策论进行分析，寻找最佳策略。又如，某一地区的汽车运输公司要与铁路系统争夺客源，有多种策略可供选择，也可用对策论研究竞争方案。

【**例 2-4**】某厂用三种不同的设备 a_1、a_2、a_3 加工三种不同的产品 β_1、β_2、β_3。已知这三种设备在分别加工三种产品时，单位时间内创造的价值如表 2-4 所示。

表 2-4　单位时间内创造的价值

		被加工产品		
		β_1	β_2	β_3
使用设备	a_1	4	−1	5
	a_2	0	5	3
	a_3	3	3	7

出现负值是由于设备的消耗大于创造出的价值。在上述条件下，求出一个合理的加工方案。

解　此问题可看成是一个矩阵对策问题，设采用设备 a_1、a_2、a_3 的概率分别为 $(x_1, x_2, x_3)^T$，产品 β_1、β_2、β_3 被接受加工的概率为 $(y_1, y_2, y_3)^T$。

简化计算，求得赢得矩阵为

$$A' = A - \begin{bmatrix} 3 & 3 & 3 \\ 3 & 3 & 3 \\ 3 & 3 & 3 \end{bmatrix} = \begin{bmatrix} 1 & -4 & 2 \\ -3 & 2 & 0 \\ 0 & 0 & 4 \end{bmatrix}$$

的矩阵对策为 G'，先解方程组

$$\begin{cases} x_1 - 3x_2 = v' \\ -4x_1 + 2x_2 = v' \\ 2x_1 + 4x_3 = v' \\ x_1 + x_2 + x_3 = 1 \end{cases} \quad 和 \quad \begin{cases} y_1 - 4y_2 + 2y_3 = v' \\ -3y_1 + 2y_2 = v' \\ 4y_3 = v' \\ y_1 + y_2 + y_3 = 1 \end{cases}$$

由于上述等式中不存在负解,因此采用试算法,取某些式子为不等式,转而求解

$$\begin{cases} x_1-3x_2=v' \\ -4x_1+2x_2=v' \\ 2x_1+4x_3>v' \\ x_1+x_2+x_3=1 \end{cases} \text{和} \begin{cases} y_1-4y_2+2y_3<v' \\ -3y_1+2y_2=v' \\ 4y_3=v' \\ y_1+y_2+y_3=1 \end{cases}$$

解得 x^* 及 y^* 中的分量 $x_1^*=0, y_3^*=0$。将此结果代回上面不等式组,得到

$$x_2^*=0, x_3^*=1; y_1^*=0.4, y_2^*=0.6; v'=0$$

故原对策最优解为 $x^*=(0,0,1)^T, y^*=(0.4,0.6,0)^T$,对策值(单位时间内创造的价值的期望值)$V_G=v'+2=2$。

五、解析方法、启发式方法与仿真方法

在物流系统优化研究中,主要以系统理论思想为基础,采用多种方法相结合的手段。物流系统优化方法应当能支持物流系统优化研究的内容,并根据具体问题,考虑采用相应的方法。

可以用不同的方法来规划、设计一个物流系统,使其达到整体目标最优的要求,归纳来讲,主要有解析方法、启发式方法和仿真方法。

所谓解析方法是指像线性规划、运输问题、动态规划那样能通过对模型的解析,求出最优解的方法。由于能求得模型的最优解,因此,解析方法是最有说服力的一种分析技术。另外,在条件变化时能对所求解进行灵敏度分析,这也是它的优点。但是,现实的物流问题往往是非常复杂的,仅用解析方法往往不足以表现物流活动的全貌;此外,为了分析和求解上的方便,在建模时往往做出一些假设,这也会影响结果的准确性。

启发式方法能对现实问题进行较为全面的描述,在有效的时间内得到满意解,但不能保证是最优解。该方法具有很好的可操作性,并且由于启发式原则符合人们的思维,很容易被决策者接受。但启发式方法通常只适用于求解某一类特定的问题,并且解的性能难以保证。因此,通用性、稳定性以及较快的收敛性是衡量启发式方法性能的主要标准。

物流系统仿真是将成本、运输的方式与批量、库存容量与周转等要素以合理的数量关系加以描述,编制计算机程序进行模拟运行,通过对模拟结果评估分析,选出最优的方案。由于仿真方法是通过对现实物流系统的模拟来选择最佳方案,因此,严格地讲,该方法是一种实验技术。对于大型、复杂、多元的物流问题,仿真是一种有效的工具,但仿真方法的难点在于仿真模型的建立及其构成的理论依据、程序的设计和调整,以及仿真结果的整理等工作。

第四节 优化方法在物流管理中的作用及应用难点分析

从直观上看,优化方法在物流管理中的作用是明显的。通过建立与求解优化模型,不仅可以分析决策变量之间,以及决策变量与目标函数及各个约束之间的关系,而且可以从大量的可行方案中寻找最优的方案,提供给管理者作为决策的重要依据。那么,从管理和微观经济学的角度来看,这样的作用体现在哪些方面呢?换句话说,我们是否可以分析

物流优化的更深层次的作用呢？这就是本节所探讨的第一个问题。接下来,我们还要分析将优化方法应用于物流管理,特别是现代物流管理当中时,可能会遇到的困难以及相应的注意事项。

一、分析优化方法在物流管理中的作用

从第一章的分析中我们了解到,物流服务水平与物流成本之间存在着不可调和的矛盾,即在一定的物流管理绩效水平下,物流服务水平的提高一定是以物流成本的增加为代价的。另一方面,随着全球经济一体化的发展,市场竞争越来越激烈,客户对物流服务水平的要求也越来越高,这种压力的存在将会迫使企业管理者寻求这样的解决方案:能够在保证赢利的情况下提高物流服务水平,令客户满意;或者在保持物流服务水平的情况下降低物流成本,使其低于社会平均物流成本,从而间接地增加收益。我们可以用图形来表示企业管理者所期望的物流成本与物流服务水平之间的变化关系,如图 2-10 所示。

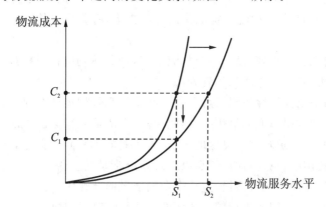

图 2-10 物流成本与物流服务水平的关系曲线

在图 2-10 中,用横坐标来表示企业能够为顾客提供的物流服务水平,用纵坐标来表示企业的物流成本,分别用两条曲线来表示物流成本与物流服务水平之间的关系,用箭头来表示企业管理者所期望的物流成本与物流服务水平之间的关系变化,即在保持相同的物流服务水平(如图中的 S_1)的情形下,物流成本下降了(从 C_2 下降到 C_1),或者在相同的物流成本(如图中的 C_2)下,物流服务水平提高了(从 S_1 提高到 S_2)。而最能够反映这种变化的指标为物流管理的效率,也就是说,通过提高物流管理的效率,企业可以用同样的支出(即成本)来换取更高的收益(即对顾客的服务水平),或者说,可以用更小的支出来保持相同的收益。因此,物流系统优化的作用就在于提高物流管理的效率。

根据系统论的观点,物流系统优化方法是将物流看作一个系统来加以管理,将物流各环节看作这个系统的组成要素,按照系统整体目标的要求,对系统的各组成要素进行资源配置和优化管理,实现物流各环节之间的无缝连接,从系统层面上缓解了这一在系统要素层面一直无法解决的效益背反问题,从而提高了物流管理的效率。即物流系统优化方法可有效地缓解物流服务提供商和用户因在物流成本与物流服务水平两者之间不同的价值取向而形成的对立关系,减轻物流系统要素之间目标冲突的强度和力度,通过提高物流的运作效率来发挥其在物流管理中的作用。物流管理的决策范围越大,物流系统优化在物流管理中发挥作

用的潜力也就越大,这就需要分析与研究物流管理中的集成优化决策,通过提高供应链的运作效率来实现现代物流管理的目标。

二、优化方法在物流管理中的应用难点分析

现代物流强调物流各项功能要素与物流节点之间的协调与合作,追求全局最优化。这样就对物流优化提出了更高的要求,增加了优化方案设计与实施的难度。

这种难度主要体现在以下三个方面。

1. 对现代物流管理理念的理解与把握

现代物流管理的核心是协调与合作。若协调方仅仅存在于一个企业内部的不同部门,则优化的关键是寻求与这些部门相关的决策变量,分析各个部门之间的相互关系,在实现企业战略目标的前提下,确定物流管理的目标,寻找决策变量的最优方案。若协调方属于不同的企业,则情形就变得较为复杂,不仅要从技术上寻找物流优化的方案,还要考虑由于最优化而带来的利益分配问题,这将直接关系到优化方案在实施上的可行性。

2. 优化模型的建立与求解技术

现代物流管理的协作与集成要求,使得物流系统优化所考虑的范畴更深、更广,涉及因素的增多以及这些因素之间的关联度加大了物流优化模型的建立与求解的难度,必然对物流系统优化的理论与方法提出了更高的要求。

3. 物流系统优化方案的有效实施与不断改进

为了使物流系统优化方案有效地应用于现代物流管理,必须考虑优化方案在实施上可能遇到的各种因素,特别是一些对物流系统优化方案的实施效果有较大影响的一些外界因素。例如,在分析库存决策与运输决策的集成优化时,如果优化方案是租赁汽车,则要考虑当租赁车辆不可获得时,对库存决策以及对物流系统的影响,必要时,可增加冗余度以提高系统的稳定性。总之,由于生产经营内外环境因素的不断变化,在将物流系统优化方案应用于企业物流管理过程当中时,要具有实时和动态的观点,对物流系统优化方案不断提出修改意见,使其能够适应环境的变化,真正实现物流系统优化的目的。

【经典案例1】

实现最优的运输成市

某公司计划对安徽的废旧家电产品进行回收。现已知收集点和销售点的位置是确定的,收集点为安徽的17个城市,在收集点中,检测点为3个,再制造工厂为1个,产品分销中心为3个,处理掩埋点为1个。各城市之间的公路运输距离如表2-5所示。已知将废旧家电从检测点运送到再制造工厂的百分比为35%,运送到产品分销中心的百分比为60%,运送到处理掩埋点的百分比为5%。从再制造工厂到产品分销中心的百分比为98%,运送到最终处理点的百

分比为2%。具体数据如表2-6和表2-7所示。运输成本为0.4元/(吨·千米)。

(资料来源:陈言东,刘光复,宋守许,等.基于家电回收的逆向物流网络模型研究[J].价值工程,2007(3):72-75.)

表2-5 各城市之间的公路运输距离   单位:公里

序号	1	2	3	4	5	6	7	8	9	10	11	12	13	14	15	16	17
2	169	0															
3	132	301	0														
4	110	58	240	0													
5	310	145	442	203	0												
6	140	309	120	250	450	0											
7	190	360	270	300	500	150	0										
8	140	310	60	250	450	180	330	0									
9	325	490	270	435	635	160	230	330	0								
10	151	160	280	260	310	291	335	275	540	0							
11	240	180	375	120	150	380	375	380	605	315	0						
12	315	195	450	180	135	380	475	455	705	355	104	0					
13	260	92	390	150	53	405	400	585	250	140	110	0					
14	79	248	210	185	390	205	190	219	400	230	160	260	339	0			
15	208	380	70	318	510	170	280	130	193	350	440	520	470	287	0		
16	66	220	66	175	376	155	306	136	335	217	306	380	325	145	142	0	
17	253	405	205	360	560	55	65	235	145	395	440	540	510	240	210	280	0

表2-6 收集点产品的可回收量   单位:吨/月

序号	1	2	3	4	5	6	7	8	9	10	11	12	13	14	15	16	17
可回收量	360	280	140	130	140	50	300	70	160	200	240	280	160	240	120	200	60

表2-7 销售点对产品的需求量   单位:吨/月

序号	1	2	3	4	5	6	7	8	9
需求量	310	240	600	360	400	160	320	240	320

请大家思考一下,上述案例应该如何进行运输优化才能实现最优的运输成本。这是从最近的期刊上摘录下来的,期刊上用的解决方法比较新颖,但是比较复杂,可以用基本的运输规划算法计算。当然大家也可以参考期刊上的解法。

【经典案例2】

根据仓库布局,优化运作流程

华中科技大学后勤集团下属的商贸总公司有两个仓库,分别是坐落在喻家山脚下的商品零售货物配送仓库和在西二食堂附近对所有食堂进行粮油配送的食用物品仓库。

这里以商品零售货物配送仓库为例进行分析。该仓库主要对华中科技大学内的13家超市和所有食堂的10 000多种商品进行储存和配送,在食堂方面,主要负责对食堂所需的饮料进行配送,食堂的其他需要则由食用物品仓库负责。

该仓库占地面积大约是2 000 m^2,拥有5个小仓库对不同类别的商品进行储存,其中,1号仓库主要是存放方便面等副食;2号仓库主要存放一些休闲用品,如洗发水之类的物品;3号仓库比较特别,它是由一个较大的仓库再隔开,成为两个小的仓库,分别用于存放不同类型的商品,其中,3-1号仓库存放酒水,3-2号仓库存放百货;4号仓库存放矿泉水和饮料等饮品;5号仓库是最大的仓库,主要存放百货。同时该仓库也存放一些杂物,如不用的超市货架等。其主要的运作流程如图2-11所示。

经过调查分析,仓库现存在的问题主要有如下几个方面。

(1)库房使用率不够。库房的大部分地方都没有放置货物,很多地方都很空,并且仓库只是在周边的位置摆放了货架,使货物多层放置,大部分的货物都是在防鼠台上直接堆放,由于不同货物对堆垛层数的限制,导致堆放的货物参差不齐,既影响美观,又浪费了空间。

(2)库房结构过于简单,只有一个简单的防鼠台和几台电扇,别的什么都没有。虽然由于地理位置的原因,库房比较凉爽,但还是过于简单化了,不利于保存那些对储存环境要求比较高的货物,如牛奶等,特别是那些熟食在天气热的时候很容易胀袋。

(3)仓库作业效率低下,全手工作业,基本上是"人背马扛"的作业模式,没有任何的自动化设备,包括对库存的登记和录入都是人工完成,容易出差错。

(4)仓库内部的货物布局不合理。周转较快的货物被放在了仓库的深处,而不是放在仓库的进口处。虽然仓库的面积并不是很大,但还是在空间和时间上造成了不必要的浪费。

【学习并分析】

1. 针对上述问题,利用优化的基本程序和方法,提出你认为比较好的改进方案?
2. 分析其运作流程图,看是否合理,说明理由,并探讨其他更优化的流程方案?

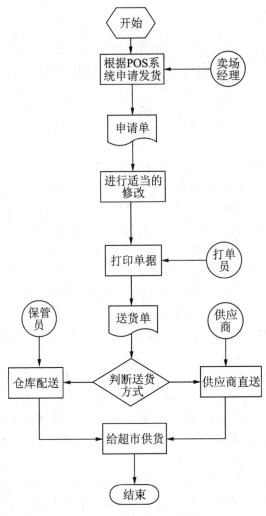

图 2-11 仓库运作流程图

【本章关键术语】

物流优化　logistics optimization　　优化方法　optimization methods
物流管理　logistics management

【本章思考与练习题】

1. 为什么要进行物流系统优化？
2. 实现物流管理目标的关键是对驱动因素的协调管理与合理决策，那么如何才能做到这一点呢？
3. 物流系统优化的基本思路是什么？
4. 在实际中，对物流系统优化的具体方法有哪些？
5. 物流系统优化有哪些应用领域？

第三章 物流中心的商业运作模式规划的理论与方法

本章重点理论与问题

本章首先阐述物流中心商业模式的含义,将物流中心商业模式分为物流中心平台运作模式、物流中心订单履约运作模式和物流中心连锁经营运作模式三种类型,接着阐述了物流中心的平台运作模式产生的三个原因,分别是外部拉动力、内部推动力和催化作用力,并基于以上原因详细介绍了平台运作模式规划的步骤。其次,从物流中心订单履约的流程、策略和方法三个方面介绍了其运作模式和规划方法。最后,介绍了物流中心连锁经营企业的物流配送模式,并提出了企业配送模式选择的定性分析法和定量分析法。

第一节 物流中心商业运作模式概述

商业模式是企业为了在特定的市场建立竞争优势而提出来的用来解释企业如何运作的一个概念,主要包括运营、经济和战略三个层面。在运营层面,商业模式是企业的运营结构,主要关注的是企业通过什么运营流程来创造价值;在经济层面,关注的是企业如何盈利,包括收入来源、收益分配以及成本分摊等;在战略层面,是对企业战略方向的总体反映,包括目标客户的选择以及产品或者服务的选择。简而言之,商业模式就是企业通过何种手段获利。

一般来说,商业模式有 SS 模式(solution shop)、VAPB 模式(value-added process business)和 FUN 模式(facilitated user network)。SS 模式是咨询公司这种为客户提供解决问题的方法而收取咨询费用的商业模式;VAPB 模式是通过增加原材料的价值再出售给顾客而获取利益的一种模式;FUN 模式是通过扩展和增值用户所依赖的网络功能,从而吸引更多用户而实现价值传递和企业更大的利润,如电信公司、银行。

商业模式系统地阐述了企业如何进行价值创造和价值获取,是一个非常重要的概念。同时,物流中心作为物流配送网络中的枢纽,是流通企业实施供应链管理的重要设施之一,在企业中起着至关重要的作用。因此,对物流中心的商业模式进行分析,对于物流中心的规划建设、运作管理以及经济性分析都具有指导意义。物流中心的商业模式主要解释物流中心在整个企业的流通环节中的作用是什么,物流中心通过什么运营流程来创造价值以及物流中心怎么帮企业盈利。

分析物流中心商业模式要明白其中的九个要素。

(1)价值主张。公司的产品或者服务能够向消费者提供什么价值,即物流中心能够为消费者提供什么样的服务,创造什么价值。

(2)消费者目标。即公司的目标群体,也就是物流中心为什么类型的客户提供服务。

(3) 分销渠道。物流中心通过什么方式和客户进行接触。

(4) 客户关系。物流中心和消费者之间所建立的联系。

(5) 价值配置。物流中心资源和人力的分配情况。

(6) 核心能力。物流中心的核心竞争力。

(7) 合作伙伴网络。物流中心同其他公司之间所形成的合作关系。

(8) 成本结构。物流中心运作过程中有哪些成本。

(9) 收入模型。物流中心通过什么来获取收入。

物流中心直接服务于具体企业,是企业针对市场的小批量、多批次的需求特点以及企业降低物流成本的要求而出现的,因此分析物流中心的商业模式应该结合具体的企业类型,不同类型的企业,其物流中心的商业模式各有不同。下面对不同商业模式进行具体分析。

1. 物流中心平台运作模式

如今的市场竞争日益激烈,企业为了降低成本,增强竞争力,适应市场发展趋势,因而需要建立物流中心平台,采用平台化的商业模式。物流中心平台是指把互联网技术、信息技术、计算机技术等智能化的技术应用于物流平台的操作系统之中,对物流中心作业的相关信息进行采集、分类、筛选、储存、分析、评价、管理和控制的通用的信息交换平台。物流中心平台的参与者在物流中心平台上进行信息的交互,并通过线上的信息平台衍生出线下的一些其他商业合作。

2. 物流中心订单履约运作模式

物流中心很重要的作用之一就是按照客户的需求完成订单,大致包括"挑选""包装"和"装载"三个过程。订单履约系统选择何种商业运作模式、采用何种方法对于履约完成的效率、服务质量以及履约成本都有很大的影响,因此应该针对自己服务的对象并且结合企业的核心能力以及成本、收入等商业模式要素来选择合适的订单履约运作模式。

3. 基于物流中心的连锁经营运作模式

连锁经营是一种企业零售活动的经营模式,是指经营同类商品或服务的若干个企业(或企业分支机构),以一定的形式组成一个联合体,在整体规划下进行专业化分工,并在分工和商圈保护的基础上实施集中化管理,把独立的经营活动组合成整体的规模经营,从而实现规模效益。连锁经营为了实现其规模经济效益,同时在质量、价格和品牌效应等方面保持一定的优势,必须选择与其商业模式相符的物流中心,采用合适的配送模式,从而保证商品低成本、高质量的供应。

第二节 物流中心的平台运作模式规划的理论方法

近年来,基于互联网的电子商务平台如阿里巴巴,搜索平台如百度,社交平台如微信,出行平台如滴滴等,均在各个行业发挥重要的作用,各个领域开始重视平台模式,物流中心的平台运作模式也随之引起人们的广泛关注。本节将介绍物流中心的平台运作模式产生的原因及平台运作模式规划的理论方法。

一、物流中心的平台运作模式产生的原因

物流中心的平台运作模式是由外部拉动力、内部推动力和催化作用力三部分相互作用产生的。

(一)外部拉动力

1. 物流需求不确定性增加

随着生产方式由推动式变为拉动式,由大量生产模式变为大量定制化生产,产品需求越来越不确定,物流需求也越来越不确定,为物流企业组织物流活动增加了难度。不确定的物流需求要求物流企业进行组织创新,进而促进了物流中心的平台运作模式,更好地实现效率与成本间的平衡。

2. 物流需求及时效性要求提高

消费端的物流需求及时效性要求高,如鲜花配送、生鲜配送等,而传统的物流运作模式很难满足如此的高时效,即使满足,也会产生巨大的成本。在现有技术条件下,只有靠同样众多的物流商来提供这种点对点的服务。

3. 物流供应商的开发成本高

由于物流需求的不确定性、小批量、范围广等特点,物流开发商需要开拓全领域、多城市、全覆盖的物流配送网络,增加了各方面的成本。

(二)内部推动力

1. 资金能力不足

我国物流行业普遍存在垫付运费的情况,且运费回收周期一般为一至三个月,有时长达半年,这给中小物流企业甚至大型企业造成了沉重的资金负担。

2. 信息成本高

由于物流需求的分散、不确定性、小批量、多批次等特点,使得中小物流企业开发物流业务的信息成本高,尤其回程车配货的信息成本高。

3. 技术投入不足

物流产业尤其是现代物流产业的发展依赖于科技的进步和先进技术的应用,分散的众多小微物流企业很难有能力大规模投资于先进的物流技术,导致核心能力不足而流于价格竞争。

(三)催化作用力

1. 互联网信息技术的快速发展

互联网信息技术的发展提升了人们的信息处理能力,使传统经济突破了时间和空间上的限制,进而改变了消费者的消费方式和物流需求的特点,对物流企业组织创新起催化作用。

2. 政府政策支持

2014年以来,我国相继出台《物流业发展中长期规划(2014—2020)》《"互联网+"高效物流实施意见》等,认为要推动互联网、大数据、云计算等信息技术与物流深度融合,构建新的运输业务模式,推动物流业的转型升级,促进新的业务形态不断成长,这些政策的支持为

物流中心的平台运作模式提供了积极催化作用。日本在2012年第四次修订的《综合物流实策大纲》，综合性地提出了改善日本和亚洲各国物流合作项目以及对日本报关制度进行持续性评价的措施，此外，将之前一直由政府相关部门负责人实施的跟踪体制改为由产业界代表参加的官民合作形式。通过《综合物流实策大纲》的制定和实施，日本物流体系变得更加高效和合理，安全、快捷、绿色的物流服务业已经成为日本经济发展不可或缺的基本保障，在很大程度上促进了日本综合国力的发展。美国对于物流业的支持主要表现在出台一系列放宽运输系统管制的文件和政策，如美国在其到2025年的《国家运输科技发展战略》中提出建立高效和灵活的运输系统，促进美国经济的增长及在本地区和国际上的竞争力；改进机动性和可达性，确保运输系统的畅达、综合、高效和灵活等，这从某种程度上减少了国家对运输业的约束和控制，推动运输业"自由市场体系"的建立，从而有效地促进美国物流业的发展。

二、物流中心的平台运作模式规划的理论方法

在外部拉动力、内部推动力和催化作用力的综合作用下，物流中心的平台运作模式将提高交易效率、降低交易成本、扩大交易范围、实现物流资源的优化配置。因此，在准备阶段，经过资料的收集、整理和分析，就可以进行物流中心的平台运作模式规划。下面简单介绍物流中心的平台运作模式规划的理论方法。

1. 发现现存问题

首先分析现在物流行业普遍存在的缺陷和不足，以此为切入点构建平台，收集数据并挖掘有价值的结果，平台运作才有改进的意义和成功的可能。

2. 搭建物流平台

找到问题之后，需要去搭建物流平台，首先明确物流平台的市场定位、运作流程、盈利模式，以及运作过程中的相应规则，明确物流平台的核心价值和其创造方式。尤其要注意平台的功能设计模式，从用户使用的便利性、功能的完整性等角度出发，详细调研客户需求，以尽可能简单易用的方法实现平台的既定功能。

3. 集聚资源

平台搭建后，就需要考虑如何启动平台，如先投入部分资源以吸引一部分初始顾客，然后通过提供互补服务的企业吸引更多的顾客，如通过软/硬件产品的优惠使用发展衍生服务、基本服务免费策略、价格折扣或者低价策略等。

4. 平台质量管理

平台规模扩大之后，不良用户的加入会使得平台已有用户的效用降低，此时需要将中心从扩大规模转移到提升平台质量上来。通过激励机制、惩罚机制等促使企业通过优质价廉的物流服务，或者向其他优秀物流平台看齐，努力提升服务质量，保证平台运行的良好秩序。

5. 不断开发增值服务

随着平台的不断发展，平台上会沉淀大量的交易和运营数据，如交易金额、运输路线、车辆和司机、纠纷情况等。平台可以通过大数据分析，为物流企业提供包括需求分析、路线优化、库存配置、仓库选址等问题的决策支持，还可以定制一体化解决方案。

6. 跨界融合

物流平台建立了比较完善的机制以后，整个平台会以自组织的形态不断发展壮大，并不

断向其他行业包络,实现跨界融合。由于物流产业在国民经济中的基础性地位,物流平台可以逐渐向贸易、金融甚至上游的生产制造、农产品订单生产等领域扩展,衍生出更多的交易和服务,形成更稳定的物流生态体系。

7. 持续创新

物流平台运作模式趋于稳定后,仍需要不断创新来保持平台的持续发展,以保证物流平台模式的活力。平台可以鼓励物流服务提供商不断创新服务,以满足用户的差异化和个性化需求。

第三节 物流中心订单履约运作模式与方法

订单履约,指的是按照顾客的要求完成订单交易,包括从顾客对产品询价到产品最终送达顾客的全部活动。以配送中心系统为例,只考虑其内部的处理流程,订单履约包括挑选(picking)、包装(packing)、装载(shipping)三个阶段。订单履约的情况直接影响顾客满意度,同时对物流中心以及整个供应链的运作效率也有着重要影响。随着顾客对货物送达的时间要求越来越高,订单履约也得到了足够的重视。在如今网络信息技术发达的电商环境下,如何设计出高效的订单履约系统、优化订单履约各个环节,使得订单履约能更好地满足顾客要求、节省成本,成为亟待解决的问题。

物流中心订单履约,指的是从物流中心接到订单,到装载配送的整个过程,涉及订单处理、分拣存取、配送路径选择等问题。本节对物流中心订单履约的运作模式和方法进行了详细描述。

一、物流中心订单履约运作模式

1. 订单履约的流程

订单履约是物流中心的核心作业。物流中心接收客户发出的订单,经过物流中心内部的一系列处理,以最短的时间和最合理的成本,将货物送达最终客户,完成订单履约过程。物流中心的订单履约流程如图 3-1 所示。

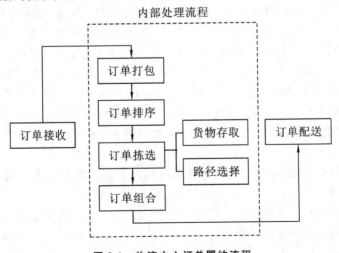

图 3-1 物流中心订单履约流程

(1) 订单接收。客户向物流中心发出订单需求,由物流中心接收订单。

(2) 订单打包。物流中心接收客户订单后,按照一定的原则将接收到的订单划分为不同的处理批次,按批处理。

(3) 订单排序。在同一批次的订单中,确定其中订单的先后处理顺序。

(4) 订单拣选。确定好订单拣选顺序后开始对订单进行拣选操作,其中涉及对货物的存取处理、拣选路径的选择等。

(5) 订单组合。对拣选好的订单,按照每份订单的要求进行合并,等待装车配送。

(6) 订单配送。对打包好的订单,按一定原则划分好对应的运输车辆,装车配送到需求地。

2. 订单履约的运作模式

订单履约系统是保证订单履约过程按要求高效完成的载体和基础。在电子商务高速发展和电子订单逐渐取代传统订单的今天,订单履约系统的好坏决定了订单履约效率的高低。一个完整的订单履约系统包括订单管道、订单生产、订单配送、订单监测四大模块,分别负责订单接收、订单打包分拣组合、订单运送和对整个订单履约过程的跟踪反馈以及应急处理。

订单履约系统按照采用的自动化设备运输的不同,可以分为以下几种模式。

1) 传统订单履约系统

传统订单履约系统采用人或叉车进行货物运输存储,由物流中心的工作人员按照货物的特性、存取需求,将货物储存到货架上,按订单从货架上拣选货物。传统的存储系统主要依赖人工进行操作,自动化程度低,运作效率低,耗费的劳动力和成本高,且容易出错。

2) 堆垛机订单履约系统

堆垛机订单履约系统是用堆垛机进行拣选和存取货物的自动化系统。堆垛机自动存取系统包括许多货架,堆垛机沿着货架之间的巷道行走,为货架提供服务。堆垛机由一个垂直驱动机、一个水平驱动机和一两个梭子驱动机组成,分别负责货物在垂直方向、水平方向、堆垛机和货架上的存储货位之间的移动。

根据存和取的过程是否独立,堆垛机自动存储系统可分为平台分离的自动存储系统和传统的自动存储系统。根据需要存和取的货物所在位置,堆垛机自动存储系统包括以下几种模式:存和取在同一货架的同一层、存和取在同一货架的不同层、存和取在不同货架上。

传统的自动存取系统的存货操作如下:第一,将进入系统的物品按一定规则分类,如需求缓急程度、物品特性等;第二,将货物称重,以保证没有超过重量限制;第三,将货物运送到系统的I/O点(出入位置点),并将货物的信息录入线上系统;第四,线上系统按照一定的规则将货物安排给货架的某个货位,并记录这个货位的信息;第五,使用堆垛机将货物从I/O点运送到被安排的货位。取货过程相对简单。在收到取货请求之后,通过线上系统搜索存货记录,找到货物的存储货位,安排堆垛机到该货位取货,然后堆垛机将货物从它的存储货位运送到系统的I/O点。

相对于传统存取系统,堆垛机自动存储系统减少了劳动力和地面空间,增加了灵活度,减少了错误发生率。

平台分离的自动存取系统(SP-AS/RS)相对于传统自动存储系统的优势如下:第一,水平操作平台和垂直操作平台是独立运作的,弥补了传统自动存取系统无法处理重物的缺陷;第二,层与层之间独立运作,互不干扰,提高了效率;第三,由于水平操作台和垂直操作台相互独立,方便了对不同平台的处理维护;第四,独立使得系统的货架配置更容易改变;第五,增强了系统的稳定性,具有更高的错误容忍度。

堆垛机 AS/RS 系统相比于传统的存储系统,实现了自动化存取,但是该系统对单一设备的依赖性大,适用于以存储为主、分拣为辅的存储型仓库。此外,该系统设备购买及运行成本高,系统柔性低,难以应对订单暴涨的情况。

3) 自动小车订单履约系统

自动小车订单履行系统(RMFS)是一种使用自动小车技术的自动存储与订单拣选系统。

根据该系统中使用的货架类型,RMFS 可以分为固定式货架自动小车订单履行系统和移动式货架自动小车订单履行系统。固定式货架自动小车订单履约系统采用水平与垂直货物运输过程相分离的模式,水平方向使用自动小车进行货物运输,垂直方向使用电梯进行货物运输。这种货物运输模式使得自动小车存取系统(AVS/RS)可以充分利用地面面积,提高系统存储能力、稳定性与柔性。移动式货架自动小车订单履行系统使用移动式货架存储货物,使用自动小车运输货架。系统周边(左、右和底部)设置有订单拣选与补货工作站。该系统的一个完整取货周期如下:客户订单到达后,通过计算机终端控制技术找到目前可用的自动小车,接收指令的自动小车从待命位出发到达目标货架并移动到货架下面,把载有货品的货架举起,送到指定的出货口,待拣选员取下货品后,自动小车将货架返还回原来的位置,再回到指定的待命位点。如亚马逊的 Kiva 系统使用的就是这类移动式货架。

根据自动小车的活动范围,自动小车存取系统有基于层的运动和层到层的运动两种模式。基于层的运动模式中自动小车只能在其所在的层进行货物的存取,而层到层的运动模式中自动小车可以通过电梯从货架的一层到达另一层进行存取作业。基于层的运动模式中每层货架都需要有一个自动小车,操作简单,但固定成本高。层到层的运动模式无需每层货架都投入自动小车,因此固定成本相对前者有所减少,但是因为自动小车的跨层运动,操作变得相对复杂。

自动小车存取系统(AVS/RS)相对于堆垛机存取系统更加智能化,可以实现"货到人"拣选,由传统的集中式布局转变为分布式布局,可以降低部分作业成本。但由于自动小车运输的货架高度有限,不能充分利用仓库上部空间,存储成本仍然较高,且自动小车成本高,难以实现大批量应用。

订单履约系统按照采用的货架紧密性的不同,可以分为单倍深订单履约系统、多倍深订单履约系统。

单倍深订单履约系统是一种使用单倍深货架存储货物的订单履约系统。单倍深存取系统中,每条巷道两边各有一排货架,存取货时无需翻箱操作,方便作业,但是需要的巷道太多,使得仓库空间利用率低。

多倍深订单履约系统是一种使用多倍深高密度货架存储货物的订单履约系统。前面提到的堆垛机订单履约系统、自动小车订单履约系统采用的都是高密度、紧致化的布局方式,这种布局方式能够实现存取空间的紧致化和服务时间的即时化。倍深式货架与一般托盘货架的结构基本相同,只是把两排托盘货架结合,使储位密度增加了一倍,但是存取性和出入库能力降低了,且必须配合使用倍深式叉车以存取第二列的托盘。常见的多倍深高密度存取系统有以下几类:

(1) 三维紧致化存取系统(3DAS/RS)。三维紧致化存取系统是一种紧致化的标准物品存取系统,系统使用三维货架,使用堆垛机在拣选面上进行货物的水平与垂直方向运输,使用传送带在纵深方向上进行货物的运输。该系统的空间利用率很高。

(2) 魔方块存取系统(PBSS)。魔方块存储系统是一种使用平板小车(shuttle)进行货物运输的多层紧致化存取系统。水平面上,多个共同移动的小车形成一个虚拟通道,用于货物的运输;垂直方向上,电梯负责货物的运输。该系统与自动小车存取系统都使用水平与垂直分离的货物运输模式,不同的是 PBSS 系统中每个货物都需要搭载在一个平板小车上进行存储。

(3) 集装箱堆场存取系统(CSS)。集装箱堆场存取系统采用堆叠式存储模式,货物存取装置从系统顶端进行存取操作。

3. 订单履约的优化模型

1) 订单履约优化模型概述

为优化订单履约过程,提升订单履约效率,可以采用订单产出时间模型、排队网络模型、成本优化模型和混合整数模型等优化模型,针对具体问题采用合适的模型进而获得不同的决策结果。

订单产出时间模型用于优化订单的期望产出时间,进而提高订单履约的效率。基于给定的订单履约策略,用三部分子时间之和来表示订单产出时间,以订单产出时间最小为目标函数,从而得到订单产出时间模型。模型涉及概率论相关知识,建立好目标函数后寻求最优解,不考虑约束条件。可以利用 Matlab 对模型求解,并且通过灵敏度分析确定有利于优化订单产出时间的相关参数值。

排队网络模型用于解决由于资源的限制,设备无法同时处理所有的被处理对象,进而产生排队等待的问题。多个单一队列的排队系统经过串联或并联的方式组合在一起,形成排队网络。物流中心接到订单后,由物流中心内部的工人或自动小车作为服务台,与订单之间进行匹配,完成订单处理流程。根据排队系统的特点,可以构建相对应的排队网络模型,如开环排队网络模型、闭环排队网络模型、半开半闭排队网络模型等。在开环排队网络模型中,至少存在一个输出可以使订单完成相应处理,离开系统。开环排队网络模型适用于估算期望订单吞吐时间,这里假设用于完成订单履约的资源(如运输车辆、设备、托盘等)无限,因此估计出的系统性能不够精确。然而在闭环排队网络模型中,没有外部的到达和离开,并且有限个顾客在这个排队网络中不停地循环。没有新的顾客进入系统,原有的顾客也不会离开系统。该模型下用于完成订单履约的资源有限,在某一资源被某一订单占用期间,该资源不能用于服务其他订单,直到当前订单结束使用该资源。闭环排队网络模型需要考虑资源的约束,但是这里假设整个订单履约系统有充足的订单来源,这个假设导致订单等待处理时间被低估。该模型适用于估算系统最大吞吐量。半开半闭排队网络模型也叫容量有限的开环排队网络模型,该模型考虑了系统外的等待时间。模型中包含一个同步服务点,该点包含一个订单队列和一个资源队列,到达系统中的订单在队列中等待资源,闲置的资源在队列中等待到达的订单。将订单队列与资源队列进行匹配,在两者都可处理的情况下由资源服务相应的订单。

成本优化模型用于优化订单履约过程所耗费的成本,减少不必要的成本支出。该模型适用于将成本优化的重要程度放在其他优化之上、只做单目标优化的企业。基于指定的运行策略,以系统总成本最小化为目标函数,在系统尺寸、完成时间等约束下,构建成本优化模型,求解得到最优的成本值。比较不同运行策略下的成本优化值,对系统采用最优成本值所对应的参数和运行策略,从而可以有效地减少订单履约过程所耗费的成本。

混合整数规划模型是决策变量的一部分必须取整数值的特殊数学规划模型,也是十分常见、经常被使用的数学规划模型,其目标函数可以涉及时间、成本、效率等任意一项或多项参数,适用于某些变量必须取整数的情况。混合整数规划模型按照目标函数和约束是否为线性且变量取值范围为实数或整数,可以分为混合整数线性规划模型和混合整数非线性规划模型。以系统尺寸、小车和工作站数量、存储策略和运行策略等为决策变量,以成本或时间最小化等为目标函数,建立混合整数规划模型,求解得到最优的系统、策略组合,使得订单履约的过程更加高效率、低成本。

2)订单产出模型的运用示例

订单产出时间模型可以在订单履约中心的分拣作业中帮助经理人制定合理的订单分配策略,协助其关注员工的操作水平,进而加快拣选速度,提高配送中心的动态响应性。我们考虑这样一个分拣系统,如图3-2所示,该系统有两个入口,包裹从这两个入口进入一个循环运动的传送带上。在传送带旁边有若干个分拣口,同时有一定数量的分拣工人负责分拣口位置的打包工作。

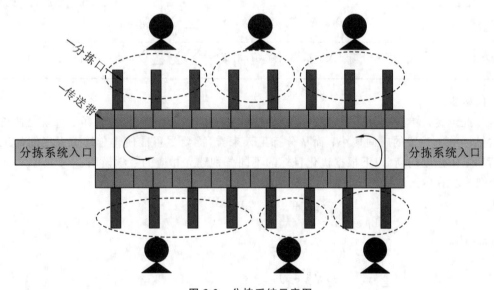

图3-2 分拣系统示意图

为了达到加快拣选速度、提高配送中心的动态响应性的目的,我们可以以最小化订单完成时间和最小化分拣工人之间的工作负荷不平衡程度为目标函数建立混合整数规划模型,通过对模型进行求解以得到最优的分拣策略。

模型假设:

(1)每个包裹需要发往的目的地已知;

(2)分拣工人处理不同包裹的时间已知;

(3)包裹进入传送带的顺序已经确定且已知。

该问题所涉及的参数如表3-1所示。

表 3-1 模型的参数及含义

参数	含义
K	所有包裹的集合，k 表示包裹
I	所有包裹的目的地的集合，i 表示目的地
J	所有分拣口的集合，j 表示分拣口
S	所有分拣工人的集合，s 表示分拣工人
a_{ki}	关于包裹的目的地的 0-1 变量，为已知量。若包裹 k 的目的地是 i，则 $a_{ki}=1$，否则 $a_{ki}=0$
t_{ks}	分拣工人 s 处理包裹 k 所需要的时间
x_{ijs}	0-1 变量。若目的地 i 分配给分拣口 j，同时分拣口 j 分配给分拣工人 s，则 $x_{ijs}=1$，否则 $x_{ijs}=0$
y_{js}	0-1 变量。若分拣口 j 分配给分拣工人 s，则 $y_{js}=1$，否则 $y_{js}=0$
F_{js}	0-1 变量。若分拣工人 s 负责的第一个分拣口是 j，则 $F_{js}=1$，否则 $F_{js}=0$
L_{js}	0-1 变量。若分拣工人 s 负责的最后一个分拣口是 j，则 $L_{js}=1$，否则 $L_{js}=0$
l_{is}	0-1 变量。若目的地 i 被分配给分拣工人 j，则 $l_{is}=1$，否则 $l_{is}=0$
W_s	分拣工人 s 的工作负荷：$W_s = \sum_{k \in K} \sum_{i \in I} \sum_{j \in J} a_{ki} x_{ijs} t_{ks}$
AVE	所有分拣工人的平均负荷，有 $\text{AVE} = \sum_{s \in S} \sum_{k \in K} \sum_{i \in I} \sum_{j \in J} a_{ki} x_{ijs} t_{ks} / |s|$

模型建立：

一批包裹订单到达分拣系统后，需要尽快地将该批订单分拣出来。目标之一就是使得完成这批订单所耗费的时间最小；而从分拣工人来看，需要尽可能使得分拣工人之间的工作负荷和工作强度均衡。以下根据优化目标的不同分别建立相应的数学模型。

（1）以最小化订单完成时间为目标函数。

$$\min Z = \max W_s$$

Subject to：

$$\sum_{j \in J} \sum_{s \in S} x_{ijs} = 1, \forall i \in I \tag{1}$$

$$\sum_{s \in S} y_{js} = 1, \forall j \in J \tag{2}$$

$$x_{ijs} \leqslant y_{js}, \forall i \in I, \forall j \in J, \forall s \in S \tag{3}$$

$$\sum_{j \in J} F_{js} = 1, \forall s \in S \tag{4a}$$

$$\sum_{j \in J} L_{js} = 1, \forall s \in S \tag{4b}$$

$$y_{js} = y_{j-1,s} + F_{js} - L_{j-1,s}, \forall j > 1, \forall s \in S \tag{4c}$$

$$x_{ijs} \in \{0,1\}, \forall i \in I, \forall j \in J, \forall s \in S \tag{5}$$

$$y_{js} \in \{0,1\}, \forall j \in J, \forall s \in S \tag{6}$$

其中目标函数 Z 为使得一批包裹订单完成所耗费的时间最小。约束（1）保证每个目的地 i 能且只能分配给一个分拣口；约束（2）保证每个分拣口能且只能分配给一个分拣工人；

约束(3)确保所求的方案为可行方案。约束(4a)、(4b)、(4c)保证分拣工人所负责的分拣口的位置必须是相邻连续的,即若 $y_{1s} = y_{5s} = 1$,则必须有 $y_{2s} = y_{3s} = y_{4s} = 1$。约束(5)和(6)保证决策变量 x_{ijs} 和 y_{js} 为 0-1 变量。

(2)最小化分拣工人之间的工作负荷不平衡程度。

$$\text{Objective } \min Z$$

Subject to:

$$\sum_{s \in S} l_{is} = 1, \forall i \in I \tag{7}$$

$$W_s - \text{AVE} \leqslant Z, \forall s \in S \tag{8}$$

$$W_s - \text{AVE} \geqslant -Z, \forall s \in S \tag{9}$$

$$l_{is} \in \{0,1\}, \forall i \in I, \forall s \in S \tag{10}$$

其中,目标函数 Z 为使得分拣工人之间的工作负荷的不平衡程度最小。约束(7)保证一个目的地只能被分配给一个分拣工人。约束(8)和(9)衡量了分拣工人之间的工作不平衡程度。约束(10)是 0-1 变量约束。

上面两个模型均为 NP 难问题,在给定的问题规模下,可以使用 CPLEX 求解。

算例分析:

设定 $t_{ks} \sim U[2,10]$,使用 CPLEX Optimization Studio 12.5 软件来编程求解相关的模型,计算机的运行平台为 AMD Athlon Nex X2 Dual Processor L335,1.6 GHz,2 GB RAM。共 5 个不同的算例,相关参数如表 3-2 所示。

表 3-2 算例参数表

编号	包裹的数量	目的地的数量	分拣口的数量	分拣工人的数量
N1	20	10	30	5
N2	100	50	30	10
N3	400	50	30	10
N4	8000	50	30	10
N5	8000	100	30	10

对模型 1 求解,可以得到如表 3-3 所示的结果。

表 3-3 最小化总的订单完成时间情形下的求解结果

编号	最长时间/s	平均完成时间/s	工作负荷的不平衡程度/(%)	运行时间/s
N1	20	17.6	17.05	0.31
N2	41	40.2	9.95	1.65
N3	101	100.2	2.00	442
N4	4822	4589	11.59	3.32
N5	4468	4428.1	1.24	6.26

同理,对模型2求解,可以得到如表3-4所示的结果。

表3-4　最小化分拣工人工作负荷的不平衡程度求解结果

编号	最长时间/s	平均完成时间/s	工作负荷的不平衡程度/(%)	运行时间/s
N1	26	25.4	2.36	1.73
N2	61	61	0	109
N3	139	139	0	119.73
N4	4974	4716.5	5.46	600
N5	4637	4627.9	0.24	600

从表3-3、表3-4可以看出,无论目标是最小化总的订单完成时间还是最小化分拣工人工作负荷的不平衡程度,运用CPLEX软件都能很好地得到求解结果。

当目标为最小化总的订单完成时间时,所有的算例都能在很短的时间内得到最优解,如在算例N5中,包裹的数量达到8000个,目的地数量、分拣口和工人的数量分别为100、30和10时,得到最优解所需的时间也仅为6.26 s。

当目标为最小化分拣工人工作负荷的不平衡程度时,在问题的规模比较小时(如算例N1、N2、N3),可以在短时间内求得最优解;当问题的规模比较大时(如算例N4、N5),求得最优解需要的时间较长,为此设定了运行求解的时间(600 s),虽然求得的结果不是最优解,但是可以得出满意解。如在算例N4中,工作负荷的不平衡程度为5.46%,而在算例N5中,工作负荷的不平衡程度仅为0.24%。

我们以订单分拣为研究对象,通过建立两个混合整数规划模型,利用CPLEX软件求解,对订单完成时间和分拣工人工作负荷的不平衡程度进行了优化。CPLEX是常用的求解器,它不仅有自己的建模环境,对C、C++、Java等也有较强的适应性,但求解问题的规模有限制。对于NP-Hard问题,除了利用CPLEX求解以外,还可以采用启发式算法。相比于启发式算法,CPLEX常用于求精确解,得到全局最优,如单纯形法、分支定界法。而启发式算法用于求解规模较大、只需要得到满意解的问题。

(3) 排队网络模型运用示例。

对于指定的排队网络模型,通过比较不同策略在该模型下的运行结果,从而得到相比之下最好的运行策略,使用得到的运行策略,进而达到优化订单履约过程的目的。我们以移动机器人订单系统为例,针对不带有存储分区的单行订单问题,可以建立半开放排队网络模型,分析估计最大订单吞吐量、平均订单周期时间和机器人利用率。移动机器人履约系统是一种使用移动机器人完成订单履约的系统,适合货物品种多、需求波动大的电子商务配送中心使用。其最重要的特性是能够在短时间内自动排序和调整仓库布局。

为了运用排队网络模型来分析移动机器人订单履约系统的吞吐性能等指标,提出以下假设:

① 存储和检索发生在一个随机的位置。如果存在存储区域,则此位置在适当的区域内是随机的,否则它在整个存储区域内是随机的。

② 机器人是专用于一个工作站的,即使它们是空闲的,也不会被另一个工作站使用。

③ 通道只允许单向行走。

④ 不会出现通道交叉口的延误,也不会出现电池充电和机器人停机现象。

⑤ 机器人速度恒定。

⑥ 不会出现机器人堵塞或阻塞通道的情况。这种假设很接近实际情况,因为通道是单向的,因此堵塞情况很少发生。

⑦ 存储区域总是包含一个货架,其中有足够的产品单元,以满足任何传入的订单。

⑧ 服务完成点(POSC)是机器人的停留点策略,意思是机器人在服务完成后不需要移动到预定的停留点。

⑨ 拣选时间是随机的,而不是确定性的,因为满足一条订单线所需的单元数是可变的。

⑩ 拣选时间服从均值为 $1/\lambda$ 的一般分布。

⑪ 一个订单的订单行是按顺序挑选的。

⑫ 订单到达过程服从指数分布。

这里只考虑一个工作站。假设工人已经从一个货架中完成了拣选工作,即使用货架上货物完成一个订单行。此时需要将该货架送回存储区,再根据订单信息挑选新的货架,完成另一订单行。

机器人在工作站中排队等待处理,工作站只有一个工人,因此是单服务器工作站。工人使用先到先服务策略,每单位时间的平均比例是 λ 行。机器人将处理完的订单行通过移动 1 送至货架存储区,采用随机存储策略存放。同步站对尚未完成的订单行和空闲的机器人进行匹配,使机器人完成移动 2 到达货架提取区,再通过移动 3 将新的订单行转移至工作站等待处理。

该过程转换成一个排队网络如图 3-3 所示,这是一个半开放的排队网络模型,μ_i 表示无限服务站对移动 i 的服务比率,R 是机器人的数量。

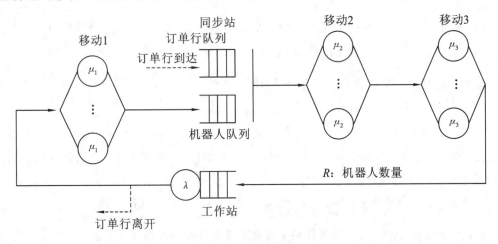

图 3-3 排队网络

对该排队网络模型进行求解,首先对相关的符号及其含义进行说明,如表 3-5 所示。

表 3-5 符号及其含义

符号	含 义
S	工作站总数
R	机器人总数
$\mathrm{ES}_{\mathrm{rem},s}$	工作站 s 的期望剩余服务时间
ES_s	工作站 s 的期望服务时间的一阶矩
ES_s^2	工作站 s 的期望服务时间的二阶矩
$L_s(r)$	当系统包含 r 个机器人时,期望的机器人队列长度包括在工作站 s 服务的机器人
$\widetilde{L}_s(r)$	当系统包含 r 个机器人时,期望的机器人队列长度不包括在工作站 s 服务的机器人
$Q_s(r)$	当系统包含 r 个机器人时,工作站 s 所有服务器都忙碌的概率
$p_s(i\mid r)$	当系统包含 r 个机器人时,工作站 s 有 i 个机器人的概率
$\tau(r)$	系统包含 r 个机器人时的吞吐量
$\mathrm{ET}_s(r)$	系统包含 r 个机器人时,工作站 s 的提前时间
C_s	在工作站 s 的服务器数量
V_s	工作站 s 的访问率

首先采用近似均值分析(AMVA)计算闭环排队网络的吞吐量和队列长度,AMVA 的求解步骤如下。

步骤 1:初始化:$P_s(0\mid 0)=1, Q_s(0)=0, L_s(0)=0, \widetilde{L}_s(0)=0, s=1,\cdots,S$。

步骤 2:计算剩余服务时间。For $s=1,\cdots,S$

$$\mathrm{ES}_{\mathrm{rem},s}=\frac{c_s-1}{c_s+1}\frac{\mathrm{ES}_s}{c_s}+\frac{2}{c_s+1}\frac{1}{c_s}\frac{\mathrm{ES}_s^2}{2\mathrm{ES}_s}$$

步骤 3:开始迭代。

(1) 对于 $s=1,\cdots,S$,计算系统包含 r 个机器人时,工作站 s 的提前时间,即

$$\mathrm{ET}_s(r)=Q_s(r-1)\mathrm{ES}_{\mathrm{rem},s}+\widetilde{L}_s(r-1)\frac{\mathrm{ES}_s}{c_s}+\mathrm{ES}_s$$

计算系统包含 r 个机器人时的吞吐量,即

$$\tau(r)=\frac{r}{\sum_{s=1}^{S}v_s\mathrm{ET}_s(r)}$$

(2) 对于 $s=1,\cdots,S; b=1,\cdots,\min(c_s-1,r)$,计算当系统包含 r 个机器人时,工作站 s 有 i 个机器人的概率,即

$$p_s(b\mid r)=\frac{\mathrm{ES}_s}{b}v_s\tau(r)\,p_s(b-1\mid r-1)$$

(3) 对于 $s=1,\cdots,S$,计算工作站 s 所有服务器都忙碌的概率。
如果 $r<c_s$,则 $Q_s(r)=0$;否则

$$Q_s(r)=\frac{\mathrm{ES}_s}{c_s}v_s\tau(r)[Q_s(r-1)+p_s(c_s-1\mid r-1)]$$

(4) 对于 $s=1,\cdots,S$,计算当系统包含 r 个机器人时,工作站 s 有 0 个机器人的概率,即

$$p_s(0\mid r)=1-\sum_{b=1}^{\min(c_s-1,r)}p_s(b\mid r)-Q_s(r)$$

(5) 对于 $s=1,\cdots,S$,计算不包括在工作站 s 服务的机器人的期望队列长度

如果 $r<c_s$,则 $\widetilde{L}_s(r)=0$;否则

$$\widetilde{L}_s(r)=\frac{\mathrm{ES}_s}{c_s}v_s\tau(r)[\widetilde{L}_s(r-1)+Q_s(r-1)]$$

(6) 对于 $s=1,\cdots,S$,计算期望队列长度,即

$$L_s(r)=\tau(r)\,v_s\mathrm{ET}_s(r)$$

将 AMVA 的计算结果代入排队网络模型的求解过程,其主要包含以下三个步骤。

步骤1:从半开放排队网络(SOQN)中删除同步站,创建一个封闭排队网络(CQN)。用近似均值分析(AMVA),对该 CQN 进行分析。该近似均值分析服从 τ_{CQN1}(CQN 的吞吐量)。

步骤2:通过将 SOQN 中的同步站替换为与负载相关的指数站来创建第二个 CQN。该站记为 $S+1$ 站,S 为第一个 CQN 所包含的站数。当 r 个机器人在站点时,$S+1$ 站服务率为 $v(r)=a(r>1)$。这里 a 表示订单的到达率。只有当 $a<\tau_{\mathrm{CQN1}}$ 时排队网络才是稳定的。$r=1$ 时的服务率为 $v(1)=\left(1-\dfrac{a}{\tau_{\mathrm{CQN1}}}\right)a$。对于第二个 CQN 模型,近似均值分析服从吞吐量 τ_{CQN2}。近似均值分析算法还可以计算站点 s 中有 r 个机器人时的队长 $L_s(r)$。

步骤3:单独分析 $S+1$ 站,计算订单外部队列的平均长度。

通过设计数值试验并运用以上计算方法进行计算后,使用仿真实验对该模型的结果进行对比验证,通过改变每个订单 p 的机器人数量 R 和平均订单行数来了解其对订单周期时间、机器人利用率和工作站利用率的影响。

R 表示工作站的机器人数量,a 表示每小时订单到达率,ρ_r 表示机器人利用率,L_o 表示外部订单队列的平均长度,t_{oc} 表示平均订单周期,ρ_{ws} 表示工作站的利用率。这里给定 R 的取值有 2、8、14 三种,机器人的到达率分为高、低两种,共构成 6 种情况。此外,还建立了离散事件仿真模型对结果进行验证,在 Java 的环境下运行,模拟排队模型。表3-6 中的数字是超过 100 次运行的平均值,每次运行模拟网络 168 小时,相当于一周的时间。数值试验结果如表3-6 所示。

表3-6 数值试验结果

机器人数量	机器人到达率	分析模型					仿真模型			
		a/h^{-1}	$\rho_r/(\%)$	L_o	t_{oc}/s	$\rho_{ws}/(\%)$	$\rho_r/(\%)$	L_o	t_{oc}/s	$\rho_{ws}/(\%)$
2	高	31.68	64.6	0.95	255.2	13.2	64.7	0.52	206.1	13.2
2	低	14.40	29.3	0.06	160.4	6.0	29.3	0.03	154.4	6.0
8	高	126.72	70.0	0.80	181.8	52.8	69.9	0.51	173.3	52.8
8	低	57.60	30.1	0.00	150.5	24.0	30.1	0.00	150.4	24.0
14	高	221.76	91.5	14.80	448.1	92.4	91.3	12.63	412.7	92.4
14	低	100.80	31.3	0.00	156.5	42.0	31.4	0.00	156.6	42.1

由表 3-6 结果可知,对于机器人利用率和工作站利用率这两个指标,分析模型和仿真模型的结构几乎一致,没有明显的差距。对于外部订单队列的平均长度这一指标,分析模型和仿真模型之间有差距,仿真模型的外部订单队列的平均长度相对于分析模型更小。同样,受外部订单队列的平均长度影响的平均订单周期,在分析模型和仿真模型中的结果也有差距,仿真模型平均订单周期更短。但是两个模型之间的差距不大,除了机器人数量为 2,到达率很高时,其他情况下两者之间的差距在 10% 以内。结果表明,这里的半开放排队网络模型能够较准确地对订单履行系统的相关性能指标进行分析,如这里提到的机器人利用率、工作站利用率、外部订单队列的平均长度、平均订单周期。对各个指标的分析结果,可以反映出企业当前存在的问题和优势所在,能够帮助企业及时调整相关的运作,优化订单履约,提高供应链的响应性,更好地满足顾客需求。

排队网络模型能够很好地模拟系统的排队过程,适用于评估不同策略、方法下的系统绩效,为管理者的决策、系统的改进提供清晰明了的建议,进而对整个系统性能的优化与提升具有很大的辅助价值。

二、订单履约的策略

对于物流中心订单履约的内部流程,有如下的运作策略。

1. 订单分拣

影响订单分拣效率的主要因素包括:物流中心的布局、分拣路径策略、订单排序策略、存储策略和打包策略。

1) 物流中心的布局

物流中心布局问题包括物流中心设施布局和物流中心内部布局,设施布局问题讨论的是物流中心内部各功能分区,如入库、拣货、存储、分拣和出库等分区;内部布局问题也称为巷道配置问题,主要是关于仓库模块形状和数量,各模块中巷道的数量、长宽等具体参数的设计问题。详细的布局方法见第五章。

2) 分拣路径策略

订单拣选路径优化目标通常是以最短行走路程完成订单的拣选,运用相关方法找到一条能够拣选出所有货物的最优拣选路径。常用的拣选路径优化策略有穿越策略(也叫 S 型策略)、返回策略、中点策略等。穿越策略是指拣货员从仓库的一端进入拣货通道,从该通道的另一端出去后进入下一个包含拣取位置的拣货通道,拣货路径呈 S 形,用这种方法遍历所有包含拣取位置的通道。返回策略是指拣货员在某一通道的拣选位置拣选完货物后原路返回,再进入相邻通道的拣选位置拣选,直到完成拣货,从原入口出去。中点策略是指将仓库划分为两部分,拣货员在每一部分中的每个通道的最远行走距离不能超过规定的中点,两部分都按照返回策略拣货,在其中一部分拣货完成离开通道时进入另一部分拣货,最后从原入口离开。

3) 订单排序策略

主要目的是确定拣选员拣选订单的先后顺序,使得订单拣选环节所用总时间最短。常见的订单排序策略有顺序拣选策略、基于 SKU 耦合度订单排序策略等。顺序拣选策略就是按照订单生成的原始顺序作为拣选顺序,不进行再排序。订单耦合因子表示两个订单之间可放置于拣选缓存中的共用货箱数量,基于 SKU 耦合度的订单排序策略就是基于两订单 SKU 耦合度进行订单排序的策略,将批量订单按两两 SKU 耦合度大小排序。

4) 存储策略

通常使用的静态存储策略有:随机存储策略、分类存储策略、定位存储策略。随机存储策略不对货物的存储位置做任何要求,完全随机存放。分类存储策略将货物分类存放,在每一类别中货物随机存放。定位存储策略将每类货物存放在特定的位置不变。此外还有动态存储策略,即根据当前的货架和仓库的利用情况来确定当前存取的最优选择。

5) 打包策略

订单打包问题是考虑将哪些订单打包成一个批次进行分拣的问题。根据订单的信息是否已知,订单打包问题可以分为两类:静态打包问题和动态打包问题。静态打包问题指的是在已知订单信息的情况下对订单进行打包处理,需要考虑对哪些订单进行合并,形成相应的批次后再分批处理。动态打包问题指的是在不知道订单信息的情况下对订单进行打包处理,需要考虑打包的批次大小或者打包的时间窗,使得打包操作完成时间最小化。

打包策略分为不带有时间窗的打包策略和带有时间窗的打包策略。其中带有时间窗的打包策略又分为可变时间窗打包策略和固定时间窗打包策略。可变时间窗指的是打包的时间范围是不固定的,如先来先服务策略;固定时间窗指的是对在某一固定时间段内到达的货物进行打包。时间窗打包常用于动态环境中。

2. 存取

存取活动所涉及的运行策略有以下几方面。

1) I/O 点(出入点)位置策略

四种常见的出入点位置策略有:①入库点和出库点在巷道的两端;②入库点和出库点在巷道的同一端,但是在不同的位置;③入库点和出库点在巷道的中点;④入库点和出库点在巷道的末端。

2) 待命位策略

待命位点是指堆垛机空闲时的停留位置,常见的待命位点有六种。待命位策略包括动态待命位策略和静态待命位策略。静态待命位策略有四种:①当完成单指令的储存操作时,回到入库点,当完成单指令的取货操作或者双指令操作时,待在出库点;②当完成单指令的储存操作时,待在原位,当完成单指令的取货操作或者双指令操作时,待在出库点;③完成任何指令后都回到货架的中点;④完成任何指令后都回到入库点。

动态待命位策略有两种:单地址策略和追踪模式。在单地址策略中,存货或者取货操作都是从 I/O 点开始,且完成存取操作后都返回 I/O 点等待下个指令的开始。而在追踪模式中,堆垛机在完成一项指令之后就待在原位。分析结果表明,追踪模式要比单地址策略更好,应该成为堆垛机的主要待命位策略。

3) 作业指令策略

作业指令表示堆垛机在一个作业周期内完成操作的次数,通常有单指令作业和双指令作业。此外在多周期中也有三指令、四指令等多指令策略。单指令作业表示只完成一个存货操作或取货操作,双指令作业表示完成一个存货操作和一个取货操作。三指令作业表示在完成一个存货操作和一个取货操作的基础上,再完成一个存货操作或取货操作。

4）翻箱策略

翻箱策略用于紧致化存储布局当中,常见的有立即翻箱策略和延迟翻箱策略。在立即翻箱策略下,小车首先将阻挡在目标料箱上面的料箱移动至相邻的网格单元上,然后取出目标料箱并将其放置在相邻的网格单元上,最后,小车将阻挡料箱返回该堆叠。在延迟翻箱策略下,小车将阻挡料箱移动至相邻网格单元上后,取出目标料箱,然后将其运输至工作站完成双指令作业,最后再返回阻挡料箱处,将阻挡料箱返回堆叠中。

三、订单履约的方法

可承诺订单量(ATP)是订单履约的一个重要信息,指的是当前可承诺的满足订单要求的产品数量,反映了对订单的履约能力。

1. 基于 ATP 的订单履约方法

对于按订单配送的企业,其生产的目的是维持成品库存,因此在物流中心中只涉及按照订单要求发送货物。对于这类产品,物流中心的主要职责是实现订单的快速履约,订单的提前期就等于配送提前期。这种情况下,ATP 与成品库存有关,因此该类物流中心的订单履约方法就是按 ATP 信息进行履约。

对于按订单组装的企业,涉及零部件和产成品。在收到订单后,物流中心按照订单要求利用已有的零部件、半成品组装产品。此时 ATP 与零部件、半成品库存有关,在考虑 ATP 的基础上还要考虑 CTP(考虑潜在供应的可承诺订单量)信息。

对于按订单制造的企业,涉及产品的制造过程,利用 ATP 信息履约时,除了考虑 ATP、CTP 以外,还需要考虑生产能力的约束。

2. 基于 APS 的订单履约方法

利用高级计划排程系统进行订单履约。首先,根据销售渠道、销售量、区域等不同,将每个 ATP_t(第 t 个周期需要的 ATP 数量)或一定时间间隔内的一个总和分解为客户群体的份额。其次,对客户群体进行优先级的划分,对重要客户划分高的优先级。最后,设定分配规则,例如,当高优先级客户的 ATP 不足以满足需求时,用低优先级客户的 ATP 予以补充。

3. 基于时隙配送的订单履约方法

时隙指的是顾客下单到产品送达的时间长度,客户可以在给定的配送时隙中做出选择。基于时隙配送的订单履约,要为客户保留其所需的 ATP,同时还要保证在各个配送时隙下准时送达的能力。在接到顾客订单时,首先判断当前 ATP 是否能满足订单需求,能则接单,否则拒单。当现有 ATP 满足需求时,需要再考虑是否能满足顾客选择的配送时隙,若满足进行配送;若不满足询问顾客是否接受在配送能力范围内的其他方案,接收则按其他配送时隙进行配送,否则拒单。

对于时隙配送下的订单履约,可以以收益或订单履约的完成率最大化为目标函数,基于 ATP 数量、时隙等的约束,建立混合整数规划模型,得到近似最优的时隙配送策略,更好地完成订单履约过程。基于时隙配送的订单履约,能充分利用配送资源,更好地均衡客户需求。

第四节　基于物流中心的连锁经营运作模式规划管理

连锁经营是一种企业零售活动的经营模式,是指经营同类商品或服务的若干个企业(或企业分支机构),以一定的形式组成一个联合体,在整体规划下进行专业化分工,并在分工和商圈保护的基础上实施集中化管理,把独立的经营活动组合成整体的规模经营,从而实现规模效益。

连锁经营在国外已经拥有百余年的历史,自20世纪90年代初传入中国后,随着我国国民经济的稳定持续增长,居民需求发生了巨大的变化,这种经济环境下连锁经营也得到了蓬勃的发展。连锁经营能够成为一种流行的商业形态,是因为它具有统一进货、统一配送和分散销售的特点,能够实现规模经济效益及价格、质量、管理和品牌效应等方面的优势。因此,选择合理的物流配送模式来保障商品低成本、高质量的供应是连锁经营企业非常重视的问题。

一、连锁经营企业物流配送模式

处于供应链中核心企业的连锁经营企业,承担着物流配送组织主体的功能,依据物流配送活动的组织方式不同的划分,存在以下几种基本的物流配送模式。

(一) 自营配送

自营配送是指企业物流配送的各个环节由企业自身筹建并组织管理,实现对企业内部及外部货物配送的模式。自营配送通常是由企业通过独立组建物流中心,实现企业内各部门、厂店的商品供应的配送模式。

连锁经营企业开展自营配送可以拥有物流配送活动的控制权和决策权,与第三方物流相比,自营配送反应更加快速、灵活,能够更好地满足企业在物流业务上的时间、空间要求。但是连锁经营企业自建物流配送中心需要投入大量的资金,容易造成企业的财务负担,分散企业的管理精力。

(二) 第三方配送

第三方配送也称第三方物流配送模式,是与自营配送相对的一种配送模式,即具有一定规模的、专业从事物流服务的第三方物流企业,利用其自身业务和资产优势,承担客户在规定区域内的物流配送业务。

在第三方物流配送模式下,连锁经营企业可以集中企业资源和精力发展主要业务,提高核心竞争力。第三方物流公司拥有专业的开展物流配送活动的资源和能力,能够灵活运用新技术,并通过规模化、规范化操作来提高物流配送设施设备的使用效率,降低配送成本。但是,连锁经营企业选择第三方配送模式可能使企业失去对物流配送活动的控制权,不能保证供货的准确和及时,不能保证顾客服务的质量和维护与顾客的长期关系。

(三) 共同配送

共同配送是指在一定区域内多家企业为提高物流效率以及实现配送合理化所建立的一

种功能互补的配送联合体。

共同配送的本质是企业通过作业活动的规模化来降低作业成本,并且多个企业间不存在重复交错运送问题,提高了运输效率。企业通过多种方式,进行横向联合、集约协调、求同存异以及效益共享。但是,实施共同配送,物流系统协调管理难度增加;由于物流配送的信息存在着交叉性,企业面临较大的商业信息泄露风险。

(四) 供应商配送

供应商配送是指由生产企业直接把连锁经营企业所需商品在规定时间范围内送到各连锁门店甚至货架上的配送方式。

采用供应商配送模式,降低了连锁经营企业的运输成本;由于减少了企业内部的配送环节,直接从供应商的体系中送货,提升了物流效率,降低了连锁经营企业的库存成本和配送管理成本。采用供应商配送模式,使得连锁经营企业对供应商的依赖性变强,供应商的物流服务水平决定了企业的服务水平,供应商掌握一定程度的主动权,只有企业的订货达到一定的数量,供应商才会进行配送。

各物流配送模式优缺点比较如表 3-7 所示。

表 3-7 各物流配送模式优缺点

物流配送模式	优点	缺点
自营配送模式	反应快速、灵活 有利于企业的一体化作业,系统化程度高	一次性投资大,成本高
第三方配送模式	连锁经营企业可以集中精力提高核心竞争力	企业难以对物流进行控制
共同配送模式	提高资源利用率、配送效率	需要管理层有较高的组织和协调能力,并且企业的商业信息泄露风险大
供应商配送模式	成本低,将库存和运输风险转移给供应商	对供应商依赖程度高,削弱了连锁经营企业的讨价还价能力

二、物流配送模式选择的影响因素

每种物流模式都有其优势及不足,连锁经营企业在选择物流模式时有以下因素需要考虑。

(一) 成本因素

物流配送成本是连锁经营企业在选择物流模式时必须要考虑的主要因素。成本因素一般由以下几部分组成。

(1) 配送成本:指配送活动的备货、储存、分拣、配货、装配、送货等环节所发生的各项费用的总和,包含库存成本、订单处理成本、装卸搬运成本、包装加工成本、运输成本等。

(2) 投资成本:指某种物流模式下连锁经营企业所需付的投资成本,包含投资资金和投资的设备、设施等资源。连锁经营企业若采取自营配送模式,则其投资成本主要是建设配送中心和购买各种设备的资金;对于共同配送,其投资成本主要是连锁经营企业的配送设施、设备成本;若企业选择供应商直接配送、第三方物流配送模式,则基本不存在投资成本。

(3) 投资风险：指企业投资某种物流配送模式所需承担的各类风险。

(4) 与企业资源配置产生的组合效益：企业资源配置包括对资金、设备、人力、信息等的配置规模、配置结构和配置方式等。企业结合自身的资源配置，选择不同的物流模式，会产生不同的效益。

（二）服务因素

连锁经营企业的物流服务是指企业在运输、配送、储存、搬运、流通加工、包装以及相关的信息处理等基本物流活动中，为顾客所提供的服务承诺。随着竞争的日益激烈，企业的配送服务水平的高低已经直接关系到连锁经营企业自身的竞争力的优劣。衡量企业物流服务水平的指标主要包括以下几方面。

(1) 可得性，指连锁经营企业门店及顾客需要商品时的供货能力。通常从三个方面来衡量：①缺货频率，即在一定时期内缺货的概率，可以反映连锁经营企业的物流服务的实现状况；②供应比率，即顾客需求的满足程度，用于衡量缺货的程度；③订货完成率，指实际的交货数量占已订货数量的百分比。

(2) 作业绩效，用于衡量从订货到入库过程作业的完成状况。通常从三个方面来衡量：①速度，指从开始订货至商品装运实际抵达的这段时间的长短；②一致性，指连锁经营企业在众多的完成周期内按时配送的能力；③灵活性，指连锁经营企业处理门店或顾客异常需求的能力。

(3) 可靠性，即连锁经营企业能否且乐意迅速提供有关物流服务和门店订货状况的准确信息。

（三）环境因素

(1) 地区经济。连锁经营企业所处地区的经济发展前景越好，企业规模也越有望扩大，合适的物流模式能够使企业在目标期限内的经营利益最大化，因此决策者会倾向于与企业未来发展目标匹配的物流配送模式。

(2) 政府政策。企业建设物流系统是一项长期的艰巨的任务，如果政府制定相应的法规、贷款、税收上的优惠，给予某种物流配送模式一定的政策支持，那么连锁经营企业就会倾向于选择政府政策扶持的物流配送模式。

(3) 地区物流网络的发展。连锁经营企业所在地区的物流市场的发展情况，是否规范，都会影响到企业对物流配送模式的选择。

（四）内部因素

(1) 商品属性。对于依托信息网络、技术等资源的信息服务类企业，物流并非其核心业务，故此类企业一般会选择第三方物流模式。像石油、煤炭、冶金等企业，其生产、运输、销售等环节紧密连接，一般选择自营物流模式。对于汽车生产等制造类企业，一般趋向于采用供应商配送模式。

(2) 企业形态。不同形态的连锁经营企业对物流模式的需求是不同的。对于大型的连锁经营企业，由于规模巨大，商品需求量大，可采用供应商配送模式；对于较小规模的连锁便利店，由于在一个地区内分布广泛，所以采用自营或者共同配送模式比较合适。

三、连锁经营企业选择物流模式的方法

企业配送模式选择的方法包括定性分析法和定量分析法。

（一）定性分析法

矩阵图决策法是物流模式定性决策方法的一种，主要是通过两个不同因素的组合，利用矩阵图来选择物流模式的一种决策方法。基本思路是选择影响物流模式的因素，然后通过其组合形成不同区域或者象限再进行决策。

【例 3-1】 选择物流对企业的重要性和企业的物流能力这两个因素展开分析，如图 3-4 所示。

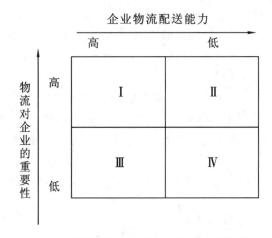

图 3-4　物流重要性与物流配送能力矩阵图

企业根据自身的物流配送能力和物流对企业的重要性组成如图 3-4 所示的区域，企业可按下列思路来进行选择和决策。

在状态Ⅰ下，物流对企业的重要程度较大，企业的物流配送能力也较强，在配送能力较低和地理区域较小但市场相对集中的情况下，企业可以采取自营配送模式来提高顾客的满意度和企业的配送效率。

在状态Ⅱ下，物流对企业的重要程度较大，但企业的物流配送能力较弱，此时，企业可以寻求配送伙伴来弥补自身配送能力的不足。企业可以加大投入，完善物流配送系统，提高物流能力，采用自营配送模式；企业也可以进行一些投入，采用共同配送模式；或者企业完全将配送业务委托给专业性的配送企业，采取第三方配送模式。

在状态Ⅲ下，物流在企业战略中不占据主要地位，但企业有较强的物流配送能力。此时，企业可以向外拓展物流配送业务，提高资金和设备的利用率，企业可以选取共同配送模式。企业若在配送方面有很强的竞争优势，也可以适当地调整业务方向，向社会化的方向发展，成为专业的物流配送公司。

在状态Ⅳ下，企业的物流配送能力较弱，且不存在较大的配送需求。此时，企业采取第三方配送模式比较合适，将企业的物流配送业务委托给专门的物流公司，将企业的精力放在主要业务上，提高自身的核心竞争力，获得更高的收益。

（二）定量分析法

定量分析法是企业通过对数据资料的量化分析来确定企业的物流模式的方法。

1．比较选择法

比较选择法是企业通过对物流成本、预期收益等进行比较而选择物流模式的一种方法。比较选择法分为确定型决策、不确定型决策和风险型决策三种类型。

1）确定型决策

确定型决策是指一个配送模式只有一种确定的结果，企业只要比较各个方案的结果，即可做出选择何种配送模式的决策。

【例 3-2】 A 企业为扩大生产销售额，现有三种配送模式可供选择，各配送模式所需的配送成本和预期收益如表 3-8 所示。

表 3-8　各种配送模式下的成本和预期收益

配送模式	成本费用/万元	预期收入/万元
自营配送模式	10	220
共同配送模式	8	180
第三方配送模式	5	140

此类问题一般为单目标决策，直接利用公式 $V=F/C$ 来计算各配送模式的价值系数，其中，V 为价值系数，F 为预期收益，C 为成本费用。此例中，自营配送、共同配送、第三方配送模式的价值系数分别为 22、22.5、28，根据计算结果，某一种物流模式的价值系数越大，则说明该种模式的配送价值越高，因此，企业应选择第三方配送模式。

在实际情况下，企业在选择物流模式时需要考虑多种影响因素，此类问题为多目标决策。在多目标决策问题中，一般用综合价值系数来评价各种物流模式的综合价值。综合价值系数的计算公式为：$V=\sum M_i F_i$，其中，V 为综合价值系数，M_i 为分数，F_i 为权重。

【例 3-3】 B 企业在选择物流模式时主要考虑四个方面的因素，如表 3-9 所示。

表 3-9　选择物流模式时主要考虑的因素

物流配送模式	成本费用/万元（权重0.1）	预期收入/万元（权重0.3）	利润总额/万元（权重0.4）	客户满意度/(%)（权重0.2）
自营配送模式	10	220	25	98
共同配送模式	8	180	17	97
第三方配送模式	5	140	15	99

$$V_{自营}=\frac{5}{10}\times 0.1+\frac{220}{220}\times 0.3+\frac{25}{25}\times 0.4+\frac{98}{99}\times 0.2=0.95$$

$$V_{共同}=\frac{5}{8}\times 0.1+\frac{180}{220}\times 0.3+\frac{17}{25}\times 0.4+\frac{97}{99}\times 0.2=0.76$$

$$V_{第三方} = \frac{5}{5} \times 0.1 + \frac{140}{220} \times 0.3 + \frac{15}{25} \times 0.4 + \frac{98}{99} \times 0.2 = 0.73$$

由计算结果可知,自营配送模式的综合价值系数最大,故企业应选取该配送模式。

需要注意的是,在利用确定型决策选择物流配送模式时,需要注意以下几个问题:一是决策目标要明确;二是至少要有两个可供选择的物流配送模式;三是未来有一个确定的自然状态或一组确定的约束条件;四是各备选方案的自然状态或约束条件的效益值可以确定。

2) 不确定型决策

不确定型决策是指一个物流模式可能出现几种结果,而又无法知道其概率时所进行的决策。进行不确定型决策时应具备的条件为:决策者期望的目标明确,存在着不以决策者意志为转移的两种以上状态;具有两个或两个以上可供选择的物流模式,不同模式在不同状态下相应的损益值可以获得。不确定型决策虽然带有较大的主观随意性,但也有一些公认的决策准则,如乐观准则、悲观准则、折中准则等。

【例3-4】 某企业为了扩大经营规模,计划通过提高配送效率来满足客户对配送的要求。现有可供选择的物流配送模式有三种,由于企业对用户未来要求的配送程度无法作出准确预测,只能大体估计为三种情况和三种自然状态下三种模式的成本费用(见表3-10),但不知道这三种情况的发生概率,问企业该如何决策?

表3-10 某企业三种自然状态下三种模式的成本费用　　　　　　　　单位:万元

自然状态	配送模式		
	自营配送	供应商配送	第三方配送
配送要求程度高	90	70	65
配送要求程度一般	50	35	45
配送要求程度低	10	13	30

第一种方法:按乐观准则来决策。首先从每种模式中选择一个最小成本当作必然发生的自然状态;然后在这些最小成本的模式中,再选择一个最小成本的模式作为最满意的方案。从表3-10可以看出,三种模式的最小成本分别为10万元、13万元、30万元。其中,自营配送模式的成本最低,企业可选自营配送模式作为最满意的模式。这种决策方法一般适用于把握较大和风险较小的情况。

第二种方法:按悲观准则来决策。此方法是从不利的角度出发,把最大成本作为必然发生的自然状态。首先从每种模式中选择一个最大成本作为决策模型的基础;再从这些最大成本中选择成本最小的模式。在本例中,三种模式的最大成本分别为90万元、70万元、65万元。其中第三方配送模式的成本最小,可以作为企业最满意的模式。这种决策方法一般适用于把握性小和风险较大的情况。

第三种方法:按折中准则或赫维斯准则来决策。赫维斯认为,决策者不应该极端行事,而应在两种极端情况中求得平衡。具体方法为:根据决策者的估计,确定一个乐观系数 a,a 的取值范围为 $0<a<1$。给最好的结果和最坏的结果分别赋以相应的权重 a 和 $1-a$,计算

折中成本值,公式为:折中成本值＝a×最小成本值＋$(1-a)$×最大成本值。

在本例中,决策者根据分析,估计客户对配送程度要求高的大概占40％,客户对配送要求程度低的占60％,即乐观系数为0.4。此时三种模式的折中成本值分别为42万元、35.2万元、44万元。可以看出,供应商配送模式的成本最低。

第四种方法:按等概率准则或拉普拉斯准则来决策。拉普拉斯认为,在不确定型决策中,折中自然状态发生的概率是未知的,若按照最好或最坏的结果进行决策,则缺乏依据。解决的办法是给每种可能出现的结果都赋以相同的权重,且其和为1。然后计算出各种物流模式在各自然状态下的加权平均值,并根据计算出的结果进行决策。在本例中,各种模式的成本加权值分别为50万元、39.3万元和46.7万元。可以看出,供应商配送模式的加权成本值最小,可作为企业的物流模式。

第五种方法:按照最小后悔值准则来决策。这种决策方法是以每个模式在不同自然状态下的最小成本值作为理想目标。若在该状态下,没有采取这一理想模式,而采取了其他模式,则会使成本增加,从而感到"后悔",这样每个自然状态下的其他模式成本值与理想值之差所形成的损失值就称为"后悔值"。先按模式选出最大的后悔值,在最大后悔值中再选出后悔值最小的成本值,其对应的模式就是企业所要选择的模式,这种决策方法是较为保险的一种决策方法。

从上述例子可以看出,同一问题采用不同的决策准则,所得的结果可能存在差异。因此,企业在用不确定型决策方法来选择物流模式时,还应考虑其他方面的因素。

3) 风险型决策

风险型决策通常采用期望值准则,先根据预测的结果及出现的概率计算期望值;然后根据指标的性质及计算的期望值结果进行决策。产出类性质的指标,一般选择期望值大的方案;投入类性质的指标,一般选择期望值小的方案。

2. 层次分析法

层次分析法是一种定性和定量分析相结合的多目标决策分析方法,量化了决策者的经验判断,对于目标结构复杂且缺乏必要数据的情况更为实用。

层次分析法的基本思路和基本原理为:首先把要解决的问题构建分层系列化的模型,将问题按照性质和要达到的目标分解为不同的组成因素,并将这些因素根据它们之间的相互影响和隶属关系进行分层聚类组合,从而构成一个递阶的、有序的层次模型;然后依据人们对客观现实的判断对模型中每一层次因素的相对重要性进行定量表示,利用数学方法对每一层次全部因素的相对重要性赋予权值;最后通过综合计算各因素相对重要性的权值,得到最底层相对最高层的相对重要性次序的组合权值,并以此作为评价和选择方案的依据。

但在运用层次分析法时需注意所选的要素要合理,以及要素间的关系要正确,否则都会降低层次分析法的结果质量。并且为保证递阶层次结构的合理性,需把握以下原则:一是分解问题时需把握主要因素,不漏、不多;二是对于强度相差太悬殊的因素不能放在同一层次进行比较。

【经典案例1】

京东是目前中国最大的自营电商企业,公司将百分之七十的资金用于自己物流体系的建设之中。第三方物流速度慢、服务质量差的问题使得客户对于高质量、高效率的物流配送服务的需求难以得到满足,因此京东在上海成立了快递公司,用来改变用户体验差的现状。京东逐步在全国布局了多个物流中心,极大提升了订单的处理效率。在2010年,京东自营配送模式在全国推广"211限时达"服务,在保障服务质量的同时,提升了客户的体验感,让客户对平台更加信任,增加了客户的黏性,同时也使得顾客数量大大增加。京东由于自营物流而具备的高质量和高效率的配送服务也成为公司的核心竞争力之一。

1. 京东自营物流中心商业模式的优势

1) 保证配送服务的及时性和安全性

我国物流行业起步比较晚,因此很难从众多的快递公司中选择一个符合条件的公司来保证服务质量。因此,通过自营物流的方式,提升了配送速度和配送质量,保障了用户的体验,增强了客户对公司的信任感。

2) 自营物流统一的宣传方式取得了良好的品牌效应

京东配送人员穿着同样的工作服,配送车辆采用同样的喷漆,在物流服务质量保证的同时加强了宣传效应,竖立了良好的公司形象。

3) 资金流动环节减少,周转速度快

由于不需要和第三方物流存在一个资金的来往,简化了资金的流动环节,因而资金周转要更快。

2. 京东自营物流的劣势

1) 资金需求量大,回报周期长

京东在全国布局自营的物流中心,投资金额巨大,回报周期长,使得企业的资金一时难以回笼,因此资金可能很难用于企业的核心业务上,而且存在极大的风险。

2) 配送人员多,管理复杂

管理庞大的物流配送团队,需要投入大量的人力和物力,加大了管理难度。

【学习并分析】

1. 请简要总结出京东物流中心商业模式的特点。
2. 阐述京东物流中心商业模式的九个要素分别是什么?

【经典案例2】

顺丰速运是一家成立于1993年的以速运、冷运为主的民营企业。长期以来,顺丰速运投入了大量的资金用于建设公司的基础设施,坚实的物流配送中心网络使得公司的服务质量好和服务效率高,因而有了良好的口碑。

顺丰公司一直以成为物流行业中最有竞争力的龙头企业为战略目标,因此积极地将资金和精力投入物流中心等基础设施的建设当中,使得公司能够基本实现"今天收,明天到",减少了顾客等待时间,提高了顾客的好感。通过自己发达的物流中心,顺丰公司可以满足诸如快递服务、冷运服务和仓储服务等多项客户需求。

1. 盈利模式

(1) 快递服务。依靠自身的配送能力,提供不同的快递和增值项目,这也是企业最主要的收入来源。

(2) 冷运服务。主要包括食品海鲜和医药两个类别,主要是收取配送服务和冷运存储费用。

(3) 仓储服务。顺丰通过为电商企业或公司制定一站式的物流服务,同时给他们提供仓储基地,然后从中收取物流服务费用。

2. 顺丰成功的关键因素

(1) 高效的配送速度。顺丰速运的配送速度在国内市场一直处于领先地位,这不仅仅得益于企业的管理理念,更得益于企业庞大的物流中心网络的建设。这种高质量、高效率的服务,不仅满足了对时间要求严格的客户的需求,减少了客户的时间成本,同时也给顾客带来了潜在的利益,自然增加了顾客对顺丰公司的好感度。

(2) 个性化的服务。由于完善的基础设施的建设,公司有能力为顾客提供诸如顺丰即日、顺丰标快等不同的业务,同时提供上门取货、虚拟地址等多样化的服务。

(3) 良好的经营模式。直营物流配送中心和营业网点的模式,使得企业可以实时追踪各种信息,同时保证统一的管理,能避免时间浪费和管理混乱。

【学习并分析】

1. 简要说明一下你所了解的商业模式。
2. 找个自己熟悉的物流中心,试分析其商业模式,阐述其商业模式的九个要素分别是什么?

【本章思考与练习题】

1. 物流中心的商业模式有哪些?
2. 物流中心的平台运作模式应如何规划?
3. 阐述订单履约的概念以及订单履约的流程。

4. 物流中心的订单履约运作模式有哪些订单履约的方法？
5. 连锁经营有哪些物流配送模式？
6. 物流中心连锁经营模式中企业选择配送模式需要考虑哪些因素？

【附加案例一】

蜂巢系统在唯品会订单履约中心的应用

一、唯品会简介

广州唯品会信息科技有限公司（简称唯品会）成立于2008年8月，总部位于广州，同年12月8日上线了网站销售平台。唯品会主营商品包括名牌服饰鞋包、美妆、母婴、居家等各大品类，不同于淘宝、京东等电商平台，唯品会经营的商品范围较集中，专业性强，品牌有保证，并且有着独特的折扣销售模式。

唯品会在中国开创了"名牌折扣＋限时抢购＋正品保障"的创新电商模式，并持续深化为"精选品牌＋深度折扣＋限时抢购"的正品特卖模式，加上其"零库存"的物流管理以及与电子商务的无缝对接模式，唯品会得以在短时间内在电子商务领域生根发芽。

截至2017年，唯品会有45 000名员工，注册会员3亿，累积合作品牌近20 000多个，其中全网独家合作品牌达2 200多个。2016年唯品会年订单量2.7亿单，同比增长40%，重复购买率高达80%以上。唯品会采用线上销售模式，通过唯品会自营的网络平台直接销售厂商商品，省去了中间多级销售渠道，同时由于唯品会与品牌方、厂商之间，经过长期合作建立了信任关系，彼此间又有许多合作模式，如跨季度的商品采购、计划外库存采购、大批量采购、独家专供等，能够实现价格优惠化。唯品会拥有五大物流仓储中心，分布在天津、广东、江苏、四川、湖北，分别服务华北、华南、华东、西南及华中的顾客，全国仓储面积达220万平方米，覆盖100多条公路的干线运输，并与各大航空公司战略合作，拥有专属舱位的航空货运，已建立覆盖全国县、乡镇的3 500多个自营配送点为一体的仓储、运输配送体系及仓库、运输团队，自有配送员近27 000名。

二、唯品会订单履约存在的问题

现如今，随着电子商务的高速发展，顾客需求的个性化增强，订单总数多、商品种类多、订单行小、订单时效性高且波动性大、订单总体存量要求高等特点使其物流处理难度越来越大，订单拣选已成为制约平台型电商企业发展的物流瓶颈，直接影响到客户对企业服务的满意度以及顾客的回购意愿。对唯品会来说同样如此，随着业务量的快速增长，订单量持续攀升，原有的分拣和存储系统已经远远不能满足需要，因此对大规模、高效率、高准确性的拆零拣选解决方案需求迫切。

三、蜂巢系统简介

蜂巢式订单储分一体系统,简称"蜂巢系统",是兰剑公司沿着"蚂蚁雄兵"的思路,基于多年的物流自动化系统规划建设经验形成的独创性成果。蚂蚁虽小,但能够搬运超过其体型数倍的食物,这就是"蚂蚁雄兵"思路的由来。该系统针对物流中心高效订单拣选需求而研发,采用分布式自动化物流系统,占地面积更小,作业人员更少,效率更高,性价比更显著。

蜂巢系统采用的是目前业内最先进的兰剑第四代智能巷道穿梭车、超高速转载穿梭车和高速垂直提升机,这三类智能设备的无缝衔接和高速稳定运行,实现了对货物的精准存取。同时,兰剑基于人体工程学的原理对智能拣选站台进行了优化设计,使拣选作业识别时间最短、动作频率最低、动作幅度最小、单批次处理订单量最大,并且可同时兼容B2B和B2C业务。

该系统的主要作业流程如下。

(1) 入库换箱。拣选人员首先对入库的商品进行质检,不合格品不能入库。对于合格品,扫描条码接收入库,由孔明TM系统为该商品分配周转箱,将商品转移至周转箱,计算机记录商品在周转箱之间的对应信息,完成换箱,周转箱被放上输送线。入库时,孔明TM系统根据整个物流中心当前的作业情况,动态分配商品至合理的输送线,实现整个输送系统的动态流量分拨和柔性优化,保障整个输送过程的流畅运行。

(2) 上架。输送线按照孔明TM系统指令将周转箱送到对应的入库提升机口,提升机将周转箱送至对应的巷道,最后由智能高速巷道穿梭车将周转箱放置到相应货位。

(3) 拣货。收到客户订单后,孔明TM系统自动调度穿梭车将订单商品所在周转箱从货位取出后送至出库提升机口,周转箱通过提升机送到输送线上,经输送线流向拣选工作站等待拣选。每个拣选工作人员负责一个拣选站台,在周转箱到达站台时,扫描设备自动读取周转箱信息,工作人员按照屏幕显示的拣货信息提示扫码并拣选商品,放入订单周转箱。拣选完毕后,工作人员拍灭指示灯,拣货完成的周转箱留在输送线上返回仓库中最初上架的位置;订单周转箱则放置到下层输送线,流向集货缓存系统,等待集货缓存处理。

(4) 集货缓存。集货缓存系统将周转箱按照订单批次进行逐箱暂存,当一个批次集货完成后,一次完成两个批次周转箱的高效输送,实现多个不同分区已完成订单的动态均衡。该系统能有效地提高订单处理效率,加快订单流转。

(5) 出库。被高效送出的周转箱经输送线送至打包区进行打包、装箱,装车出库,运送到指定地点。

四、蜂巢系统在唯品会订单履约中心的应用

1. 蜂巢系统一期

2015年,唯品会与兰剑首次牵手合作,蜂巢系统在2016年"双11"期间表现

卓越,仅仅依靠15名作业人员、8个拣选台,实现累积出库量20万件,日均5万件。

蜂巢系统一期优势主要如下。

(1) 全程机器拣货。蜂巢系统全程采用机器小车拣货,其中包括巷道穿梭车(纵向)、转载穿梭车(横向)、提升机(立体)这三个维度的自动拣货小车。拣货员无需走动,等待自动拣货小车到达拣货位置,再进行拣货工作。

(2) 高密度存储。由于蜂巢系统采用全自动机器拣选,不会受到人工拣货的限制(如货架高度、货架间距等),因此整体货架布置非常密集。传统仓库每平方米最多能存储两个周转箱,而蜂巢系统能存储20个周转箱,容积率是传统系统的10倍。

(3) 仓储、分拣一体化。蜂巢仓储系统将仓储区和分拣区合二为一,节省了作业面积,同时也提高了拣货速度。

2. 蜂巢系统二期

2017年,唯品会再次联手兰剑,在华南物流中心打造蜂巢系统二期。蜂巢系统二期拥有13万个料箱储位,可存放400万件货品,订单处理能力可达52万件/天。系统共24个巷道,运用了288台智能高速穿梭车,48台智能高速提升机,分为8个模组,每个模组包含3个巷道。不同模组的切换可以实现任何一个周转箱到达任何一个拣选站台。此外,货架共12层,每4层为一个独立的安全分区,便于整个系统的分区维护,保障7×24小时全天候、高效率安全作业。每天系统出库能力高达52万件。蜂巢二期项目主要分为三大功能区,即一楼入库上架作业区、二楼出库拣选作业区、蜂巢式集货缓存系统。

3. 蜂巢系统三期

2018年,蜂巢系统三期在唯品会西南物流中心上线。蜂巢三期项目在规模和能力上进一步扩大,周转箱数量达到41万个,存储量达800万件,最高处理能力可以达到90万件/天。

4. 唯品会华东项目

2019年,唯品会华东项目上线,该项目是全国自动化程度最高的电商行业兰剑蜂巢系统应用项目,拥有165600个存储货位,360台智能穿梭车,81个智能拣选工位,48台智能提升机,24个巷道单元,拣选模式再度颠覆,较唯品会西南三期而言效率提高了三分之一。

【学习并分析】

1. 基于蜂巢系统的订单履约运作模式相比于其他订单履约运作模式有何优缺点?
2. 试分析订单履约情况对电商环境下唯品会发展的影响。

【附加案例二】

苏宁电器物流模式的分析

（一）企业背景介绍

苏宁电器于1990年在江苏南京创立,是中国3C(家电、电脑、通信)家电连锁零售企业的领先者,国家商务部重点培育的"全国15家大型商业企业集团"之一。截至2004年末,苏宁已在全国46个重要城市开设了84家连锁店,实现主营业务收入91.0725亿元。2009年,苏宁收购日本乐购仕和香港镭射电器,开始拓展国际市场;同年,苏宁电器网上商城全新升级,建立了一个集购买、学习、交流于一体的社区,全面打造出一个专业的家电购物与咨询的网站,旨在成为中国B2C市场最大的专业销售3C、空调、彩电、冰箱、生活电器、家居用品的网购平台。2012年,苏宁收购"红孩子"母婴网和缤纷化妆品网,开始向全品类经营拓展。2013年3月13日,"苏宁电器"正式宣布更名为"苏宁云商",开始进行线上线下渠道融合的"店商＋电商＋零售服务商"模式。

围绕市场需求,按照专业化、标准化的原则,苏宁电器将电器连锁店面划分为旗舰店、社区店、专业店、专门店4大类、18种形态。苏宁电器采取"租、建、购、并"四位一体、同步开发的模式,保持稳健、快速的发展态势,每年新开200家连锁店,同时不断加大自建旗舰店的开发,以店面标准化为基础,通过自建开发、订单委托开发等方式,在全国数十个一、二级市场推进自建旗舰店开发。

苏宁坚持以市场为导向,以顾客为核心,与全球近10000家知名家电供应商建立了紧密的合作关系,通过高层互访、B2B、联合促销、双向人才培训等形式,打造了价值共创、利益共享的高效供应链。面向消费者,苏宁通过B2C、联名卡、会员制营销等方式,为消费者提供质优价廉的产品。

（二）苏宁的核心竞争

1. 连锁经营

苏宁电器以消费者的需求为核心,采用"连锁经营、统购分销"的经营模式开展综合家用电器的销售和服务,不断创新店面的环境与布局,制定了系列店面服务原则,从第一代空调专营店已经发展到第七代超级旗舰店,并形成以超级旗舰店、旗舰店为主,中心店、社区店、精品店、乡镇店相互补充的店面业态组合,遍布城乡的连锁网络。苏宁还率先推出5S服务模式,会员专区、VIP导购实现一站式购物,并且根据顾客的多样化需求,提供产品推荐、上门设计、延保承诺和家电顾问等服务,为中国亿万家庭提供方便、快捷、周到的家电生活服务。

本着稳健快速、标准化复制的开发方针,苏宁形成立体化的开发格局,建立了覆盖直辖市—省会城市—副省级城市—地级城市—发达县级城市—乡镇六级市场的连锁网络。苏宁电器以店面标准化为基础,通过自建开发、委托开发等方式,在南京、北京、上海、天津、重庆、成都、长春、青岛等10个一、二级市场核心商圈全力推进自建旗舰店开发。

苏宁以经营创新和管理提升为基础,立足国内和国际两个市场同步开发。截至2010年底,苏宁电器连锁店总数突破1 200家,销售规模突破1 500亿,实现网络规模、品牌效益、管理与服务全方位的行业领先,进入世界500强。

2. 苏宁的供应链管理

苏宁目前采用的采购模式是"赊购或授信额度的零售导向",在实际经营中,企业都是买断了供应商的商品。与此同时,企业在与供应商签订的购销合同、协议等中规定:企业对于残次品、滞销品及其他不能正常销售的商品享有退货的权利。企业在实际销售商品时,价格要在供应商规定的产品最高和最低指导销售价之间进行浮动。

3. 专业化售后服务

苏宁本着"专业自营"的售后服务,依托遍布城乡的数千家售后服务网络,两万多名的专业服务工程师时刻响应顾客需求,24小时内快速上门,为客户提供专业、可信赖的售后保障。

4. 高水平合作平台

苏宁和德国SAP公司、美国IBM公司合作,建成国际一流的信息技术平台。此外,苏宁和索尼合作,使得中国家电和消费电子类产品供应链管理从上游厂商制造环节,延伸至零售渠道环节。

(三)苏宁的物流配送模式

随着家电零售商的逐步壮大,很多店面开始进入各个城市的核心商圈,而现场店铺是企业最好的商业资源。苏宁1999年开设在南京新街口的店面,店铺1平方米一天的租金就达到3元钱,而在其他地方只要3角钱。面对昂贵的租金,苏宁率先推出了第一代的物流配送模式:卖场不设仓库,仓库设在租金便宜的地段。货卖出时也不在现场试机,顾客开好发票只需在家等着,随后配送车辆就会送货上门。以往的经营模式中,配送车辆送货只为一个顾客送货,而现在可以集中起来为好几个顾客送货,降低了配送成本。

苏宁推出这一模式不久,所有的家电连锁企业都照此模式运作,成为一个新的行业标准并一直延续至今。随着近年来家电连锁行业的高速发展,苏宁已经完成了一线城市的布局,并进入了部分二、三线城市,构成了全国性的连锁网络,并按照最初的连锁规划在全国90多个城市搭建了物流配送网络,但这种分散式的、纯人工式的物流模式所产生的成本也越来越多地挤占了家电零售行业微薄的利润空间。

为此,苏宁在考察国外发达国家的连锁企业物流模式之后,提出了融合信息化购物、科技化管理、数字化配送为一体的第二代家电物流模式。第二代物流基地建立后给苏宁节约了大量的物流成本,以杭州物流基地为例,大约节省了50%的物流成本。

苏宁电器是中国3C家电连锁零售企业的佼佼者,一直坚持"专业自营"的服务方针。以连锁店服务为基石,每进入一个地级以上的城市,苏宁都建设了配套的物流配送中心、售后服务中心和客户服务中心,为消费者提供方便快捷的零售配送服务和专业的电器安装维修服务以及周到的咨询受理回访服务。

苏宁的物流模式同样坚持"自营配送"。苏宁宣布自建物流体系后,采购了200辆轻卡,使得送货的不及时率大幅下降,由原来的千分之八降为现在的千分之二。同时,管理成本也有大幅降低。

目前苏宁的物流配送模式由最初的完全自营配送模式转为自营配送与第三方物流相结合的模式,但还是以自营配送模式为主,比例约占80%。苏宁在北京地区各门店通常承诺送货时间100公里控制在12小时以内。

(四) 苏宁电器配送模式的特点

苏宁电器连锁企业配送模式有以下特点:

(1) 时效性。按订单进行配送,配送中心接到订单后及时与商铺取得联系,确定配送较为集中的时间段,尽可能在相对短的时间内尽快将货物送到客户手中,及时满足客户的需求。

(2) 沟通性。苏宁的家电配送是直接与客户联系的配送服务末端,与客户的联系性非常强,比如确定客户的送货时间、送货方式、送货地点等,也表现了苏宁电器重视客户服务的态度。

(3) 方便性。配送业务作为苏宁的一项增值性服务,必须最大程度上满足客户的需求。在空间地域上,苏宁电器细分为旗舰店、数码店、手机店、网上商店等不同的商店形式,使客户的选择更加便利,能更快地选择出自己想要的商品。

(4) 季节性。不同的家电在不同的季节在市面上客户的需求是不一样的,例如,空调、电风扇在夏天的需求较大,而电热毯在冬天的需求较大。对于不同产品需求量的不同会导致配送路线、配送管理以及配送人员各方面也会做出相应的变化。

(5) 安全性。安全性对于企业的各个业务都非常重要,在配送方面,主要是将货物完好无损地送到目的地,避免货物在卸货、搬运时发生碰撞,避免带给企业和客户资金和时间上的损失。

(6) 经济性。在配送方面,经济性的表现就是减少配送的开支,将配送成本降到最低。建立合理的物流配送网络,集中采购、仓储、运输等业务,综合全局来控制成本,同时保证服务质量。

(五) 苏宁物流模式中存在的问题

苏宁一直以来始终坚持"提高客户满意度,进而增加长期利润"的理念以及自营物流的战略,从而不断地加大投入建设自己的物流配送体系。苏宁的自建物流体系,最终选择的是"服务"。不可否认,自营物流使得苏宁很大程度上掌握了控制权,提高了客户满意度,但同时也存在着负面效应:

(1) 自建物流配送体系增加了苏宁的财务负担,削弱了抵御市场风险的能力。

(2) 苏宁投入了大量的资金用于仓储设备、运输设备以及相关的人力成本来建设自营物流体系,苏宁仅建立一个物流基地的费用就达到十亿余元。苏宁对于物流配送中心的重资投资,必将减少企业对其他重要环节的投入,减弱企业的市场竞争力。

(六) 企业内部物流运营存在风险

苏宁自建物流,在物流配送中心的建设上必然存在风险。主要表现为:

(1) 仓储货物的风险、静止存放的风险、装卸搬运过程的风险;

(2) 人员风险,如缺乏专业的物流方面的人才;

(3) 车辆风险,如运输车辆的维修、短缺。

(七) 配送中心选择不科学

目前,苏宁在物流配送中心的选址上,只是简单地考虑仓储租金因素,很少结合配送成本、配送效率和服务质量来选址,缺乏对决策重要性和全面性的认识。从短期来看,仓库的固定仓储资金投入减少了,但由于仓库位置的不合理,使得送货路程较长,物流成本增加。

(八) 配送中心建设不规范

由于苏宁的配送中心没有标准的装卸平台和适量的固定车位,造成了货物的出入库效率低下,并且极易造成货物的破损。在进出货高峰期,极易造成混乱。家电零售配送中心的货物搬卸、验收入库、保管、备货、配送安排、送货等操作自动化、信息化程度低,物流设施比较陈旧,并且配送中心的建设规模没有根据商品流量做科学性的评估,造成仓库资源的闲置浪费或者空间不足。

(九) 人才、设施建设不健全

苏宁实施自营物流,需要大量的物流方面的专业人才。由于我国对物流的引进时间不长,对物流人才的培养也并不成熟,人才的缺失很难满足自营物流的需求,使得自营物流模式的成效大打折扣,企业不得不花费大量的资金和时间用于人才的培养方面。

除了人才缺失以外,物流基础设施也不健全,自动化、信息化的设施较少,很多地方没有完整配套的自动化物流设施,使得苏宁的配送业务很难在当地开展,也就使原本简单的配送活动采用舍近求远的方法,耗时耗力。同时由于缺少信息化的物流设施,往往会造成物流信息更新的速度缓慢,难以跟上现在信息高速变更的步伐,从而失去了市场竞争力。

(十) 苏宁物流配送模式的优化策略

1. 积极发展共同配送,提高现有配送中心的利用率

连锁经营企业采用共同配送模式不仅有利于达到配送作业的经济规模,提高了物流作业的效率,并且企业不需要投入大量的资金、设备、土地和人力,能够有效地降低连锁企业的运营成本,有利于企业集中精力,提高核心竞争力,扩大市场范围。苏宁可以与其他企业合作来实现整体物流配送,减少资金和经营的负担,并弥补自身的不足。

2. 建立完善的管理制度

苏宁应该完善现有的管理制度,加强对货物装卸操作人员的培训,减少违规操作情况的发生。加强车辆设备的检查和维护工作,一旦发现车辆异常情况要立即进行维修。

3. 科学选址

苏宁配送中心的选址应该结合区域内客户配送量的分布、交通情况、车辆需求情况、服务承诺事件、人员分布、仓储成本、配送运价等多个因素综合考虑,从而使得物流总成本最低。通过建立合理的配送网点,才可以降低物流总成本,提高配送效率和客户的服务水平。

4. 对配送中心进行合理规划

苏宁配送中心的建设要结合所销售的商品,通过对配送中心合理规划来提升货品的周转率,降低物流成本,减少库存,缩短物流作业周期,整合上下游通路环境,提高企业的物流服务竞争力。由于家电产品具有季节性的特点,产品需求的浮动性大,所以造成对企业库存管理的要求比较高。合理地规划配送中心,才能减少企业的物流成本。

【学习并分析】

1. 根据本案例,试分析苏宁的物流模式给其他连锁企业的启示有哪些?
2. 结合本例谈谈苏宁在选择物流模式时考虑了哪些因素?

【附加案例三】

传化物流的平台运作模式

传化物流是国内最早采用平台运作模式的物流企业之一。1997年传化成立储运公司,2000年传化确定了公路港物流发展战略,2003年杭州公路港建成,传化逐渐摸索出"公路港物流服务平台"模式。传化在杭州物流基地先后成立信息交易中心、仓储中心、车源中心和零担快运中心,吸引公路、水路、铁路等各类物流企业来基地中转交易,并引入工商、行政、银行、保险等职能部门,餐饮、住宿、休闲娱乐等商户为业主提供业务和生活上的支持。传化物流平台运作模式以线上云平台——传化网为核心,以线下传化公路港为载体,聚集车货双边资源及外围相关多边资源,线上进行物流业务交易匹配与支付、物流运作信息管理、平台物流成员资格与信用管理,线下依托公路港城市物流中心,为城市、城市群以及行业提供供应链平台服务,实现公路物流降本增效,打造"物流+互联网+金融服务"为特征的中国公路物流新生态。传化物流的平台运作模式有以下特征。

(1) 线上云平台"传化网"作为开放平台连接各类物流服务提供方、货主和其他相关组织机构,实现物流服务的线上集成,为物流供应链上的各类主体提供全链条、全场景的产品和服务。传化网聚集大量制造企业、物流企业和卡车司机,把供应链上下游企业以及各种物流资源连接起来并积累沉淀大数据,基于云计算提供智能服务,并吸引各类金融、信息、人才资源要素,在传化网内形成系统性生产服务体系。

(2)线下物流平台是分布全国各城市的公路港城市物流中心,传化公路港定位为物流平台运营商,全国公路港互联互通连点成网,通过提供信息交易服务、物流作业场地和完善的配套服务,结合城市定位、产业布局,聚集物流供需的人、车、货以及相关支持主体,为城市和城市群提供集"物流、信息、金融"一体化的供应链服务,满足客户提供一站式物流服务需求。

(3)传化物流平台通过制定平台质量标准、准入和退出机制、激励机制、协调机制管理平台生态,并跨界融合开发会展、咨询、培训等衍生性服务。传化通过设置门槛和考核制度建立准入和退出机制,改善了市场诚信缺失的公路物流现状。工商企业、物流企业以及个体车主、货主通过平台共享资源,如共同仓储与配送,与传化物流平台共同营造和谐共赢的物流产业生态环境。

【学习并分析】

1. 根据本案例,试分析传化物流的平台模式有哪些特点?
2. 结合本例谈谈在构建物流中心平台运作模式时应该考虑哪些因素?

第四章 物流配送中心选址与布局

本章重点理论与问题

本章首先从物流配送中心选址的意义、物流配送中心考虑的主要因素以及物流配送中心决策步骤来综合说明物流中心选址的必要性和重要性,然后从重心法、线性规划方法、启发式方法和综合因素评价法等理论和方法来阐述如何进行物流配送中心的选址与布局,并分析了各种方法在实际应用过程中存在的问题,也比较了各自的优缺点。物流配送中心选址与布局往往是综合各种方法来计算,得出最优结果,使选址与布局更精确、更科学、更贴近实际。

第一节 物流配送中心选址概述

物流配送中心的位置在整个物流系统中占有非常重要的地位,属于物流管理战略层的问题。物流的实际运动空间表现为网络结构形式,由点和线构成。"点"通常称为物流节点,"线"一般指运输线路。物流配送中心(物流节点)是物流网络中十分重要的组成部分。物流配送中心要完成多种物流活动,如包装、装卸、保管、分货、配货、流通加工等。同时,物流配送中心还要与运输过程相互衔接,协调不同等级的运输过程。因此,物流配送中心的优化配置对物流系统的效率和运行成本具有重要的影响。从发展趋势来看,物流配送中心不仅执行一般的物流职能,而且越来越多地要执行指挥调度、处理信息等职能,是整个物流网络的关键所在,受到各方面的广泛重视。因此,物流配送中心的合理选址是企业发展的战略决策问题。

不论是政府进行社会物流系统规划,还是企业拓展经营网络,都要进行物流配送中心的合理选址分析。因为建设物流配送中心投资规模大、占用大量城市土地以及建成后不易调整,对社会物流和企业经营具有长期的影响,所以对物流配送中心的选址决策必须进行详细论证。选址的失误对于社会物流系统而言,可能会导致社会生产和商品交换的无秩序和低效率;对于企业经营而言,可能因为效率低下不能满足客户需求而直接影响企业的经营利润。

一、物流配送中心选址考虑的主要因素

影响物流配送中心选址的因素繁多,下面四个方面是评价物流配送中心选址合理与否时必须要重点考虑的因素。

(一) 社会环境因素

(1) 要充分考虑运输费用。新建物流配送中心要使总的物流运输成本最小化,大多数物流配送中心选择接近物流服务需求地,以便缩短运输距离,降低费用。

(2) 要能实现准时运送。应保证客户在任何时候提出物流需求都能获得快速满意的服务。

(3) 新建物流配送中心要能很好地适应货物的特性,经营不同类型货物的物流配送中心最好能分别布局在不同地域。

(二) 自然环境因素

(1) 地质条件。物流配送中心是大量货物的集结地。某些质量很大的建筑材料堆垛起来会对地面造成很大压力,如果物流配送中心地面以下存在着淤泥层、流沙层、松土层等不良地质条件,会在受压地段造成沉陷、翻浆等严重后果,为此,要求土壤承载力要高。

(2) 气象条件。物流配送中心在选址过程中,主要考虑的气象条件有温度、风力、降水量、无霜期、冻土深度、年平均蒸发量等指标。例如,选址时要避开风口,因为在风口会加速露天堆放货物的老化。

(3) 地形条件。物流配送中心应建在地势高、地形平坦的地方,且应具有适当的面积,选在完全平坦的地形上是最理想的;其次选择稍有坡度或起伏的地方,应该完全避开地形上有陡坡的地方。

(4) 水文条件。物流配送中心在选址时必须远离容易泛滥的河川流域与上溢地下水的区域,要认真考察近年的水文资料,地下水位不能过高,洪泛区、内涝区、河道、干河滩等区域绝对不能作为物流配送中心的地址。

(三) 经营环境因素

(1) 经营环境。物流配送中心所在地区优惠的物流产业政策对物流企业的经济效益将产生重要影响;数量充足和素质较高的劳动力条件也是物流配送中心选址考虑的因素之一。

(2) 物流费用是物流配送中心选址的重点考虑因素之一。大多数物流配送中心选择接近物流服务需求地,例如,接近大型工业区、商业区,以便缩短运输距离,降低运费等物流费用。

(3) 货物特性。经营不同类型货物的物流配送中心最好能分别布局在不同地域,如生产型物流配送中心的选址应与当地的产业结构、产品结构、工业布局等进行综合考虑。

(4) 服务水平是物流配送中心选址的考虑因素之一。由于在现代物流过程中能否实现准时运送是服务水平高低的重要指标,因此,在物流配送中心选址时,应保证用户在任何时候向物流配送中心提出物流需求时,都能获得快速满意的物流服务。

(四) 基础设施状况

(1) 交通条件。物流配送中心必须具备方便的交通运输条件,最好靠近交通枢纽布局,如紧临港口、交通主干道枢纽、铁路编组站或机场,有两种以上运输方式相衔接。公路运输是物流配送中心的主要货运方式,靠近交通便捷的干道进出口是物流配送中心选址的主要考虑因素之一。由于我国地域辽阔,铁路的运力强、费用低,同时水运也有运输成本低的优势,因此,大规模的物流配送中心最好靠近铁路、港口。

(2) 公共设施状况。物流配送中心的所在地要求道路、通信等公共设施齐备,有充足的供电、水、热、燃气的能力,且场区周围要有污水、固体废弃物的处理能力。

基础设施状况因素的权重系数一般是 0.2~0.4,该因素仅次于经营因素,应在物流配送中心选址评价时占较大的权重。

（五）其他因素

(1) 土地资源利用。物流配送中心的规划应贯彻节约用地、充分利用国土资源的原则,物流配送中心一般占地面积较大,周围还需留有足够的发展空间,因此地价的高低对布局规划有重要影响。此外,物流配送中心的布局还要兼顾区域与城市规划用地的其他要素。

(2) 环境保护要求。物流配送中心的选址需要考虑保护自然环境与人文环境等因素,尽可能降低对城市生活的干扰。对大型转运枢纽,应适当设置在远离市中心的地方,使城市交通环境状况能够得到改善,城市的生态建设得以维持和发展。

(3) 周边状况。物流配送中心是火灾重点防护单位,不宜设在易散发火种的工业设施（如木材加工、冶金企业）附近,也不宜选居民住宅区附近。

自然环境因素的权重系数一般是 0.1~0.3,在物流配送中心备选地址的自然环境条件相差不大的情况下,可将该权重确定得小一些,否则应大一些。其他因素的权重系数要视具体情况而定,一般在 0.1~0.2。经营环境的权重系数一般是 0.3~0.5,这是进行物流配送中心选址时应考虑的主要因素。

二、物流配送中心选址的决策步骤

物流配送中心选址决策包括几个层次的筛选,是一个逐步缩小范围、更为具体的选择过程(见图 4-1)。

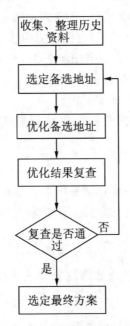

图 4-1 物流配送中心选址程序

（一）收集、整理历史资料

通过对历史资料的收集和整理,可以获得关于物流系统现状的认识,以确定物流配送中心服务对象的需求条件,并初步确定物流配送中心的选址原则。获得准确的第一手资料对后续备选地址的选择以及定量化模型的设计均有重要作用。

（二）选定备选地址

在进行物流配送中心位置选择时,首先要根据上述各影响因素进行定性分析和审慎评估,大致确定出几个备选地址。在确定备选地址时首先要确定地区范围,如在世界范围内选址,首先确定某个国家,在某一个国家范围内选择,首先确定某个省份,然后第二步要做的是进一步将位置确定在某个城市或商业地区。

备选地址的选择是否恰当,将直接影响到后续对最优方案的确定。备选地址过多,后续优化方案的工作量将过大,成本高。备选方案过少,可能导致最后的方案远离最优方案,选址效果差。所以合适的备选地址的确定是物流配送中心选址及网点布局中非常关键的一步。

（三）优化备选地址

在备选地址确定后,最后一步要做的是更详细考察若干具体地点。可以在此基础上建立数学模型,通过定量化计算,得到优化后的地址。近年来,选址理论发展迅速,计算机技术也得到广泛应用,这些发展都为定量化选址方法的研究提供了有利支持。目前已有多种优化选址方法被开发出来。

（四）优化结果复查

由于在定量分析中主要考察对选址产生影响的经济性因素,所以当我们直接应用定量模型得出的结果进行物流配送中心选址时,常常会发现在经济上最为可取的选址地点在实际上却行不通,这是因为除了经济性因素以外,还有很多非经济因素影响物流配送中心坐落地点的确定,如前面我们介绍过的自然条件、劳动力因素等。因此,在这一步骤里要将其他非经济性因素考虑进去,如综合地理、地形、环境、交通、劳动力,以及有关法规等条件对优化结果进行评价,看优化结果是否具有现实可行性。

复查时,要将各项影响因素根据它们的影响程度赋予相应的权重,采用加权法进行复查。

（五）确定最终方案

如果优化结果通过复查,即可将优化结果作为最终方案。如果没有通过复查,则重新返回第二步,进行备选地址筛选、优化备选地址、复查等一系列步骤,直至最终得到结果。

三、物流配送中心选址因素的进一步探讨

在对选址方法进行讨论之前,将选址问题划分成几种类型,将会对分析选址问题有所帮助。

（一）按驱动力划分

在决定设施定位的因素中,通常某一个因素会比其他因素更重要。在工厂和仓库选址

中,最重要的因素一般是经济因素;零售店选址时,地点因素带来的收入往往起决定性作用,地点因素带来的收入减去场地成本就得到该地点的赢利能力;在服务设施(医院、自动化银行、慈善捐赠中心或维护设施)的选址中,交通便利程度则可能是首要的选址要素,在收入和成本难以确定时尤其如此。

(二)按选择的离散程度划分

某些方法需要考察一个连续空间内所有可能的点,并选择其中最优的一个,这就是连续选址法(continuous location methods)。另一种方法是在一系列可能方案中做出选择,这些方案事先已经过合理性分析,这种方法就是离散选址法(discrete location methods)。后者在实践中更为常用,主要针对多设施选址问题。

(三)按设施的数量划分

单一设施的选址与同时对多个设施进行选址是截然不同的两个问题。单一设施选址无需考虑竞争力、设施之间需求的分配、集中库存的效果、设施的成本等因素,其主要考虑因素为运输成本,因此规划较为简单。而多设施选址问题则复杂得多,它需综合与均衡考虑多个因素。

(四)按时间维度划分

选址方法的性质可以是静态的,也可以是动态的。静态方法是以某单一时期(如一年)的数据为基础进行选址,而动态方法则用于多个阶段选址。

(五)按数据的集成程度划分

选址问题往往涉及对众多网络设计布局的评估。为了控制问题的规模以便于求解,在解决实际选址问题时,有必要使用集成的数据关系。由于该方法精度有限,所以只能将设施定位在较大的地理范围内(如整个城市)。另一方面,使用集成度较小的数据关系的方法,尤其是场地选址法,能够对只隔一条城市街道的不同位置加以区别。后者在零售业选址和对工厂、仓库的最终位置做选择时尤其重要。

第二节 物流配送中心单设施选址方法

一、基本解析法

基本解析方法通常是指物流地理重心方法。这种方法通常只考虑运输成本对配送中心选址的影响,而运输成本一般是运输需求量、距离以及时间的函数,所以解析方法根据距离、需求量、时间或三者的结合,通过在坐标上显示,以配送中心位置为因变量,用代数方法来求解物流中心的坐标(见图4-2)。

基本解析方法考虑的影响因素较少,模型简单,主要适用于单个物流中心选址问题。对于复杂的选址问题,解析方法常常感到困难,通常需要借助其他更为综合的分析技术和方法。

基本解析方法只考虑与运输成本相关的需求量、距离、时间三者中的某一个变量,来解

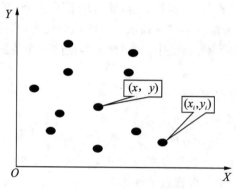

图 4-2　基本解析方法示意图

出使运输成本最低的物流配送中心的坐标。

当只考虑距离时,基本解析方法可以被称为距离中心解法。距离中心法的思想是通过不断反复才能得到一个不断改进的配送中心位置。由于是单一设施选址,所以配送中心的运营成本固定不变,而运输费用随距离的变化而变化,建设成本可以视为固定不变,因此可以只考虑在不同地点设置配送中心因距各用户距离变化而引起的运输费用的变化,找出令运输总费用最小的点,并将其作为最佳设施坐落点。

设物流配送中心的坐标是(x_d,y_d),则物流配送中心到用户j的运输费用为$\alpha_j d_j$,α_j为运输费率,d_j为工厂和各处j的直线运输距离。此时总运费$T=\sum_{j=0}^{n}\alpha_j d_j$,其中$d_j=\sqrt{(x_d-x_j)^2+(y_d-y_j)^2}$,现在要求$(x_d,y_d)$为何值时使得总运费$T$最小。

显然,能使$\frac{\partial T}{\partial x_d}=0$,$\frac{\partial T}{\partial y_d}=0$成立的坐标点,就是所求物流配送中心的最佳位置,即令

$$\begin{cases}\dfrac{\partial T}{\partial x_d}=\sum_{j=0}^{n}\alpha_j(x_d-x_j)/d_j=0\\ \dfrac{\partial T}{\partial y_d}=\sum_{j=0}^{n}\alpha_j(y_d-y_j)/d_j=0\end{cases} \quad (4\text{-}1)$$

由此可求得x_d和y_d的解为

$$\begin{cases}x_d^*=\dfrac{\sum_{j=0}^{n}\alpha_j x_j/d_j}{\sum_{j=0}^{n}\alpha_j/d_j}\\ y_d^*=\dfrac{\sum_{j=0}^{n}\alpha_j y_j/d_j}{\sum_{j=0}^{n}\alpha_j/d_j}\end{cases} \quad (4\text{-}2)$$

由于式(4-2)右端还包含有x_d、y_d(包含在d_j中),直接求解非常困难,所以一般采用迭代法来求解。具体计算步骤如下。

(1) 在只考虑需求量的条件下求出各用户的需求重心,并将此作为初始点,计算出相应的总运费。

（2）将所求得的初始点坐标代入式（4-1）和式（4-2），计算出经上述算式所求的物流配送中心改善点的坐标，并计算出相应改善点的总运费。

（3）将改善前的总运费与改善后的总运费进行比较，如果改善后的运费高于改善前的运费，说明已找到最低运输费的位置，即为所求的重心，停止运算。

（4）如果改善后的运费低于改善前的运费，即运费下降了，则说明总运费还有进一步下降的可能，那么将改善点的坐标继续代回原公式，再计算改善点，这样反复计算下去，直至最优。

二、精确重心法

求解配送中心最佳地址的模型有离散型和连续型两种。重心法模型是连续型模型，相对于离散型模型来说，其配送中心地点的选择是不加特定限制的，有自由选择的长处。可是从另一个方面来看，重心法模型的自由度过多也是一个缺点，因为由迭代法计算求得的最佳地点实际上往往很难找到，有的地点很可能在湖泊上或街道中间等。此外，迭代计算非常复杂，这也是连续型模型的缺点之一。

选址时，运输费用在生产成本中占有较大比例的情况下，由一个工厂向多个配送中心或仓库发货，或由一个配送中心或仓库向多个销售点送货，都适宜采用精确重心法。应用此方法时，运输费用等于货物运输量与运输距离以及运输费率的乘积。如图 4-3 所示，在一直角坐标系中，需新建工厂的坐标为 $P_0(x_d, y_d)$，n 个配送中心或仓库或原材料供应点 W_j 的坐标分别为 $q_j(x_j, y_j)$，现在欲求此工厂的位置，使从工厂到各处的运输费用为最小（见图 4-3）。

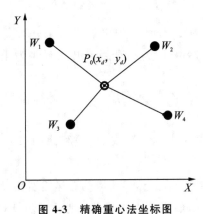

图 4-3 精确重心法坐标图

已知条件如下：

w_j 为新建工厂 P_0 与 W_j 之间的物流量；

a_j 为工厂到各配送中心或原材料供应点或仓库（W_j）的每单位物流量单位距离所需的运输费用（运输费率）；

d_j 为工厂到 W_j 的直线运输距离。

由此可得工厂到各个 W_j 点总运输费用为

$$T = \sum_{j=0}^{n} a_j w_j d_j \qquad (4-3)$$

令
$$\alpha_j w_j d_j = c_j \tag{4-4}$$

c_j 为工厂到仓库或供应点 W_j 的运输费用。

$$d_j = \sqrt{(x_d - x_j)^2 + (y_d - y_j)^2} \tag{4-5}$$

故
$$T = \sum_{j=0}^{n} \alpha_j w_j \sqrt{(x_d - x_j)^2 + (y_d - y_j)^2} \tag{4-6}$$

现在要求 (x_d, y_d) 为何值时 T 最小。

显然,能使 $\frac{\partial T}{\partial x_d} = 0, \frac{\partial T}{\partial y_d} = 0$ 成立的 (x_d^*, y_d^*),即为所求的工厂的最佳位置。令

$$\frac{\partial T}{\partial x_d} = \sum_{j=0}^{n} \alpha_j w_j (x_d - x_j)/d_j = 0 \tag{4-7}$$

$$\frac{\partial T}{\partial y_d} = \sum_{j=0}^{n} \alpha_j w_j (y_d - y_j)/d_j = 0 \tag{4-8}$$

由此可求 x_d 和 y_d 的解为

$$x_d^* = \frac{\sum_{j=0}^{n} \alpha_j w_j x_j / d_j}{\sum_{j=0}^{n} \alpha_j w_j / d_j} \tag{4-9}$$

$$y_d^* = \frac{\sum_{j=0}^{n} \alpha_j w_j y_j / d_j}{\sum_{j=0}^{n} \alpha_j w_j / d_j} \tag{4-10}$$

由于上述 x_d^*、y_d^* 中含有 d_j,而 d_j 中仍然含有未知数 x_d 和 y_d,因此无法一次求出 x_d^*、y_d^*。实际上,从确定初始值开始,一直到求出 T 最小为止,其间需要多次迭代计算。

迭代计算步骤如下:

(1) 给出工厂初始位置 $(x_d^{(0)}, y_d^{(0)})$,利用式(4-6)计算出与 $(x_d^{(0)}, y_d^{(0)})$ 相应的总运输费用 $T^{(0)}$;

(2) 将 $(x_d^{(0)}, y_d^{(0)})$ 分别代入式(4-5)、式(4-9)和式(4-10)中,计算出工厂的改进位置 $(x_d^{(1)}, y_d^{(1)})$;

(3) 利用式(4-6)计算出与 $(x_d^{(1)}, y_d^{(1)})$ 相应的总运输费用 $T^{(1)}$;

(4) 将 $T^{(1)}$ 与 $T^{(0)}$ 进行比较,若 $T^{(1)} < T^{(0)}$,则返回步骤(2),再将 $(x_d^{(1)}, y_d^{(1)})$ 代入式(4-5)、式(4-9)和式(4-10)中,计算出工厂第二次改进位置 $(x_d^{(2)}, y_d^{(2)})$。若 $T^{(2)} \geq T^{(1)}$,说明 $(x_d^{(2)}, y_d^{(2)})$ 便是最优解。

如此反复迭代计算,直至 $T^{(k+1)} \geq T^{(k)}$,求出 $(x_d^{(k)}, y_d^{(k)})$ 这一最优解为止。

【例 4-1】 已知一工厂坐标位置 A 及各供货点和仓库的位置坐标,现需要新建一配送中心 P,将工厂生产的产品配送给各处。工厂到配送中心 P 的运输费率为 $\alpha_0 = 20$ 元/(吨·千米),配送中心 P 到各需方的运输费率均为 $\alpha_1 = 50$ 元/(吨·千米),配送中心 P 的位置坐标初始值 P_0 为 $(8,8)$,其他各设施的坐标位置和输送产品量如表 4-1 所示。问此配送中心应设在何处最为经济合理。

表 4-1 设施位置坐标和输送产品需要数量

各 设 施	位置坐标(x_i, y_i)	输送产品量(w_j)
D_1	(13,8)	5
D_2	(7,11)	15
D_3	(3,9)	5
D_4	(4,14)	10
E_1	(3,4)	15
E_2	(11,4)	10
E_3	(7,6)	20
A	(21,12)	80

解 首先计算出配送中心到工厂和各需方的直线距离,如表 4-2 所示,然后按下式求出较为理想的位置。

$$x_d^{(1)} = \frac{\sum_{j=0}^{n} a_j w_j x_j / d_j}{\sum_{j=0}^{n} a_j w_j / d_j} = 9\,821/1\,192 = 8.2$$

$$y_d^{(1)} = \frac{\sum_{j=0}^{n} a_j w_j y_j / d_j}{\sum_{j=0}^{n} a_j w_j / d_j} = 9\,399/1\,192 = 7.9$$

表 4-2 工厂到各需方的直线距离

距 离	D_1—P_0	D_2—P_0	D_3—P_0	D_4—P_0	E_1—P_0	E_2—P_0	E_3—P_0	A—P_0
距离 d_j	5.0	3.2	5.1	7.2	6.4	5.0	2.2	13.6

以上所求点即为配送中心 P 第一次改进的位置。再根据计算,当配送中心位置为 $P_0(8,8)$ 时,$T^{(0)} = 39\,785$ 元。同理,再按 $P_1(8.2, 7.9)$ 计算配送中心到工厂 A 和各需方的直线距离,并按上述公式求出第二次改进的配送中心位置坐标,则

$$x_d^{(2)} = 9\,861/1\,187 = 8.3$$
$$y_d^{(2)} = 9\,327/1\,187 = 7.8$$

根据计算,可见当配送中心 P 的位置为 $P_1(8.2, 7.9)$ 时,$T^{(1)} = 39\,615$ 元。

通过上述计算之后,将 $T^{(0)}$ 与 $T^{(1)}$ 进行比较:$T^{(1)} < T^{(0)}$,表明物流中心 P 的位置有进一步改进的可能,故需要继续迭代计算。再算出由配送中心到工厂 A 和各需方的距离和运输费用,经过计算后可得,$T^{(2)} = 39\,765$ 元。因为 $T^{(2)} > T^{(1)}$,所以 $T^{(1)}$ 最小,即 $P_1(8.2, 7.9)$ 为所选配送中心最合理的位置。

这种方法的优点是按运输费用最小原则来选址,并对候选位置不加限制,因此具有较大的灵活性。但其缺点也是由于灵活性较大,计算出来的最佳选址点可能受实际地理状态(如

高山或河流、湖泊等)限制,而不宜修建配送中心。此外,上述计算的距离均为直线距离,这往往也不符合实际情况。为此,在实际距离不是直线距离的条件下,可在运输费率 a_j 中加以修正,使之适当增大,以补偿在计算直线距离时所产生的偏差。

第三节　物流配送中心多设施选址方法

一、物流配送中心多设施选址最优规划方法

(一)混合整数规划法

混合整数规划法是通过给定离散的决策变量、目标函数与约束条件,使其能够对所考虑的问题进行较为全面和客观的描述,适合于解决物流网络设计中常见的、较为复杂的选址问题。

我们所考虑的问题可以描述为:某几家工厂生产数种产品,这些工厂的生产能力为已知,每个消费区对每种产品的需求量也已知。产品首先从工厂运送到仓库,集中后再经由仓库运往消费区,使消费区的需求得到满足,而且每个消费区由某一指定仓库独家供货。各个仓库能承受的总的年吞吐量有上限和下限的要求。仓库成本表示为固定成本(实际用地所承担的费用,包括固定投资、维护费用、工人工资等)加上线性可变成本(包括货物的搬运费用、储存费用等)。运输成本被看作是线性的,与运输的距离有关。现在的决策目标是,找出物流网络中仓库的数量、规模和位置,使得通过该网络运送所有产品的固定成本和线性可变成本在下列条件约束下降至最低,即:

(1) 不能超过每个工厂的供货能力;
(2) 所有产品的需求必须得到满足;
(3) 各仓库的吞吐量不能超过其吞吐能力;
(4) 必须达到最低吞吐量,仓库才可以开始运营;
(5) 同一消费区需要的所有产品必须由同一仓库供给。

为了对上述问题建立混合整数线性规划模型,首先要给出各参数和变量的代号,具体说明如下。

1. 参数说明

i——商品,$i \in M$,M 为货物种类集合;

j——工厂,$j \in N$,N 为工厂个数集合;

k——仓库,$k \in K$,K 为备选仓库个数集合;

l——消费区,$l \in L$,L 为消费区个数集合;

S_{ij}——工厂 j 生产商品 i 的年生产能力;

D_{il}——消费区 l 对商品 i 的年需求量;

f_k——仓库 k 每年运营的固定成本;

v_k——仓库 k 单位变动成本;

C_{ijkl}——商品 i 从工厂 j 经仓库 k 到达消费区 l 的单位平均成本。

2. 变量说明

X_{ijkl}——商品 i 从工厂 j 经仓库 k 到达消费区 l 的数量;

z_k——若仓库投入经营,则为 1,否则为 0;

Y_{kl}——若仓库 k 为消费区 l 提供服务,则为 1,否则为 0。

其混合整数规划模型为

$$TC = \min \sum_{i \in M}\sum_{j \in N}\sum_{k \in K}\sum_{l \in L} C_{ijkl} X_{ijkl} + \sum_{k \in K}\left[f_k z_k + v_k \sum_{l \in L}\left(\sum_{i \in M} D_{il}\right) Y_{kl}\right]$$

需要满足的约束条件为 $\sum_{k \in K}\sum_{l \in L} X_{ijkl} \leqslant S_{ij}$;同时所有用户的需求必须得到满足,即 $\sum_{j \in N} X_{ijkl} = D_{il} Y_{kl}$;对于所有的 X_{ijkl},均满足条件 $X_{ijkl} \geqslant 0$。

混合整数规划法的最优解可以应用分支定界法求解,求出混合整数规划模型的最优解就得到了配送中心选址的最佳可行方案。

【**例 4-2**】 现有三个顾客需要两种产品,但每个顾客只能由同一个仓库供货,如图 4-4 所示。这就需要在两个仓库之间进行选择。仓库 1 的货物搬运处理成本为每公斤 2 元,如果投入营运,该仓库的固定成本为每年 10 万元,仓库的处理能力为每年 11 万公斤。仓库 2 的货物搬运处理成本为每公斤 1 元,固定成本为每年 50 万元,处理能力无限制,不存在维持仓库运营的最低数量限制。有两个工厂为仓库提供产品。每个工厂都可以生产其中任何一种产品,但每种产品的单位生产成本是不同的。工厂 1 的生产能力有限制(每年可生产 6 万公斤产品 1 和 5 万公斤产品 2)。工厂 2 生产任意一种产品都没有生产能力的限制。我们的任务是弄清该使用哪些仓库,怎样将顾客需求分配给它们,各工厂应该向每个仓库供多少货物?

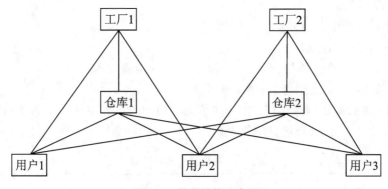

图 4-4 供货结构示意图

解 将问题的数据代入上述模型,利用物流专用软件,可求出该问题的解。解的结果是使用仓库 2,利用工厂 2 供货。其成本如表 4-3 所示。

表 4-3 成本计算结果 单位:元

类 别	成 本
产品	1 020 000
运输成本	1 220 000

续表

类别	成本
仓库处理成本	310 000
仓库固定成本	500 000
总计	3 050 000

(二)运输规划方法

实际生活中常常会遇到这样的问题,一个多层次物流配送中心网络在若干年前已经建成,但经过一段时间后,用户及其需求发生了很大的变化,需要对这个网络进行布局调整,重新分派各子配送中心的配送范围以及配送量。对于工厂供应多个需求点(仓库、工厂、配送中心和销售点)的问题,通常用线性规划法求解更为方便,可以同时确定多个设施的位置,其目的也是使所有设施的生产运输费用最小。在相应约束条件下令所求目标函数为最小,即约束条件为

$$\begin{cases} \sum_{j=1}^{n} X_{ij} \leqslant P_i \\ \sum_{i=1}^{m} X_{ij} \geqslant S_j \end{cases}$$

并且全部的 $X_{ij} \geqslant 0$,目标函数 $\min(Z) = \sum_{i=1}^{m} \sum_{j=1}^{n} C_{ij} X_{ij}$。其中,

m——工厂数量;

n——销售点数量;

P_i——工厂 i 的生产能力;

S_j——销售点 j 的需求;

C_{ij}——工厂 i 生产一单位产品并运到销售点 j 的运输成本;

X_{ij}——从工厂 i 运到销售点 j 的产品数量。

【例 4-3】 某公司由两家工厂向三个销售点 A、B、C 配货,各工厂到各销售点的单位运价及产需量如表 4-4 所示,求最佳配货方案。

表 4-4 单位运价及产需量

销售点 需求量 产量		A	B	C
		7	10	7
工厂 1	16	35	30	48
工厂 2	8	40	43	32

解 运输规划方法的基本思想是将产品优先分配给运输费用最少的销售点,如表 4-5 所示。

表 4-5　运输规划方法求解表

产量＼需求量		A	B	C
		7	10	7
工厂 1	16	③35(6)	①30(10)	48(0)
工厂 2	8	④40(1)	43(0)	②32(7)

步骤一　选择最小运价为 30(工厂 1 至销售点 B)，将工厂 1 的 16 个产品分配 10 个到销售点 B，还剩 6 个，B 的需求量已得到满足，不需要工厂 2 提供，则在 B 列中对应于工厂 2 的位置补 0，将销售点 B 划去，不需要再讨论了。

步骤二　选择剩下的运价中最小的为 32(工厂 2 到销售点 C)。将工厂 2 的 8 个产品分配 7 个到销售点 C，同列对应于工厂 1 的位置补 0。工厂 2 还剩 1 个产品。将 C 列划去，不再讨论。

步骤三　在剩下的运价中选最小的为 35(工厂 1 至销售点 A)。将工厂 1 剩下的 6 个产品分给销售点 A，A 需 7 个产品，还缺 1 个。

步骤四　将工厂 2 剩下的 1 个产品分给销售点 A，至此所有产品分配完毕。则最小运费为

$$Z = 35 \times 6 + 30 \times 10 + 48 \times 0 + 40 \times 1 + 43 \times 0 + 32 \times 7 = 774$$

对于分配过程，需要说明以下两点。

(1) 当产量 p_i 不等于需求量 s_j 时，按 p_i、s_j 中小者进行分配。若按 s_j 分配，与 s_j 同列的其余位置补 0；若按 p_i 分配，与 p_i 同行的其他位置补 0。

(2) 当产量 p_i 等于需求量 s_j 时，则一次完成产销分配，或在行上，或在列上补 0，但不能同时补 0。

二、配送中心选址的启发式方法

启发式方法是一种逐次逼近最优解的方法，启发式方法与最优规划方法的最大不同在于它不是精确式算法，不能保证给出的解决方案是最优的，但只要处理得当，获得的可行解与最优解是非常接近的，而且启发式算法相对最优规划方法计算简单，求解速度快。所以在实际应用中，启发式方法是仅次于最优规划方法的选址方法。

用启发式方法进行配送中心选址及网点布局时，首先要定义计算总费用的方法，拟定判别准则，规定改进途径，然后给出初始方案，迭代求解。

(一) CFLP 法

CFLP(capacitated facility location problem)法是用线性规划中的运输规划法确定各配送中心的市场占有率，求出配送分担地区的重心，再用混合整数规划法来确定场址的建设位置。当配送中心的能力有限，而且用户的地址和需求量以及设置多个配送中心的数目均已确定的情况下，可采用 CFLP 法，从由多个物流配送中心组成的配送系统的备选地点中选出总费用最小的物流配送中心。

其基本步骤为：首先设定物流配送中心的备选地点，然后在保证总运输费用最小的前提

下,求出各暂定物流配送中心的供应范围,再在所求出的供应范围内分别移动物流配送中心至其他备选地点,以使在供应范围内的总费用下降。当移动物流配送中心至其他各备选地点都不能继续使本区域总费用下降时,则计算结束;否则,继续移动物流配送中心到新地点,并求其供应范围,重复以上过程,直到费用不再下降为止。具体步骤如下。

步骤一 设定物流配送中心初始地点。根据用户需求分布情况和物流配送中心的配送能力来适当地确定物流配送中心的数量及其设置地点,并以此作为初始方案。这一步骤将直接影响整个计算的收敛速度,因此非常重要。

步骤二 确定各暂定物流配送中心的供应范围。设需求用户有 n 个;暂定的物流配送中心有 k 个,分别为 $s_1, s_2, \cdots, s_k$;从物流中心 s_i 到用户 j 的单位运输费用为 h_{s_ij};以总运输费用 U 为最低目标,则构成的运输问题模型如下。

$$\min U = \sum_{i=1}^{k} \sum_{j=1}^{n} h_{s_ij} X_{s_ij}$$

$$\sum_{j=1}^{n} X_{s_ij} \leqslant M_{s_i}, i = 1, 2, \cdots, k$$

$$\sum_{i=1}^{k} X_{s_ij} \geqslant D_j, j = 1, 2, \cdots, n$$

$$X_{s_ij} \geqslant 0, i = 1, 2, \cdots, k, j = 1, 2, \cdots, n$$

式中:X_{s_ij}——配送中心 s_i 到用户 j 的运输量;

D_j——用户 j 的需求;

M_{s_i}——物流中心 s_i 的容量。

将上述问题进行求解,就可以求得各暂定物流配送中心的供应范围。这可表述为如下用户集合:$N_i = \{j: X_{s_ij} \neq 0\}, i = 1, 2, \cdots, k$。

步骤三 在上述各配送范围内,将暂定的物流配送中心移动到其他备选地点,寻求可能的改进方案,从而使总费用最低。设在原定物流配送中心 s_i 的配送范围为 N_i,除 s_i 之外,还有 L_i 个可作为物流配送中心的备选地点,在这些地点设置物流配送中心的固定费用分别为 F_{t_l},则以 t_l 为新的物流配送中心时,其中 $t_l \in L_i$,N_i 内的总费用为

$$u_{t_l} = \sum_{j=1}^{N_i} h_{t_lj} X_{t_lj} + F_{t_l}, t_l \in L_i$$

步骤四 再令 $u_{t_l}^* = \min\{u_{t_l}\}$,如果 $u_{t_l}^* \leqslant u_{s_i}$,则说明步骤三求出的目标函数值是步骤二求出的第 i 个物流配送中心目标函数值的一部分,在此情况下令 $s_i' = t_l'$,否则令 $s_i' = s_i$。对所有备选地点重复上述过程,得到新的物流配送中心的集合 $\{s_i'\}_{i=1}^{k}$。

步骤五 将新的物流配送中心与旧的物流配送中心的总费用进行比较。如果前者大于或等于后者,说明总费用已经不能再下降,计算可停止。如果前者小于后者,说明新的物流配送中心地点可使总费用下降,通过重复上述步骤,总费用还有进一步降低的可能性。为了使总费用降低,用新的物流配送中心地址代替原有物流配送中心地址,重复上述步骤,直到总费用不能再下降为止。

【例 4-4】 图 4-5 所示的为一物流网络,在该区域内有 12 个需求点,要从中选出三个作为配送中心的地址。同时假设各配送中心容量均为 130 个单位,固定费用均为 500 个单位,

运输费率为一常数,即运输费用与运输距离成正比(见表4-6)。

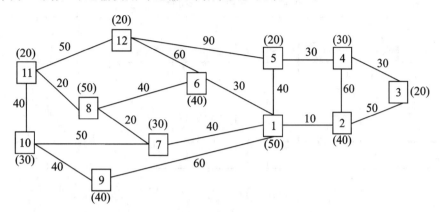

图4-5 物流网络示意图

表4-6 各地间的运输距离

需求点＼需求点	1	2	3	4	5	6	7	8	9	10	11	12
1	0	10	60	70	40	30	40	60	60	90	80	90
2	10	0	50	60	50	40	50	70	70	100	90	100
3	60	50	0	30	60	90	100	120	120	150	140	150
4	70	60	30	0	30	100	110	130	130	160	150	120
5	40	50	60	30	0	70	80	100	100	130	120	90
6	30	40	90	100	70	0	60	40	90	100	60	60
7	40	50	100	110	80	60	0	20	90	50	40	90
8	60	70	120	130	100	40	20	0	100	60	20	70
9	60	70	120	130	100	90	90	100	0	40	80	130
10	90	100	150	160	130	100	50	60	40	0	40	90
11	80	90	140	150	120	60	40	20	80	40	0	50
12	90	100	150	120	90	60	90	70	130	90	50	0

步骤一 根据用户需求分布情况和配送中心的配送能力,将4、6、9三个节点定为配送中心的初始位置。

步骤二 指定节点4、6、9为配送点,其他各节点为需求点,求初始方案的最优解,如表4-7所示。根据计算得总费用为17 900个单位。从初始解中可以看出,配送中心4的配送范围是用户1、2、3、4、5的集合,配送中心6的配送范围是用户1、6、8、12的集合,配送中心9的配送范围是用户1、7、9、10、11的集合。

表 4-7 配送中心布局初始方案

配送中心＼需求点	1	2	3	4	5	6	7	8	9	10	11	12	供应量
4	20	40	20	30	20								130
6	20					40		50			20		130
9	10						30		40	30		20	130
需求量	50	40	20	30	20	40	30	50	40	30	20	20	390

步骤三 对于集合 $\{1,2,3,4,5\}$，物流配送中心的位置设在 4 时配送费用为

$$u_{t4} = u_4 = \sum_{j=1}^{N_1} h_{4j} X_{4j} + F_4$$
$$= 70 \times 20 + 60 \times 40 + 30 \times 20 + 0 \times 30 + 30 \times 20 + 500$$
$$= 5\,000 + 500 = 5\,500$$

将物流配送中心的位置从 4 移到其他需求点，分别计算其费用。

将 4 移到 1 时计算结果为

$$u_{t1} = u_1 = \sum_{j=1}^{N_1} h_{1j} X_{1j} + F_1$$
$$= 0 \times 20 + 10 \times 40 + 60 \times 20 + 70 \times 30 + 40 \times 20 + 500$$
$$= 5\,000$$

将 4 移到 2 时计算结果为

$$u_{t2} = u_2 = \sum_{j=1}^{N_1} h_{2j} X_{2j} + F_2 = 4\,000 + 500 = 4\,500$$

将 4 移到 3 时计算结果为

$$u_{t3} = u_3 = \sum_{j=1}^{N_1} h_{3j} X_{3j} + F_3 = 5\,300 + 500 = 5\,800$$

将 4 移到 5 时计算结果为

$$u_{t5} = u_5 = \sum_{j=1}^{N_1} h_{5j} X_{5j} + F_5 = 4\,900 + 500 = 5\,400$$

从上面计算可得，将物流配送中心从 4 移到 2 时，配送费用最小，为 4 500 个单位。

步骤四 同理，通过计算：可知对集合 $\{1,6,8,12\}$，将物流配送中心移到 6 时，配送费用最小，为 4 200 个单位；对集合 $\{1,7,9,10,11\}$，将物流配送中心设在 10 时，配送费用最小，为 5 000 个单位。于是新的物流配送中心应由 2、6、10 组成。

步骤五 对新物流配送中心 $\{2,6,10\}$ 重复以上步骤。经再次计算所得物流配送中心方案与前一次结果相同，说明方案已达到最优，所以最终解决方案就是将物流配送中心选择在 $\{2,6,10\}$，供应方案如表 4-8 所示，总费用为 13 700 个单位。

表 4-8 配送中心最终布局方案

物流中心 \ 需求点	1	2	3	4	5	6	7	8	9	10	11	12	供应量
2	20	40	20	30	20								130
6	30					40		40				20	130
10							30	10	40	30	20		130
需求量	50	40	20	30	20	40	30	50	40	30	20	20	390

（二）Cluster 法

Cluster 法的基本思路是先将物流配送中心定位在各个需求点，然后通过对需求点进行组合以降低物流配送中心的数目，并根据组合后的需求点的几何重心安排新的配送中心地址，直到总费用不再降低为止。这种方法相对其他方法而言，要简便得多。下面举例加以说明。

【例 4-5】 假设在某一地区有 5 个主要市场，现在要设计一个配送中心网络来负责这 5 个主要市场的配送，5 个主要市场之间的距离如表 4-9 所示。每个市场的需求量都是 5 万吨。该网络的配送中心个数不限，配送中心的建造费用和运营费用都是相同的，分别为 200 万元和 100 万元。另外运输费率是 0.1 元/(吨·千米)。按 Cluster 法来设计此配送中心网络，具体步骤如下。

步骤一 假设在每个市场各建造一个配送中心，总共需要建造 5 个配送中心，由于与各市场的距离是 0，所以运输成本为 0。总费用由建设成本、运营成本以及运输成本构成，因此在这个方案中总费用为

$$5\times 200 \text{ 万元} + 5\times 100 \text{ 万元} + 0 = 1\,500 \text{ 万元}$$

表 4-9 各城市之间距离表

	市场 1	市场 2	市场 3	市场 4	市场 5
市场 1	—	400	800	750	700
市场 2	400	—	900	850	650
市场 3	800	900	—	1000	650
市场 4	750	850	1000	—	800
市场 5	700	650	650	800	—

步骤二 将市场 1 和市场 2 组合成一组，并在两个市场直线距离的中点设置新的配送中心，同时服务这两个市场。新的配送中心到市场 1 和市场 2 的距离分别为 200 km。配送中心的总数目可以减少到 4 个，建造成本和运营成本减少 $200+100=300$（万元），而运输成本增加 $0.1\times 200\times 5\times 2 = 200$（万元），所以与初始方案相比，总费用下降了 100 万元，即为 1 400 万元，优于初始方案。

步骤三 按上述方法继续分组，检验总费用是否还可以继续下降。如果不能继续下降，说明已经到了最优，否则继续计算。由于其他几个市场之间的距离不小于 600 km，如果继

续将两个组合并,总费用就会增加,所以方案无法继续改进,因此方案已达到最优。

根据上述计算可知,此配送中心网络应在市场 1 和市场 2 直线距离的中点设置一个物流中心,另外在市场 2、市场 4 和市场 5 所在地分别设置 1 个配送中心,从而使总费用最小。

三、物流网络选址的其他方法——综合因素评价法

综合因素评价法是一种全面考虑各种影响因素,并根据各影响因素的重要性程度,对方案进行评价、打分的方法,以找出最优的选址方案。

鉴于以上各种选址及网点布局方法各有优缺点,目前关于哪一种方法是最优的还有不同看法,但实际运用中通常以最优化规划方法为主,再综合其他各种方法以确定最终的选址及网点布局方案。但无论应用哪种方法,获得准确的数据以及应用各种模型的技巧都是成功选址的必要前提,因为对于一个实际的选址问题,单独应用以上任何方法都难以获得最佳的方案。

综合因素评价法包括分级评分法、积点法、因次分析法等,它们的共同特点是对各选址影响因素根据其不同的影响程度分别考虑,综合评价各个影响因素,使评价结果更加客观,方案更加可行。

(一) 分级评分法

分级评分法的基本步骤如下。

步骤一　针对设施选择的基本要求和特点,列出要考虑的各种因素。

步骤二　根据各因素的相对重要性程度,分别规定相应权重。

步骤三　对每个方案进行审查,并按每个因素的优劣排出该因素在各个方案中的等级系数。

步骤四　把每个方案的每个因素的等级系数与权重乘积相加,得出每一个方案的总分数。所有方案中,总分数最高者为最佳。

【例 4-6】　对某一设施的选址有 A、B、C、D 四种方案,影响选址的主要因素有七项,设每个因素在方案中的等级分为 A、E、I、O 和 U 五个等级。现设定:A＝4 分,E＝3 分,I＝2 分,O＝1 分,U＝0 分。各原始数据及评分结果如表 4-10 所示。

表 4-10　各因素权重和设施评分结果

考虑因素	权重	各方面等级和分数			
		A	B	C	D
设施地址	8	A/32	E/24	I/16	I/16
面积和外形	6	A/24	A/24	E/18	U/0
地势和坡度	2	O/2	E/6	I/6	I/6
风向、日照	5	E/15	E/15	I/10	I/10
铁路接轨条件	7	I/14	E/21	I/14	A/28
施工条件	3	I/6	O/3	E/9	A/12
与城市规划关系	10	A/40	E/30	E/30	I/20
合计		133	123	103	92

从表 4-10 中可以看出,A 方案的分数最高,选 A 地址为佳。应用此方法的关键是对各因素确定合理的权数等级,应该征求各上级管理部门的意见并取平均值。

(二) 积点法

积点法的具体步骤如下。

步骤一 确定所要考虑的主要因素,数量最好为 5~15 个。

步骤二 确定某一备选方案可能得到的最高积点,通常最高总积点为 500 点或 1000 点。

步骤三 确定每一因素的最高积点,确定原则是将某一备选方案中各因素按重要性排列,积点数与因素重要性成正比,各因素的最高积点数之和等于该方案最高总积点数。

步骤四 针对每一因素,比较各备选方案,依次给予适当的积点,注意赋予积点时,该因素要按照优劣不同赋予不同积点数,并且在最佳方案中,该因素的值不能超过上面所确定的最高限度。

步骤五 就每一备选方案,可将每一个因素的所得积点数相加,总积点至最高者为最佳。

积点法与分级评分法很相似,只是在对每一因素赋值时略有不同。积点法要求按因素优劣程度的比例分配积点数,这方面比分级评分法的相应做法更客观一些。

(三) 因次分析法

因次分析法是将经济因素(成本因素)和非经济因素(非成本因素)按照相对重要程度统一起来综合分析的方法。设经济因素和非经济因素重要程度之比为 $m:n$,经济因素的相对重要性为 M,则 $M=\dfrac{m}{m+n}$,相应非经济因素的相对重要性为 N,则 $N=\dfrac{n}{m+n}$,且有 $M+N=1$。

1) 确定经济因素的重要性因子 T_j

$$T_j = \dfrac{\dfrac{1}{c_j}}{\sum\limits_{i=1}^{k}\dfrac{1}{c_i}}$$

设有 k 个备选地址,c_j 为每个备选地址的各种经济因素所反映的货币量之和,即地址的经济性成本。此处取成本的倒数进行比较是为了和非经济因素相统一。因为非经济因素越重要,其指标应该越大,而经济因素成本越高,经济性越差。所以取倒数进行比较,计算结果大者经济性好。

2) 非经济因素的重要性因子 T_j 的计算步骤

步骤一 确定单一非经济因素对于不同候选地址的重要性。即就单一因素将被选地址两两比较,令较好的比重值为 1,较差的比重值为 0。将各方案的比重除以所有方案所得比重之和,得到单一因素相对于不同地址的重要性因子 T_d,即

$$T_d = \dfrac{W_j}{\sum\limits_{i=1}^{k} W_i} \qquad (4-11)$$

式中:T_d——单一因素对于备选地址 j 的重要性因子;

W_j——单一因素所获得的比重值；

$\sum_{i=1}^{k} W_i$——单一因素对于各备选地址的总比重和。

步骤二　确定各个因素的权重比率。对于不同的因素，确定其权重比率 G_i。G_i 的确定可以用上面两两相比较的方法，也可以由专家根据经验确定，所有因素的权重比率之和为1。

步骤三　将单一因素的重要性因子乘以其权重，将各种因素的乘积相加，得到非经济因素对各个候选地址的重要性因子 T_f，即

$$T_f = \sum_{i=1}^{k} G_i \times T_{di} \tag{4-12}$$

式中：T_{di}——非经济因素 i 对备选地址的重要程度；

G_i——经济因素 i 的权重比率；

k——非经济因素的数目。

3）计算地址的重要性指标 C_t

将经济因素的重要性因子和非经济因素的重要性因子按重要程度叠加，得到该地址的重要性指标 C_t，即

$$C_t = MT_j + NT_f \tag{4-13}$$

式中：C_t——地址的重要性指标；

T_j——经济因素重要性因子；

T_f——非经济因素重要性因子；

M——经济因素的相对重要性；

N——非经济因素的相对重要性。

【例 4-7】 某公司拟建一个配送中心，有三处待选地址 A、B、C，重要经济因素年总成本分别为 375、360、365，非经济因素主要考虑政策法规、气候因素和安全因素。就政策而言，A 地最宽松，B 地次之，C 地最次；就气候而言，A 地、B 地相同，C 地次之；就安全而言，C 地最好，A 地最差。据专家评估，三种非经济因素比重为 0.5、0.3 和 0.2。要求用因次分析法确定最佳地址。

其解法如下。

1）首先确定经济性因素的重要性因子

$$\frac{1}{c_1} = \frac{1}{375} = 2.67 \times 10^{-3}$$

$$\frac{1}{c_2} = \frac{1}{360} = 2.78 \times 10^{-3}$$

$$\frac{1}{c_3} = \frac{1}{365} = 2.74 \times 10^{-3}$$

$$\sum_{i=1}^{3} \frac{1}{c_i} = 8.19 \times 10^{-3}$$

$$T_{jA} = \frac{\frac{1}{c_1}}{\sum_{i=1}^{3} \frac{1}{c_i}} = \frac{2.67 \times 10^{-3}}{8.19 \times 10^{-3}} = 0.326$$

$$T_{jB} = \frac{2.78 \times 10^{-3}}{8.19 \times 10^{-3}} = 0.339$$

$$T_{jC} = \frac{2.74 \times 10^{-3}}{8.19 \times 10^{-3}} = 0.335$$

2) 确定非经济因素的重要性因子 T_f

首先确定单一因素的重要因子 T_d。

(1) 政策法规比较如表 4-11 所示。

表 4-11 政策法规比较表

地址	A—B(相比)	A—C(相比)	B—C(相比)	比重和	T_d
A	1	1	—	2	2/3
B	0	—	1	1	1/3
C	—	0	0	0	0

(2) 气候因素比较如表 4-12 所示。

表 4-12 气候因素比较表

地址	A—B(相比)	A—C(相比)	B—C(相比)	比重和	T_d
A	1	1	—	2	2/4
B	1	—	1	2	2/4
C	—	0	0	0	0

(3) 安全因素比较如表 4-13 所示。

表 4-13 安全因素比较表

地址	A—B(相比)	A—C(相比)	B—C(相比)	比重和	T_d
A	0	0	—	0	0
B	1	—	0	1	1/3
C	—	1	1	2	2/3

(4) 各因素汇总如表 4-14 所示。

表 4-14 各因素汇总表

因素(i) \ 地址(d)	A	B	C	权重(G_i)
政策法规	2/3	1/3	0	0.5
气候因素	2/4	2/4	0	0.3
安全因素	0	1/3	2/3	0.2

3) 计算各地址非经济因素重要性因子 T_f

$$T_{fA}=\frac{2}{3}\times 0.5+\frac{2}{4}\times 0.3=0.483$$

$$T_{fB}=\frac{1}{3}\times 0.5+\frac{2}{4}\times 0.3+\frac{1}{3}\times 0.2=0.384$$

$$T_{fC}=\frac{2}{3}\times 0.2=0.133$$

4) 计算总的重要性指标 C_t

$$C_t=MT_j+NT_f$$

假定经济因素和非经济因素同等重要,则 $M=N=0.5$

$$C_{tA}=0.5\times 0.326+0.5\times 0.483=0.4045$$

$$C_{tB}=0.5\times 0.339+0.5\times 0.384=0.3615$$

$$C_{tC}=0.5\times 0.335+0.5\times 0.133=0.234$$

根据以上计算,A 地址重要性指标最高,故选 A 作为物流配送中心地址。

【经典案例1】

家乐福选址浅析

家乐福的法文全称是 Carrefour,意思是"十字路口"。事实上,家乐福的第一家店就开在法国巴黎南郊一个小镇的十字路口旁。在欧洲,家乐福超市的选址一般在城市边缘的城乡结合部,为了靠近城区和大型居住区,通常开在十字路口。然而在中国,"十字路口"的含义更多是意味着居住人口众多,已形成相对成熟的商业圈。这是因为,中国的超市消费远不像国外那样依赖自驾车。根据一份资料统计,家乐福顾客中有 60%的顾客在 34 岁以下,70%是女性,28%的人走路,45%通过坐公共汽车而来。家乐福在武汉开的四个店都靠近繁华的商业区,很多人都担心其车位不够,但实际上,家乐福的车位并未出现紧张的现象,相反还有较大容纳空间。这是因为公交系统非常方便,以武汉洪山广场店为例,这里拥有二十几条公交线路,这些公交线路能比较均匀、全面地覆盖整个市区。

一、企业背景介绍

1959 年,马赛尔·富尼耶(Marcel Fournier)和路易·德福雷(Louis Defforey)代表两个家族创立家乐福公司。家乐福集团是大卖场业态的首创者,是欧洲第一大零售商,世界第二大国际化零售连锁集团。现拥有 11 000 多家营运零售单位,业务范围遍及世界 30 多个国家和地区。家乐福以三种主要经营业态引领市场:大型超市、超市以及折扣店。此外,家乐福还在一些国家发展了便利店和会员制量贩店。2005 年,家乐福在《财富》杂志全球 500 强企业中排名第 22 位。

1995年,家乐福成功地开设了当时中国规模最大的超级购物广场:北京创益家店,产生了深远的影响。其新型的经营理念被中国消费者所接受;其声誉卓越的专业管理技术和迅速赢利的业绩得到了中方合作伙伴的积极肯定;其"开心购物家乐福"和"一站式购物"等理念得到了广大消费者的青睐和厚爱。家乐福在中国发展历程如表4-15所示。

表4-15 家乐福年度大事

年 份	年 度 大 事
1995年	家乐福在中国开设了第一家大卖场
1996年	成功进入上海和深圳
1997年	进入天津
1998年	成功进入重庆、珠海、武汉、东莞
2000年	配合迅速发展的需求,家乐福开设了五家大卖场
2001年	家乐福积极声援2008北京申奥
2002年	家乐福在20个城市开设了35家大卖场 家乐福积极支持上海申博
2003年	家乐福在杭州开设了第40家分店 迪亚折扣店进入上海和北京
2004年	家乐福在新疆乌鲁木齐开店,成为第一家进入西北地区的跨国零售企业
2005年	家乐福在中国重庆开设第60家分店
2006年	家乐福全球第1 000家大型综合超市落户北京通州
2007年	家乐福全国首家节能店在武汉光谷落成

1998年,家乐福在汉阳大道开设了武汉的第一家店:十升店。到2013年止,陆续在武汉开设了武胜店、洪山店、建设店、二七店、光谷店、钟家村店和后湖店,家乐福武汉分店达到8家。

二、家乐福选址的商圈分析

选址中重要的一项工作,就是对卖场周围商圈进行考察。家乐福充分理解选址的重要性,更明白基本商圈的关键所在。因此,选址所选择的不仅仅是店址,而且还有商圈的确定,因为它表明了未来超市所进行销售的空间范围,以及该超市吸引顾客的区域范围。

1. 前瞻性

超市选址关系着长期投资和超市经营发展的前途。因此,选址时要考虑未来环境的变化,特别是要对竞争的态势,也就是要对所在地发展的前景作出评估,因为店址一旦选定一般就不会再作改变。对于经营者来说,所选的地址应具有一定的商业发展潜力,这样才能在该地区具有竞争优势,保证在以后一定时期内有利可图。所以不仅要研究所在区域的现状,还要能正确地预测未来。

2. 便利性

优良店址的一个必备条件就是进出畅通。交通的便利主要体现在两个方面:一是该地交通网络是否通达,商品从输出地运至超市是否方便,道路是否畅通不仅影响商品的质量和安全性,而且影响商品的运达时间和运输费用;二是该地是否具有较密集、发达的公交汽车线路,各公交线路的停靠点能否均匀、全面地覆盖整个市区。当前在我国私家车没有普及的情况下,这点尤为重要,它直接关系到消费者购物的便利程度。

3. 适用性

超市的建设要与周围的建筑环境相融合。不同的环境要求不同的建筑风格,这会影响超市的开设成本,并带来其他一系列问题。如超市货架通常比商场的货架高,相应地要求建筑物的层高也比较高等。同时,超市投资者还要了解有关城市建设发展的相关要求,该地区的交通、市政、公共设施、住宅建设或改造项目的近期、远期规划,这些都应在选址考虑的范围内。

4. 购买力

一家具备优良店址的超市必然拥有一批稳定的目标顾客,这就要求在其商圈范围内拥有足够多的户数和人口数。要对商圈内人口的消费能力进行调查,对这些区域进行进一步细化,做好这片区域内各个居住小区的详尽人口规模和特征的调查,计算不同区域内人口的数量、密度、年龄分布、文化水平、职业分布和人均可支配收入等许多指标,了解其商圈范围内的核心商圈、次级商圈和边缘商圈内各自居民或特定目标顾客的数量和收入程度、消费特点与偏好。

5. 交叉性

由于有的大型超市定位的商圈很大,甚至会覆盖整个城市,如沃尔玛的会员店。而在同一个城市往往会有相当数量的大、中型零售店,这些零售店会与仓储式零售店的商圈发生交叉甚至重叠,由此引发竞争。因此,在传统的商圈分析中,需要计算所有竞争对手的销售情况、产品线组成和单位面积销售额等情况,然后将这些估计的数字从总的区域潜力中减去,得出未来的销售潜力。

6. 复合性

大型连锁超市的目标顾客往往有多种类型,因此,它的商圈分布出现很大的复合性和不确定性。这就要求除了要按销售比重划分为核心商圈、次级商圈和边缘商圈外,还要按顾客到达时所采用的交通工具作出以下划分:徒步圈,指步行可忍受的商圈半径,单程以 15 min 为限;自行车圈,指自行车方便可及的范围,单程不超过 10 km;机动车圈,指开车或乘车能及的范围,单程为 30 min 左右。

三、家乐福选址的用地分析

适当的用地和合适的位置是设置购物中心的先决条件,购物中心对区位有严格要求,因为这关系到未来商业经营的成败。用地的地理位置和周围地区的经济状况与人口状况决定了购物中心能否生存。获得足够的购物人群有两种途径：一种是依托大居住区和消费群；另一种是扩大服务商圈范围。

1. 用地区位和交通人口状况分析

购物中心的位置决定其易达性，并直接影响商圈范围。为此，购物中心用地应符合商业用地选择的一般区位原则。

最短时间原则，即购物中心应当位于人流集散最方便的区位。商业活动的基本前提是面对面进行交易，所以传统商业建筑都混杂在居民区中间。但是随着交通改善，购物者的活动范围大大增加，因此，距离已经不是决定购物者行为的主要因素，而更多地要考虑购物过程所花费的行车时间。

区位易达性原则指商业用地一般应分布在交通便捷、易达性好的位置。易达性取决于交通工具和道路状况。

聚集原则是指商业活动具有集聚效应，集中布置能够相互促进，以提高整体吸引力。城市人流、物流和城市社会经济活动的焦点常常成为优先选择的地点。

接近购买力原则是指商业用地要接近人口稠密区，又要接近高收入或高消费人口分布区。维持商业设施存在的最低服务人口数量称为人口门槛。

因此，为了判断用地是否值得开发，需要收集用地周围必要的经济和人口基础资料，并对其进行分析，这主要包括如下几个方面。

(1) 购物人口分析。对拟设置购物中心的地区的经济潜力和经济状况进行分析，了解用地附近是否有值得依托的大量居住人口，分析人口的收入、购买力状况、消费习惯和消费心理。人口增长变化包括人口自然增长和迁移，这是一个动态过程，所以需要进行动态预测。接下来需要对人口进行收入与购买力的调查，并分析人口组成和消费习惯。值得注意的是，低收入者不一定是低消费者，很有可能成为高消费者。

(2) 交通易达性分析。交通易达性也就是交通便捷程度，主要取决于购物者从起点(一般是家里)到购物地点所花费的时间。依据格伦的观点，从不同的地方来到购物中心需要花费的时间一般是 12～15 min，最多不能超过 25 min。特别需要指出的是，空间距离和时间"距离"是有区别的，易达性分析确定的距离不仅仅是空间距离，因为空间距离和汽车行走需要的时间有区别。为此，有必要对汽车到该地点所花的时间进行测试，这个到达时间在一天之中、一周之中和一年之中的不同时间段都会发生变化。为了有效确定行车时间，可以根据所花费的时间绘制等时间距离图，理想的行车时间应当控制在 10～30 min，以此确定该地点的商圈覆盖范围。此外，附近的竞争设施和居民的接受程度也是衡量一块用地是否值得开发的重要因素。收集的基础资料还应当包括：附近的相关设施是否齐备，是否存在竞争设施，服务商圈内将来可能会出现的竞争设施。多数情况下竞争是不可避免的，而且一定程度的竞争也是允许的，因为单一的商业设施不可能满足本地区的所有消费需求。另外，如果需要在居住区内寻找开发用地，则要考虑居民的心理因素和对购物中心的接受程度，这些也会影响今后的商业发展。

(3) 区位分析。不同区位的人口状况和交通易达性也处在不断变化之中。传统的城市中心区是人口集中的场所,道路交通设施优于城市郊区,因此,城市中心区提供了相对完善的购物机会。工业革命之后,随着人口的进一步集中,城市中心区变得过分拥挤,环境恶化,交通堵塞。与此同时,由于郊区公路网的建设大大提高了郊区的交通易达性,出现了人口居住郊区化的趋势,把大量消费人口从城市中心区带到城市郊区,商业设施在郊区大量兴起,引起了零售商的重新分布,城市中心区和城市郊区展开了竞争。对购物者来说,可以选择去城市市区或郊区购物。可见,城市中心区与城市郊区的商业区位状况发生了明显的变化。

用地选择除了考虑上述商业建筑的区位因素之外,还要考虑自身的特点。购物中心为了满足多种功能需求,要求占地面积很大。购物中心对汽车的依赖性非常强,要求有大面积免费停车场,郊区用地比较宽松,而城市市区则缺少这种用地优势,获得用地比较困难,用地比较拥挤。

2. 用地经济状况评估

对于一块符合区位选择的用地是否适合购物中心开发,需要对用地的经济状况进行综合分析。

用地的可获得性是指开发商是否能够控制或者获得用地使用权。首先,如果用地的所有者不止一个,则需要获得每一个所有者的认可;其次,需要分析用地的合理价格或租金,决定是否值得购买或租用,并能够获得投资回报;最后,用地必须允许具备商业用途,如果是非商业开发用地,需要考虑改变用地性质的可能性。城市规划中已经按照功能把用地分为居住、工业和商业用地,但是在某些情况下,改变用地性质是有可能的,特别是与居住配套的商业开发。由于大型购物中心往往会给周围的居民带来恐惧,他们担心购物中心的交通会打扰居住区宁静的环境。所以,从长远考虑,改变用地性质除了要和规划部门接触之外,还必须处理好与居民的关系,消除带来的不利影响。

3. 用地的物理状况

在用地取得之后,还需要对用地进行实地调查,对用地的规模、形状、整体性、地形特征和地段的可进入性、地段周围环境等因素作进一步分析,判断其是否适合购物中心的开发。

用地的物理状况包括用地的形状、高差变化、可进入性和视觉可见性等。用地形状是指用地必须完整,零碎的用地不适合购物中心开发。用地形状要求比较规则,长宽比例适当,如果是三角形用地,一些尖端部分可能不能有效地使用。用地的平整性是指购物中心要求用地竖向高差变化不宜过大,否则会给设计和施工带来一系列的问题,坡地的土方量将大大增加。用地的可进入性是指周围的交通状况是否能够容易地从周围道路进入购物中心停车场。如果周围道路在高峰期会出现交通堵塞,需要看政府部门是否有意或开发商是否有能力和资金加以改善,如果不能,那么只能减少购物中心的规模,而这可能会影响今后的竞争力,有时甚至会因此放弃这块用地。用地的视觉可见性是指如果周围的道路明显高于购物中心,那么在道路上只能看到购物中心的屋顶,屋顶上布满灰尘的管道和设备可能会导致吸引力下降；另一方面，如果周围的道路低于购物中心，那么树木和其他建筑或设施可能会遮挡购物中心，让驾车者忽略了购物中心的存在。视觉可见性不好可能会带来很大的不利，虽然大型购物中心可以通过广告加以补偿，但是，视觉可见性不好的用地仍然必须有足够的其他优势时才考虑选用。用地周围情况是指用地周围最好能够置于购物中心的控制之下，其他设施不应当干扰购物中心的营业活动，不能影响购物中心的外观形象，不能产生令人讨厌的噪声、气味和光线。

用地的物理状况对购物中心规划和建筑设计至关重要，一些不足之处需要在规划和建筑设计之中采用各种手段予以弥补。

四、家乐福选址特点

1. 选址前准备充分

对于家乐福这样的连锁零售店来说，由于其大多数的单店规模较大，位置固定，资金投入量大，合同期长，所以不可能轻易搬迁，也不太可能轻易改变经营方式。如果自己购买土地新建商店，则更难以变动。合适的买主通常很难寻找，需要花数月，甚至更长时间。一家商店若搬迁，会面临许多潜在问题：首先，可能流失一部分忠诚的顾客和员工，搬迁距离越远，损失越大；其次，新地点与老地点的市场状况不同，可能需要对经营策略进行调整；最后，商店的固定资产及装修不可能随迁，处理时如果估价不当，也会造成资产流失。这些因素使零售商店的选址变得异常重要，特别是外资零售企业在这方面表现得极为慎重。在具体选址过程中，往往要综合商圈的交通、人口、竞争状况和市场发展格局等因素进行理性决策。

例如，为了在广州选到一个好地点，家乐福曾让自己的市场开发人员在广州考察四年，调查涉及的范围包括文化、气候、居民素质、生活习惯及购买力水平等诸多方面，最后才选定地点。这种慎重和耐心着实令人钦佩，当然其回报也是异常丰厚，家乐福商场在广州开张之后，很快成为这个大都市的一个亮点。

2. 规模商业圈

"一次购足"是家乐福首先提出的服务形式。随着人们对时间观念和生活方式的改变，一次性大批量购物，以满足一段时间所需一切商品成为被人们普遍接受的方式。因此，家乐福从卖场开始，将单一销售转化为多样化，卖场规模也越来越大。顺应这种趋势，我们能够看到，在家乐福的附近都能形成规模不小的，集餐饮、休闲、娱乐、购物、服务为一体的商业圈，有快餐店、品牌专营店、服饰店、理发店、游戏场、胶卷冲洗店，在国外甚至还有赌场。

五、总结

随着中国加入世贸组织以及与世界经济接轨，世界零售巨头也争相进入中国市场。家乐福、伊藤洋华堂、欧尚、易初莲花、沃尔玛、欧倍德等世界零售业巨头在中国迅速"抢占山头"，随着2004年年底中国零售业市场的进一步放开，在取消了对外资零售企业的种种限制之后,这些巨头们扩张的脚步以百米冲刺的步伐进入中国。而他们所到之处,人气猛增,增加了许多赚钱机会。投资专家认为,零售巨头们具有极佳的经营业绩,他们不可能在店址的选择上有任何冒失,更不可能拿自己一点一滴积累起来的品牌当儿戏。投资者大多看中的正是世界零售巨头经过系统而科学研究之后的独具战略眼光的选址。世界零售巨头们一般都经过了数十年甚至上百年的发展,他们在选址时都形成了一套十分科学、严谨的选址方案,对建筑设施、周边环境、道路交通、人口密度、人口结构、购买力等都作出定量分析,这样的分析甚至长达一年以上。

世界零售巨头进入中国的同时,也为国内的中、小投资者提供了一个机会,一个跟随这些世界零售巨头的步伐进行投资的机会。投资者跟着这样的好品牌走,无疑将降低投资风险,当然前提是各自所经营的项目要互补。

【学习并分析】

1. 家乐福选址的商圈分析和家乐福选址的用地分析是从什么角度来分析选址的影响因素,并结合"家乐福选址浅析"案例来说明除了以上影响因素外,还有哪些因素影响物流中心选址?
2. 谈谈家乐福选址的主要特点及其优势所在,并结合我国实际情况,分析我国物流中心选址应从哪些方面学习家乐福选址的先进理念。

【经典案例2】

湖北同济堂有限公司配送中心选址

一、提出问题

湖北同济堂有限公司(简称"同济堂")于2000年在武汉成立,是一家引进国外药品零售连锁模式,结合国内实际建立的具有现代化管理体系的大型医药连锁、物流配送企业,是国家药品监督管理局批准的全国四十一家连锁试点的首批企业之一,是国家发改委用国债重点支持的企业,是湖北省政府"十一五"规划重点发展的企业。目前,同济堂是湖北省最大的医药连锁企业,它沿京广线、沿长江线及沿海的城市建立连锁药房近三千家,全国连锁规模初具雏形。同济堂实行"六统一",即统一管理,统一核算,统一标志,统一采购、配送,统一品种目录和价格,统一服务规范。公司秉承"国际管理、全国连锁"的经营理念,确立"小规模、高密度、社区化、乡镇化"的连锁理念,迅速发展壮大,是全国第一批获GSP认证的企业。

目前面临的问题是,同济堂在武汉古田二路的经营场所租期快到了,考虑到同济堂的发展,经过测算和分析,同济堂管理层认为在武汉选择一块地方,修建自己的配送中心有利于成本的节约和同济堂的运营。但是,配送中心的地址具体选在哪里,到底是选择武昌、汉口,还是汉阳,以及在选址中应考虑哪些选址因素,而这些选址因素的权重如何分配,在选址决策中又可以采用哪些方法等。同济堂管理层准备讨论这些问题,也请你为同济堂配送中心的选址决策提出一些建议。

二、同济堂简介

同济堂经过五年的开发运营,取得了一些成绩,2004年全公司实现销售额11.5亿元,现已进入高速发展阶段。同济堂有效整合社会资源,一方面兴建连锁药店和开发医院网络,另一方面在各地建立配送中心。2011年底在全国开发连锁药店5 000家,进入全国医药连锁企业前三名。在湖北、湖南、江苏、山东等地建有12个省级医药物流配送中心、80多个县(市)级配送站和600多个乡镇配送点,与800多家医院、16 000家社区诊所及乡镇卫生院形成直接供货关系。连锁药店均按照国际管理和GSP标准规范操作,同济堂同几百家知名厂家和医药商业单位建立了战略合作伙伴关系。功能齐全的大型现代医药物流配送中心,实现药品验收、存储、分拣、配送等环节的自动化、信息化和实时化,构建了高效低成本的物流配送网络,具有全国连锁网络及先进的配送模式。

国家政策的支持是同济堂发展的关键,拥有政府的大力支持,国债资金的到位,为同济堂的发展提供了新的血液。作为华中五省唯一获得国债专项资金扶持的医药连锁企业,同济堂充分利用政府关系资源,同省、市政府建立了良好的工作协调、沟通、交流机制,疏通了政府渠道,同政府职能部门建立了良好的工作协调关系,为同济堂在全国发展,允许准入、征用土地、立项报批和优惠政策等方面,创造了无比优越的发展环境。湖北省和武汉市政府大力扶持和重视医药流通为同济堂营造了一个良好的环境。此外同济堂已有多家药店获得医保定点资格。

同济堂的战略定位是成为中国最佳医药连锁网络整合商,家庭健康与用药的守护神,"服务社会,关爱全民健康"是同济堂宗旨。同济堂拥有品牌、网络和国际化发展战略,同时在物流管理与配送、网络资源、客户管理和品牌价值方面也具有强劲的核心竞争力。

此外,同济堂拟在武汉总部建3万平方米的培训中心,集培训、疗养、健身及休闲等多功能于一体,培训全国各加盟药店的管理人员和医药连锁企业的各类人才,以满足同济堂在各个发展时期对人才的需要。

为尽快实现同济堂做强、做大的发展思路,实现经营专业化、体制股份化和管理现代化,制订对社会创造有魅力的品牌、对员工创造有魅力的管理和对顾客创造有魅力的服务的总体目标,并在这一总体目标下实现以下六大目标:

(1) 在国外的知名连锁药店设立中国药材专柜,将传统中药材带出国门;

(2) 同世界成功的连锁企业合作,共同开发中国市场;

(3) 成立一家合资公司,建立一家国内上市公司和一家海外上市公司;

(4) 在五年内,达到有 10 000 家连锁药店、16 个省级配送中心、1 000 家直销医院、1 500 家供应商、100 个代理品种、260 万个同济堂健康保健会员和一百个同济堂自有品牌的药品;

(5) 实现配送中心、连锁店、采购中心和结算中心完全信息化管理;

(6) 年销售额达到一百亿元。

三、生产情况

同济堂的营运主要集中在配送中心。配送中心的业务有:订货、收货、入库、摆货、配货、补货等。新的配送中心投入使用后,采用国内一流的物流设施和美国曼哈顿公司先进的物流软件,物流作业自动化水平提高了劳动生产率和劳动质量。可确保公司在高服务水平下的低成本运作。其业务流程如下。

(1) 订货。同济堂向供应商订货的方式是根据订货簿或货架牌进行订货。用条码扫描设备将订货簿或货架上的条码输入,然后利用网络通知供货商订哪种货、订多少。

(2) 收货。当配送中心收到从供应商处发来的药品时,接货员就会在药品包装箱上贴一个条码,作为该种药品对应仓库内相应货架的记录。同时,对药品外包装上的条码进行扫描,将信息传到后台管理系统中,并使包装箱条码与药品条码一一对应。

(3) 入库。药品到货后,通过条码输入设备将药品基本信息输入计算机,系统根据预先确定的入库原则、药品库存数量,确定该种药品的存放位置。

(4) 摆货。首先扫描包装箱上的条码,计算机就会提示库房工作人员将药品放到事先分配的货位,库房工作人员将药品运到指定的货位后,再扫描货位条码,以确认所找到的货位是否正确。

(5) 配货。配送中心在接受客户的订单后,将订货单汇总,并分批发出印有条码的拣货标签。分拣人员根据计算机打印出的拣货单,在仓库中拣货,并在药品上贴上拣货标签(在药品上已有包含药品基本信息的条码标签)。将拣出的药品运到自动分类机,放置于感应输送机上。再将货箱送至自动分类机,在自动分类机的感应分类机上,激光扫描器对货箱上贴有的条码进行扫描,然后将货箱输送到不同的发货区。

(6) 补货。查找药品的库存,确定是否需要进货或者货品是否占用太多库存,这类工作需要利用条码来实现管理。

四、销售情况

(1) 销售网络。销售网络主要集中在京广线、长江线、沿海三大发展区域,基本涵盖了中国经济比较发达的地区,经济发展势态良好(涵盖了京广、长江、沿海三条经济发展带和珠江三角洲、长江三角洲和环渤海三大经济比较发达的区域),为同济堂经营规模扩张创造了良好的经营空间。加之区位环境和各项资源的合理配置,把有利于同济堂发展的资源有效地整合起来,这是同济堂发展的关键。在全国范围内,通过发展加盟店和收购传统药店,建立连锁药店网络、医院直销网络、物流配送网络。

(2) 下游客户。下游客户主要有加盟连锁药店、大中型医院、其他医药批发公司、非加盟药店、医保机构及其他医疗网点等。

(3) 销售方式。销售方式体现在通过强大的采购价格优势和先进的物流设施给各类网点进行药品配送,总部通过各网点的POS机提供的数据为各网点进行实时配送。

(4) 完善的服务支持体系体现在以下三个方面。

① 配送实力强:强大的全国连锁网络和配送能力及先进的配送模式,同济堂在市内24小时配送到位,市外48小时配送到位;同济堂利用第八批国债资金建立的华中地区最大的物流配送中心于2005年4月投入使用;各地配送站正在相继建立;同济堂正在申请保税仓库。

② 药品全、价格低、配送快、质量好;信息共享、优势互补;投资风险小;营业面积小,无需仓库;区域保护性好、办理证照快;GSP认证便利;代理品种的优先供货;贴牌品种的优先供货。

③ 个性化的顾客服务系统(店址选择的服务、开店指导的服务、免费培训的服务),CI形象设计的服务销售策略的指导和药店标准服务模式的培训;品牌广告的支持;免费送货上门;从同济堂采购的药品,在两月内可进行退换。

五、管理措施

1. 管理体制和组织结构创新战略的实施

(1) 深化管理体制的改革。为成立一家合资公司、建立一家国内上市公司和一家海外上市公司的目标,同济堂通过完善调整现行的管理体制,引进一些战略投资者,着手进行内部人持股,建立多元化的股权结构,完善法人治理结构,降低投资决策风险。积极探索境外融资途径和国际化运作模式和实现方式,在疏通融资渠道,提高资本运作能力方面,同济堂从以下三点着手:同法国巴黎银行集团旗下的法国巴黎百富投资公司签订了合作协议,作为同济堂的投资顾问;加强同各国专业银行的业务合作,确保资金来源和渠道畅通;国家项目债券资金的到位,为同济堂的发展提供新的血液。

(2) 继续完善同济堂的组织结构,提高管理效率。同济堂的发展趋势是实现企业组织结构的集团化,设置了督导中心、人力资源中心、培训中心、采购中心、运营中心、财务中心和计算机中心等机构,提高管理效率,降低管理成本,并由督导中心负责全过程的监督和指导。各中心成为成本中心和利润中心,同济堂以投资、决策和资本运营为中心职能,成为投资中心,实施宏观控制管理。其中物流中心、医院直销、新特药销售和加盟药店开发全部采用毛利核算、成本包干和资金有偿使用的运作策略。

2. 优化资源配置,实施管理系统集成战略

(1) 建立和完善信息传递系统。不断完善信息系统,实现信息处理数字化,

是实现同济堂发展战略及五年发展计划的强大内在动力。同济堂已同美国曼哈顿计算机信息技术有限公司签订了合作协议,引进他们最先进的设备和软件,运用于企业的经营管理之中。这不但能提高企业内部经营、管理的层级档次,而且能把终端网络(医院、连锁药店)与同济堂的各部门连接起来,还可通过数据处理为企业提供决策支持,充分体现高科技强大的内在动力。

(2) 改革用工和分配制度。在同济堂范围内,劳动用工实施公开招聘,竞争上岗,末位淘汰,并保持员工队伍2‰的流动率。

首先对于传统的薪酬制度实施重大变革,加大对各类人才的倾斜力度,继续加大对管理骨干的薪资倾斜力度。通过职务分析、岗位设计、岗位评价、分级和完善工作绩效考评指标体系及考评办法等工作,不断探索和实施新的薪酬制度,建立有效的激励机制。

其次以岗定薪,岗变薪变,增强员工爱岗敬业的精神。在条件成熟时,公司还将对高管人员和核心技术人员实施期权计划,增强高管人员的凝聚力和稳定性,把个人的长远利益与同济堂的发展紧密联系起来。

(3) 不断强化企业内部管理。制定作业管理手册,促进同济堂内部管理规范化、标准化,为同济堂五年发展战略与规划的实现提供运行保障。同济堂在成长的过程中建立了一套完善的监督约束机制,使任何一个人的权力必须在一定的范围内受到监督,在财务、审计、人力资源、药店管理、采购进货管理、库存管理、GSP管理、配送管理等都要健全制度。

3. 职能战略实施

(1) 人力资源开发战略的实施,建立同济堂的人才激励机制。同济堂将提供良好的环境,提高员工待遇和建立真正合理的激励机制,吸引并留住优秀的有创新精神的人才。同济堂将结合企业的实际,在如何利用和转化现有人才、如何培育新的人才、如何选拔优秀人才、如何吸纳更多的人才等方面提高认识,并制定相应措施。

(2) 加强专家委员会的作用。同济堂聘用经验丰富的国外管理专家担任总裁,并聘任外部专家作为同济堂的独立董事,为同济堂长远战略决策提供科学分析。

(3) 建立人才梯队。同济堂将遵循人才培训、储备过程的客观规律,有计划地吸收各类人才进入公司。继续与各大高校联系,针对同济堂的实际情况,从各高等院校中挑选合适的毕业生进入同济堂充实公司的管理、开发、销售等岗位。每年10月由各中心制订详细的人才需求计划,选送中层管理人员参加MBA管理培训,提高同济堂的整体管理水平。

(4) 产学研结合整体提升。同济堂利用华中科技大学管理学科的优势,合作创办"同济堂管理学院",同时将同济堂作为华中科技大学管理学院的物流实习基地,促使知识生产者为企业服务,也让员工更多地接受新知识,依靠知识和技术实现整体提升,搏击市场并占领市场。

(5) 供应链合作战略的实施。建立新型的供应链战略合作关系,实现企业资源的共享。同济堂力求在供应链上追求整体利益,提高整体竞争力和赢利能力。同济堂正从各自为政的单一流通领域转向生产、流通、医院全方位资源整合,逐步建立新型的战略合作伙伴关系;利用信息技术有效整合上、下游的资源,以提高企业的服务水平,实现企业核心能力的互补,通过优势互补,最终形成"双赢"、"多赢"的局面;在医药物流的供应商管理、客户管理,医药物流配送中心、配送站的建设、连锁药店的开发等方面,采取了多种合作形式,即代理合作、资本合作、收购合作、加盟合作、托管合作、接管合作、战略合作、技术合作、品牌合作等,加快连锁药店的开发和医药物流配送中心、配送站的建设,促进企业发展战略及五年发展计划的实现。

(6) 营销网络战略的实施。截止2004年年底,同济堂已开发连锁药店2 000多家,医院近100家,居全国医药连锁排行前三位,其终端网络主要分布在湖北省区域。在未来五年,同济堂仍然以开发网络为中心,以现实网络为基础,加大开发力度,把湖北省作为市场网络开发的先导,力争达到3 000家。在开发中不断总结经验,将湖北省的经验,克隆到其他开发区域,加快其他地区网络的开发速度,不断扩大现有网络规模,全国连锁达到10 000家,为实现同济堂的五年发展战略与规划奠定雄厚的市场网络基础。

(7) 物流运作战略的实施。对于省级配送中心的建设,同济堂将遵循先易后难,合资、合股、合作兴建的原则;地县级配送站应同当地有资格的医药公司联合兴建;乡镇配送点的设立,应以同济堂加盟连锁药店为主,对乡、镇、村的个体诊所和医务室进行配送。

省级医药配送中心和地、县级配送站的建设,采取四种方式:标准仓库购买旧有厂房改造;合资征地新建;委托建好租用。省级医药物流配送中心建设期为一年,第二年正式启用。地县级配送站以租用厂房改造建设为主,建设期为三个月。

(8) 企业文化战略的实施。将企业文化建设纳入发展战略的重要组成部分,充分发挥企业文化的向心力和亲和力是同济堂的特色,大大提高了企业的凝聚力和竞争力,也创造和形成了统一的公司形象。将在继续规范实施CI视觉识别系统的过程中,竭力打造同济堂的价值观和经营理念,形成较为完整的文化体系和上下共同认可的价值观和理念体系,内涵外延一致,进一步增强企业的凝聚力。营造个人与自然和谐共处的环境,不断增强同济堂的凝聚力和向心力。

六、选址辅助条件

拟建的武汉市物流配送中心负责湖北省的医药配送,配送中心将药品配送至配送站,再由配送站配送到配送点。湖北省现有配送站8个,坐标(单位:km)和年运输量如下:

配送站1的坐标为(0,600),运输量为6 000 t;
配送站2的坐标为(50,300),运输量为12 000 t;
配送站3的坐标为(600,500),运输量为10 000 t;

配送站 4 的坐标为(400,500)，运输量为 9 000 t；

配送站 5 的坐标为(800,0)，运输量为 15 000 t；

配送站 6 的坐标为(1 000,200)，运输量为 25 000 t；

配送站 7 的坐标为(400,200)，运输量为 18 000 t；

配送站 8 的坐标为(700,700)，运输量为 21 000 t。

【学习并分析】

1. 试分析合理的选址对该公司实现六大目标的影响。
2. 结合本案例谈谈物流中心选址应考虑哪些选址因素，这些选址因素的权重如何分配？在选址决策中又可以采用哪些方法？
3. 结合案例中给出的数据，用重心法来确定配送中心的地址。

【本章关键术语】

物流配送中心　distribution center　　　选址　location

设施布局　facilities planning　　　　　运输规划　transportation planning

启发式方法　heuristics

【本章思考与练习题】

1. 试述物流配送中心选址在国民经济发展中的作用。
2. 选择地址的各因素中，在不同情况下，哪些因素可能是最主要的？
3. 试述基本解析法和精确重心法的区别与联系。
4. 在什么条件下应该用综合因素评价不同地址？分级加权和因次分析法有何不同之处？
5. 某公司准备建立一家物流配送中心，共有 3 处地址可供选择，各地点每年经营费用如表 4-16 所示，3 处地址非成本因素优劣比较和各因素加权指数如表 4-17 所示。用因次分析法来确定物流配送中心的位置？

表 4-16　经营费用　　　　　　　　　　　　　　　　　　单元：万元

地址	劳动力费用	运输费用	税收费用	能源费用
A	150	120	160	180
B	200	100	230	210
C	180	80	250	230

表 4-17 非成本因素比较表

地　　址	竞争对手	受欢迎程度	生活条件	可利用劳动力情况
A	一般	很好	一般	好
B	较多	较好	好	很好
C	多	好	很好	一般
加权指数	4	3	1	2

第五章 物流配送中心系统规划分析

本章重点理论与问题

本章首先介绍了物流配送中心的规划流程,阐述了物流配送中心系统设计的原则,系统地介绍了物流配送中心系统规划的主要方法,包括功能模组分析法、订单变动趋势分析法、EIQ 分析法、ABC 分类法,最后介绍了物流配送中心规划方案评估的各种方法。

第一节 物流配送中心的规划流程

在准备阶段,经过收集、整理和分析基本规划资料,制定建立物流配送中心的目标任务之后,就可以进行系统规划了。图 5-1 所示的为物流配送中心规划流程和主要规划内容。

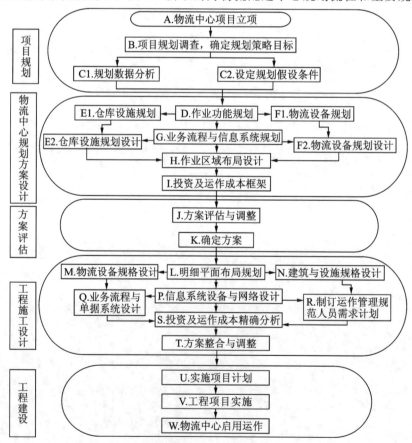

图 5-1 物流配送中心的规划流程和主要规划内容

物流配送中心的建设对企业来说是一笔巨大的投资,而且投资具有高风险的特征。为了避免因规划不当产生的投资风险,规划者必须遵循正确的规划程序对物流配送中心建设进行项目规划。

项目规划主要是确认物流配送中心项目的目标和进行前期调查,对整个规划作相关的数据分析,设定规划的假设条件,明确整个项目规划的具体目标后,再进入后面的方案设计。

在进行具体的物流配送中心规划方案设计中,主要是拟定物流配送中心的初步规划方案。根据前面确定的项目规划目标,在这个阶段可以对仓储设施、物流设备和作业功能等各方面的具体要求进行规划。确定了仓储设施等具体要求,就可以相应作出对仓储设施等的具体设计,并作出投资预算及运作成本。

初步方案形成后,规划者将对方案进行评估和调整,最后确定可行的方案。

最终的方案确定后,开始进入工程施工设计阶段。这个阶段把方案确定的所有指标都细化到工程实施中,从实际操作层面确认方案的可行性。

完成工程施工设计后,就进入工程建设阶段,建成后就可以启用物流配送中心了。

第二节 物流配送中心系统规划设计的原则

在物流配送中心系统规划过程中,必须切实掌握以下四项设计原则。

1. 系统工程原则

物流配送中心的工作,包括进货、搬运、储存、装卸、拣选、流通加工、包装、配送、信息处理,以及与供货商、连锁商场的连接方式等内容。归纳起来,这些工作可分为进货入库作业管理、在库保管作业管理、拣选作业管理、流通加工作业管理、出库作业管理和信息系统管理,这几个管理过程之间协调运作,对物流配送中心来说是极为重要的。物流配送中心工作的关键是做好物流量的分析与预测,把握物流的最合理流程。

2. 价值工程原则

市场竞争日益激烈,用户对配送的及时性和缺货率低等方面的要求会越来越高。在满足高质量服务的同时,还必须考虑物流成本。在建设物流配送中心的过程中,由于耗费巨资,必须对多个规划方案进行比较,尽可能地减少建设成本,用最低的成本达到最高的运作效益。

3. 软件先进、硬件适度的原则

在物流配送中心的运作过程中,各种软件起着非常关键的作用。近年来,物流领域出现了各种各样的实用软件,如何对其进行选择是个很困难的问题。在选择前,必须对将要建设的物流配送中心的经济、技术、使用范围、成本等方面进行综合论证,要切合实际,合理选择先进的物流软件,充分发挥物流配送中心高效率、多功能的特点。物流设施和机械设备等硬件则要根据实际情况,选择足以满足物流作业要求的设施和设备即可。

4. 发展的原则

整个市场需求是不断发展的,物流配送中心的规模也是不断发展的。所以在进行系统规划过程中,必须适度考虑到未来的物流发展前景,以适应物流量增大、经营范围扩展的需要。

第三节 物流配送中心规划分析方法

在介绍规划流程中,我们讲到物流配送中心规划首先要确定物流中心的建设目标,也就是物流配送中心要达到什么规模,具备哪些功能,为哪些客户服务等。物流配送中心的规划必须使得它的作业能力与业务需求相匹配。

为了确定物流配送中心的业务需求和规模,必须考虑许多方面,如目前的物流量需求、未来的物流量需求等,这就需要对相关资料进行分析。在分析中,建立计划性的分析步骤并有效地运用分析数据,是规划成功的关键。图 5-2 展现了物流配送中心设计时资料收集和分析阶段的工作流程。

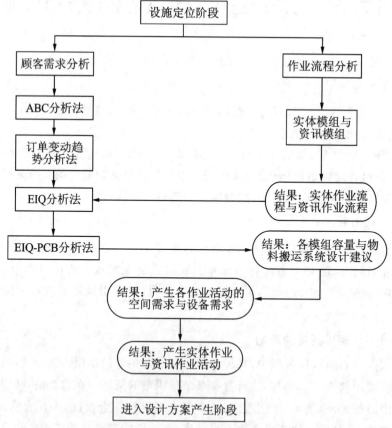

图 5-2 物流配送中心设计时资料收集和分析阶段的工作流程

一、物流配送中心功能模组

物流配送中心功能模组是指把物流配送中心的各种比较常见、普遍的设施、功能、流程进行搭配,形成一些组合,从不同组合可以看出物流配送中心的功能特点。模组的目的在于从实地访谈和文献收集中,整理出一套具有普遍性的作业流程类别,进而使用不同的组合以表达不同形态物流配送中心的作业特性。我们可以把物流配送中心模组比作"套餐",不同的模组反映出不同的物流配送中心的功能特性。

物流配送中心模组原来只是特指一些实体模组,就是那些可以看得见的流程设施。随着信息流程在物流配送中心运作中的作用越来越大,信息系统将对物流配送中心能否成为一个顾客导向的服务设施具有重大影响,因此,也把信息作业纳入物流配送中心模组,发展成资讯模组。作业流程特性由实体模组和信息模组(也称资讯模组)所提供,企业主可借由设计者对两类模组的应用和组合,来检验设计者对物流配送中心作业流程的认知是否正确。设计者可对其目标设施划分为实体作业流程和信息作业流程,观察作业在合理化、标准化和简单化等三方面有无改善的可能性。

(一)实体功能模组

根据物流配送中心的一般功能特性,其实体作业一般可划分为以下几个模组(见图5-3)。

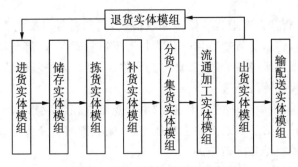

图5-3 实体功能模组流程示意图

1. 进货实体模组

由进货信息模组取得进货信息,并进行分析→到货→卸货→拆装→货品验收等作业,最后传送进货记录至进货信息模组。

2. 储存实体模组

由库存储位信息模组取得信息,进行货物入库上架、储位管理、库存盘查及容器管理等作业。

3. 拣货实体模组

从订单信息模组取得拣货信息→移动到指定储位→进行拣取作业→将拣取之后的物品库存信息传回库存储位信息模组→将货品移至分货/集货区、出货区或流通加工区,并通知订单信息模块,此笔订单已被拣取。

4. 补货实体模组

由库存储位信息模组显示补货信息→补货人员到拣货区取得空容器,再到保管储区→

确认储位并取货→移动货品到拣货区,并确认储位号码后将货品置入→将补货信息传回库存储位信息模组,并更改库存资料。

5. 分货/集货实体模组

从订单信息模组取得信息,列印分货/集货单→将拣取的货物作分类的工作→依客户类别或配送路线类别进行集货工作→集货完成后移动至出货暂存区→集货完毕后,必须通知出货信息模组或得到订单信息模组确认。

6. 流通加工实体模组

从订单信息模组取得信息→进行货品加工(如贴标签、包装、品质或数量检查等)→将加工信息传回订单信息模组。

7. 出货实体模组

从出货信息模组取得信息,列印出货单据→检验→包装→将货品搬运至出货暂存区→装车→出货资料确认,并传回出货信息模组。

8. 输配送实体模组

从输配送信息模组取得信息,进行配送区域划分、配送批次划分、配送路径选择、配送顺序决定、配送车辆安排、车辆装载方式等作业。

9. 退货实体模组

由退货信息模组获知顾客退货或资源回收信息,列印退货单交与配送人员→配送人员确认货品数量及种类,将退货货物取回→将货物置于退货暂存区,等待检验。若产品损坏或不能再使用,则置于报废区等待处理;若产品为合格品,则归入进货作业;若产品为资源回收物品,则置于资源回收区等待处理。

上述每一个功能模组的作业内容都是以"由信息功能模组发出作业信息→产生实体作业→实体作业完成,并将信息传送至信息功能模组,完成资料更新作业"的方式进行,由此可见,实体操作与信息模组是高度衔接的。

(二)信息功能模组

信息功能模组在现代物流配送中心中是不可缺少的,它基本上贯穿了实体功能模组的整个流程。良好的信息管理系统可提高各项实体作业的正确性和及时性,提高物流配送中心的运作效率。

信息功能模组包括订单信息模组、采购信息模组、进货信息模组、库存储位信息模组、出货信息模组、运输配送信息模组、退货信息模组、设备管理信息模组、财务会计信息模组和营运绩效信息模组十个模块。表 5-1 描述了各个信息模组的主要工作内容。

表 5-1 物流配送中心信息模组的工作内容

信息模组	工作内容
订单信息模组	客户资料建档与维护,订单资料处理,订单状态查询,缺货处理,退货处理,拣货处理,分货/集货信息,流通加工需求信息,订单财务会计信息

续表

信息模组	工作内容
采购信息模组	供应商基本资料建档与维护,供应商产品资料建档与维护,采购资料处理、维护与列印,货源规划,货品编码,采购及催、退货处理
进货信息模组	进货进程安排,进货单输入与维护,进货单与入库验收单列印,进货的后续作业查询,进货后退回供应商的处理
库存储位信息模组	储区储位编码与维护,商品储位指派与储位状态查询,商品及库存资料查询与维护,补货信息,盘点资料
出货信息模组	出货时间安排,订单品项及数量核查,出货单据列印,出货资料异动,包装方式查询
运输配送信息模组	司机基本资料维护,车辆路径资料维护,车辆排班与路线规划,车辆追踪管理,出货单据资料维护
退货信息模组	下游退货信息,上游退货信息,资源回收物品处理
设备管理信息模组	自动化设备管理,搬运设备管理,栈板及容器管理,栈板装卸方式规划及叠栈方式设计,车辆管理,燃料耗材管理,信息系统维护
财务会计信息模组	应付账款管理,应收账款管理,会计总账管理,票据管理,发票管理,固定资产管理,税务成本管理,人事薪金管理,营运费用管理
营运绩效信息模组	营运决策管理,绩效评估管理

二、顾客需求分析

在物流配送中心规划设计中,顾客需求分析是一个主要部分。通过顾客需求分析可以决定物流配送中心规模、特性等,这就好比分析市场需求对于某个企业开发一个新产品那样关键。物流配送中心规划中有许多顾客需求分析方法,以下讲述几种主要的分析方法,包括ABC分析法、销售额变动趋势分析法、EIQ分析法和EIQ-PCB分析法。

(一) ABC 分析法

ABC分析法是物流配送中心在管理中常用的分析方法,也是经济工作中一种基本工作和认识方法。它着重于将物流配送中心货物种类依其重要性程度加以分类为A群组、B群组和C群组。一般物流配送中心的货物种类数少则数百种,多则上万种,若要应对采集个别货物的顾客需求变化,将耗费极为庞大的人力和物力,而其效益可能与付出的成本不成比例。如何将有限的管理资源集中于可产生最大效益的需求分析中,将是对管理者的一大挑战,也是 ABC 分析法用于物流配送中心管理的一个根本动机。

ABC分析法所要进行的步骤如下。

步骤一 将可能收集的货物类别数、出货量、货物采购次数或客户订购次数等资料,分别由大至小予以排序。需要注意的是,在分析之前应将有关数量值转化成相同单位表示。

步骤二 排序种类可以包括各项资料的数量、相对百分比、累计数、累积百分比例大小等,并绘制统计图以协助了解排序的分布状况及所呈现结果的差异程度。

步骤三　可以 80/20 法则为基础,划定某一百分比,将订单、产品及客户划分为主要与次要群组。

步骤四　采用销售额变动趋势分析法、EIQ 分析法及 EIQ-PCB 分析法可对各群组中的代表性项目进行分析。

步骤五　运用 ABC 分析法产生统计图表。图 5-4 为货物订购数量分布图,图 5-5 为将订购数量加总后,得出的货物 ABC 分类群组图。

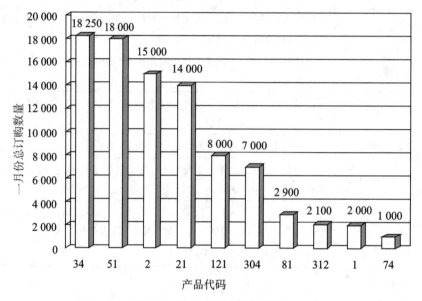

图 5-4　货物订购数量分布图

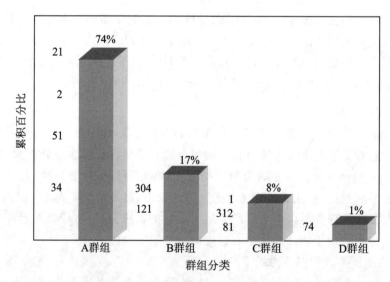

图 5-5　货物 ABC 分类群组图

（二）销售额变动趋势分析法

销售额的大小是决定新建物流配送中心规模的基本条件。对于任何企业,最关心的是销售额和利润。

在物流配送中心的规划过程中,首先要收集与总结历史销售与发货资料数据,并对其进行分析,从而了解销售趋势的变化情况。若能求出有关的变化趋势,则有利于对后续资料的分析。

通过调查、分析掌握销售额的基本数据,对决定建设物流配送中心的性质和规模是非常重要的。

如果这些数据分析不可靠的话,在设计物流配送中心系统过程中,将会导致很大的错误。可以说规划设计成功与否和资料数据的收集、分析有着极为重要的关系。正确的调查、分析是设计物流配送中心的关键。虽然这项工作枯燥无味,但必须耐心地去做。

就货物销售趋势而言有:长时间内是渐增或渐减的趋势;以一年为周期的因自然气候、文化传统、商业习惯等因素影响的变化趋势;以固定周期为单位(如月、周)的变化趋势的循环变动;以及不规则变化趋势的偶然变动。

根据预测不同种类的变化趋势,制定相应的对策和目标值。通常设峰值的80%为目标值,若某订单的峰值与谷值之比超过3倍时,如在同一个物流系统内处理,将使效率降低,运营将更为困难。此时,必须制定适宜的运营策略和方法,以取得经济效益和运营规模的平衡。

关于分析过程的时间单位,视资料收集范围而定。对于预测未来发展趋势,以一年为单位;对季节变化预测,以月为单位;分析月或周内变化倾向,以日为单位。

常用的分析方法有时间序列分析法、回归分析法和统计分析法等。

这里仅运用时间序列分析法对销售量进行分析和预测。时间序列分析法是指根据某一事物的纵向历史资料,按时间进程组成动态数列,并进行分析和预测未来的方法。时间序列分析是基于历史的继承性这一原则而进行的,就是说,某个事物的发展趋势是其过去历史的延伸。由此寻找事物的变化特征和趋势,并通过选择适当的模型形式和参数来建立预测模型。在外部影响基本不变的情况下,进行趋势外推预测。这种方法比较适用于市场预测,如市场资源量、采购量、需求量、销售量和价格的预测。

例如,若分析一个年度销售量的变化,选月份为时间单位,取为横轴,而纵轴代表销售量,对此按时间序列进行分析,包括长期趋势变化、季节变化、循环变化和偶然变化等四种情况。根据不同的变化趋势,预测市场情况,从而制订销售计划。

(1) 长期渐增趋势如图5-6所示。此外,还应结合更长周期的成长趋势加以判断。规划时以中期需求量为依据,若需考虑长期渐增的需求,则可预留空间或考虑设备的扩充弹性,以分期投资为宜。

(2) 季节变化趋势如图5-7所示。如果季节变动的差距超过3倍,可考虑部分物品外包或租赁设备,以避免过多的投资造成淡季的设备闲置。此外,在淡季应争取互补性的业务,以增加设备的利用率。

(3) 循环变化趋势如图5-8所示。其变化周期以季度为单位,若峰值与谷值差距不太大,可以峰值进行规划,后续分析仅以一个周期为单位进行。

(4) 偶然变化趋势如图5-9所示。这类系统较难规划,宜采用通用设备,以增加设备的利用弹性。

(三) EIQ 分析法

物流配送中心在进出货物时具有出货时间不确定、出货量变化大等特点。面对这些繁多、数量庞大的订单,一般分析者都用平均值来估计相关需求条件,其结果往往与实际的需

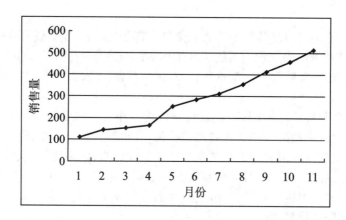

图 5-6　长期渐增趋势图

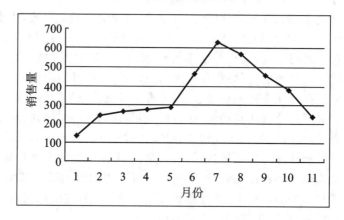

图 5-7　季节变化趋势图

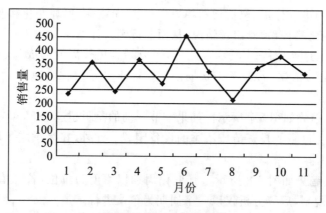

图 5-8　循环变化趋势图

求变动有很大的差异。如果能掌握数据分析的原则,通过有效的资料统计和进一步的相关分析,就会使物流配送中心的规划设计更具有科学性和实用性,也确保经营单位的投资回报率最大化。EIQ 分析法就是这样一个有效的分析工具。

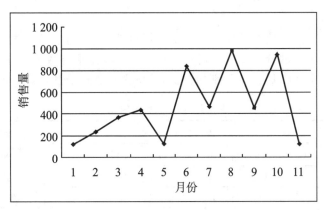

图 5-9　偶然变化趋势图

1. EIQ 分析法概述

EIQ 分析法是以顾客导向为主,且针对具有不稳定或波动条件的物流配送中心作业系统的一种分析方法,目的是协助设计者掌控物流作业特性,探讨其运作方式,从而规划作业系统、拣货方式和储位划分等事项。EIQ 分析法的功用是为了了解物流作业特性,如从订单内容了解订货特性、接单特性、作业特性等;进而利用 EIQ 系统进行物流中心系统的基础规划,或者利用 EIQ 系统进行模拟分析;最后配置相应的物流设备。

EIQ 分析法是日本权威物流专家铃木震先生通过 40 多年的实战经验积累所独创的一种分析方法。该法利用 E、I、Q 这三个物流关键要素,所谓 EIQ,就是指订单件数(Entry)、品项(Item)和数量(Quantity)。

(1) E(Entry)是指订单件数。分析订单件数时,必须注意以下几点:
- 每一笔接收的订单具有同时拣货,且同时配送至同一地点的特性;
- 在订单截止时间内,数笔追加的订单均可合并成单一订单,在物流作业过程中可视为同一订单;
- 对同一批量的订单,要求以不同时间或者不同地点配送货物,对物流中心而言即视为多个订单,必须进行订单分割。

(2) I(Item)是指货物品项或种类。只要是不同质、量、包装单位、包装形式等的货物,都视作不同的类别,原则上以各供应商的商品号为区别依据。

(3) Q(Quantity)是指每一笔订单、每一类货物所订购的数量资料,是结合订单与类别的桥梁。物流配送中心的作业特性有赖于订单与类别间数量的分布状态而显现。

2. EIQ 分析步骤

EIQ 分析步骤如图 5-10 所示。

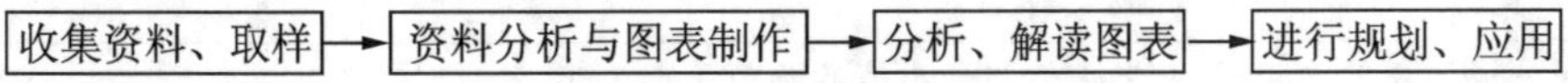

收集资料、取样 → 资料分析与图表制作 → 分析、解读图表 → 进行规划、应用

图 5-10　EIQ 分析步骤

1) 出货资料的取样

根据作业周期和波动幅度确定资料的收集范围。若各周期内出货量大致相似,则可对较小周期内的资料进行分析;若周期内趋势相近但作业量有很大的差异,则对资料进行分组,找出代表性的资料进行分析。

2) 出货资料的分析

最好能从企业信息系统的数据库中取得计算机档案,这有利于档案格式转换和借助计算机运算功能处理大量的分析资料。资料分解时还要注意保持数量单位的一致性。资料分解主要用于 EQ、EN、IQ、IK 四个类别的分析,其意义及资料统计格式如表 5-2 所示。

表 5-2 EIQ 资料分解格式

发货订单	发货种类						订单发货数量	订单发货品项
	I1	I2	I3	I4	I5	…		
E1	Q11	Q12	Q13	Q14	Q15	—	Q1	N1
E2	Q21	Q22	Q23	Q24	Q25	—	Q2	N2
E3	Q31	Q32	Q33	Q34	Q35	—	Q3	N3
…	—	—	—	—	—	—	—	—
发货量	Q.1	Q.2	Q.3	Q.4	Q.5	—		N.
发货次数	K1	K2	K3	K4	K5	—		K.

注:Q_i(订单 E_i 的发货量) = $Q_{i1} + Q_{i2} + Q_{i3} + Q_{i4} + Q_{i5} + \cdots$
$Q._i$(品项 I_i 的发货量) = $Q_{1i} + Q_{2i} + Q_{3i} + Q_{4i} + Q_{5i} + \cdots$
N_i(订单 E_i 的发货项数) = 计数($Q_{i1}, Q_{i2}, Q_{i3}, Q_{i4}, Q_{i5}, \cdots$) > 0 者
K_i(品项 I_i 的发货次数) = 计数($Q_{1i}, Q_{2i}, Q_{3i}, Q_{4i}, Q_{5i}, \cdots$) > 0 者
N.(所有订单的发货总项数) = 计数($K_1, K_2, K_3, K_4, K_5, \cdots$) > 0 者
K.(所有产品的总发货次数) = $K_1 + K_2 + K_3 + K_4 + K_5 + \cdots$

(1) 订单量(EQ)分析:单张订单出货数量的分析。
(2) 品项数(EN)分析:又称订货品项数,单张订单出货种类数的分析。
(3) 品项数量(IQ)分析:又称品项受订数量,每一单货物出货总数量的分析。
(4) 品项受订次数(IK)分析:每一单货物出货次数的分析。

3) 资料统计分析

EIQ 分析以量化分析为主,常用的统计手法包括平均值、最大/最小值、总数、柏拉图分析、次数分布及 ABC 分析法等,如表 5-3 所示。

表 5-3 EIQ 分析法的统计方法

方法	目的
柏拉图	取订单、单一货物累积量
算数平均值	取一个平均值
最大/最小值	取上、下限
总数	取总数
全距	最大值与最小值的差距
众数	出现次数最多的数值
次数分布	各组资料出现次数统计
相对百分比	将个别值加以排列并计算其百分比
ABC 分析法	将数值按大小排列,并累计其百分比

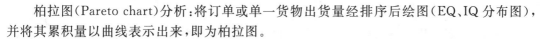

柏拉图(Pareto chart)分析：将订单或单一货物出货量经排序后绘图（EQ、IQ 分布图），并将其累积量以曲线表示出来，即为柏拉图。

次数分布：将出货量范围作适当分组，并计算各类货物出货量在各分组范围内的出现次数，可进一步了解货物出货量的分布情形。

ABC 分析法：用 ABC 分类法将一特定百分比内的主要订单或货物找出，以作进一步的分析及重点管理。通常先以出货量排序，以占前 20%～50% 的订单件数（或货物类别数）计算所占出货量的百分比，并作为重点分类的依据。

交叉分析：在进行 EQ、IQ、EN、IK 等 ABC 分析后，再对其 ABC 的分类进行组合式的交叉分析。如先将两组分析资料经 ABC 分类后分为 3 个等级，交叉汇编后产生 3×3 的 9 组资料分类，再分别就各资料分类进行分析探讨，找出分组资料中的意义及其代表的产品簇群。

4）图表数据判读与分析

这是量化资料分析过程中最重要的步骤，通常需要配合交叉分析和其他相关资料作出综合判断分析。

订单量（EQ）分析：通过了解单张订单中订购量的分布情形，从而可以决定订单处理的原则、拣货系统的规划、出货方式及出货区的规划。通常以单一营业日的 EQ 分析为主。订单量分布趋势越明显，分区规划的原则就越易运用，否则应以弹性化较高的设计为主。

品项数（EN）分析：了解订单所订购品项数的分布，对于订单处理的原则、拣货系统的规划、出货方式及出货区的规划有很大影响。通常配合总出货类别数、订单出货类别累计数及货物总类别数三项指标综合参考。

品项数量（IQ）分析：针对众多货物作分类并予以重点管理，也就是观察多少百分比的出货货物，占多少百分比的出货量。IQ 分析可以了解各类产品出货量的分布状况，分析产品的重要程度与运量规模。从 IQ-ABC 分析中，管理人员易于了解主要产品的状况及需加强管控的货物。IQ 分析也影响货物储区的规划弹性，甚至影响拣货系统的设计。

品项受订次数（IK）分析：即统计各种货物被不同客户重复订货次数。分析产品类别出货次数的分布，了解产品类别的出货频率，可配合 IQ 分析决定仓储与拣货系统的选择。当储存、拣货方式已决定后，有关储区的划分及储位配置也可利用 IK 分析的结果作为规划参考的依据。

IQ 及 IK 交叉分析：将 IQ 及 IK 以 ABC 分析法分类后，可对拣货策略提供参考依据。依其品项分布的特性，可将物流中心规划为以订单类别拣取或批量拣取的作业形态，或者以分区混合处理方式运作。

3. EIQ 分析应用及发展

在以顾客及下游端通路需求为主的流通环境中，订单需求零星而多变。因此，以需求为导向的规划方法才能真正符合实际作业的需求。EIQ 分析正是从企业订单出发，根据客户的需求特性，结合 PCB（托盘、周转箱、单品等储运单位）及 ABC 分类的交叉分析方法，进行订单不同层面的分析，得出货物在物流配送中心的接收、储存、拣选、出货特征，有效掌握物流特性，并提供规划过程宏观角度的切入点，最终成为物流配送中心规划设计的决定性因素。

通过 EIQ 分析，企业可以得到许多有用的信息，包括：了解物流特性、得出配合物流系统特性的物流系统模块、选择物流设备、仿真分析，以及进行物流系统的基础规划等。EIQ 分析法对企业建立物流中心裨益良多，企业还可以活用 EIQ 法来解决物流的各项问题，如降低物流成本、降低库存、预估销售量等。

(四) EIQ-PCB 分析法

考虑物流系统的各项作业活动时,可以看出这些作业都是以不同包装单位作为作业基础,而不同包装单位可能产生不同的设备与人力需求。因此,掌握物流作业的单位转换相当重要。物流作业单位采用托盘P(pallet)、箱C(carton)、单件B(box)为单位。在进行EIQ分析时,利用统一的计量单位可以将订单内容转换成整托盘、整箱或单件形态分析(见图5-11)。

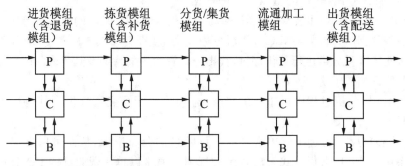

其中:P表示以托盘(pallet)为单位;
C表示以箱(carton)为单位;
B表示以单件(box)为单位。

图5-11 物流中心商品包装作业单位变化图

EIQ-PCB分析法有很大的功用,包括:
- 可了解出货状态及区域销售的数量和包装特性;
- 可作为计算拣货/出货的人力需求和搬运/运输配送设备的选用依据;
- 作为整体拣货系统及储存方式和设备的设计参考(见表5-4);
- 在作 EIQ-PCB 分析时,I-PCB 表的建立也是分析过程的必要参考数据;
- 可比较不同拣货单位的效率表现;
- 可计算托盘、箱和单品拣取时所需的设备数目和人力需求。

表5-4 不同拣货出库模式适用的保管设备及拣货方式

拣货/出库模式	保管设备	拣货方式
C→C	自动流力货架、箱用立体自动仓库、流力货架、回转货架	自动仓储/自动流力货架 人工＋输送带
C→B	附显示器的流力货架、回转货架、电子拣货台车	人工＋附显示器流力货架 人工＋回转货架
B→B	拣料机	自动拣料机 人工＋回转货架

(五) EIQ分析法在武汉肯德基有限公司配送中心规划中的应用

1987年11月12日,肯德基在北京前门繁华地带开设了中国内地的第一家餐厅,北京肯德基有限公司也成了北京第一家经营快餐的中外合资企业。

1. 武汉肯德基有限公司背景

武汉肯德基第一家餐厅江汉店于1995年8月9日正式营业后,便受到武汉市民的喜爱。至1998年年底,肯德基已经在武汉市区开设了12家餐厅,1998年销售额达人民币1亿元。到2004年年底,武汉共有63家肯德基餐厅,2004年销售额为人民币6.4亿元。

武汉肯德基有限公司位于繁华的闹市区,是由美国肯德基国际股份有限公司和肯德基环球投资有限公司共同投资兴办。企业投资总额为1020万美元,注册资本为510万美元,主要经营肯德基家乡鸡快餐连锁店,中西餐饮及配套服务,生产、销售促销礼品。

肯德基在中国之所以取得优异的成绩,主要是因为严格地遵循产品质量、优质服务、清洁卫生、物超所值等科学的四大管理要素,登陆武汉即获得了巨大成功。

(1) 凡是去过肯德基餐厅的顾客,都可以感受到肯德基以质量为本、服务至上、尽量满足顾客需要的企业经营宗旨,让顾客在肯德基所得到的服务要高于他的期望值。从顾客开始点餐,到顾客就座用餐,工作人员必须在一分钟之内完成服务,整个服务要遵循"服务四部曲",即热情问候顾客、仔细聆听顾客点菜、迅速包装和感谢。

(2) 员工是公司的财富,这是肯德基在世界各地快速发展的关键理念。肯德基在全球十分重视员工的培训和发展。这些培训不仅帮助员工提高工作技能,同时还丰富和完善员工自身的知识结构和个性发展。许多有志青年在肯德基成长,成为中国经济发展进程中出色的企业管理人才。

肯德基对在中国的发展充满信心,在中国将根据消费者的需要及公司的实力,有计划地在中国各地建立肯德基连锁店,为中国更多的消费者提供优质的独具风格的肯德基美食,推动中国快餐行业的发展。

肯德基在各地的连锁发展,离不开其在各地的配送中心。就拿武汉肯德基有限公司来说,每天各分店所需要的各类货物就由其在武汉的配送中心供给。由此可见其配送中心在连锁经营中的重要作用。

2. 企业现状及存在的问题

武汉肯德基配送中心现位于武汉市徐东路,按照武汉市对配送中心等设施的建设要求,对其进行搬迁重建是迟早的事。因此,前面所论述的EIQ分析方法,无论对其现在的管理及今后的重建都可以发挥作用。

本文将根据武汉市肯德基各连锁店一天订单数据进行分析,得出关于配送中心日常管理和重新规划的一些重要信息,并对武汉肯德基公司的未来配送中心的规划提供一些有用的信息。

3. EIQ分析法应用

由于订单数据过于庞大,在进行EIQ分析时作了如下简化处理:①仅对一类货物(冻货)进行分析;②从上百份订单中选择有代表性的30份订单进行分析;③每份订单中只选取有代表性的16个类别。做这种处理是不得已而为之,在实际的分析中这种处理仅能作为参考,分析如表5-5所示。

表 5-5 肯德基配送中心一天(2004 年 12 月 13 日)订单的 EIQ 分析

出货订单	EIQ 分析																订单发货数量 EQ	订单发货种类 EN
	I1	I2	I3	I4	I5	I6	I7	I8	I9	I10	I11	I12	I13	I14	I15	I16		
E1	12	3	0	2	4	6	1	27	2	1	14	9	3	13	4	4	105	15
E2	10	8	0	3	3	2	0	14	1	1	0	6	1	5	2	2	58	13
E3	13	17	3	4	4	6	12	30	4	3	0	4	2	2	3	3	110	15
E4	12	11	2	4	4	4	5	30	4	1	7	4	2	8	3	3	104	16
E5	11	8	1	6	6	5	4	25	2	2	7	7	2	8	4	4	102	16
E6	9	1	1	3	3	3	1	6	1	0	6	3	1	7	1	1	47	15
E7	12	8	2	5	5	5	2	25	2	2	7	5	4	11	3	3	101	16
E8	23	11	0	11	11	10	14	27	3	0	9	5	2	12	5	5	148	14
E9	20	9	1	6	6	7	3	30	2	0	4	18	6	12	3	3	130	16
E10	13	9	0	6	6	6	2	29	3	1	0	5	1	9	2	0	94	14
E11	6	5	1	2	2	2	5	14	1	0	4	4	1	3	0	0	50	13
E12	14	9	1	14	14	7	5	23	8	4	9	10	4	10	9	9	150	16
E13	59	9	3	25	25	16	12	44	5	3	13	15	7	17	6	6	265	16
E14	20	6	1	9	9	11	5	13	2	2	5	12	4	3	9	9	120	16
E15	15	3	1	6	6	8	2	12	4	1	8	4	4	2	0	0	76	14
E16	12	11	1	4	4	12	4	24	4	3	11	6	1	7	4	4	112	16

续表

出货订单	EIQ分析																订单发货数量 EQ	订单发货种类 EN
	I1	I2	I3	I4	I5	I6	I7	I8	I9	I10	I11	I12	I13	I14	I15	I16		
E17	16	7	0	5	5	6	3	14	1	1	7	11	3	6	3	3	91	15
E18	8	5	2	2	2	6	9	11	3	0	0	9	2	4	3	3	69	14
E19	13	6	0	6	6	5	5	14	3	0	5	4	3	2	2	2	76	14
E20	23	14	3	9	9	11	2	35	5	3	14	19	6	16	6	6	181	16
E21	9	8	1	8	9	1	5	29	3	3	12	16	6	19	0	0	129	14
E22	8	3	0	2	2	3	0	7	0	0	0	5	2	4	1	1	38	11
E23	5	0	0	0	0	6	3	13	1	0	9	5	5	12	2	2	63	11
E24	19	10	1	9	9	9	8	28	5	0	8	7	4	16	7	7	147	15
E25	166	12	3	46	46	57	10	84	25	8	15	37	12	44	20	20	605	16
E26	13	7	1	7	7	9	9	24	3	0	2	10	4	10	3	3	112	15
E27	18	3	1	8	8	7	14	18	4	2	2	14	6	3	5	5	118	16
E28	8	5	1	3	3	5	2	11	2	0	5	4	3	5	3	3	61	15
E29	24	11	2	13	13	10	9	25	5	2	9	12	4	10	2	2	153	16
E30	24	6	1	12	12	11	6	25	3	2	4	12	5	6	4	4	137	16
单品出货量 IQ	615	225	34	240	243	254	162	711	111	45	196	282	110	286	119	119	3 752	—
单品出货次数 IK	30	29	22	29	29	30	28	30	29	19	26	30	30	30	27	27	445	—

(1) 订单量(EQ)分析。

将 EQ 按照 Q 量的大小进行排序,如表 5-6 所示。

表 5-6　EQ 分析表

E	25	13	20	29	12	8	24	30	9	21
Q	605	265	181	153	150	148	147	137	130	129
E	14	27	16	26	3	1	4	5	7	10
Q	120	118	112	112	110	105	104	102	101	94
E	17	15	19	18	23	28	2	11	6	22
Q	91	76	76	69	63	61	58	50	47	38

根据表 5-6,我们可以进行 ABC 分类,A 类为 E25 和 E13。对于 A 类订单,要进行重点管理,对它们的拣货设备的使用亦可以分级。从这也可以看出,E25 和 E13 为公司的大客户。在销售方面也应加强重点管理和采用不同的政策。为了获得更直观的了解,可以将表 5-6 绘制成图的形式,如图 5-12 所示。

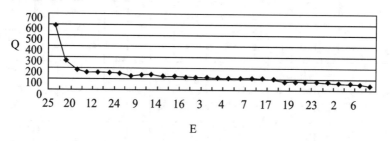

图 5-12　EQ 分析

依据 EQ 分布图的类型分析,其图表为一般物流配送中心常见模式,由于数量分布趋两极化,可利用 ABC 作进一步分类。

规划时可将订单作 ABC 分类,次数少数量大的订单可作重点管理。相关拣货设备的使用亦可分级。

(2) 品项数量(IQ)分析。

将 IQ 分析按照 Q 量的大小进行排序,如表 5-7 所示。

表 5-7　IQ 分析表

I	I8	I1	I14	I12	I6	I5	I2	I11	I7	I15	I16	I9	I13	I10	I3
Q	711	615	286	282	254	243	225	196	162	119	119	111	110	45	34

根据表 5-7,同样要进行 ABC 分类。A 类为 I8 和 I1,这两种货物的订货数量较大,应重点管理,保证其货源充足,定期查看库存,这两种货物不应出现缺货情况。为了获得更直观的了解,可以将表 5-7 绘制成图 5-13 所示的形式。

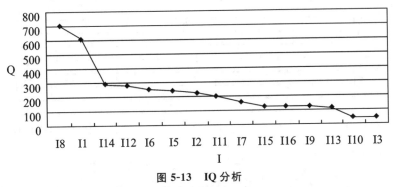

图 5-13 IQ 分析

从图 5-13 可以看出，IQ 分布图类型为一般物流配送中心常见模式，由于分布趋两极化，可利用 ABC 作进一步分类。规划时可将订单作 ABC 分类，将次数少数量大的订单作重点管理；将产品分类以分区式存储，按各类产品存储单位、存货设定水平的不同，可分级使用拣货设备。

（3）订单品项数（EN）分析。

根据表 5-5，可以看到单一订单的种类数都超过了 10 项，这说明可以采用批量拣取的分类作业方式来满足需求，以图 5-14 来展现。

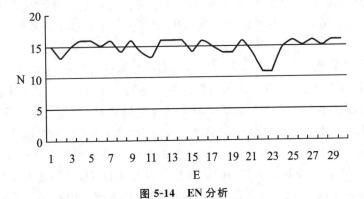

图 5-14 EN 分析

从图 5-14 可以看出，单一订单的出货种类数较大，而货物类别数也较多，累积出货类别数较总出货类别数大出数倍，且多于货物总类别数，这时可以考虑以批量拣取方式作业。

（4）品项受订次数（IK）分析。

将 IK 分析按照 K 量的大小进行排序，如表 5-8 所示。

表 5-8 IK 分析表

I	I1	I6	I8	I12	I13	I14	I2	I4	I5	I9	I7	I15	I16	I11	I3	I10
K	30	30	30	30	30	30	29	29	29	29	29	28	27	27	26	22	19

从表 5-8 可以看出，对订货次数仍可以进行 ABC 分类，I1、I6、I8、I12、I13、I14 的订货次数较多，都为 30，应计入 A 类，进行重点管理。应将这 6 项置于较方便出货的位置，或者离出货口较近位置，以缩短行走和搬运的距离和时间。同样地，为了获得更直观的了解，下面以绘图的方式表现出来，如图 5-15 所示。

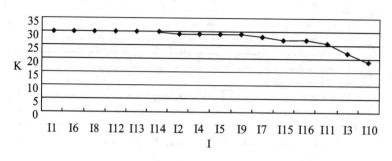

图 5-15 IK 分析

从图 5-15 可以看出,IK 分布图为一般物流配送中心常见模式,由于数量分布趋两极化,可利用 ABC 分析法作进一步分类。规划时可依产品分类划分储区及储位配置,A 类可接近出入口或便于作业的位置及楼层,以缩短行走距离。若货物种类较多时,可考虑作为订单分割的依据来分别拣货。

三、小结

运用 EIQ 方法对肯德基的日订单进行分析,并不能代表肯德基公司在配送方面有多么严重的问题。但是,通过这个方法,可以很清晰地了解到公司重要货物有哪些,重要的客户有哪些,以及目前市场上较为热销的产品是哪些,哪些产品必须要重新进行考虑和采取相应促销手段。

由于肯德基的货物品种较多,又没有太多的实际数据进行分析,在这里仅针对冷冻品进行分析。通过 EIQ 分析法,可以对未来的配送中心进行一些规划,且对未来新建物流配送中心起到一定的指导作用。在物流配送中心进行位置规划时,可以优先考虑出货次数较多的产品,在规划时,选择离出货口较近的位置进行放置,以便于工作人员取货,而且还可以减少取货时间。对于订货量较大的货物,应要求工作人员及时补充货源,以免缺货,造成不必要的损失。对于大客户,应当采取更多的优惠政策和更好的服务来防止大客户的流失。

虽然本节运用 EIQ 分析方法对武汉肯德基有限公司的配送中心进行了分析,并且提出了一些建议,但在我国的实际工作中,在配送中心的规划与管理中,这一分析方法并没有得到很好的运用。一方面我国在这方面的专业人员不多,另一方面也是由于对配送中心的重要性认识不够。因此,在应用这一分析方法的同时,还应加强对配送中心工作人员的技能培训,这是提高配送中心运作效率的一个有效的措施。

四、物流作业流程分析

物流作业流程分析是针对一般常态性和非常态性的作业加以分类,并整理出物流配送中心的基本作业流程。因为货物不同,物流配送中心的作业流程也不相同。物流配送中心作业流程如图 5-16 所示。一般物流配送中心作业流程内容的分析项目如下。

(一)一般常态性物流作业

(1)进货作业:包括车辆进货、卸载、点收和理货等内容。
(2)储存保管:包括入库和调拨补充等内容。

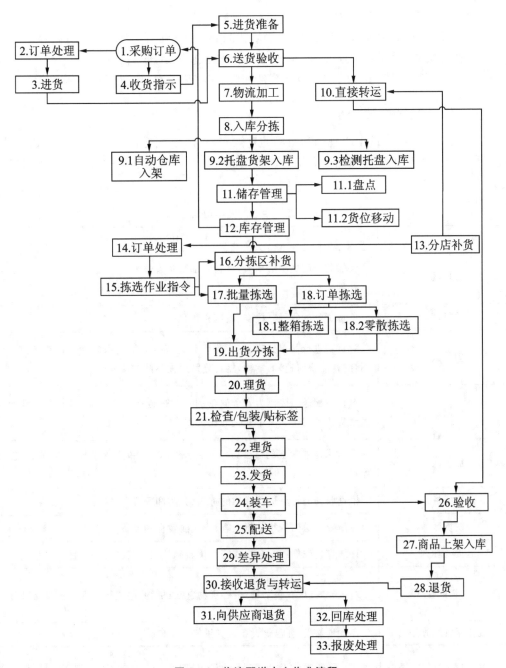

图 5-16 物流配送中心作业流程

（3）拣货：包括订单拣取、分货和集货等内容。
（4）发货：包括流通加工、品检、点收和装载等内容。
（5）配送：包括车辆调度、路线安排和交货等内容。
（6）仓储管理：包括盘点、抽盘、移仓与储位调整和到期品处理等内容。

（二）非常态性物流作业

（1）退货：包括退货卸载、点收、责任确认、退货良品、瑕疵品和废品处理等内容。

（2）换补货：包括误差责任确认、零星补货拣取、包装和运送等内容。

（3）配送：包括车辆出入管制、停泊、容器回收、空容器暂存、废料回收处理等内容。

五、作业区域布局分析

作业区域是物流配送中心规划和布局的重点对象，所以配送中心区域规划的重点是存储区及拣货区，然后再根据存储区和拣货区规划的运转量对前后作业的设施进行规划（见表5-9）。

表 5-9　配送中心的主要功能区域

功　能　区	主　要　功　能
管理区	一般位于配送中心出口，负责内部行政事务处理、信息处理、业务洽谈、订单处理以及指令发布
进货区	负责货物的收、卸、检查、搬运和暂存
理货区	对货物进行简单处理，将货物区分为直接分拣配送、入库加工、待加工和不合格（需要清退）的货物，然后分别送往不同的功能区
存储区	对暂不配送但要作为安全储备的货物进行保管和保养的场所，通常配有多层货架和用于集装单元化的托盘
加工区	根据流通或销售的需要，进行必要的生产性和流通性加工（如裁剪、包装等）
分拣配货区	根据收到的订单进行货物的拣选、分类和配货
发货区	对所要配送的货物进行检查、待送前暂存和发货
退货处理区	存放进货残损或不合格或需要重新确认的等待处理的货物
废弃物处理区	对废弃物（废弃包装物、破碎货物、变质货物等）进行清理或者回收利用
设备存放维修处	存放堆垛机、托盘等设备及其维修工具（充电、充气、紧固等）

作业区域的布局分析主要是要确定作业区域的面积需求，而要确定面积需求就要确定物流单位以及作业量。对存储区和拣选区而言，就是计算配送中心运作后，进货、储存、拣选和出货等作业所需要的物流储运能力。

（一）仓储区的储运量规划

物流配送中心仓储区作业量规模的计算方法主要有以下几种。

1. 周转率估计法

在物流配送中心的存储量的初步规划中,该法为简易快捷的方法,可用于初步规划或储量概算的参考,并于后续规划过程中逐步修正为精确的需求规模。主要步骤如下:年运转量计算→估计周转率→估计仓容量→估计宽放比→汇总。具体说明如下。

- 年运转量计算:将各类货物进出量换算成统一单位的储存总量,汇总全年的总量后,得到物流配送中心的年运转量。
- 估计周转率:确定未来物流配送中心仓储量周转率的目标,可根据经营货物种类的特性、产品价值、附加利润、缺货成本等因素,确定仓储区的周转次数。
- 估计仓容量:以年仓储吞吐量除以周转次数来计算仓容量。
- 估计宽放比:估计仓储运转的变动弹性,以估算的仓容量乘以变动幅度,求出规划仓容量,以对应高峰时期的高运转量。如果物流配送中心商品进出货有周期性或季节性的明显趋势时,则需研究整个仓储营运政策是否须涵盖最大需求,或者通过改善采购或接单的流程,来达到需求平稳化的目的,以避免宽放比过高,增加仓储空间,造成投资浪费。
- 汇总:在实际规划仓储空间时,可依货物类别分类计算年运转量,并根据产品特性分别估计年周转次数及计算总仓容量后汇总。

2. 货物送货频率估计法

如果能收集货物的年储运量及工作天数,针对供应商的送货频率进行分析,或进一步设定送货间隔天数的上限,则可以估算仓储量的需求。具体步骤如下:年运转量计算→估计工作天数(出货天数)→计算平均出货单日的储运量→估计送货频率→估计仓容量→估计高低峰变动幅度。具体说明如下。

- 年运转量计算:将各类货物换算成相同单元负载单位的年储运总量。
- 估计工作天数:依货物类别来估计年出货天数。
- 计算平均出货单日的储运量:将各货物年运转量除以年出货天数。
- 估计送货频率:依货物估计厂商送货频率。
- 估计仓容量:以平均单日储运量乘以送货频率。仓容量=平均每日储运量×送货频率。
- 估计高低峰变动幅度:估计仓储运转的高低峰变动弹性,以估算的仓容量乘以宽放比,求出规划仓容量,以支持高峰期的高运转需求。

如果以货物类别的送货频率分析 ABC 分类群组,则不同的产品群可设定不同的送货频度,并个别计算所需的仓容量再予以加总以求得总需求量。实际工作天数可采用两种基准:一为年工作天数;二为以各货物类别的实际出货天数。若有足够的信息反映各货物类别的实际出货天数,则以此计算的平均单日的储运需求量较接近真实情况。但是须特别注意的是,当部分货物出货天数很小并集中于少数天数出货时,易造成仓储量计算偏高,使储运空间闲置或库存积压的情形。在这种情况下,建议以平均出货天数的出货量进行 ABC 分析,再与实际年出货量进行交叉分析。对于年出货量小但是单日出货量大者,基本上不使用上述估算法,建议可将其归纳为少量机动类商品,以弹性储位规划,而其订货时机应采用机动形式,视订单需求发生时再予订货,以避免平时库存积压。

（二）拣货区的储运量规划

规划物流配送中心拣货区的运转量与仓储区估算方法类似，但是必须注意的是仓储区的容量要满足一定期间（厂商送货期间）内的出货量要求，因此对进出货的特性及处理量均需加以考虑；而拣货区则以单日出货货品所需的拣货作业空间为主，故以货物种类数及作业面为主要考虑因素。一般拣货区的规划不需要包含当日所有的出货量，在拣货区货物不足时则由仓储区进行补货。其规模计算的原则及方法说明如下。

- 年出货量计算：将各项货物进出量换算成统一单位的拣货量，并估计各类货物的年出货量。如果货物特性差异很大或基本储运单位不同，可以分别加以计算。
- 估计各类货物的出货天数：依各货物类别估计年出货天数。
- 计算各类货物平均出货天数的出货量：将各货物年出货量除以年出货天数。
- ABC分析：以货物类别进行年出货量及平均出货天数出货量的ABC分析，并定出出货量高、中、低的等级及范围，在后续规划设计阶段，可针对高、中、低类的货物作进一步的特性分析，来进行适当的分类及分组。若欲求得初步的拣货区拣货量的估算，可依据出货高、中、低类别，定出拣货区存量水准，再乘以各类别的货物类别数，即可求得拣货区储运量的初估值。
- ABC交叉分析：如需进一步考虑货物出货的实际情形，则需将年出货量配合单日出货量加以分析。针对年出货量及平均出货天数出货量的高、中、低分类，进行组合交叉分析，则可得出9组出货类型，依其出货特性作适当的归并，再做不同存量水准的规划。

（三）物量平衡分析

在完成相关作业程序、需求功能及其需求量的规划后，可按照作业流程的顺序，整理各程序的作业物量大小，将物流配送中心内由进货到出货各阶段的货物动态特性、数量及单位表示出来。因作业时序安排、批次作业的处理周期等因素，可能产生作业高峰及物流瓶颈，因此，需调整原规划的需求量，以应对实际可能发生的高峰需求，而且主要物流作业均具有程序性的关系，故还需考虑前后作业的平衡性，以避免因需求量规划不当而产生作业的瓶颈。因此，应进一步进行物量平衡分析，定义各作业的调整值，来修正实际的合理需求量，并定义此调整值的参数为频率高峰系数，其作业流程物量平衡分析表如表5-10所示。

表5-10 物流配送中心作业流程物量平衡分析表

作业程序	主要规划参数	平均作业频率	规划值	频率高峰系数	调整值=规划值×(1+频率高峰系数)
进货	进货货车台数				
	进货厂家数				
	进货类别数				
储存	托盘数				
	箱数				
	类别数				

续表

作业程序	主要规划参数	平均作业频率	规划值	频率高峰系数	调整值＝规划值×（1＋频率高峰系数）
拣货	托盘数				
	箱数				
	类别数				
	拣货单数				
	出货类别数				
	出货客户数				
集货	托盘数				
	箱数				
	出货货车数				
	出货客户数				

第四节　物流配送中心规划方案评估

各种规划方案经过周详的系统规划程序之后，会产生几个可行的布置方案，规划设计者应提供完整客观的方案评估报告，用以辅助决策者进行方案的选择。因此，方案评估方法的客观性对规划结果的影响极为深远。以下介绍几种常见的方案评估方法。

1. 优缺点列举法

优缺点列举法是将每个方案的配置图、物流动线、搬运距离、扩充弹性等相关优缺点分别列举，并进行比较的方法。这种方法简单省时，但不具说服力，常用于概略方案的初步选择阶段。有时为了使本方法更趋准确，可对优点的重要性及缺点的严重性作进一步讨论，甚至进行数值分析。

2. 要素分析法

要素分析法是将规划方案所要完成的重要的目标要素，由规划者与决策者共同讨论列出，并设定各因素的重要程度，权数比重可采用百分比值或分数比值，其他每个因素再与这个因素比较，分别决定其权重。接着，再逐一用每一个因素来评估比较各个方案，并决定每一方案各因素的评分数值。当其他各评估因素逐一评估完成后，再将因素权重与评估数值相乘合计，选出可被接受的方案。

3. 点评估法

点评估法与要素分析法类似，都考虑到主客观因素和计算方案的得分高低，并以此作为方案取舍的依据。本方法主要分为以下两大步骤实施。

步骤一　评估因素权重。

经由小组讨论,决定各项评估因素。各项评估因素两两比较,若 $A>B$,则 A 的权重值为 1;若 $A=B$,则 A 和 B 的权重值各为 0.5;若 $A<B$,则 A 的权重值为 0。建立评估矩阵,并分别统计其得分,计算权重及排序。

步骤二　进行方案选择,程序如下。
- 制定评估给分标准,例如,非常满意—5 分,佳—4 分,满意—3 分,可—2 分,尚可—1 分,差—0 分。
- 以规划评估小组表决的方式,就各项评估因素,依据方案评估资料给予适当的点数。
- 点数×权重=乘积数。
- 统计各方案乘积和,排出方案优先级。

4. 权值分析法

权值分析法是一种更详细的评估方法,它也是比较许多彼此独立的评估因素以及不同的因素层级,并将主观、客观的因素都列入进行比较。其方案选择过程如下:

(1) 设定评估因素项目;

(2) 将评估因素适当分组及分层,建立第一阶段的评估指针及第二阶段细部的评估因素;

(3) 将各群的指针因素给予适当的百分比权重后,再对各所属的因素分配权重;

(4) 评估各方案在各评估因素的得分点数;

(5) 计算各方案各项因素的权重与点数乘积之总和;

(6) 选择最适方案。

5. 成本比较法

成本比较法是最具实质评估参考价值的方案评估方法,它采用了投入成本比较或经济效益等量化分析。虽然成本分析结果未必是决策的唯一依据,但大多数的决策评估者都会将它列为评估的重要部分。成本比较方法颇多,常有的方法有年成本法、现值法、投资报酬率法等。

由于一般物流配送中心投资金额大而利润较低,且以往被视为非生产性的投资,经常应用年成本法来分析。近年来以专业物流为主的物流配送中心逐渐兴起,并以物流、仓储保管、配送等服务为主要经营收费项目,因此,业者较重视回收年限的长短。实际上可以用回收年限配合投资报酬率法来评估各规划方案。做成本分析比较时,除了应注意基本数据的正确性外,对物流中心处理折旧、税务、成本分摊手续以及特定账目的成本分摊等政策须了解清楚,最好有财务人员配合,否则容易产生错误,甚至误导方案评估结果。另外,由于细部规划设计仍未完成,因此,此阶段的成本效益分析只能作为初步估算及制订预算的参考,在细部设计时才进行详细的效益分析。

6. 以层次分析法(AHP)为基础的方案评估

在各种方案评估方法中,要素评估法因其系统化、数值化的表达方式与覆盖面广的因素考量,对决策者较具说服力,但是其要素权重与评分大多是主观决定的,对方案评估的精确度有一定的影响。因此,若要做系统化的方案分析,并在采购方案评估阶段达到客观合理的决策,可以层次分析法为基础,构建物流配送中心系统评估模式,以提高方案的决策质量。

利用层次分析法进行方案要素权重评估,可以分为以下七大步骤。

步骤一　系统描述。

对于所要评估的系统,其目标与功能宜尽量扩大考虑,同时成立规划评估小组,对系统覆盖的范围加以界定。

步骤二　决定评估要素。

评估小组成员利用"头脑风暴"等方法找出影响系统方案的评估要素,将此初步结果提报决策者以决定需增减的项目,然后再区分数量化与非数量化的因素。对于可数量化的因素,可化成以货币为单位的共同基准,并以现值为基础计算总投资成本。非数量化的因素则需进一步定义各因素的内容、意义与包含范围。

步骤三　建立评估要素层级结构。

决定主要评估要素,并将这些要素进行群组分类,构建成层级结构。基本上,每一层级的要素不超过7个,且各要素均具有独立性。

步骤四　问卷设计与调查。

评估委员会召开会议,说明并讨论各项主要评估要素的内容,以达成共识。基本上可于每一层级的某一要素评估基准下,进行成对比较,因此,需设计问卷让决策者与规划者填写,以决定各要素的相对重要性。AHP采用比率尺度的方式,将评估尺度划分为五个等级,即同等重要、稍重要、颇重要、极重要及绝对重要,并赋予1、3、5、7、9的衡量值,另有四项介于五个基本尺度之间,并赋予2、4、6、8的衡量值。

步骤五　各层级要素间权重的计算。

由于各要素之间的重要程度为两两比较后的相对值,因此,各项要素的权重需通过累加计算求得。

步骤六　层级一致性的检定。

若其一致性指标在接受范围内,则其评比结果可以采用;否则,应要求重新填写要素权重问卷分析表。

步骤七　决定要素权重值。

收集采购委员会成员的问卷分析结果,加总平均后求得要素平均权数。

【经典案例1】

用EIQ分析法分析FH公司线缆仓库布局

FH公司是国内制造通信设备的上市企业,1999年12月25日经改制后成立股份有限公司,公司注册资金4.1亿元,总股本4.1亿股。2001年8月,公司8800万A股股票在上海证券交易所上市。

FH公司是国内唯一集光通信领域三大战略技术于一体的科研与产业实体,拥有亚洲一流的生产基地和先进的生产制造工艺,引进了国际先进水平的各种技术装备和生产线,年生产产品总值达50亿人民币。

发展线缆产业是FH公司的一个重要战略,其规模近年不断扩大,已经跻身于行业的前三甲。但其物料仓库从建厂到现在,非但没有随产能的增加而扩大,反而由于扩产占用了部分原有仓库位置。仓储布局经过几年的变化后显得凌乱、无序,仓库操作效率得不到有效的提高。从 FH 公司仓库平面布置(见图 5-17)和它一周的订单(见表 5-11)情况看,存在如下几方面的问题。

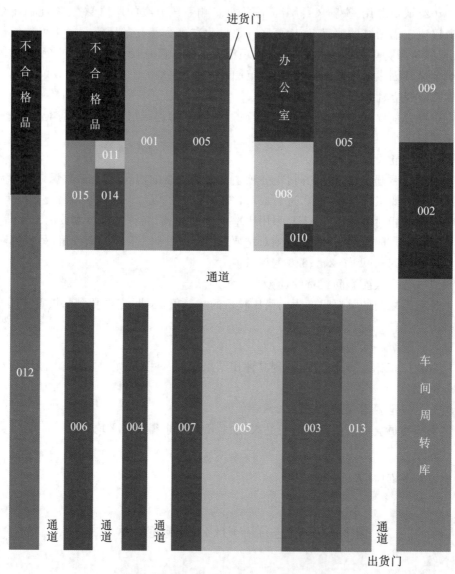

图 5-17　FH 公司仓库布局(1∶500)现状图

(1) 规划不合理,对于出货量大、出货频次高的货物位置摆放不当。仓库布局中没有考虑到货物的出货量和出货频率,以及货物的外包装特点。如 013 材料的出货量不到 005 材料的 0.58%,但货物 013 的货位却比货物 005 更靠近出口,还有产品 011、014、008 的外包装规格一样,都属于小包装物料,但存放的距离相距较远。

表 5-11 一周发货清单

单位：kg

品名\订单	胶带 001	haiso(油膏) 002	PP 003	钢丝 004	PE 005	铝带 006	钢带 007	阻水带 008	缆膏 009	印字带 010	热熔胶 011	PVC 012	纺纱 013	PBT色母 014	扎纱 015	EQ	EN
70122a	2550	1100	400	3400	14900	1487	5015.8	29	2160	15	50	1000	479.4			36186	13
70122p	850				13000	1487	3127.8		720		50					19235	6
70123a	850	1100	200	3024	16300	3253	756.6		2160	25		50	418.4	25	351.2	30313	13
70123p					13500		756.6		1440	20						15742	5
70124a	850		2000	7720	9500	4189	1789.2		2880	25		1100		25		30053	9
70124p			1000	5392	9200	2987	1789.2		1440	30	50	100				21988	9
70125a	850	1100	3000	4080	13000	2564			1440	20						26054	8
70125p	850	1100		2720	11800				1440	15		100				17925	6
70126a	1700	1100	1000	1360	4100	1652			2160	25						13197	9
70126p		1100			3400	1652						1000				7152	4
70127a				4270	18000	4147			2160	20						28597	5
70127p				2040	16000	3608			1440	20		1000				23108	5
70128a	2550		1000	5016	10300	1428	2049.4		2889	40	140				349.8	25762	10
70128p			2000	1890	1800	444	2001		720	25	40	4350	897.8	50	701	9920	9
IQ	11050	6600	16000	40912	154800	28896	17286	29	23049	280	330	4350	897.8	50	701	305230	
IK	8	6	8	11	14	12	8	1	13	12	5	7	2	2	2	111	

(2) 仓库基本采用平面布局，通道多，场地有限空间利用率低。货物 004、006、007 都是标准托盘，货物 011、014、008 则是小件包装箱，平面布局上不易堆高，使得占地面积大，浪费资源。

(3) 一段时间内订单中没有出现过，或不合格的货物没有尽快从仓库中退货、撤走，造成仓位的浪费，占用场地。

【学习并分析】

运用 EIQ 分析法，针对 FH 公司存在的问题和图 5-16 中的内容，分析仓库现在的布局结构，给出仓库布局的优化解决方案。

【经典案例 2】

H 公司仓储管理的改善

H 公司是一家第三方物流公司，在 1991 年进入中国内地物流市场。它进入后的主要业务是给全球最大的快餐连锁公司之一的 W 公司提供第三方物流服务。经过十五年的发展，公司各项业务已进入正常的发展轨道。在华中区，H 公司从 2000 年年底开始接管 W 公司的物流业务。到 2006 年年底，配送的餐厅由刚接手时的 21 家发展到现在的 74 家，覆盖多个省市。

目前，H 公司存在的问题是营运效率停滞不前，库存量随季节的变化波动很大，节假日前最高库存量达到全年平均库存量的 2.5 倍左右，而节假日前很难租到临时库房。以 H 公司低温库为例来分析该公司的货位规划和库存管理中的问题，H 公司目前某一时刻的库存量的情况如表 5-12 所示。

表 5-12 H 公司某一时刻的库存量

货物名称	某一时刻的库存量	一周出货量	货物名称	某一时刻的库存量	一周出货量
0011	85	173	0140	18	1
0021	1174	1505	0160	1114	1122
0031	217	556	0180	327	665
0041	178	542	0200	1888	1491
0101	177	60	0210	16	6
0102	546	283	0215	1017	112
0121	264	1356	0310	460	198
0123	234	40	0315	582	237
0131	928	446	0316	240	149
0134	507	427	0401	303	37
合计	4310	5388	合计	5965	4018

库存量／一周出货量＝(4310＋5965)／(5388＋4018)＝1.092

货位规划是将货物合理纳入仓库设施,以实现物料搬运最优化和提高空间利用率的目标。例如,将高周转率的货物分配在靠近收货区的货位,可以提高入库存放的速度。但是,入库存放只是一次性作业,如果操作者需要对该货物进行多次补货或拣货,那么,把该货物分配在靠近发货台或拣货区的货位,则更加有利。货物货位的规划与调整是保持物流始终处于理想运行状态的有效手段。但是,因为许多仓库管理人员没有完全理解这项工作的重要意义,忽略了经常性的货位规划与调整。

H公司的仓储布局从2000年投入使用到现在一直没有变化,而公司的业务量却翻了几番。另一方面,由于新产品简单地替代滞销产品的货位,仓储布局显得更加凌乱、无序,仓库操作效率得不到有效的提高。从H公司的低温产品的仓储平面布置和它一周的订单情况来看,存在如下几个方面的问题。

(1) 功能规划不合理。整个仓储的功能区域划分到目前为止已不太合理,进货储存区域的空间太窄,而拣货区的空间分布太广,在拣货区单品种存放的货物太多。实际上拣货区实现了储存区和拣货区的双重功能,但是,这种货位规划方式降低了储存弹性。

(2) 拣货区的分布不合理,分布面过宽,造成拣货的路线较长。例如,拣货员完成一张订单的拣货几乎需要走遍仓库的每一个角落。

(3) 拣货区的布局没有考虑到货物的出货量和出货频率,以及货物的外包装、耐压性等特点。如货物0011的出货量不到货物0021的12.5%,但货物0011的货位却比货物0021更靠近出口,且所占用的库房储存面积大小一样,还有货物0134、0121、0131的外包装规格一样,但在存放时相距较远。

【学习并分析】

1. 根据H公司现在仓储管理方面存在的问题,结合本章所介绍的物流系统规划的理论和方法,提出改进的步骤和思路。
2. 根据H公司实际情况,谈谈物流配送中心规划的一些常见问题。

【本章关键术语】

EIQ 分析　　EIQ analysis　　　　实体功能模组　entity function module
ABC 分析　　ABC analysis　　　　资讯功能模组　information function module
EIQ-PCB 分析　EIQ-PCB analysis

【本章思考与练习题】

1. 如何对物流配送中心进行有效的 EIQ 分析？
2. 物流配送中心功能模组流程中有什么主要的特点？
3. 物流配送中心规划的流程有哪些？
4. 物流配送中心规划的定量方法有哪些？其主要的步骤有哪些？

第六章 物流配送中心设施规划

本章重点理论与问题

> 本章首先介绍了物流配送中心的功能模块及业务流程,从定性和定量两个方面,阐述了物流配送中心内部设施规划的设计与区域布置的理论和方法,着重介绍了关联线图法、图形建构法以及动线布置法等方法,然后从设施规划的角度介绍了物流配送中心的空间布置的理论和方法。

第一节 物流配送中心设施规划概述

设施规划是在物流配送中心经营策略的指导下,根据物流配送中心服务系统的功能转换活动,将物流设施所涉及的对象即配送中心本身、人员配备、机械设备和物料管理作业等,利用信息系统做出最有效的优化组合与资源配置,并与其他相关设施相协调,以期达到安全、经济、高效的目标,满足物流配送中心经营的要求。

设施规划都要遵循一定的规划程序。对于物流配送中心规划来说,其设施规划程序如图 6-1 所示。

一、关联性分析

物流配送中心的不同区域之间,在作业程序、组织结构、业务管理、环境影响等方面存在一定的依存关系,对这些关系进行关联性分析,对设施规划的区域布置、物料搬运系统设计是至关重要的。关联性分析主要包括定性关联图和定量从至图等方法。

(一)定性关联图

定性关联图方法主要是对设施内部的各种活动之间的相互关系进行定性分析,确定两两活动区域间的关联程度,以此为设施规划的空间布置提供设计上的基本依据。假设配送中心有 11 个活动区域,其一般性的关联图如图 6-2 所示。

关联图左边的各个活动区域由实体模块组中的功能模块活动区域,以及支持实体作业的需求区域如办公事务区、电脑作业区、劳务性质活动区、厂区相关活动区等共同组成。图 6-2 表明某些实体功能模块在活动区上可以进行空间上的整合,以提高设施的利用率,如退货作业与进货作业区合并,运输配送作业区与出货作业区合并。在定性关联图中,任何两个区域之间都有将两个区域联系在一起的一对三角形,其中上三角记录两个区域关联程度等级的评估值,下三角记录关联程度等级的理由编号。关联程度等级如表 6-1 所示,关联程度等级理由如表 6-2 所示。

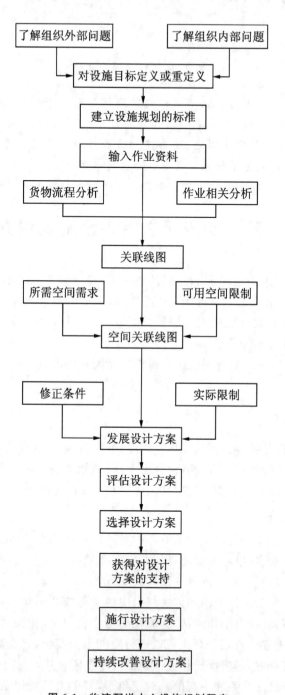

图 6-1 物流配送中心设施规划程序

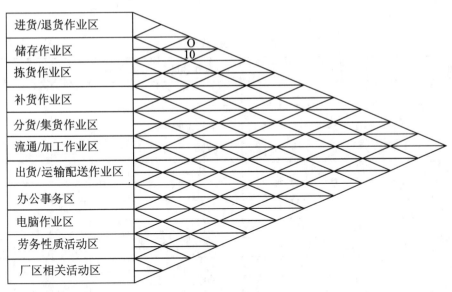

图 6-2 定性关联图

表 6-1 关联程度等级设计表

相关程度等级	相关程度说明	相关程度等级	相关程度说明
A	绝对重要	O	一般重要
E	特别重要	U	不重要
I	重要	X	禁止接近

在图 6-2 中,由于进货/退货作业区与拣货作业区的关联程度等级为普通重要,其理由是为了提升工作效率,则在与两区域相联系的上三角中标记"O",下三角中标记"10"。

表 6-2 关联程度等级理由表

编号	两区域需要接近的理由	编号	两区域需要接近的理由
1	人员接触程度	7	进行相似活动
2	共用相同的人员	8	物料搬运次数的考虑
3	文件往返程度或配合事务流程顺序	9	作业安全的考虑
4	使用共同的记录	10	提升工作效率的考虑
5	共用设备	11	改善工作环境的考虑
6	共用相同的空间区域		

(二)定量从至图

定量从至图以资料分析所得出的定量单据为基础,目的是分析各作业区域之间的物料流动规模的大小,使设计者在进行区域布置时,避免搬运流量大的作业要经过太长的搬运距离,以减少人力、物力的浪费,并为设计各区域的空间规模提供依据。定量从至图的表格如

表 6-3 所示。

表 6-3 定量从至图

物流作业区域		搬运到达区											
		1	2	3	4	5	6	7	8	9	10	11	合计
搬运起始区	1												
	2												
	3												
	4												
	5												
	6												
	7												
	8												
	9												
	10												
	11												
	合计												
	主要搬运单位					其他搬运单位							

定量从至图的制订过程如下：

（1）依据主要作业流程，将所有作业区域分别以搬运起始区与搬运到达区按同一顺序列表（为方便起见可使用作业编号）；

（2）为了正确地表现各流量之间的关系，需要统一各区域的搬运单位，以方便计算流量的总和；

（3）根据作业流程将物料搬运流量测量值逐项填入从至图内；

（4）以从至区域间的搬运流量作为后续区域布置的参考，流量大的两个作业流程将具有较高优先顺序，并被放置于相邻近的位置。

定性关联图和定量从至图主要适用于设施中的作业或活动区域划分较多，作业或活动时间时常缺乏明确的从属关系等情况。

二、物流配送中心内货物流动路线分析

在物流配送中心设计中，首先要求具有在装卸、搬运、保管、流通加工等方面与货物的流动相适宜的作业性和功能性。其次是要易于管理，经济效益好，必须满足对于作业量的变化及货物形状变更的弹性条件。

（一）货物种类与数量的分析

在物流配送中心规划各作业区及货物流动路线时，要将有什么种类的货物，有多大的作业量作为首要分析对象，而且是前提条件。

若不是以此作为目标,就会使设计失败。分析这些数据时,仅有平均数值还不够,必须预测繁忙期等变动因素。为此,一般用下列顺序进行分析:

(1) 将所处理货物种类按出、入库批次顺序进行整理,并根据运营时的作业进行分类;

(2) 设定所分类的每种货物的作业量;

(3) 对于货物种类和作业,用横坐标 P 表示种类,纵坐标 Q 表示数量,按处理量的大小顺序排列成为曲线,并绘制成图。

图 6-3 就是按这种方法做成的 P-Q 曲线图。P-Q 曲线急剧下降的 a 区货物显然是少品种、多批量的货物;b 区、c 区次之;P-Q 曲线倾斜缓慢的 d 区是量少、品种多的货物。

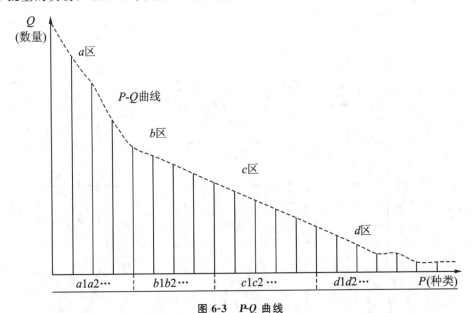

图 6-3　P-Q 曲线

另外,在进行货物种类及数量调查和分析的基础上,需要决定它运营多长时间才能够充分发挥其功能,因此,预测工作也是很重要的。为此,必须充分研讨如下项目:

(1) 配送中心计划运营年数(寿命);

(2) 各类货物每年增长率;

(3) 各类货物每月销售预测;

(4) 各类货物库存天数;

(5) 流通加工、发货等作业高峰系数;

(6) 预测处理货物种类的增加;

(7) 预测顾客数量的增加。

特别是高峰系数的判断,它涉及流通过剩或设备过剩,因此是个重要问题。如果一年中只有几天的高峰期,为了不造成设备过多而闲置,可以采取加班、备用车辆、招聘临时工等措施来完成。

(二) 货物流动路线的分析

一般新建的配送中心,按以下的流程进行业务活动:接收货物→检验货物→进货分类→

暂时保管→按订单分拣→配货→捆包→分类→发货场暂存→发货。

在配送中心，对接收大量的、多品种的货物，首先检查核对各种货物的数量和质量，然后对照发货单等进行相应的各种作业和保管。对于保管而言，要求根据大多数需求者的订货来维持最小限量。

另一种方式是收到发货订单之后，立即进行分拣，按照每个需求者所订商品进行配货、捆包，按不同的配送方向进行分类、发货配送。另外，伴随着这些业务活动还有流通加工、信息处理等业务活动。

在配送中心内部，货物的几种流动路线类型如图6-4所示。这是在配送中心内经由作业场地的货物流动最基本的形式。

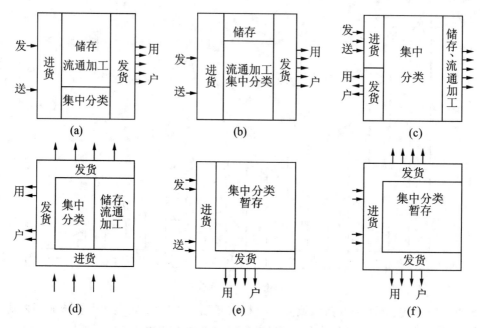

图6-4 配送中心内货物流的路线类型

三、平面区域布置方法

经过关联性分析和内部货物流的路线分析后，再根据不同作业区之间的定性测量值即接近程度或定量测量值（即货物流动密度）来配置各作业区的相对位置时，可以将整个布置的过程简化为算法程序。以下介绍三种方法：关联线图法、图形建构法、动线布置法。

（一）关联线图法

在绘制关联线图之前，首先汇总各个作业区的基本资料，如作业流程与面积需求等，然后制作各个作业区的作业关联图，如图6-5所示。

根据作业关联图6-5所示的基本资料，按照作业区间的各级接近程度将其转化为关联线图底稿表（见表6-4），表中数字表示与特定作业区有某级关联的作业区号。

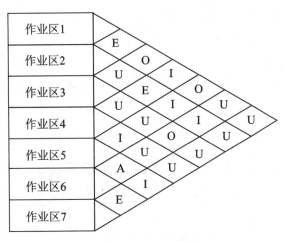

图 6-5 作业关联图

表 6-4 关联线图底稿表

关联	作业区 1	作业区 2	作业区 3	作业区 4	作业区 5	作业区 6	作业区 7
A					6	5	
E	2	1、4		2		7	6
I	4	5、6		1、5	2、4、7	2	5
O	3、5		1、6		1	3	
U	6、7	3、7	2、4、5、7	3、6、7	3	1、4	1、2、3、4
X							

关联线图法的基本步骤如下。

步骤一 选定第一个进入布置的作业区。从具有最多的"A"关联的作业区开始。若有多个作业区同时符合条件,则以下列顺序加以选定:最多"E"的关联,最多"I"的关联,最少"X"的关联;如果最后还是无法选定,就在这些条件完全相同的作业区中,任意选定一个作业区作为第一个进入布置的作业区。本例选定的为作业区6。

步骤二 选定第二个进入布置的作业区。第二个被选定的作业区是与第一个进入布置的作业区相关联的未被选定的作业区中具有最多"A"关联的作业区。如果有多个作业区具有相同条件,则与步骤一一样,按照最多"E"的关联,最多"I"的关联,最少"X"的关联进行选择。如果最后还是无法选定,就在与第一个进入布置的作业区相关联的这些条件完全相同的作业区中,任意选定一个作业区作为第二个进入布置的作业区。本例选定的第二个进入布置的为作业区5。

步骤三 选定第三个进入布置的作业区。第三个被选定的作业区,应与已被选定的前两个作业区同时具有最高的接近程度。与前两个作业区关系组合的优先顺序依次为 AA、AE、AI、A*、EA、EE、EI、E*、II、I*,其中符号*代表"O"或"U"的关联。如果遇到多个作业区具有相同的优先顺序,仍采用步骤一的顺序法则来处理。本例选定的第三个进入布置的为作业区7。

步骤四 选定第四个进入布置的作业区。第四个作业区选定的过程与步骤三相同,被选定的作业区应与前三个作业区具有最高的接近组合关系。组合的优先顺序为：AAA、AAE、AAI、AA＊、AEA、AEE、AEI、AE＊、AII、AI＊、A＊＊、EEE、EEI、EE＊、EII、EI＊、E＊＊、III、II＊、I＊＊。本例选定的第四个进入布置的为作业区2。

步骤五 以此类推,选择其余的 $n-4$ 个作业区,其过程如图6-6所示。

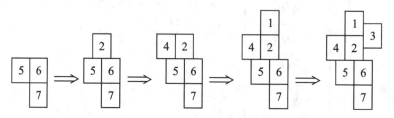

图6-6 关联线图法的基本步骤

在绘制关联线图时,可使用图6-6所示的方块样板来表示每个作业区。在相对位置确定以后,即可依照各作业区的实际规模,完成最终的实际布置。但由于样板的放置过程中有很多主观因素,因此,最后可能会产生数个布置方案。此外,如果各作业区面积不同时,也会产生多个最终布置方案。

(二)图形建构法

图形建构法与关联线图法相似,所不同的是,此方法以不同作业区间的权数总和(定量测量)作为挑选作业区的法则,而关联线图法则是以作业区间接近程度(定性测量)作为挑选作业区的法则。这里介绍一种启发式的图形建构法,主要是根据节点插入的算法来建构邻接图,并且保持共平面的性质。图形建构法首先要设定各作业区间的关联权重,图6-7所示的是某案例的作业关联图和关联线图。

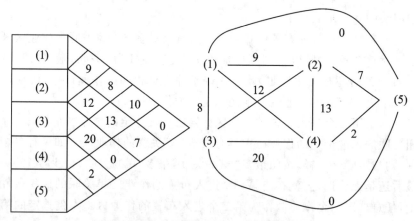

图6-7 作业关联图和关联线图

在此基础上,图形建构法的基本步骤如下所述。

步骤一 从图6-7所示的作业关联图中,选择具有最大关联权重的成对作业区。因此,在本例中作业区(3)和作业区(4)首先被选中而进入关联线图中。

步骤二 选定第三个作业区进入图中,其根据是这个作业区与已选入的作业区(3)和作业区(4)所具有的权重总和为最大。在表6-5中,作业区(2)的权数总和为25,所以入选。如

图 6-8 所示,线段(2—3)、(3—4)和(4—2)构成一个封闭的三角形图面,这个图面可以用符号(2—3—4)来表示。

表 6-5　作业区选择步骤二关联权重总和表

作 业 区	3	4	合　计
1	8	10	18
2	12	13	25(最佳)
5	0	2	2

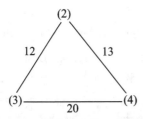

图 6-8　图形建构法第二步骤示意图

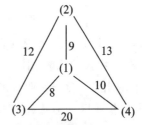

图 6-9　图形建构法第三步骤示意图

步骤三　对尚未选定的作业区,建立第三步骤的关联权重总和表(见表 6-6),由于加入作业区(1)和作业区(5)的关联权重值分别为 27 和 9,因此作业区(1)被选定,以节点的形态加入图面,并置于区域(2—3—4)的内部,如图 6-9 所示。

表 6-6　作业区选择步骤三关联权重总和表

作 业 区	2	3	4	合　计
1	9	8	10	27(最佳)
5	7	0	2	9

步骤四　剩余的工作是决定作业区(5)应该加入哪一个图面上。在这个步骤中,先建立作业区选择关联权重总和表(见表 6-7)。显然,作业区(5)可以加入图面(1—2—3)、(1—2—4)、(1—3—4)或(2—3—4)之内。作业区(5)加入图面(1—2—4)或加入图面(2—3—4)都得到相同的权重值 9,所以任意选择其一即可,本例将作业区(5)加入图面(1—2—4)的内部。最后所得到的邻接图如图 6-10 所示,此图为图形建构法的最佳解,线段上的权数总和为 81。

表 6-7　作业区选择步骤四关联权重总和表

作业区	1	2	3	4
5	0	7	0	2

图面	合　计
1—2—3	7
1—2—4	9(最佳)
1—3—4	2
2—3—4	9(最佳)

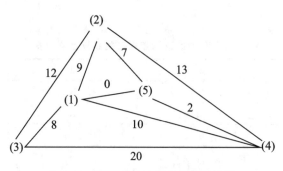

图 6-10　图形建构法第四步骤示意图

步骤五　建构完成一个邻接图之后,最后一步是依据邻接图来重建区块布置,如图 6-11 所示。在建构区块布置图时,各作业区的原始形状必须作出改变,以配合邻接图的要求。但在实际应用上,由于作业区形状需要配合内部个别设备的几何外形,以及内部布置结构的限制,所以作业区的形状还需根据具体情况来决定。在决定各作业空间的面积时,需要考虑仓库本身的大小、设备的大小和设备的摆放位置等因素。

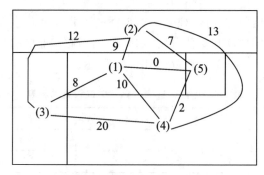

图 6-11　最终邻近区布置示意图

（三）动线布置法

前述两种区域布置方法是在完成各作业区面积需求的计算及基本规划后,对货物流程与活动关联性的关系进行整合,以决定不同作业区域的可行位置。动线布置法则是先决定作业系统的主要动线行进方向,再依据流程性质或关联性关系进行区域配置。为此,应先将各作业区依估计面积大小与长宽比例制作成模板形式,然后在布置规则区域时根据各作业区域性质决定其配置程序,其方式包括两种。一种是流程式,即配送中心的各作业区多半具有流程性的关系,在以模板进行配置时应考虑区域间物流动线的形式。作业区域间物流动线的基本形式有四种:I形(直线形)、L形、U形、S形(锯齿形)。其余形式均为这四种基本形式的组合。规划设计时一般采用混合式的动线规划,而非单一的固定模式。另一种是关联式,即以整个物流中心作业配置为主,根据活动关联分析得出各作业区域间的活动流量,两区域间的流量以线条表示。为避免流量大的区域间活动经过的距离太长,应将两区域尽量接近。

以下区域布置安排以流程式为主,其基本步骤如下。

步骤一　决定配送中心对外的道路连接形式,以决定出入口位置及内部配置形式。

步骤二　决定配送中心内部空间范围、大小及长宽比例。

步骤三　决定配送中心内从进货到出货的动线形式。

步骤四　根据作业流程顺序配置各作业区位置,首先安排面积较大,且长宽比例不易变动的区域,如储存或分类收货等作业区;之后再插入面积较小且长宽比例较易调整的区域,如理货区或暂存区等。

步骤五　决定行政办公区的位置。

步骤六　进行各作业流程与活动关联的布置组合,并考虑各种可能的布置组合。若有违反关联性原则者(即大流量的区域间的活动经过太长的距离),则回到步骤三进行调整,直到动线形态、活动区域配置与区域间关联性取得一致为止。

根据上述步骤,可以逐步完成各区域的概略布置,然后再以区域模板置入相对位置,并作适当调整,形成关联布置图,最后经过调整部分作业区域的面积或长宽比例后,即得到作业区域配置图。本节案例一为直线形布置,案例二为S形布置。

案例一　直线形布置作业区域

步骤一　决定各区域的模板面积大小与长宽比例。

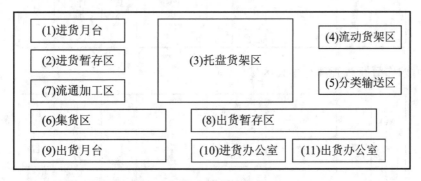

步骤二　决定进出月台位置及厂内物流动线。

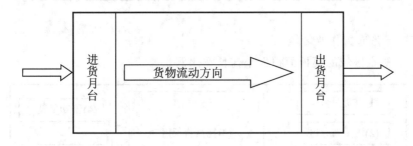

步骤三 布置面积较大且长宽比例不易变更的区域。

| 进货月台 | | 托盘货架区 | | 分类输送区 | | 出货月台 |

步骤四 布置面积较大且长宽比例可变更调节的作业区域。

| 进货月台 | 托盘货架区 | 流动货架区 | 分类输送区 | 集货区 | 出货月台 |

步骤五 布置面积较小且长宽比例可变更的区域。

| 进货月台 | 进货暂存区 | 托盘货架区 | 流动货架区 / 流通加工区 | 分类输送区 | 集货区 | 出货暂存区 | 出货月台 |

步骤六 布置行政管理与办公区域。

| 进货月台 / 进货办公室 | 进货暂存区 | 托盘货架区 | 流动货架区 / 流通加工区 | 分类输送区 | 集货区 | 出货暂存区 | 出货月台 / 出货办公室 |

案例二 S形布置作业区域

步骤一 决定区域的模板面积大小与长宽比例。

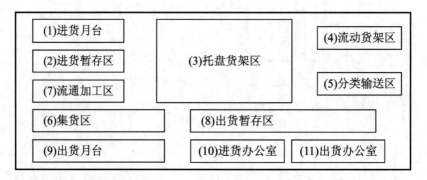

步骤二　决定进出月台位置及厂内物流动线。

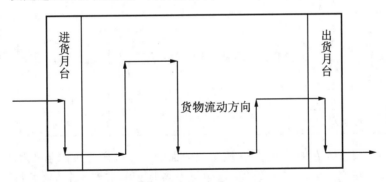

步骤三　布置面积较大且长宽比例不易变更的区域。

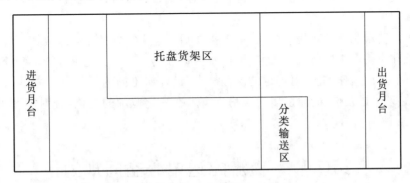

步骤四　布置面积较大且长宽比例可变更调整的作业区域。

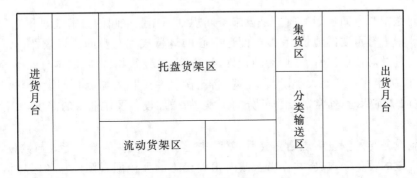

步骤五　布置面积较小且长宽比例可变更调整的区域。

步骤六　布置行政管理与办公区域。

进货月台	出货暂存区	托盘货架区		集货区	出货暂存区	出货月台
				分类输送区		
进货办公室		流动货架区	流通加工区		出货办公室	

使用以上区域布置方法时，当各区域布置的面积无法完全置入作业平面时，则必须修改部分区域面积或长宽比例。若修改的幅度超过设备规划的底线，则必须进行设备规划的变更后，再重新进入作业空间规划程序及进行面积布置。各区域布置经调整后即可确定，并绘制区域布置图。

由于用户需求和竞争环境的变化，许多作业活动经常需要扩充或缩减其容量，从而导致其空间需求和设备需求有所改变，此时区域布置即成为一个动态过程。为了让每一个作业区能够更有效率地运作，应针对特定的流程需求，设计出不同的替代配置方案，特别是在初步设计时，必须考虑足够的弹性，以适应物流需求在一定范围的变化，否则有可能产生作业瓶颈。

第二节　物流配送中心空间规划

物流配送中心空间规划实质上是设施空间规划。作业空间的需求规划在整个配送中心的规划设计中占有重要的地位，它涉及配送中心的运营成本与空间投资效益。配送中心空间需求规划是针对作业流量、作业活动特性、设备型号、建筑物特性、成本与效率等因素进行综合衡量，以决定作业空间大小以及长、宽、高比例。由于相关物流仓储设备具有整数单位的特性，在估算面积时，通常需要作部分的调整，如增加设备及作业量的需求，或者修改部分设备的规格。

在物流设备与外围设施规划完成后，就已决定了各项设备的基本形式与数量，由此可完成各作业区域的设备需求表，并提出区域内相关设施的大概配置图。在各区域活动关系分析之后，则可进一步估计各个区域所需要的面积。根据作业区域的不同性质，其空间计算的标准也不同，因而在放宽比例系数的调整上应赋予不同等级的参数值，以求得较合理的作业面积分配。

一、配送中心设施空间规划的基本要素

配送中心设施空间规划是指在建筑物的基础上对作业设施进行规划，它主要受以下要素的影响。

（一）建筑物形式

建筑物形式及其相互比较如表 6-8 所示。

表 6-8 建筑物形式及其相互比较

建筑形式	优 点	缺 点
钢筋混凝土结构	建筑成本较低	施工工期较长 柱子较多，空间使用率低 不利于自然采光和设施安装 当仓库需要调整时，扩展性较差
轻钢结构	立柱较少，空间利用率高 作业动线流畅 容易做夹层结构	需要定期维修

（二）仓库楼层净高

楼层净高是指在储存区域从地面向上至障碍物的距离。障碍物主要有建筑照明灯具、喷淋系统、空调与排风管等设施。楼层净高限制了存储货架的高度以及堆高机的举升高度。仓库楼层净高如表 6-9 所示。

表 6-9 仓库楼层净高

仓库类型		楼层净高
单层仓库		8～10 m
多层仓库	一层	5.5～6 m
	二层	5～6 m
	三层	5～5.5 m
	四层	4.5～5 m

通常单层的物流配送中心楼层净高标准为 10 m。但在不同的地区，当地政府发布的消防、环保和安全法规有不同的规定，这会直接影响楼层净高。

（三）地面负荷能力

地面负荷能力是指仓库地面的平整度和承载能力的指标。对地面负荷能力的要求，目的是保证设备安全使用和作业的正常运行。地面负荷能力由保管货物的种类、比重、货物堆垛高度和使用的装卸机械所决定。

通常仓库地面负荷强度要求如表 6-10 所示。

表 6-10 地面负荷强度

楼层	地面负荷	地面负荷强度/(t/m²)
一层		2.5～3
二层		2～2.5
三层		1.5～2

地面负荷强度由货架、货物重量和堆高机轮压来决定。

$$堆高机轮压＝安全系数×(堆高机自重＋货物重量)/4$$

其中,安全系数是考虑到堆高机作业时对地面的冲击力而预留的 1.3～1.5 倍负荷能力。

地面的平整度通常由堆高机作业对货物的稳定性要求和速度限制,以及货架高度等因素决定。通常仓库地面的平整度为 1％。

（四）柱跨度

柱跨度是指从一根柱子的中心线到另一根柱子的中心线之间的距离。优化柱跨度有利于提高物流中心的储存效率和运作效率。决定柱跨度必须考虑储存设备和托盘的尺寸。

1. 进出货码头相邻的柱跨度

（1）每个码头的标准间隔是 4 m,面向码头的柱跨度应该是 4 m 的倍数。

（2）与码头垂直正交第一个柱位的理想柱跨度是 18 m,作为理货区。

（3）其余与码头垂直正交的柱位跨度不小于 12 m。

（4）柱子的尺寸应该在 30～40 cm,柱子的尺寸以小尺寸为好。

（5）通道里应无柱子,以免柱子成为障碍物。

2. 不规则的柱跨度

不规则的柱跨度易形成风险区,并且增加搬运设备的损耗,使得面积利用率不高,降低作业效率。

（五）通道

通道虽不直接属于任一作业区域,但是通道的安排与宽度的设计将影响物流效率的高低。一般库房规划必先划定通道的位置,而后分配各作业区域。通道的设计应能提供货物的正确存取、装卸设备的进出及必备的服务时间。影响通道位置及宽度的因素包括:通道形式;搬运设备的形式、尺寸、产能、回转半径;储存货物的尺寸及其与进出口及装卸区的距离;储存货物的批量;防火墙的位置;行列空间;服务区及设备的位置;地面负荷;电梯及斜道位置等。

配送中心的通道可分为库存通道和库房内通道。库存通道将影响车辆人员的进出、车辆回转、上下货等动线;而库房内通道一般包含工作通道、人行通道、电梯通道、其他通道等。

1. 通道的设计原则

通道的设置及宽度设计是配送中心空间分配最重要的因素,设计时应该遵循以下设计原则(见表 6-11)。

表 6-11 通道设计原则

基 本 原 则	说　明
流量经济	形成最佳的作业动线
空间经济	最小的空间占用率
设计顺序	先确定出入货位置以设计主通道,再设计储存通道和作业区之间的通道,后设计服务设施、参观通道

续表

基本原则	说　　明
大规模厂房的空间经济	在面积较大的配送中心可以取得较大的规模效应
直线原则	所有通道应遵照直线原则
方向	主通道与码头的方向平行；储存通道垂直或平行于主通道
紧急逃生原则	要求通道随时能保证在紧急情况下，工作人员能迅速逃生
电梯通道	电梯通道是通道的特例，其目的在于将主要通道的货物运至其他楼层，但又要避免阻碍主要通道的交通

不同的作业区域布置形式有不同的通道空间比例，分别如表 6-12、表6-13所示。

表 6-12　长方形仓库通道形式说明

长方形仓库通道形式	说　　明
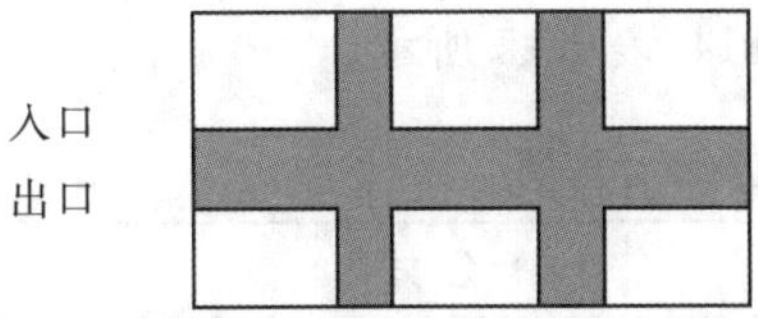 入口 出口（中枢通道图）	通道的面积占用率为40%，最好的通道形式是中枢通道，指主要通道经厂房中央，且尽可能直穿，使物流的开始及结束在出入口，且连接主要交叉通道
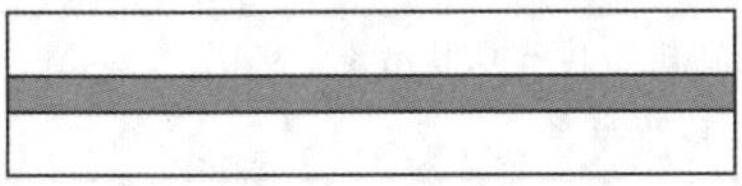 （单横通道图）	通道的面积占用率为20%，通常用于堆垛储存方式
 （双横通道图）	通道的面积占用率为40%，通常用来划分作业区

表 6-13　正方形仓库通道形式说明

正方形仓库通道形式	说　　明
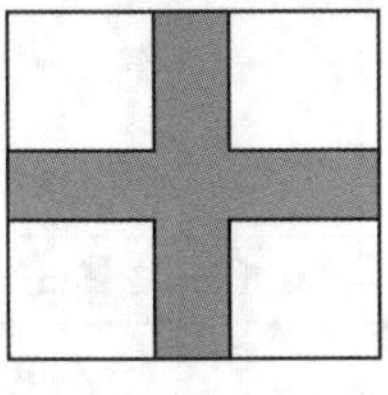 （十字通道图）	通道的面积占用率为19%，是正方形仓库常用的通道设置形式，主要用于托盘地面存放的形式
 （X形通道图）	通道的面积占用率为28%

续表

正方形仓库通道形式	说　　明
	通道的面积占用率为36%
	通道的面积占用率为51%，占用面积较大，直接影响仓库空间利用率

2. 通道宽度的计算公式和参考值

通道宽度的计算公式和参考值分别如表6-14、表6-15所示。

表6-14　通道宽度计算表

通道类型	计 算 公 式
主通道	主通道＝2辆堆高机宽度＋0.9 m
储存通道	储存通道宽度≥2辆堆高机宽度＋0.9 m 储存通道宽度＝堆高机转弯半径
人行通道	人行道宽度为　$W=d\times w\times n/v$ 其中，v为人员通过速度，n为单位时间通过人数，d为两人并排行走所需最短距离，w约为人身宽，$d\times w$为每一人员在通道上行走瞬间需要的空间

表6-15　主要通道宽度参考值

通道类型和使用设备	宽　　度	转 弯 半 径
中枢主通道	3.5～6 m	
辅助通道	3 m	
人行通道	0.75～1 m	
小型台车	0.7～1.2 m	
手动叉举车	1.5～2.5 m	1.5～2.5 m（视载重而定）
重型平衡式堆高机	3.5～4 m	3.5～4 m
前置式堆高机	2.5～3 m	2.5～3 m
窄巷道式堆高机	2～2.5 m（1100 mm×1100 mm 托盘）	1.7～2 m
人	0.5 m	
手推车	1 m	

二、储存区空间规划

(一) 储存方式

地面储存方式分为单层托盘储存和累叠托盘储存两种方式,具体内容如表 6-16 所示。

表 6-16 地面储存系统比较

储存方式	计算公式	说 明	实 际 操 作
单层托盘储存	$D=$ 托盘尺寸 × 平均存货箱数/平均每个托盘堆栈货物箱数 $=\left[\dfrac{Q}{N}\right](P\times P)$	存货空间需求为 D;托盘尺寸为 $P\times P$ m²;由货物尺寸及托盘尺寸算出每个托盘平均可叠放 N 箱货物;公司平均存货量约为 Q;仓库内可堆栈 L 层托盘;"[ ]"表示向上取整	通常储存量大的货物
累叠托盘储存	$D=$ 托盘尺寸 × 平均存货箱数/平均每个托盘堆栈货物箱数/托盘堆叠层数 $=\left[\left[\dfrac{Q}{N}\right]/L\right](P\times P)$		实际仓储需求空间须考虑堆高机存取作业所需空间,但由于存取高度比地面堆放的高,若以一般中枢通道配合单位通道规划,通道占总面积的 35%~40%

(二) 计算储存的面积需求

预测地面储存系统的面积需求,具体计算公式如表 6-17 所示。

表 6-17 地面储存系统面积与利用率计算表

计算公式	深度 = 0.5 × 通道宽度 + 托盘长度 × 托盘行数
	宽度 = 托盘宽度 + 托盘间距
	每个托盘的面积 = (深度 × 宽度)/总托盘数
存储利用率	1 个托盘深的储存面积 = (3.2×1.1)/1 = 3.52 平方米/托盘
	2 个托盘深的储存面积 = (4.4×1.1)/2 = 2.42 平方米/托盘
	3 个托盘深的储存面积 = (5.6×1.1)/3 = 2.05 平方米/托盘

(三) 多层高托盘地面储存系统面积需求

多层高托盘地面储存系统面积需求如表 6-18 所示。

表 6-18 多层高托盘储存面积表

	1 层高 /(平方米/托盘)	2 层高 /(平方米/托盘)	3 层高 /(平方米/托盘)	4 层高 /(平方米/托盘)
1 个托盘深	3.52	1.76	1.17	0.88

续表

	1层高 /(平方米/托盘)	2层高 /(平方米/托盘)	3层高 /(平方米/托盘)	4层高 /(平方米/托盘)
2个托盘深	2.42	1.21	0.81	0.61
3个托盘深	2.05	1.03	0.68	0.51
4个托盘深	1.87	0.94	0.62	0.47

（四）使用托盘货架储放

若使用托盘货架来储存货物，在计算存货空间时，除了考虑货物尺寸、数量、托盘尺寸、货架形式及货架层数因素外，存取托盘货架所需的通道空间也需一并计算，因为该通道为非部门间通道，属于仓储区的作业通道。因此，存货所需的基本托盘空间为

$P=$ 平均存货量 $\times$（每一储位空间尺寸/平均每个托盘堆栈货物箱数）$\times$ 立体货架层数

（五）货架储存区域的货架排列

规划钢筋混凝土结构的配送中心时，由于有较多的柱子，因此，要通过货架的排列方向和通道宽度来设置和规划，尽量提高空间利用率。

（1）当货架沿柱子列数较少和较短的方向排列时，储存面积的损失率为2%～3%。

（2）当货架沿柱子列数较多和较长的方向排列时，储存面积的损失率为5%～9%。

（3）当仓库的柱子只有一列时，储存面积的损失率为1%～2%。

三、进出货区的作业空间规划

（一）进出货码头配置形式的规划

有关出入口码头的设计可根据公司作业性质及库房形式来考虑，以仓库内物流的动线来决定进出货码头的安排方式。为了使物料能顺畅地进出仓库，进货码头与出货码头的相对位置安排非常重要，很容易影响到进出货的效率和质量。为了使搬运作业达到安全高效的目的，要遵循以下设计原则。

（1）码头设施的位置能使车辆快速安全地进出配送中心，不产生交叉会车。

（2）码头的尺寸需尽可能兼顾主要车辆规格。

（3）选用码头设备能使作业员安全地装卸货物。

（4）规划码头内部暂存区，能使货物有效地在码头与储存区之间移动。

（二）码头规划与设计要素

码头规划与设计要素的具体内容如图6-12所示。

（三）码头分类

1. 按出入口的配置分类

码头按出入口的配置分类如表6-19所示。

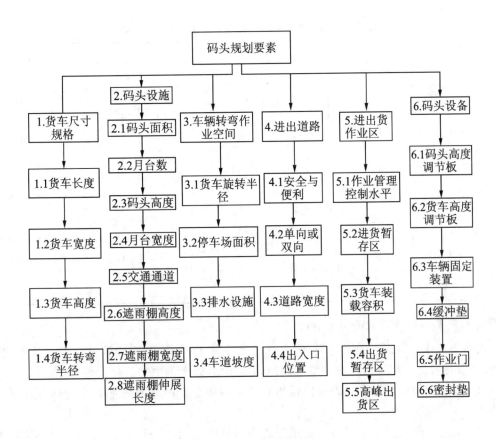

图 6-12 码头规划要素

表 6-19 按出入口配置分类的码头分类

	出入口的不同配置方法
集中型	进出货共用码头；大多数是在传统仓库中使用 优点：提高空间和设备利用率 缺点：作业管理困难，易造成货物的混乱 适用：进出货频率较低或进出货时间错开的仓库
中间型	进出货码头位置相邻的较大仓库(或物流中心)，必须以最大型的货车来规划 优点：进出货作业分离，避免作业混乱，可以提高部分工具设备的利用率 缺点：仓库空间较大，进出货作业容易出现混乱的状况
分散型	进出货码头各自独立，分散型码头因库存管理的要求，将好几个码头分散于厂房的四周，每一个码头配合特定的产品线或作业区域 优点：进出货作业动线顺畅 缺点：设备利用率低

2. 按码头与仓库的位置关系分类

码头按码头与仓库的位置关系分类如表 6-20 所示。

表 6-20 按码头与仓库的位置关系分类的码头分类

开放式码头	齐平式码头	内围式码头
(仓库，码头突出于仓库外)	(仓库，码头与仓库外缘齐平)	(仓库，码头位于仓库内部)
月台全部突出于厂房,在月台上的货物完全不受遮掩保护,且库内冷暖气容易外泄	月台与仓库外缘刚好齐平,此法虽然没有内围式安全,但至少月台仍在仓库内受到保护,能源浪费的情况较少,是目前采用最广泛的形式	将码头围在厂房内,进出货车可直接开进厂房装卸货,这种设计最为安全,不怕风吹雨打,也不用担心冷暖气外泄

3. 按码头与作业方式的关系分类

按码头与作业方式的关系分类,码头有:直线式和锯齿式(以月台形式划分);地面式和平台式(以月台高度划分);尾端卸货型和侧部卸货型(以车辆的卸货位置划分)。

（1）直线式码头。直线式码头比锯齿式码头占用更少的仓库内部面积,但外部面积占用较大。

（2）锯齿式码头。锯齿式码头适用于货车回转空间较小的情形,且货车可由尾端或侧端装卸货。锯齿式码头的优点是车辆回旋纵深较浅,缺点是占用仓库内部空间较大。

（3）尾端卸货型码头。尾端卸货型码头主要适合易于控制的环境、较窄小的码头、标准集装箱和拖车、平台码头和托盘装载作业。

现在大部分码头都有尾端卸货型。最大好处是码头外侧齐平,可完全包围码头内部区域,并可提供较佳的密闭作业空间,受天气的影响较小。

（4）侧部卸货型码头。侧部卸货型码头不需要举升式码头和驶入装卸设备就可以实现托盘装载,装卸货物的宽度可以比车辆门宽,并可同时从车辆两边卸货。

（5）地面式码头和平台式码头的比较如表 6-21 所示。

表 6-21 地面式码头和平台式码头比较

地面式码头	平台式码头
典型的侧门装卸作业 要求较大的遮棚 适应小型车辆的装卸 无需卸货码头的投资成本,作业布局非常灵活	允许水平装卸,较为省力 允许仓库与车辆之间在密闭状态下作业 要求地面式平台或深挖式平台

一般货车停靠码头的车道坡度是 3°,以实用性而言,6°是最大极限。如果坡度太大,会在潮湿或下雨的情况下,造成货车驶离困难,堆高机在搬运负载和车辆驶出时加重对车辆发

动机的损害。在倾斜的车道,要有一条排水道,一般离码头正面 0.3~0.9 m。

4. 码头尺寸

码头尺寸如图 6-13 所示。

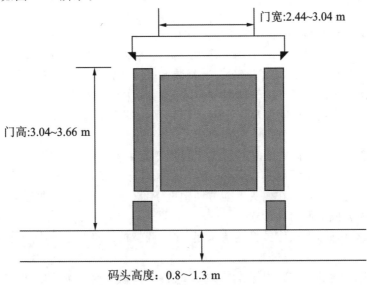

图 6-13 码头尺寸示意图

5. 月台宽度

码头月台的宽度不能小于 3 m,大部分的标准宽度为 4 m,如图 6-14 所示。

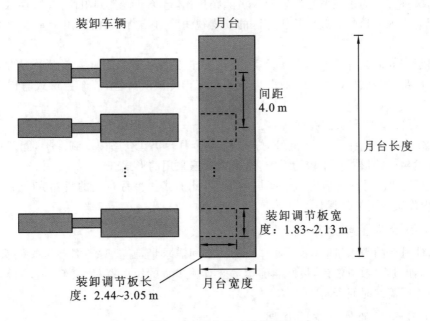

图 6-14 月台尺寸示意图

6. 码头高度调整板

码头高度调整板搭设在车辆和装卸月台之间,以调整车辆底部与地面的高度差,提高作业装卸效率,同时提高安全性,减少事故发生。大部分码头高度调整板可满足多种规格货车高度的需求。

安装货车高度调整板,安全且有弹性。有些作业使用较长的调整板,可使货车以较小的倾斜度上下码头。或者是指定一个码头作为较低货车专用码头,用水泥做成永久式的垫块或设计为较低的码头高度,以配合货车。选择装卸平台通常考虑以下条件:

(1) 建造物设计、交通密度、车辆型号、月台高度以及装卸设备;

(2) 装卸平台的倾斜角度依赖于地面与车辆平台的高度差,装卸平台长度对倾斜角度也有直接影响;

(3) 车辆平台的高度在空载时常常高于停泊平台面高度,而满载时又会低于停泊平台面高度,因此,装卸平台必须随车在装卸过程中的倾斜运动以垂直变化来保持平稳。

为了使不同高度的货车在码头上能方便地上下货,设计码头高度调整板时,可按照升降驱动方式不同而分成下面两种形式。

机械式:在动作时,由操作员将链条拉起,此时调整板会向上升起,再由操作员拉至货车床台高度。

油压式:自动化程度较高,由操作员操作按钮激活,调整板自动升起,再降至货车床台高度。货车驶离时,会自动恢复到水平位置,以保证安全。

(四)进出货平台的规划

货物在进出货时可能需拆装、理货、检验或暂存以待入库,因此,在进出货平台上要留出空间作为缓冲区。为了使搬运车辆及人员顺畅进出,避免动线受到阻碍,在暂存区与衔接设备之间规划出入通道。而进出货暂存区的规划视每日进出货车数、进出货量及时间段的分布来决定。

进出货空间的设计除考虑效率及空间外,安全方面也是必要的决定因素。为防止大风吹入仓库内部、雨水进入货柜或仓库,以及避免库内冷暖气外泄,停车台形式有以下三种选择方案。

(1) 内围式。将码头围在库房内。

(2) 齐平式。月台与仓库外缘刚好齐平,整个月台仍在仓库内受到保护,能避免能源浪费的情况发生。此形式费用较为低廉,是目前普遍采用的形式。

(3) 开放式。月台全部突出于库房的形式,此形式使得月台上的货物完全不受遮掩保护,且库内冷暖气更易外泄。

(五)月台数量的计算

在估计月台的需求量时,需要计算码头的空间需求量,必要时还需要调整码头的位置。要做好准确的月台数量估计,最好能确实掌握有关出货的历史资料、高峰时段的车辆资料、每车装卸货所需的时间资料等。

(六)仓储区的作业空间规划

进行仓储区空间规划时,须考虑的因素有:物品尺寸和数量,托盘尺寸、货架空间、使用的机械设备、通道宽度和位置以及需求空间、行列空间、建筑尺寸与形式、进出货及搬运位置、补货或服务设施的位置、作业原则等。

在上述考虑的因素中,不论仓储区域如何布置,应先求出存货需占用的空间大小,并考虑物品尺寸及数量、码盘方式、托盘尺寸等因素。如果使用不同的储存方式,则要考虑的因素会有所差异。

（七）拣货区的作业空间规划

1. 储存区与拣货区共享托盘货架的拣取模式

该模式适宜于体积大、出货量较高的产品类型,通常将托盘货架第一层设为拣货区,二、三层及以上则为库存区。

2. 储存区与拣货区共享的零星拣货模式

1) 流动货架的拣货模式

该模式适用于进出量少、体积也小或外形不规则的物品拣货方式。由于进货→保管→拣货→出货都是单向通行的物流动线,可配合入、出库的输送作业,优化物流系统,达到先进先出的效果。

2) 一般货架的拣货模式

也有使用单面开放式的货架进行拣货作业,其入库与出库在货架的同一面,因此,入、出库作业可共享同一条输送机。

3) 利用积层式货架的作业模式

由于拣货作业要考虑人员伸臂高度的限制,因此,最高层的拣取位置不宜超过1.8 m。若想在有限的空间处理大规模的拣货物品,也可考虑将积层式货架区隔成立体空间,以增加实际可规划的作业空间来进行拣取作业。

3. 储存与拣货区分开的零星拣货模式

该模式适合进出量中等,或者出库单位形态不同的物品。应注意补货的动线与储存、拣货等作业要一致,并避免互相干扰,使作业效率不会受到影响。

4. 分段拣取的少量拣货模块

若拣货区内拣货品项很多,使得流动货架内的拣货路线变得过长的时候,应考虑分段拣取的模式,路线的安排应增加动线的弹性。

（八）集货区的作业空间规划

各种集货作业的拣货类型有单一订单拣取、订单分区拣取、订单批量拣取等。通常集货区货位以地面堆放为主,并考虑出货装载的顺序及动线的流畅。如果空间允许,以单排规划为宜;否则易造成装车时在集货区寻货及搬运动作的反复。如果在拣货单执行顺序上加以控制,配合装车顺序,则在集货区可避免装车作业的混乱。

（九）行政劳务区的空间规划

行政作业区域包括非直接从事生产、物流、仓储或流通加工作业的区域,如办公室、会议室、休闲娱乐设施等。行政劳务区的空间规划就是对这些区域进行规划。

（十）库区空间规划

库区空间区域包括除了库房内的物流、仓储与行政劳务作业区域外的区域,如停车场、警卫室、环境美化区域等。库区空间规划就是对这些区域进行规划。

四、配送中心作业区规划时的注意事项

根据商品特性,确定每平方米场地可以处理多少箱货物,有多少家配送点,进货频率和配送频率,需要多少辆汽车;根据散货进货及装箱进货等进货形态的变化,确定分拣场地、发货前的捆包场地、货物检验场地。因此,在规划配送中心作业区时必须注意以下事项。

(1) 进货。进货车辆数和车辆类型,进货数量(吨数、箱数、托盘数等)和各商品部门的品种数,不同单位的交货点数。

(2) 检验。货单张数,每张货单商品种类数和箱数,缺货数量及出错率。

(3) 保管。不同保管条件(温度和商品特性),所保管的数量(箱数和单品保管数)和商品的品种数。

(4) 分拣。每月订货件数,每周顾客数,每天订货截止时间,每时间段中的货箱分拣和计件分拣,每张订单品种及件数、个数等。

(5) 流通加工。在不同季节中注明商品个数,必要的用户数,按照商品分组注明品种数,按进货店铺数进行分类。

(6) 捆包、发货。发货托盘数,发货的箱数,装箱发货数,单品发货数,发货方向数,发货汽车辆数及路线等。

(7) 退货。退货数量,退货需用汽车数量,退货地点数等。

(8) 信息处理。

(9) 其他作业。捆包、废弃材料处理、集装箱清洗等。

[经典案例1]

长江少年儿童出版社有限公司仓储布局与流程优化

中国的出版行业正处在走向市场化的大变革之中,在各个层次上的竞争空前激烈,如国内出版社之间的竞争,其他行业因高利润而进入出版业而导致的竞争,外国出版企业涌入中国的竞争,报纸、广电、电子出版物等替代品的竞争,来自"第四媒体"——互联网的威胁等。同时,出版行业业内的集团化改革在不断深化,各大出版社正由生产型、事业型向企业型、经营型转变,其原有的粗放式经营也正在向集约型经营转变,变革的目标是建立现代企业制度。在这一变革的过程中,出版发行行业也正面临着信息流不畅的紧迫难题。出版企业业务链有四个重要组成部分,即研发、制造、分销和销售。出版社首先购买著作者编写的稿件或者向著作者约稿,然后对其进行编辑→录入排版→三审→装帧设计→付印→印刷制作→宣传发行上市→包装运输,最后利用新华书店、书商或零售书店将书籍卖到读者手中。出版物的生产是精神产品生产与物质产品生产的结合,其产品市场周期极短,销售以寄售(代销)方式为主,图书的精神价值即内容决定了其是否符合读者和市场需求。仓储总是出现在物流各环节的结合部,如采购

与生产之间,生产的初加工与精加工之间,生产与销售之间,批发与零售之间,不同运输方式转换之间等。

储存是仓库的核心功能和关键环节,储存区域规划合理与否直接影响仓库的作业效率和储存能力。因此,储存空间的有效利用成为仓库改善的重要课题。

长江少年儿童出版社有限公司的仓库大约有 $3\,000\ m^2$,里面设置了打包区、配货区、条码扫描区、图书堆放区等,具体布局如图 6-15 所示。

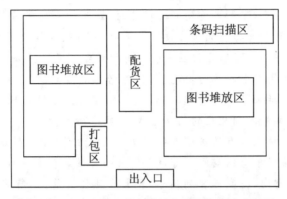

图 6-15　长江少年儿童出版社有限公司仓库布局图

长江少年儿童出版社有限公司的仓储作业操作还没有完全实现机械化,仓储设备有条码扫描器、叉车、手推车、包装机,装卸搬运等工作还是要靠人工。没有建立仓储管理系统,订单的处理、出货单的处理、货位的编排等也是靠人工。当图书到达仓库时,管理员持扫描器扫描包装箱上的条码,图书的名称、数量会录入长江少年儿童出版社有限公司的内部计算机管理系统,之后进行储存。该出版社仓储作业流程大体上如图 6-16 所示。

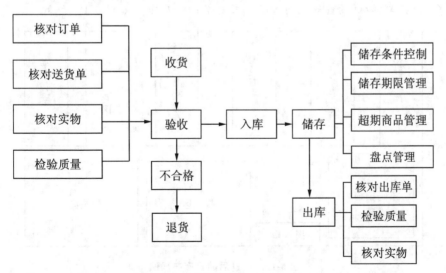

图 6-16　长江少年儿童出版社有限公司仓储业务作业流程

【学习并分析】

1. 长江少年儿童出版社有限公司的仓库布局有一定的缺陷,根据图6-15可以发现,仓库没有进行储区的分类,主要是按照先到图书放里面,后到图书放外面的原则进行储存,查找图书的位置,全凭仓库管理人员的印象。图书密密麻麻摆满仓库,图书之间没有预留间隙供仓库设备作业,所以仓储管理人员发货速度慢,也是与仓库布局不合理有关。

2. 首先要对储区进行分类,了解各空间的使用目的,如可分为畅销图书、新到图书、旧图书、库存图书等。然后可将储存空间布置设计成竖列式,每列之间要留出供仓储设备工作的空间,这样可对仓库一目了然,方便图书管理员的管理。根据图6-15,条码扫描区在仓库的最里面,也就是说图书在入库时,首先要搬到仓库的最里面,扫描完之后再搬到货位,这样加大了搬运量,延长了入库时间,显然是不合理的。可把条码扫描区移到仓库入口处,扫描完图书,直接搬运到相应的储存区域,可减少搬运量。

3. 仓库设备陈旧落后,缺乏应有的机械设备。储存设备方面,该出版社没有使用货架,图书直接堆垛在地上,浪费了仓储空间。可根据图书的特性等基本条件,添加货架、托盘。货架可充分利用仓库空间,提高库容利用率,扩大仓库储存能力,货架中的货物存取方便,便于清点及计量,可做到先进先出,保证存储图书的质量。图书入库时的数量会很大,每种图书会有上千册,也很重,所以可以选择重型可拆分中层货架。还应将各货位及货架等统一编码,以方便管理。编码原则必须明晰易懂,便于作业。搬运与输送设备方面,该仓库没有运输设备及分拣机,配货仍处在以人工作业为主的状态,人抬肩扛,工作效率低下,有时处于图书进不来、出不去的状态。选择搬运与输送设备时,需考虑图书的特性、图书的单位等因素,以及作业流程与状况、货位空间的配置等。仓储设备应与仓储的作业量、出入库作业频率相适应,同时还要考虑设备成本与使用操作的方便性。可考虑使用叉车、手推车、输送设备等搬运设备。改进后的仓库布局如图6-17所示。

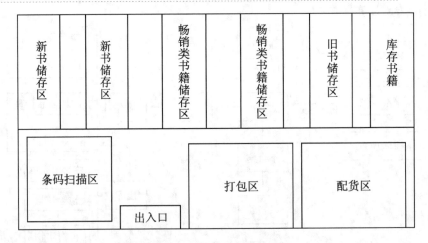

图6-17 改进后的仓库布局图

4. 试分析改进后的仓库布局方案是否合理,是否还存在其他可改进和完善的地方。

【经典案例 2】

九州通医药集团股份有限公司配送中心规划布局

九州通医药集团股份有限公司(以下简称"九州通")是一家以药品批发、零售连锁经营为主的大型民营企业集团,截至 2013 年 12 月 31 日,公司资产总额 186 亿元。该公司成立于 1999 年 3 月,总部位于湖北省武汉市。2013 年,该公司营业收入 334.38 亿元。

九州通立足武汉市场,先后在华北、华中、西北、华东、华南等地成立了北京丰科城、河南华北制药、新疆亚心、上海九州通、广东九州通五家医药经营公司,并以此为基础,成立了电子商务公司、投资物业公司等数家医药流通服务公司,形成了以医药批发为经营核心,贯穿整个医药供应链的集团化公司。

九州通秉承"放心的商品,满意的服务"的质量方针,形成了以武汉为中心,北京、河南、新疆、上海、广东等大型配送中心为节点,配送站与零售连锁公司做支撑,全面辐射并覆盖全国的优质、高效的营销网络;投资数亿元在武汉、上海、北京、郑州、新疆、福州等地建设符合国家 GSP 质量标准的大型现代医药配送中心,并通过现代化的自动存储、自动拣选与功能齐全的仓储管理信息系统,使药品的收发、存储、分拣、输送等环节自动、准确地完成;2001 年 8 月开通的九州通电子商务网站,实现了企业供货—销售—客户—银行的一条龙网上服务,开辟了业务发展的新渠道。九州通主要经营产品为中药饮片、中成药、中药材、化学原料药、化学药制剂、抗生素、生物药品、生化药品、诊断药品、保健品、医疗器械、计生用品等。

目前,九州通上游供货商 5 600 家,下游客户 70 000 多家,重要的和非重要的客户分布基本符合"二八原则"。大型客户一般是省内二级批发商,其他还有医院、药店等终端。

九州通医药配送中心最基本的流程仍然是入库、拣选、补货、出库、盘点及退货。具体到操作层面而言,客户将需要的药品(包括品名、规格、批号等)提交给业务部人员,业务人员按照九州通的计算机系统提供的价格算总账,给出总分类单(按 ABCDE 分类合计单);客户到财务处付款后直接到仓储部提货。客户付款之后,九州通的内部计算机系统将药品明细分类传到仓储部,分别按照 ABCDE 五类出货单打印,提交给分管这五类药品的小组,各组分别取货。发货出来之后,经过内外两道复核,再将包装好的货物发给客户。

九州通医药配送中心分为五个区:入库区、整货区、自动化立体仓库储存区、零货区、暂存区(见图 6-18)。拣选与组配是配送中心的核心环节,为保证拣选效率与准确率,配送中心实现了分区拣选、零整分开拣选、任务自主索取,再由系统安排合流。由于采用了精确的货位管理与分区管理,拣选人员轻松拣选,拣选标签内容详细,商品下一步去向明确,使得拣选任务的分割与合并实现高效率和标准化。

自动化立体仓库储存区	
整货区	零货区
入库区	暂存区

图 6-18　九州通医药配送中心布局

1. 入库区

入库区分为卸货区、货物点查区、入库暂存区、入库处理区。在入库暂存区内,将整货和零货分开,为整货入整货库、零货入零货库做准备。整货放在托盘上,通过叉车放到传送带上,经过两个检验口入库。第一个检验口是外形检测站,检查码货有没有超出托盘边界。第二个检验口是确定把货物发往哪一个仓库。如果是针剂、非处方药,则用叉车送到一楼平库(整货库);如果是片剂、成药、水剂以及易串味药品,则发往二楼平库;如果是高密度存储药品(一般是整个托盘装的),则发往自动化立体仓库。

2. 整货区

在九州通配送中心内部,整货区指的是仓库一楼、二楼两个平库。一楼一般放针剂、非处方药,因为这两类药品多为易碎品,在一楼比较安全;片剂、成药、水剂一般放在二楼的平库;易串味药品如正红花油等放在二楼一个隔开的区域内;贵重药品放在一楼,并有专人专柜保管。整货区的货品摆放分为堆垛(垫板)和货架两种,一般而言,发货量大的药品占据垫板,发货量偏小的药品摆放在货架上。另外,平库一般放的是 A、B 类药品,C 类药品放在四楼的仓库。

3. 自动化立体仓库储存区

平库的药品摆放有严格规定的位置,而自动化立体仓库则由 AS/RS(自动存货/取货)系统控制,随机安排货位,存放的是需要高密度储存的药品(易串味药品不进立体仓库)。一旦发生平库药品缺货状况,则由系统发出补货通知,由立体仓库补充。立体仓库货架高 21 m,11 层,每层 1.45 m 左右,可以同时容纳 30 万箱累计 11 500 单位的存货,一个吨位的存货设计不超过 800 kg。立体仓库的关键设备是堆垛机,确认货物是否已经放到货位上,有红色指示灯标志;前后距离用激光检测;上下距离确认靠认址片。虽然是系统随机指定托盘在货架上的位置,但是系统设计时还是有一些基本原则,如上轻下重等。

4. 零货区

由于九州通医药配送中心实行整货、零货分开入库、出库策略,零货库的入库管理不仅仅是从整货库补货。这里的货位管理比较复杂,管理层次为巷道、货架、层号。一般按照九州通历年的销售数据确定 IQ、IK,再由 IQ 确定库存量,IK 决定药品在货架上放置的层数。另外,货架层数的确定还与药品属性及相关规定有关,如重量、剂型、串味与非串味、处方与非处方、外用与内用等。根据每年的销售数据,可以分析出大量需求和少量需求的药品,因而零货摆放中按照

ABC分类,分别确定药品的最高库存和最低库存量。

零货条码的最后3个字段决定了货位的排、列、层。一排货架分为多个间隔,每个间隔贴一张条码,每个间隔内放置5种药品。条码便于拣货员使用扫描器扫描,查找需求的药品。5种药品共用一个条码,减少查找次数,因为在5种药品中找到某一种规格的药品还是比较容易的。

配送中心还划分出了流力货架区位。流力货架的每一层底板不是平的而是倾斜的,临近拣货员的药品被取走之后,后面的货品会自动滑下来补充,多用于出库频繁的药品,无需不断整理货架,有利于节约管理时间。

5. 暂存区

暂存区处于拣货区和发货区之间,在这里将整货、零货合流,等待外部复核及发运。暂存区按照客户需求量大小划分出特定的区域,并为特定的客户服务。九州通按照"二八原则"区分重要客户(需求量大的客户)和一般客户,暂存区也因而划分为大小不同的两种编号,比如A06指的是大暂存区的06区位。面积大的暂存区用于暂存发往重要客户的药品,而面积小的暂存区用于暂存发往一般客户的药品。但是,暂存区内并没有规定哪个区域专用于哪个具体客户,在区分了大暂存区和小暂存区之后,某个客户的药品放置在哪个具体区位并不固定,一般都是由系统随机插空指定。一个客户的订单下达到仓库之后,计算机系统会生成一个暂存区的货位条码,发货员只需要将药品发到对应的暂存区就可以了。客户来提货时,药品就从暂存区移至装载区,装车发货。

【学习并分析】

1. 运用设施规划理论和方法,结合九州通的实际运作特点,分析其配送中心布局方案的合理性。
2. 九州通集团运作模式给我们带来了哪些启示?

【本章关键术语】

功能模块　function module　　　动线布置　moving route layout
设施规划　facility layout　　　　物料搬运　material handling

【本章思考与练习题】

1. 为实现配送中心自身的高效率,按照客户的需求建立进货体制以及保障物流作业的合理性,进而降低成本。那么怎样才能实现配送中心的内部合理化呢?
2. 配送中心的设施布置是本章的重点内容,也是难点内容。设施布置有哪些基本的方法?

在实际中,还应考虑哪些因素?
3. 设计搬运系统时要考虑的因素包括搬运设备的选择、单元负载的选择、设备的指派和搬运路径的决定等。这些因素是怎样在其设计过程中得以体现的呢?
4. 找一个你周围比较熟悉的企业,按照经典案例1的分析方法进行分析和改进。

第七章 物流配送中心搬运系统

本章重点理论与问题

> 物流配送中心货物搬运是指在配送中心范围内,借助机械设备来移动大量包装的固态或非固态货料的所有基本作业。本章将深入地探讨物料流动与设施布局之间的关系,通过物料的移动流程和设施的布局设计之间的相互配合,以期支持设施的生产或服务系统作业。本章介绍的搬运系统分析方法是一种系统化的分析方法,它不仅适用于配送中心搬运系统的分析和设计,也适用于其他物料搬运项目设计。配送中心主要有四大类设备,即储存设备、搬运设备、输送设备、自动辨识及通信设备,这些设备与配送中心搬运系统的分析与设计是密切相关的,如何选择和规划这些设备是极其重要的工作。

第一节 配送中心物料搬运系统概述

一、配送中心物料搬运系统的概念

(一) 物料搬运的定义

对物料搬运的定义是美国物料搬运协会(MHI)提出的,即"物料搬运是指在企业某特定范围内,借助机械设备来移动大量包装的固态或非固态产品的所有基本作业"。对该定义可以从以下几个方面加以补充。

(1) MHI 定义的"企业某特定范围内"是指既包含厂房内部的搬运与移动外,也包含厂房外部的运输配送功能,即货料由供应商处移送到用户处的搬运作业。

(2) 搬运包含水平和垂直两个方向的移动,即涵盖了货料的载货、卸货的全部动作。

(3) 应突出搬运设备的重要性,因为选择合适的搬运设备不仅可大幅提高作业效率、降低操作的复杂度,而且可降低设备成本。因此,设计者对搬运系统设备的选择,除了参考设备厂商所提供的资料,还需要自身去了解各种各样的设备信息。

(4) 若搬运能以大量或单元负载的方式进行,则将提高作业效率,但必须与机械设备相配合才能达到此目的。一般企业不愿购买机械设备,宁愿以人力连续搬运,这样不但缺乏效率,而且在人工成本较高的地区也是不经济的。

配送中心物料搬运是指在配送中心范围内进行的,以改变物料的存放状态和空间位置为主要目的的活动,即对物料或其他物品进行搬动、运输或改变其位置的活动。要完成这些活动,就要有进行搬运活动的人和物。一般来说,这些活动的进行除了需要设备和容器,还需要一个包括人员、程序和设施布置在内的工作体系。设备、容器和工作体系称为物料搬运的方法。因此,物料搬运的基本内容有三项,即物料、移动和方法,这三项内容是进行任何搬运的分析基础。

(二) 物料搬运系统的定义

物料搬运系统有各种不同的定义,其中较全面的是"物料搬运系统是移动、储存、保护及控制物料的艺术与科学的结合"。配送中心物料搬运系统深入地探讨了物料流动与配送中心设施布局之间的关系,将物料的移动流程和配送中心设施的布局设计相互配合,以期支持设施的生产或服务系统作业。对物料搬运系统的定义的详细说明如下。

(1) 物料:物料的定义相当广泛,从散装的货物到单位装载的固体、液体及气体等任何形式在内,甚至也将文书视为物料中的一种。

(2) 移动:移动物料可以创造时间效用及地点效用(即在正确时间、正确地点提供物料所创造出来的价值)。所有的物料移动要注意到其体积、形状、重量,以及物料的移动条件,并且需要对移动的路径和频率加以分析,以保证作业流程的顺畅。

(3) 储存:储存物料不仅可以起到各项作业间的缓冲作用,而且有助于人员与设备的有效运用,以及提供有效的物料组合。物料储存需考虑的因素有:尺寸、重量、可否堆叠放置、所具备的储存量,还有楼板负荷量、地板条件、立体空间和净高度等建筑上的限制。

(4) 保护:物料的保护措施应该包括防盗、防损的打包和装运等一体化作业的设计,同时在信息系统方面应避免误运、误置、误用和加工顺序错误等。

(5) 控制:物料的控制需同时兼顾物料的实体作业和信息状态的控制。实体作业应包含物料的位置、流向、顺序和空间等控制。信息状态的控制则是对有关物料的数量、来源、去处、所有者的信息进行有效控制。

(6) 艺术:物料搬运有如一种艺术工作,因为物料搬运问题的解决和物料搬运系统的设计,不是单纯地利用科学方法或数学模式就能完全实现的,还需要依赖于设计者所累积的实际经验和主观判断。

(7) 科学:物料搬运可以被视为一门科学,因为可以利用工程设计过程的定义、收集与分析资料、建立解决问题的方案、评估方案、筛选及实施选定方案等步骤来解决物料搬运问题和设计物料搬运系统。另外,利用数学模拟及计算机辅助设计的分析技巧,都有助于搬运系统的分析与设计。

二、物料搬运系统的目的

配送中心物料搬运系统的目的是为了在合适的成本下,采用合适的方法、顺序、方向、时间,在合适的位置提供合适数量、合适条件的合适物料。具体说明如下。

(1) 合适的成本:物料搬运系统的目的是为了要符合配送中心需求,以提供竞争上的优势,如物料的功能和质量、服务的速度和质量、搬运时间、搬运成本等。物料搬运系统要能创造收益,而不能只增加成本;物料搬运系统不但要有效果(effectiveness),而且要有效率(efficiency)。然而,盲目地追求物料搬运成本最小化可能是个错误的目标,正确的目标应是使配送中心所提供的服务的附加价值达到最高。因此,增加对搬运技术的投资有其必要性,换言之,物料搬运的底线应该是合适的成本,而不一定是最低成本。

(2) 合适的方法:为了把事情做好,需要采用合适的方法,并辨识方法之所以正确的原因。

(3) 合适的顺序:通过作业顺序的调整可以提高生产效率,这通常也是物料搬运系统在设计时所考虑的重点。例如,简单化原则指出生产力的提升可以经由删除不必要的操作步骤和改善必要存在的步骤来达成。此外,适当的步骤合并及改变作业的顺序也可以提高生产效率。

(4) 合适的方向:合适的方向最容易被物料搬运系统的设计者所忽略。在实际运行过程中,调整物料的方向是常见的工作,并在人工作业中占有相当大的比重。

(5) 合适的时间:即在需要物料的时候才送达目的地。在竞争的环境中,物料搬运系统在合适时间移动、储存、保护和控制物料等重要性已大为提高,隔日送达几乎成为物流中心配送物料的交货标准。

(6) 合适的位置:无论物料的储放位置是固定储位或是变动储位,它们都应该被放置在合适的位置上,并在未来作业中,可以被移动到正好所需要的位置。

(7) 合适的数量:存货管理将确定储存与分配方面的正确存货数量,并要同时决定拣货作业区以及储存保管区的正确库存数量,即让进出货物的单位、数量前后保持一致,避免产生拆装、合并的情形。

(8) 合适的条件:合适的条件中,最重要的是优良的质量,没有瑕疵或损伤。由于物料搬运系统为物料损伤的主要因素,因此,在设计及操作搬运系统时,应具有全面的质量意识。例如,根据用户所需要的条件从事生产,把加工延迟到必要时再进行,可避免产生不必要的错误。

(9) 合适的物料:根据订单所进行的拣货作业,最常见的两种错误为数量不符和物料不对。拣取正确的物料并非易事。因此几乎所有的仓库都有物料编号系统,并使用人工或电子标签维护货物的信息及标明物料的储放位置。

三、物料搬运系统的原则

设计和运作一个配送中心物料搬运系统是一件复杂的工作,要实现成功的物料搬运系统并无特定法则可遵循。因此,美国物料搬运机构和国际物料管理协会所赞助的主管物料搬运教育的学术工业委员会,于20世纪60年代开始编列物料搬运原则,共20条,并持续修改其内容。这些原则综合了设计者在设计和运作搬运系统时的经验,以便在设计初期阶段协助设计者来降低系统成本和提升系统效率。下面将此20条物料搬运原则进行说明。

系统整合方面

(1) 指导原则:在进行初步计划之前,应对问题本质进行彻底研究,以便明了现有的解决方法是什么,在经济上和实务上有什么限制,同时可建立未来的需求内容和设计目标。

(2) 计划原则:制订一个整体计划,其中应包括基本需求内容、方案的选择范围,以及对所有物料搬运和储存活动的权宜考虑。

(3) 系统原则:规划内容应整合实务上的所有搬运活动,包括从供应商处取货、验收、储存、生产、检验、包装、仓储、送货、运输至不同端点的客户的搬运活动。

(4)流程原则：将搬运和储存作业中的实体物料流程与信息流程相互整合。

搬运作业与设备方面

(5)单元负载原则：依据物料的体积和搬运设备负载来决定物料的搬运单位。

(6)空间利用原则：将建筑物的平面空间和立体空间做最佳化的利用。

(7)标准化原则：尽可能使搬运方法及搬运设备标准化。

(8)人体工程学原则：依照人体的能力，在设计物料搬运设备和作业程序时，应使人员能够有效利用这套系统。

(9)机械化原则：尽可能使用机械设备执行搬运作业，避免使用人力搬运。

(10)弹性化原则：采用能够适应各种不同需求状况，进行不同工作内容的方法及设备。

(11)简单化原则：删除、减少及合并非必要的移动和设备，以简化搬运工作。

(12)计算机化原则：依据环境的需要，对物料搬运及储存系统采用计算机网络作业，以改善物料信息控制。

(13)能源原则：对物料搬运系统及物料搬运程序中的能源消耗要有经济性考虑。

(14)生态原则：使用物料搬运设备及物料搬运程序时，应避免对周围环境造成破坏。

(15)重力原则：在人员安全、产品耗损无虑的情况下，尽量利用重力搬运物料。

(16)安全原则：遵循现有的安全规定及参照实际经验，采用安全的物料搬运方法和设备。

(17)布局原则：为所有可能存在的解决方案准备操作程序及设备布局，再根据效率及效果选出其中最佳的方案。

(18)成本原则：在经济、有效的基础上，比较每个设备和方法的经济条件，衡量每搬运单位重量所耗用的成本。

(19)维护原则：规划所有搬运设备的定期维修。

(20)淘汰原则：规划定期更新搬运方法和设备，以更有效率的方式改善作业。

这些原则的一些应用是很容易理解的，例如，

● 应用重力原则，可以使用斜槽。

● 应用安全原则，可以减少或消除会引起受伤的人力搬运。

● 应用空间利用原则，可以将货物堆叠和使用高架设备；为了减少占地面积，可以通过使用物料搬运设备和计划生产流程，使地板上的存货降至最少。

● 应用单元负载原则，可使用货柜和托盘移动一组物品。

● 应用弹性化原则，可以选择在各种环境下执行多样搬运工作的搬运设备，避免闲置。

● 应用成本原则，可以在方法、设备上制定相关规则。欲降低搬运成本就应该减少不必要的搬运，其方法可通过较佳的物料移动规划，将物料直接搬运至正确地点而不做途中停留；使用适当的设备如堆高机、搬运车、托盘、箱子和输送带，或更新较有效率的系统；降低固定重量如托盘、箱子的比例；结合单元负载原则，尽可能使用单元负载一次搬运较多货物。

20项物料搬运原则适合作为配送中心初期规划设计阶段或是配送中心系统运作中的检查和改进依据，且定性为被动的改进，不宜事先预测系统运作结果或是提出最佳设计方案。同时，这20项物料搬运原则并未能涵盖物料搬运系统设计的全貌，例如，增加生产力的方法还可以适时送达原材料和组件来减少机器操作者的等待时间，也可通过配合机器操作

者的工作速度来维持物料稳定的移动等。

第二节 配送中心物料搬运系统分析

一、配送中心搬运系统分析的内容

配送中心物料搬运系统分析(system of handling analysis)是一种条理化的分析方法，它适用于一切物料搬运设计项目，同时利用搬运系统分析方法可以对已有的物料搬运系统进行分析，找出其中不合理的地方。搬运系统分析包括三个基本内容：阶段构成、程序模式和图例符号。

（一）搬运系统分析的四个阶段

配送中心内每个搬运项目都有一定的工作过程，从最初提出目标到具体实施完成，可分成四个阶段：外部衔接、编制总体搬运方案、编制详细搬运方案、方案的实施，如图7-1所示。

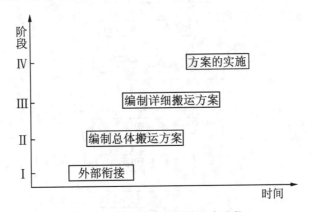

图7-1 搬运系统分析的四个阶段

第一阶段是外部衔接。这个阶段要弄清配送中心整个区域或所分析区域的全部物料搬运活动。在这之前，先要分析配送中心以外的物料搬运活动，把配送中心内具体的物料搬运问题同外界情况或外界条件联系起来考虑。这些外界情况有的是我们能控制的，有的是不能控制的。例如，对配送中心区域的各道路入口、铁路设施进行必要的修改，达到与外部条件协调一致，使配送中心或仓库内部的物料搬运同外界的运输系统结合成为一个整体。

第二阶段是编制总体搬运方案。这个阶段要确定各配送中心主要区域之间的物料搬运方法。对物料搬运的基本线路、搬运设备的类型以及运输单元或容器的选择作出总体决策。

第三阶段是编制详细搬运方案。这个阶段要考虑配送中心每个主要区域内部各工作地点之间的物料搬运，确定详细的物料搬运方法。例如，配送中心各工作地点之间具体采用哪种线路、设备和容器等。如果说，第二阶段是分析配送中心内部各部门，或各厂房之间的物料搬运问题，那么第三阶段就是分析从一个具体工位到另一个工位，或者从一台设备到另一台设备的物料搬运问题。

第四阶段是方案的实施。任何方案都要在实施之后才算完成。这个阶段首先要进行必要的准备工作,如订购设备,完成人员培训,制订并实现具体搬运设施的安装计划。然后,对所规划的搬运方法进行调试,验证操作流程,并对安装完毕的设施进行验收,确定它们能否正常运转。

上述四个阶段是按时间顺序依次进行的。但是为了取得最好的效果,各阶段在时间上应有交叉、重叠。

(二) 搬运系统分析的程序模式

配送中心物料搬运所依据的基本内容是物料、移动和方法。因此,配送中心物料搬运分析的内容就是:分析所要搬运的物料,分析需要进行的移动和确定经济实用的物料搬运方法。配送中心搬运系统分析的程序模式就是建立在这三项基本内容的基础上的,如图7-2所示。

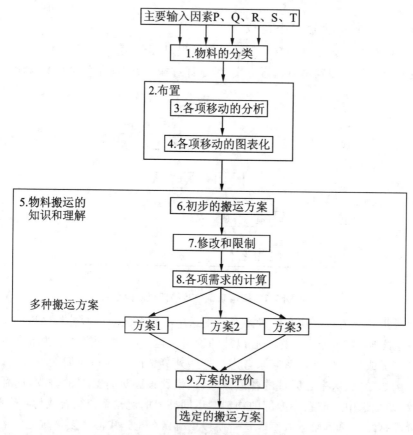

图7-2 搬运系统分析的程序模式

配送中心搬运系统分析的模式是一个分步骤进行的程序。问题越是复杂,这个模式所起的作用就越大,能节省的分析时间也越多。

在制定配送中心搬运方案过程中,第一个分析工作就是分析物料,也就是物料的分类,即按物料的物理性能、数量、时间要求或特殊控制要求进行分类,即图7-2中方框1的内容——物料的分类。

在对配送中心搬运活动进行分析或图表化之前,先要有一个布置方案,一切搬运方法都是在这个布置内进行的。这个布置(实际存在的或纸面上的,原有的或新设计的)就是程序模式图 7-2 中的方框 2,它是一个较大的方框,包含了各项移动的分析和图表化两个方框。在程序模式图 7-2 中的方框 3 是进行各项移动的分析,这里分析的方法取决于物料是单一物料还是多种物料。各项移动的分析主要是确定每种物料在每条路线(起点到终点)的物流量和移动特点。下一步(图 7-2 中方框 4)是各项移动的图表化,也就是把分析的结果转化为直观的图像。通常用物流图或距离与物流量指示图来体现。在找出一个解决办法之前,需要先掌握配送中心物料搬运方法的知识(图 7-2 中的方框 5)。这里用大方框圈起来,表示这个知识范围是很大的,要运用有关的知识来选择各种搬运方法。

图 7-2 中的方框 6 是进行配送中心物料搬运方案的系统汇总。在这一步,要提出关于路线系统、设备和运输单元(或容器)的初步搬运方案,也就是把收集到的全部资料数据进行汇总,从而求得具体的搬运方法。实际上,往往要提出几个合理的、有可能实行的初步方案。

在考虑一切有关的修正因素和限制因素以后,对这些初步方案进一步调整(图 7-2 中的方框 7)。在这一步,要修正和调整每一个方案,把可能变为现实。

对配送中心物料搬运的初步方案进行调整或修正是为了消除所有不能实现的设想。但是在选出最佳方案之前,还需要算出所需设备的台数或运输单元的数量,算出所需费用和操作次数。这就是我们所说的各项需求的计算(图 7-2 中的方框 8)。

至此,我们已具备条件进行模式中的最后一步(图 7-2 中的方框 9)——对几个方案进行评价。评价的目的是要从几个方案中选择一个较好的方案。不过,在评价过程中,往往会把两个或几个方案结合起来形成一个新的方案。这样评价之后,从中选出一个方案,就是选定的物料搬运方案。

以上我们介绍了配送中心搬运系统分析的基本方法。实际上,配送中心搬运系统分析包括了三个部分,即一种解决问题的方法,一系列依次进行的步骤和一整套关于记录、评定等级和图表化的图例符号。以上介绍了配送中心物料搬运系统的四个分析阶段,每个阶段都相互交叉、重叠,第二阶段和第三阶段必须遵循按步骤进行分析的程序模式。

(三)图例符号

在配送中心物料搬运系统分析模式的步骤中运用搬运分析技术时,要用到一些图例符号,包括各种符号、颜色、字母、线条和数码。用这些图例符号标志物流的起点和终点,实现各种搬运活动的图表化,评定比较方案等。这些图例符号将在后面的有关章节中给予介绍和说明。

二、配送中心搬运系统的主要考虑因素

配送中心物料搬运系统牵涉范围极为广泛,包含项目也极为繁杂,因此需要一套系统化步骤来作为分析搬运问题的基础,将考虑因素抽丝剥茧,条理分明地呈现出来。而一般常用的"物料搬运方程式"(the material handling equation)就具有此项功能,可系统地考虑所涵盖的因素,并以逻辑关系来说明因素间的关联性,其含义和用法说明如图 7-3 所示。

(1) 物料搬运方程式是借助于英文中的七个疑问词,即何故(why)、何物(what)、何处(where)、何时(when)、如何(how)、何人(who)及何者(which),设计一连串的问题来质疑物料搬运系统设计者的设计理念是否合理,或是否有其他更好的方法存在,以期找出设计缺

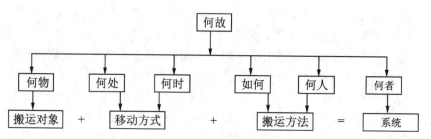

图 7-3 物料搬运方程式

陷,改善系统绩效。

(2) 物料搬运方程式以"何故"为主,持怀疑态度,质疑设计方案中对于搬运对象(何物)、移动方式(何处、何时)和搬运方法(如何、何人)等三要素是否已有合适的处理与深入考虑,而此三要素的选择与内涵则构成物料搬运系统的主要内容。

(3) 利用"何故"主要是从目前已有的内容中区分出哪些是必须具备的,哪些是可以被修正的。例如,"何物"与"何故"的综合应用可以指出被搬运的正确物料为何,"何处""何时"与"何故"的综合应用可以确知必要的移动步骤为何,"如何""何人"与"何故"的综合应用可以协助建立正确的搬运方法,"何者"与"何故"的综合应用则可以评估并挑选出较好的设计方案。

此七个疑问词的常见问题列示如下。

（一）何故（why）

(1) 为何需要搬运?
(2) 为何要如此操作?
(3) 为何要依照此种顺序进行操作?
(4) 为何物料要这样接收?
(5) 为何物料要这样运送?
(6) 为何物料要这样包装?

（二）何物（what）

(1) 要移动的对象是什么?
(2) 货物的特征、生产量及不同货物的数量、作业层次数目等为何?
(3) 需要何种资料? 资料如何取得?
(4) 系统所规划的范围是什么?
(5) 是否需要机械化/自动化设备?
(6) 是否需要人工控制?

（三）何处（where）

(1) 何处储放物料?
(2) 何处需要物料搬运?
(3) 何处有物料搬运的问题存在?
(4) 何处应该使用物料搬运设备?

(5) 在环节内,何处存在物料搬运的责任?
(6) 何处在未来会发生变化?
(7) 何处的操作可以删减、合并、简化?

(四) 何时 (when)

(1) 物料何时需要移动?
(2) 何时需要实施自动化?
(3) 何时要整理物料?
(4) 何时要删减作业?
(5) 何时要扩充系统容量?

(五) 如何 (how)

(1) 物料如何移动?
(2) 如何分析物料搬运问题?
(3) 如何取得主要人员的赞同?
(4) 如何去学习更多有关物料搬运的知识?
(5) 如何应付意外情况?

(六) 何人 (who)

(1) 何人要搬运物料?
(2) 何人参与系统的设计?
(3) 何人将要评估系统?
(4) 何人要安装系统?
(5) 何人稽查系统?
(6) 委托何人来承造设备?
(7) 过去何人曾面临相同问题?

(七) 何者 (which)

(1) 何项操作是必要的?
(2) 何种问题需要首先研究?
(3) 何种设备可以考虑选用?
(4) 何种物料需要及时控制?
(5) 可以取得何种设计方案?
(6) 每个方案的利弊是什么?何种方案较佳?
(7) 何种标准被用来评估设计方案?
(8) 如何衡量物料搬运的绩效?

第三节　配送中心物料搬运系统的设计

本章第二节中对配送中心物料搬运系统分析作了介绍,搬运系统分析中的第一阶段和第四阶段往往不属于物料搬运工程师的具体工作范围。从某种意义上说,物料搬运工程师只管"编制"方案,也就是只管真正的方案阶段(第二阶段和第三阶段)。为此,搬运系统分析把注意力集中在总体方案阶段二和详细方案阶段三。搬运系统分析的模式对第二阶段和第三阶段都适用,这就是说,虽然两个阶段的工作深度不同,但分析步骤的模式是一样的。本节介绍采用搬运系统分析中的设计程序模式来进行方案设计。

一、物料的分类

配送中心经营的物料品种繁多。在选择搬运方法时,最有影响的因素通常是所要搬运的物料。对任何物料的搬运问题,首先要问的是:搬运什么?如果需要搬运的物料只有一种,也就是单一物料或单一产品,那么唯一要做的就是弄清这种物料的特性。但同一种物料也会出现几种不同的情况,因为进来的原材料在转化成最后成品的加工过程中会完全变样。另一种情况,如果遇到的是多种不同的物料,那就必须按"物料类别"对它们进行分类。每一类中的物品,其主导性能或若干综合性能是彼此相似的。我们要求属于同一类的各种物料都能以同一种方式进行搬运。因此,有必要对所有的物料进行编组,把它们归并为几种物料类别。这样做有两个好处:第一,分类后可简化分析工作;第二,有助于把整个问题划分成若干部分逐个解决。

(一)物料分类的依据

说明或划分物料的基本类别是:
(1)固体、液体或气体;
(2)单独件、包装件或散装物料。

但在实际分类时,物料是根据影响物料可运性(即移动的难易程度)的各种特征和能否采用同一种搬运方法的其他特征进行分类的。区分物料类别的主要特征归纳在表7-1中。

表7-1 物料特征

物理特征	尺寸:长、宽、高
	质量:运输单元质量或单位体积质量(密度)
	形状:扁平的、弯曲的、紧密的、可叠套的、不规则的等
	损伤的可能性:易碎、易爆、易污染、有毒、有腐蚀性等
	状态:不稳定的、黏的、热的、湿的、脏的、配对的等
其他特征	数量:较常用的数量或产量(总产量或批量)
	时间性:经常性、紧迫性、季节性
	特殊控制:政府法规、工厂标准、操作规程

物理特征通常是影响物料分类的最重要因素,任何物料的类别通常是按其物理性质来划分的。数量也特别重要,不少物料是大量的(物流较快的),有些物料是少量的(常属于"特殊订货")。搬运大量的物品与搬运少量的物品的方法一般是不一样的。另外,从搬运方法和分析技术的观点出发,适当归并产品或物料的类别也很重要。对时间方面的各项因素也必须有所认识,例如,急件的搬运成本高,而且要考虑采用不同于搬运普通件的方法;间断的

物流会引起不同于稳定物流的其他问题；季节的变化也会影响物料的类别。同样，特殊控制问题往往对物料分类有决定作用，例如，麻醉剂、弹药、贵重毛皮、酒类饮料、珠宝首饰和食品等都是一些受法律法规、政府条例、公司规章或工厂标准所限制的典型物品。

（二）物料的 P-Q 分析

所谓物料的产品与数量分析（P-Q 分析），就是把物品或物料都按其数量多少进行排列，左边是量少产量大的物品，右边是量大产量小的物品，如图 7-4(a) 所示。当所有物品都具有相同的物理特征时，一般都按数量分类，特别在装配区和储存区更是如此。工艺设备和工具装备的投资大小，一般不是主要因素。产品与数量关系曲线如图 7-4 所示。

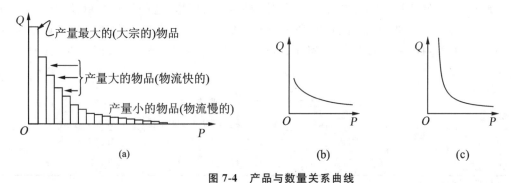

图 7-4 产品与数量关系曲线

当 P-Q 曲线（P 为产品，Q 为数量）比较平坦的时候（见图 7-4(b)），就倾向于把所有物料都划为同一类；对单一物料（只有一类产品）就倾向于只用单一形式的搬运方法。P-Q 曲线越陡（见图 7-4(c)），就越要考虑把物料划分为两种类别，倾向于采用不同的搬运方法，分别用于曲线两端的不同物料。按照物料的数量和种类特征对物料分类，可以作为确定配送中心物料搬运方法和单元负载的依据，即针对不同群组的物料，可能需要采用不同的搬运设备和方法。

（三）编制物料分类一览表

配送中心的物料进行分类后，最好把每种物料类别的说明都写清楚。这样既可减少别人的误解，又可避免分析人员自己混淆。通常把经过分类得出的表称为物料分类一览表。在此表内，要对每种物料类别规定一个代号并填写其主要范围。也就是制定一个规则或界限，借以确定各种物料应归属于哪一类。同时，填写一两个典型例子，表明各种类别所指的物料，以便将来再做物料分类时，用它作为样板加快分类工作的速度。

编制物料分类一览表应按以下程序进行。

(1) 列表标明所有的物料或分组归并的物料的名称。

(2) 记录其物理特征或其他特征。

(3) 分析每种物料或每类物料的各项特征，并确定哪些特征是主导的或特别重要的。可以在起决定作用的特征下面划红线（或黑的实线），在对物料分类有特别重大影响的特征下面划橘黄线（或黑的虚线）。

(4) 确定物料类别，把那些具有相似的主导特征或特殊影响特征的物料归并为一类。

(5) 对每类物料写出分类说明。

在大多数物料搬运问题中都可以把所有物料归纳为8~10类,一般应避免超过15类。当然,每个大类还可分成小类,也就是类中有类。如果这些小类对搬运问题有重要意义,那么就应该根据它们本身的重要性把它们作为一个大类来看待。

表7-2所示的为来自某混合饲料公司的例子,这是个以生产植物油、肥料和动物补充饲料为主的化工厂,每年总产量接近2万吨。为了制定各厂房之间的搬运方案,分析人员决定把物料分为四类。值得注意的是,其中三种类别(空桶、实桶、袋)的物理特征是很明确的,每类所包括的物料又彼此极为相似,把这三类单独列出来的理由是因为它们的数量较大,因此它们的搬运活动是很重要的。

此外,还有好几种次要的物料,如各种外购件和备件等。这些物料数量较少,如果为它们每种都制定一项专用的搬运方法,那是不经济的。由于只采用一种通用的搬运设备,所以,尽管这些物料的物理特征并不相同,但还是把这些物料划为一类,即划在"其他物品"类中。

表7-2 物料分类一览表

厂　名	某混合饲料公司	项　目	3687
制表人	C.R	参加人	P.S
日期	月　日	第1页	共1页

物料类别		分 类 依 据		典型例子
摘要	类别号	物理特征	其他特征	
		尺寸、重量、形状、损伤的可能性、状态	数量、时间性、特殊控制	
空桶	a	新的或空的金属桶,φ18 in(直径)×31 in(高),质量为35 kg	供货者交货时间及频率有很大变化,属中等性的季节性变化	标准金属桶
实桶	b	装有油或化学品等的金属桶,18 in(直径)×31 in(高),平均质量为300 kg	有20~30种物品,随季节有些变化,但必须遵守政府对成品油的规定	鱼油由供货者装在桶内送至工厂
袋	c	多层塑料纸袋装的矿物、化学物品等,32 in(长)×16 in(宽)×8 in(高),平均质量为90 kg	数量相当大的稳定物流,约10种不同物品	"母鸡乐"混合料(制成品)
其他物品	d	盒子、纸盒、麻包装的外购物品,有各种尺寸和形状,质量为1~50 kg	每种物品的数量少,物品必须严格管理(防失窃)	浓缩维生素用纸箱装,酒精用5加仑罐装,钢带是成卷的

注:1 in＝25.4 mm,1 加仑≈4.55 L。

二、布置和移动分析

对物料鉴别并分类后,根据搬运系统分析的模式,下一步就是分析物料的移动。物料搬运的全面分析(包括分析物料的移动)不可避免地要涉及布置类型,其根本原因在于:移动(或搬动)是把"地点效用"(即地点价值)赋予物料(可对比生产中的"形状效用"),而"地点"则直接联系到每项移动的起点和终点。说得更具体些,布置决定了起点与终点之间的距离,这个移动的距离是选择任何一种搬运方法的主要因素。在这个搬运分析步骤中,我们不打算过多地考虑怎样布置或为什么要那样布置。我们只是把它作为已有的布置或建议的布置方案来采纳。

(一)布置的知识理解

1. 布置的类型

布置有三种传统类型:按固定位置布置、按工艺过程布置、按产品布置。

这三种布置类型对物料搬运都有明显的影响,以下分别说明。

(1)按固定位置布置:产品(或物料)尺寸比较大;数量比较少;工艺过程比较简单。搬运的特点通常是:主要物料及主要部件尺寸庞大或者非常笨重,装配件可灵活搬动,而且相对来讲是不经常搬动的。

(2)按工艺过程布置(按功能):产品(或物料)比较多样化;数量为中等或少量;工艺过程占主导地位或费用昂贵。搬运的特点通常是机动灵活。如果是固定位置的,则要求通用性强,适应性好,而且是间断工作的。

(3)按产品布置(流水生产):产品(或物料)比较标准化;数量较多;工艺过程较简单。搬运的特点通常是固定的、直线的或直接的,而且相对讲是连续的。

2. 物流模式

在配送中心布置中常遇到的基本物流模式有三种:直线形(或直通形)、L形、U形。其他如环形物流和曲折形物流(或称蛇形物流)模式实际上都是上述三种物流的变换模式。直线形物流模式(一端进,另一端出)布置最简洁,搬运最简单。然而在配送中心中,L形和U形模式比直线形模式更为多见,这是因为受外界搬运设施以及搬运方法、面积利用、运转管理费等经济方面因素的影响。实际上,大多数布置都是采用了上述三种物流模式的组合形式。

3. 从布置中需要了解的内容

对配送中心物料搬运分析来说,我们需要从布置中了解的情况,基本上有以下四个方面:

(1)每项移动的起点和终点的具体位置在哪里;

(2)有哪些路线及这些路线上有哪些物料搬运方法,是否在规划之前已经确定,或大体上已作出了规定;

(3)物料运进、运出和穿过的每个作业区所涉及的建筑特点是什么样的(包括地面负荷、厂房高度、柱子间距、屋架支撑强度、室内还是室外、有无采暖、有无灰尘等);

(4)物料运进、运出的每个作业区内进行什么工作,作业区内已有的(或大体规划的)安排或大概是什么样的布置。

当进行某个区域的搬运分析时,应该先取得或先准备好这个区域的布置图或规划图。如果是分析一个厂区内若干建筑物之间的搬运活动,那就应该取得厂区布置图。如果分析一个加工车间或装配车间内两台机器之间的搬运活动,那就应该取得这两台机器所在区域的布置详图。在本节搬运分析步骤中,我们不打算过多地考虑怎样布置或为什么要那样布置,只是把它作为已有的布置或建议的布置方案来采纳,将最有效的搬运方法放进去。

但并不是说可以忽视布置。恰恰相反,还应认识并加强搬运与布置之间的联系。因为在研究其中一个领域的问题时,必须使另一个领域的条件暂时保持不变,只有当我们做完了搬运分析并修改了初步搬运方案之后,才有可能提出改变布置的建议。总之,当最后确定搬运方法时,我们选择的方案必须是建立在物料搬运作业与具体布置相结合的基础之上的。

（二）各项移动的分析

在分析各项移动时,需要掌握一定的资料,这些资料包括物料、路线和物流,如表7-3所示。

表7-3　进行移动分析所需资料

物料（产品或物料类别）	物理特征
	其他特征
路线（起点和终点,或搬运路径）	移动距离
	路线的具体情况
物流（或搬运活动）	物流量（单位时间内在一条路线上移动的物料数量）
	物流（或搬运）的条件

1. 物料

搬运系统分析要求在分析各项移动之前先对物料进行分类。关于物料的分类,已在前面讲过,分类的依据是五项物理特征（尺寸、重量、形状、损伤的可能性、状态）和三项其他特征（数量、时间性、特殊控制）。

2. 路线

搬运系统分析用标注起点（即取货地点）和终点（即卸货地点）的方法来表明每条路线。起点和终点是用符号、字母或数码来标注的,也就是用一种"符号语言"来简单明了地描述每条路线。当然,归根到底是要求能够确切地表明每条路线的起讫点。路线中包含了距离和除距离以外的具体情况信息。

1）距离

每条路线的长度就是从起点到终点的距离。距离的常用单位为 m 或 km。距离往往是指两点间的直线距离。如果物料移动的确切路径已经存在,或已经知道,或已经设计好,那就可以采用这个实际距离或设计距离。在计算时,往往会认为成直角（即 90°转弯）的路径距离更合乎实际,但如果没有特殊说明,所谓距离就是指平面上的直线距离。如果采用的是直角距离或竖直距离（如楼层之间）,那么分析人员就应该在文件上注明。

2）具体情况

除移动距离外,还要了解路线的具体情况。

(1) 直接程度和直线程度,如水平、倾斜、竖直、直线、曲线、曲折等。

(2) 拥挤程度和路面情况,例如,对交通拥挤程度来说,有无临时的或长期的阻碍;对路面状况来说,路面是良好的铺砌路面,还是需要维修的路面和泥泞道路。

(3) 气候与环境,如室内、室外、冷库、空调区、清洁卫生区、洁净房间、易爆区。

（4）起讫点的具体情况和组织情况。例如，取货和卸货地点的数量和分布，起点和终点的具体布置，起点和终点的工作情况（文件管理工作和组织效率）等。

3. 物流

搬运系统分析认为：每项移动都有其物流量，同时又存在某些影响该物流量的因素。对每条路线来说也是类似的，即每条路线都有一定长度的距离，同时又存在影响的具体情况。

1) 物流量

物流量是指在一定时间内在一条具体路线上移动（或被移动）的物料数量。物流量的计量单位是 t/h、m^3/d 或件/周（或托盘/周）。一般来说，物流量的大小用每小时多少或每天多少来表示，这样概念比较清楚，比用每月多少或每年多少来表示更容易掌握。

有时，物流量的典型计量单位并没有真正的可比性。例如，一种空心的大件，如果只用质量来表示，是不能真正说明它的可运性，而且也无法与其质量相同但质地密实的物品相比较。如果拿汽车的车身与汽车的汽缸体相比，不论是单独比较尺寸还是单独比较重量，都是不实用的。在碰到这类难以比较的问题时，就应该采用"马格数"的概念来计量。"马格数"的概念只是提供了一种方法，我们可以用这个方法来衡量影响固体物料（或装在容器内的物料）的可运性（即搬动的难易程度）的各项因素。这样，任何搬运问题中的物流量才能真正进行比较；否则，不同物料或不同路线的物流量是难以互相比较的。

2) 物流条件（或搬运活动条件）

除了物流量之外，通常还需要了解物流的条件。例如，总的物流量为每天50吨面粉，如果其中包括了10个不同的品种，每种5吨，彼此又必须区分开，那么，问题就完全不同于50吨单一品种，这必然会影响搬运方法的选择。物流条件包括以下几个方面。

（1）数量条件。数量条件为：物料的组成、每次搬运的件数、批量大小、少量多批还是大量少批、搬运的频繁性（连续的，间歇的，还是不经常的）、每个时期的数量（季节性），以及以上这些情况的规律性。例如，在要搬运的某类物料中有多少要区分开的品种。

（2）管理条件。管理条件是指控制各项搬运活动的规章制度或方针政策，以及它们的稳定性。例如，为了控制质量，要求把不同炉次的金属材料分开等。

（3）时间条件。时间条件包括：对搬运快慢或缓急程度的要求（急的，或是可以在方便时搬运的）；搬运活动是否与有关人员、有关事项或有关的其他物料协调一致；是否稳定并有规律；是否天天如此，等等。

（三）如何分析各项移动

分析各项移动有两种方法。

第一种方法是每一次只观察一类产品或物料，并跟随它沿整个移动过程收集资料，必要时要跟随从原料库到成品库的移动全过程，这称为流程分析即编制流程图表。这里，要对每种或每类产品或物料都进行一次分析。

第二种方法通常叫做起讫点分析或编制物料进出表。实际上，这里又有两种不同的做法：第一种做法是通过观察每项移动的起讫点来收集资料，这种做法是每次分析一条路线，收集这条路线上移动的各类物料或各种产品的有关资料；另一种做法是对一个区域进行观察，收集运进、运出这个区域的一切物料的有关资料。

如果物料是单一品种或品种很少，就采用编制流程图表的方法。如果物料品种繁多，就采用编制物料进出表的方法。通常这两种方法都可以使用。对"大流量物料"(即有限的几种数量多的物料)采用比较准确但比较花费时间的流程图表，而对"小流量物料"(即品种多，但数量少的物料)则采用物料进出表。对这两种方法的具体内容分别说明如下。

1. 编制流程图表

当我们考察某一物料的整个移动过程时，常用符号来描述各步骤的情况。实际上，在物料的加工或转化过程中所发生的情况只有六种。表 7-4 所示的就是这六种类型的作业及其复合作业情况。

表 7-4　流程图表符号

符　号	作　业	定　义
○	操作	有意识地改变物体的物理或化学特性，或者把物体装配到另一物体上或从另一物体上移开，所需进行的作业称为操作。发出信息、接收信息、做计划或者做计算时所需进行的作业也称为操作
⇨	运输	物体从一处移到另一处的过程中所需进行的作业称为运输：除非这一作业已被划分为搬动，或者已被认为是在某一工位进行操作或检验的一部分
◯	搬动	为了进行另一项作业(如操作、运输、搬动、检验、储存或停滞)而对物体进行安排或准备时所需进行的作业称为搬动
□	检验	在验证物体是否正确合格，或者核对其一切特性的质量或数量时，所需进行的作业称为检验
▽	储存	把物体保存，不得无故挪动，就称为储存
⌓	停滞	除了为改变物体的物理或化学特性而有意识地延续时间以外，情况不允许或不要求立即进行计划中的下一项作业的称为停滞
▽○⇨	复合作业	如果要表示同时进行的多项作业，或者要表示同一工位上的同一操作者所进行的多项作业，那么就要把这些作业的符号组合起来表示

说明：上述符号和定义与 ASME(美国机械工程师协会)的流程图表符号标准相同，只是增加了一项"搬动"。如果不增加"搬动"这项符号，那就必须把物料的整理、堆放、定位或卸下都看成是一种操作，或者看成是广义的运输的一部分。把"搬动"这项作业划分出来，就可更加清楚而确切地表明单纯操作和单纯运输的方法。

"搬动"的符号是由半个"操作"符号和半个"运输"符号拼成。同时，操作和运输两者的定义相应地缩小了范围，这缩小部分被归并在"搬动"的定义中。

我们可以用印好的表格或空白纸进行流程分析，印好的表格适用于顺序流通的流程，其中没有频繁和重复的装配或拆卸工序。流程图表如表7-5所示，表 7-6 所示的为某混合饲料公司的流程图表实例。

表 7-5　流程图表

表列单元与最终单元的关系			厂　名 _____　项　目 _____
表列单元	大小或重量	每个最终单元的数量	制表人 _____　参加人 _____
			日　期 _____　第 ___ 页共 ___ 页
			起点 _____
			终点 _____
			☒ 现有的　□ 建议的(方案号 ___)
			方案摘要说明 _____

表列流程：_____

每单位时间的最终单元数量

表列单元和每次装载的单元数	作业符号	作业说明	装载的重量或尺寸 单位____	每_____(单位时间)的次数	距离 单位____	备　注
1						
2						
3						
4						
5						
6						
7						
8						
9						
10						
11				共计		

流程表用法说明

本表用于编制一种产品或物品的作业顺序和流程情况。
① 填写本表表头各项。
② 详细填写本表包括的范围和单位时间的最终搬运单元数。
③ 填写有关的单元(每行填一项)每次装载的数量和物料发生的情况。
　标明作业流程符号(把该符号出现的次数写在符号内)并填写说明。
④ 对流程的每个步骤适当说明。
⑤ 记载表列单元折合到最终单元(或相反)的换算关系,以便核算。
⑥ 把有用的资料数据写在表内适当栏内。

表 7-6 流程图表实例

流程图表

表列单元与最终单元的关系		
表列单元	大小或重量	每个最终单元的数量
防护器	2	(最终单元)
纸箱(实的)	4 1/2	两套防护器1个纸箱
成形件	2	每套防护器1件
毛坯	2	每套防护器1件
钢板	65	每23套防护器1件

表列流程：用钢板制成门的防护器

厂　名　__ABC__　　项　目　__34-7__
制表人　__LFT__　　参加人　__RBX__
日　期　__8月6日__　第 __1__ 页 共 __1__ 页
　　起点　__钢材库__
　　终点　__成品库__
☒现有的　□建议的　　（方案号____）
方案摘要说明 _____
_____
_____
每单位时间的最终单元数量
每天　1380套防护器

	表列单元和每次装载的单元数	作业符号	作业说明	荷载的重量	每天次数	距离	备　注
1	钢板	▽	叠放在地面上	—			
2	钢板,12	⇨	用四轮手推车送去下料	780	5	280	
3	钢板,1	○	按尺寸下料	—			有板边余料
4	毛坯,1	⇨	输送机送往成形压力机	2	1380	20	
5	毛坯,1	○	成形				
6	成形件,400	⇨	用托盘和叉车运往中间仓库	800	3.5	320	起升高度低的手动叉车
7	成形件,400	▽	在地面上的,在托盘上的	—			有时起升高度高的叉车放到托盘料架上
8	成形件,400	⇨	用托盘和叉车送去磨边	800	3.5	80	起升高度低的手动叉车
9	成形件,1	○	磨所有的边				
10	防护器,260	⇨	用叉车和箱式托盘送去装箱	520	5.3	370	每个箱式托盘装260套防护器
11	防护器,260	○	装入纸箱	—	—		包装材料提前供应
12	纸箱,140	⇨	用托盘和叉车送至成品库	630	5	210	
13	纸箱,140	▽	托盘连同纸箱堆放在地面上				
	共计	④ ⇨6 ▽3		共计	1280		

2. 编制物料进出表

编制物料进出表就像编制流程图表那样,也有两种方法:一种是编制搬运路线表;另一种是编制区域图表。采用搬运路线表方法时,每次只考察一条路线,把这条路线上搬运的全部物料的情况都汇集起来。物料进出表如表 7-7 所示,表 7-8 所示的为某混合饲料公司的物料进出表实例。

表 7-7 物料进出表

搬运路线表　起点
　　　　　　　终点

厂名_____　　项目_____
制表人_____　参加人_____
日期_____　　第__页　共__页

物料类别(名称)	类别(代号)	路线状况		距离	物流或搬运活动		标定等级(依据)
		起点	路程	终点	物流量(即单位时间的数量)	物流要求(数量要求、管理要求、时间要求)	
1							
2							
3							
4							
5							
6							
7							
8							
9							
10							
11							
12							
13							
14							

搬运路线表填写说明

用于某一条路线上的搬运活动。
① 填写本表表头各项。
② 每一行填写一类物料或物品,写明物料名称和类别代号。
③ 填写路线状况,包括起运区域、路程和到达区域的状况。
④ 填写物流或搬运活动情况,包括物流量、数量要求、管理要求、季节性和生产节拍等。
⑤ 记载所填资料数据的来源和依据,或对物流量(或运输工作量)标定等级,以便填写与其他路线表所列数据的关系。
⑥ 利用本表的背面画个布置图,说明本表所指的路线在布置图上的位置。
⑦ 把进一步解释以上数据的有关资料填写在各备注栏内。

表 7-8　物料进出表实例

物料进出表					厂名 某混合饲料公司　项目 3687						
区　域　原料库和成品库					制表人 C.R.　参加人 P.S.						
					日期 7月20日　第 2 页 共 6 页						

产品与物料名称（品种或大类）	类别	运 进			来自	操作或区域	去处	运 出		类别	产品与物料名称（品种或大类）
		每天数量						每天数量			
		单位	平均	最大				单位 平均	最大		
含油干果	c	袋			供货者	地面堆放	榨油厂	袋 890	900	c	含油干果
化学品	c	袋	890	5000	供货者	地面堆放	化工厂	袋 845	1000	c	化学品
矿物	b	桶	845	3000	供货者	地面堆放	化工厂	桶 30	40	b	矿物
其他物品	d	吨	30	250	供货者	地面堆放	化工厂	吨 5	6	d	其他物品
其他物品		吨	19	50	供货者	货架或料架	饲料厂	吨 12	20		其他物品
其他物品							榨油厂	吨 2	2.5	d	其他物品
成品油	b	桶	165	190	榨油厂	桶架	客户	桶 165	380	b	成品油
动物补充饮料	c	袋	670	750	饲料厂	地面堆放	客户	袋 670	2000	c	动物补充饮料

备注

三、初步方案的确定与修改

本章第二节按照搬运系统分析的程序模式对布置和移动作了简单的介绍,下面的工作就是对初步搬运方案进行确定和修改,在此之前要先对搬运方法的知识有所了解。

（一）物料搬运方法

所谓搬运方法,实际上就是将一定形式的搬运设备与一定形式的运输单元相结合,进行一定模式的搬运活动,并形成一定的路线系统的方法。一个配送中心或仓库的每项搬运活动可以采用多种方法进行。综合各种作业所制定的各种搬运方法的组合,形成物料搬运方案。路线系统、搬运设备和运输单元三者如何结合成为一套搬运方法,并形成物料搬运方案,下面将分别说明。

1. 路线系统

"系统"一词有许多意义。在搬运系统分析中,这个词不像"叉车和托盘系统"那样涉及设备问题。更明确地说,"系统"是指方法或模式。在这个方法或模式中,用"地理"和"物理"

的观点,把各种"移动"联系起来。

物料从起点直接移动到终点称为直接型路线系统。而间接型路线系统则是把几个搬运活动组合在一起,在相同的路线上用同样的设备,把物料从一个区域移到其他区域。图7-5说明了这些路线形式的特点。

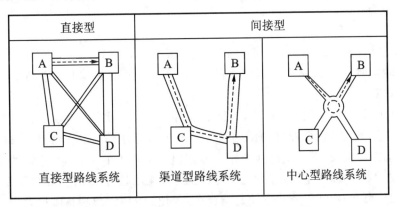

图7-5 路线形式

在讨论某种移动应采用哪一种路线系统形式时,要符合物料搬运费用的两个原则:①距离的原则,距离越短,搬运费用越少;②运输量的原则,运输量越大,单位搬运费用越低。

一个运输量大而距离短的移动符合这两个原则,并且从物料搬运的观点来看,这种移动是一种理想情形,它能"立足于自身",可以单独地进行,是直接型路线系统的典型情况。如果移动的距离长而运输量小,按上面的两条原则来看,其单位搬运费将会很高。如果不能改变距离(除非我们改变布置),那么只有把若干项移动组合起来,才能得到较大的运输量,这是间接型路线系统的典型情况。图7-6说明了距离与物流量之间的关系,有助于我们根据不同的搬运活动来确定路线系统的形式。

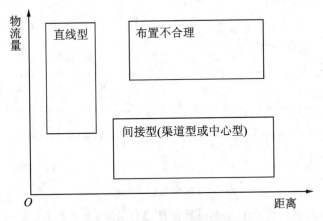

图7-6 距离与物流量指示图(物料搬运系统)

1) 直接型路线系统

物料从起点到终点经过的路线最短。当物流量大,距离短或距离中等时,一般采用这种形式是最经济的,尤其当物料有一定的特殊性而时间又较紧迫时,可以采用直线型路线系统。

2）渠道型路线系统

一些物料在预定路线上移动,同来自不同地点的其他物料一起运到同一个终点。当物流量为中等或少量,而距离为中等或较长时,采用这种形式是比较经济的,尤其当布置不规则且分散时更为有利。

3）中心型路线系统

各种物料从起点移动到一个中心分拣处或分发地区,然后再运往终点。当物流量小而距离中等或较远时,这种形式是非常经济的,尤其当厂区外形基本上是方整的,且管理水平较高时更为有利。

如图 7-6 所示,距离与物流量指示图指出采用何种路线形式更为合适。例如,直接型用于距离短而物流量大的情况,间接型用于距离长而物流量小的情况。根据物料搬运的观点,若物流量大而距离又长,则说明这样的布置不合理。如果有许多点标在这样的区域里,那么主要问题是改善布置而不是搬运问题。当然,工序和搬动是有联系的,如物料需要接近空气（铸件冷却）时,那么,冷却作业和搬动是结合在一起的,这时若出现物流量大、长距离移动也是合理的。

值得注意的是,距离与物流量指示图还有助于我们分析布置。如果指示图上表明有距离长且流量大的搬运活动,说明布置有不合理之处,这时,就应当修改布置,以改善搬运问题。

2. 搬运设备

搬运系统分析对物料搬运设备的分类采用了一个与众不同的方法,就是根据费用进行分类。费用分类有两种不同的情况:第一种是为了分析费用与距离的关系,把总费用分成装卸费用和行程费用,如图 7-7(a)所示;第二种是为了分析费用与物流量的关系,把总费用分为固定费用和可变费用,如图 7-7（b）所示。

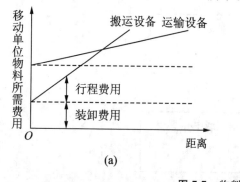
(a)

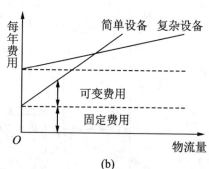
(b)

图 7-7 物料搬运设备的分类

物料搬运设备通常按设计的技术或具体性能分类,可分为起重机、输送机、无轨车辆、有轨运输设备等。但费用因素也可作为分类的依据,根据总的费用,可用下述两种不同的方法进行设备分类。

● 按终端装卸费用和行程费用分类。

搬运设备:装卸费用低而移动费用高,在距离近时使用比较经济。

运输设备:装卸费用高而移动费用低,在距离远时使用比较经济。
- 按固定费用和可变费用分类。

简单的设备:固定费用低而可变费用高,在物流量小时使用较为经济。

复杂的设备:固定费用高而可变费用低,在物流量大时使用较为经济。

如果把上述两种设备分类方法结合起来,就可得出以下四大类设备。

简单的搬运设备——适用于短距离和小物流量。

复杂的搬运设备——适用于短距离和大物流量。

简单的运输设备——适用于长距离和小物流量。

复杂的运输设备——适用于长距离和大物流量。

这种分类法将物料搬运设备分成四类。它是根据费用来考虑的,从经济角度来确定设备类型,所以适用于各种有具体要求的移动。具体说明如下。

(1) 简单的搬运设备。价格便宜,但可变费用(直接运转费)高。设备是按能迅速方便地取放物料而设计的,不适宜长距离运输,只适用于距离短和物流量小的情况。

(2) 复杂的搬运设备。价格高,但可变费用(直接运转费)低。设备是按能迅速方便地取放物料而设计的,不适宜长距离运输,只适用于距离短和物流量大的情况。

(3) 简单的运输设备。价格便宜,但可变费用(直接运转费)高。设备是按长距离运输设计的,但装卸不甚方便,适用于距离长和物流量小的情况。

(4) 复杂的运输设备。价格高,但可变费用(直接运转费)低。设备是按长距离运输设计的,但装卸不甚方便,适用于距离长和物流量大的情况。

图 7-8 表明距离与物流量指示图如何帮助我们根据不同的移动情况和要求,从四种类型中选择搬运和运输设备。按照搬运系统分析从总体到逐步详细深入的概念,在选用搬运和运输设备的具体技术规格和型号之前,最好先确定设备的类别。

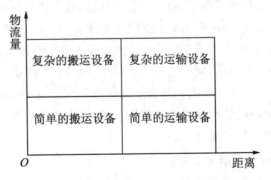

图 7-8 距离与物流量指示图(物料搬运设备)

3. 运输单元

运输单元是指物料搬运时的状态,就是搬运物料时是将物料装在容器内,还是用架子支起或是被捆住。搬运的物料一般有三种可供选择的情况,即散装的、单件的或装在某种容器中的。一般来说,散装搬运是最简单和最便宜的移动物料的方法。当然,物料在散装搬运中必须不被破坏,不受损失,或对周围环境不产生任何危害。散装搬运通常要求物料数量很大。

单件搬运常用于尺寸大、外形复杂、容易损坏和易于抓取或用架子支起的物品。相当多的物料搬运设备是为这种状态设计的。由于使用各种容器要增加装、捆、扎、垛等作业,增加了成本;把用过的容器回收到发运地点,也要增加额外的搬运工作。单件的搬运就比较容易。许多工厂选用了便于单件搬运的设备,因为物料能够以其原样来搬运。当有一种"接近散装搬运"的物料流采用流水线生产时,大量的小件搬运也常常采取单件移动的方式。

除上面所说的散装和单件搬运外,大部分的搬运活动要使用容器或托架。单件物品可以合并、聚集或分批地用桶、纸盒、箱子、板条箱等组成运输单元,这些新的单元会变得更大、更重,常常要使用一些负载大的搬运方法。但是单元化搬运可以保护物品,减少搬运费用。用容器或运输单元的最大好处是减少装卸费用。托盘和托架、袋、包裹、箱子或板条箱、堆垛和捆扎的物品、叠装和用带绑扎的物品、盘、篮、网兜都是单元化运件的形式。

标准化的集装单元,其尺寸、外形和设计都彼此一致,这样就能节省在每个搬运终端(即起点和终点)的费用。而且标准化还能简化物料分类,从而减少搬运设备的数量及种类。

(二)搬运方案初步确定

我们把一定的搬运系统、搬运设备和运输单元称为"方法"。任何一种方法都是使某种物料在某一路线上移动。几条路线或几种物料可以采用同一种搬运方法,也可以采用不同的方法。不管是哪种情况,一个搬运方案都是几种搬运方法的组合。在配送中心搬运系统分析中,把制定物料搬运方法称为"系统化方案汇总",即确定系统(搬运的路线系统)、确定设备(装卸或运输设备)及确定运输单元(单件、单元运输件、容器、托架以及附件等)。

1. 搬运系统分析方法用的图例符号

在配送中心搬运系统分析中,除了各个区域、物料和物流量用的符号外,还有一些字母符号用于搬运路线系统、搬运设备和运输单元。路线系统的代号包括直接系统和间接系统,例如,D表示直接型路线系统,K表示渠道型路线系统,C表示中心型路线系统。

在搬运系统分析方法中常用图7-9所示的符号或图例来表示设备和运输单元。值得注意的是,这些图例都要求形象化,能不言自明,很像实际设备。图例中的通用部件(如动力部分、吊钩、车轮等)也是标准化的。图例只表示设备的总类型,必要时还可以加注其他字母或号码来说明。利用这些设备和运输单元的符号,连同代表路线形式的三个字母,就可以用简明的"符号语言"来表达各种搬运方法。

2. 在普通工作表格上表示搬运方案

编制搬运方案如下说明。

方案一:填写工作表格,列出每条路线上每种(或每类)物料的路线系统、搬运设备和运输单元。如果物料品种为单一的或只有很少几种,而且在各条路线上是顺次流通而无折返的,那么这种表格就很实用。

方案二:直接在以前编制的流程图上记载建议采用的搬运方法。

方案三:把每项建议的方法标注在以前编制的物流图(或其复制件)上,一般来说,这种做法使人更容易理解。

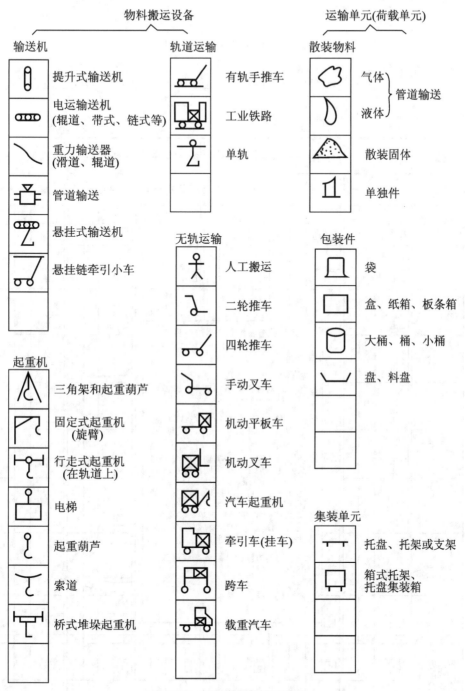

图 7-9 物料搬运符号或图例

3. 在汇总表上表示搬运方法

编制汇总表与编制搬运活动一览表一样,就是每条路线填一横行,每类物料占一竖栏。在搬运活动一览表上记载的是每类物料在每条路线上移动的"工作量",而汇总表只是用"搬运方法"来取代"工作量",适用于项目的路线和物料类别较多的场合。表 7-9 表明了这

表 7-9 搬运系统方案汇总表

公司_____ 厂名_____ 项目_____
制表人_____ 参加人_____
方案号_____ 日期_____ 第___页共___页

物料类别	类别号			类别号			类别号			类别号			类别号			类别号		
路线	说明			说明			说明			说明			说明			说明		
□从一至 □双向	代用S	E	T	代用S	E	T	代用S	E	T	代用S	E	T	代用S	E	T	代用S	E	T
1	□			□			□			□			□			□		
2	□			□			□			□			□			□		
3	□			□			□			□			□			□		
4	□			□			□			□			□			□		
5	□			□			□			□			□			□		
6	□			□			□			□			□			□		
7																		
25	□			□			□			□			□			□		
搬运方法的代用方案或第二方案	a b			c d			e f			g h			i j			k l		

系统化方案汇总表用法说明

本表用于填写一个或多个物料搬运规划
①填写本表表头各项。
②填写物料或产品类别号并加以说明，每类填写一大栏。
③列出物料移动的各条路线（单向或双向），每条填一行，填明起讫点。
④填写每条路线上每类物料的搬运方法，在相应小栏内填明路线系统的形式（S栏）、搬运设备（E栏）和运输单元（T栏），如有代用的第二方案，则在小方格内标明字母，在"代用"和"S"上面的横格内填写物流量、运输工作量等级或计算数据（究竟填什么，在表头内注明）。
⑤填写搬运方法的代用方案或第二方案。
⑥记载其他有关资料以进一步解释表内资料数据。

备注_____

种汇总表的用法。采用规定的代号和符号,把每项移动(一种物料在一条路线上的移动)建议的路线系统、设备和运输单元填写在汇总表中相应的格内。汇总表上还有一些空格,供填写其他资料数据之用,如其他搬运方案、时间计算和设备利用情况等。从一张汇总表上,可以全面地了解所有物料搬运的情况,还可以汇总各种搬运方法,以及编制各条路线和各类物料的同类路线的设备及运输单元。这样,就能把全部搬运规划记在一张表上(或黏在一起的几页表上),并把它连同修改布置的建议,提交审批。

(三)方案的修改

当有了几套初步方案后,应严格按照物料搬运观点来判断这些方案是否切实可行,必须考虑实际的限制条件,并进行一些修改。

物料搬运也就是物料位置的移动,从广义上讲是一项必要的工作,但在成形、加工、装配或拆卸、储存、检验和包装等的整个生产过程中,它只是其中的一部分,甚至是属于第二位的。具体的搬运活动仅仅是整个配送中心设施规划和大的经营问题中的一个部分。但是,为了有效地进行生产和分配,必须有物料搬运,而且还有许多因素会影响正确地选择搬运方法。在物料搬运方案中经常涉及的一些修改和限制的内容有:

(1) 在前面各阶段中已确定的同外部衔接的搬运方法;
(2) 既满足目前生产需要,又能适应长期的发展和(或)变化;
(3) 与生产流程或流程设备保持一致;
(4) 可以利用现有公用设施和辅助设施保证搬运计划的实现;
(5) 布置或建议的初步布置方案,以及它们的面积、空间的限制条件(数量、种类和外廓形状);
(6) 建筑物及其结构的特征;
(7) 库存制度以及存放物料的方法和设备;
(8) 投资的限制;
(9) 设计进度和允许的期限;
(10) 原有搬运设备和容器的数量、适用程度及其价值;
(11) 影响安全的搬运方法。

四、方案的评价与选择

(一)各项需求的计算

对几套初步搬运方案进行修改以后,就开始逐一说明和计算那些被认为是最有现实意义的方案。一般要提出2~5套方案进行比较,对每一个方案需作如下说明:

(1) 说明每条路线上每种物料的搬运方法;
(2) 说明搬运方法以外的其他必要的变动,如更改布置、作业计划、生产流程、建筑物、公用设施、道路等;
(3) 计算搬运设备和人员的需要量;
(4) 计算投资金额和预期的经营费用。

(二)方案的评价比较

方案的评价比较常采用以下几种方法:①费用或财务比较法;②优缺点比较法;③因素

加权分析法。

1. 费用或财务比较法

费用是经营管理决策的主要依据,因此,每一搬运方案必须从费用的观点来评价,即对每一方案都要明确其投资和经营费用。

1) 需要的投资

这类投资是指方案中用于购置和安装的全部费用。它包括基本建设费用(物料搬运设备、辅助设备及改造建筑物的费用等)、其他费用(运输费、生产准备费及试车费等)以及流动资金的增加部分(原料储备、产品储存、在制品储存等)。

2) 经营费用

经营费用主要包括以下两类费用。

(1) 固定费用:①资金费用(投资的利息、折旧费);②其他固定费用(管理费、保险费、场地租用费等)。

(2) 可变费用:①设备方面的可变费用(电力、维修、配件等);②工资(直接工资、附加工资等)。

通常需要分别计算出各套方案的投资和经营费用,然后进行分析和比较,从中确定一个最优的方案。

2. 优缺点比较法

优缺点比较法是直接把各套方案的优点和缺点列在一张表上,对各方案的优缺点进行分析和比较,从而得到最后方案。

在作优缺点分析时所要考虑的因素除了可计算的费用因素外,还应包括以下内容:

(1) 与生产流程的关系及为其服务的能力;

(2) 当物料、数量和交货时间每天都不一样时,搬运方法的通用性和适应性;

(3) 灵活性(已确定的搬运方法是否易于变动或重新安排);

(4) 搬运方法是否便于今后发展;

(5) 布置和建筑物扩充的灵活性是否受搬运方法的限制;

(6) 面积和空间的利用;

(7) 安全和建筑物管理;

(8) 工作人员是否对工作条件感到满意;

(9) 是否便于管理和控制;

(10) 可能发生故障的频率及其严重性;

(11) 是否便于维护并能很快修复;

(12) 施工期间对生产造成的中断、破坏和混乱程度;

(13) 对物料有无损伤可能;

(14) 能否适应用户生产的要求;

(15) 对用户生产流程的影响;

(16) 人事问题——可否招聘到熟练工人,能否培训,多余人员的安排,工种的变动,工龄合同或工作习惯;

(17) 能否得到所需要的设备；

(18) 与搬运计划、库存管理和报表是否联系密切；

(19) 自然条件的影响——土地、气候、日照、气温；

(20) 与物料搬运管理部门的一致性；

(21) 因用户生产中的同步要求或高峰负荷可能造成的停顿；

(22) 对辅助部门的要求；

(23) 仓库设施是否协调；

(24) 与外部运输是否适应；

(25) 施工、培训和调试所需的时间；

(26) 资金或投资是否落实；

(27) 对社会的价值或促进作用。

3. 因素加权分析法

多套方案比较时，因素加权法是评价各种无形因素的最好方法。其程序主要有以下几个步骤：

(1) 列出搬运方案需要考虑或包含的因素（或目的）；

(2) 把最重要的一个因素的加权值定为10，再按相对重要性规定其余各因素的加权值；

(3) 标出各比较方案的名称，每一方案占一栏；

(4) 对所有方案的每个因素进行打分；

(5) 计算各方案加权值，并比较各方案的总分。

总之，正确选定搬运方案可以根据费用对比和对无形因素的评价，建议同时考虑这两方面的问题。

第四节　配送中心搬运设备的选择

随着市场小批量、高频率配送需求的增加，传统仓库的人力作业已无法满足这种需要。因此，对现代配送中心来讲，要使物流作业有效率，除了进行良好的物流作业系统规划和高效的管理外，对物流系统中硬件设施的规划、设计、选用也显得格外重要。配送中心内主要有四大设备，即储存设备、搬运设备、输送设备、自动辨识及通信设备。选用何种搬运设备才能使进出货物顺利流畅；选用何种储存设备才能方便地存取物品，且能达到所需的储存效果；选用何种输送设备才能使物品快速有效地转移；如何选用自动辨识及通信设备才能使以上三种移动更有效地进行，这些都是本节将要阐述的重要内容。

一、储存设备

（一）储存设备的类型

储存设备种类繁多，因储存物料形状、重量、体积、包装形式等特性的不同，其使用的储存方式也不相同。一般配送中心的储存设备主要是以单元负载的托盘储存方式为主，配合各种拣货方式,另有容器及单品的储存设备。储存设备按储存单位分类,可大致分为托盘、容器、单品及其他等四大类。每一类型因其设计结构的不同,又可分为很多种形式,表7-10所示的为储存设备的分类。

表7-10 储存设备分类

储存设备	适用货架及设备	
托盘	托盘货架	
	驶入/驶出式货架	
	流动式货架	
	移动式货架	
	后推式货架	
	单元负载立体自动仓储	
容器	流动式货架	
	轻型货架	
	旋转式货架	水平旋转式货架
		垂直旋转式货架
	轻负载立体自动仓储	
单品	轻型货架	
	旋转式货架	水平旋转式货架
		垂直旋转式货架
	自动拣货系统	
其他	悬臂式货架	
	可携带式货架	
	积层式货架(阁楼式货架)	
	特殊货架(根据特殊需求设计)	

(二)储存设备的选用

储存设备的选用一般是从经济及效率的角度,综合考虑各项因素,决定最适用的设备。在储存设备选用时应考虑的因素如下。

(1)物料特性。储存物料的外形、尺寸,直接关系到货架规格的选定,储存物料的重量则直接影响到选用何种强度的货架。而以托盘、容器或单品等不同的单位尺寸来储存,也均有不同的货架选用类型。另外,预估总储位数的数量,必须考虑到物流仓储未来两年的成长需求。这些资料可经由储存系统分析上来取得。

(2)存取性。一般存取性与储存密度是相对的。也就是说,为了得到较高的储存密度,则必须相对牺牲物料的存取性。虽然有些形式的货架可得到较好的储存密度,但其储位管理较为复杂,也常无法做到先进先出。唯有立体自动仓库可向上发展,存取性与储存密度俱佳,但投资较为昂贵。因此选用何种形式的储存设备,只能是各种因素的折中,也是一种策略的应用。

(3)出入库量。某些形式的货架虽有很好的储存密度,但出入库量却不高,属低频率的作业。出入库量是非常重要的数据,是选用货架形式须考虑的重要因素。

(4) 搬运设备。储存设备的存取作业是由搬运设备来完成的。因此,选用储存设备时须一并考虑搬运设备。叉车是通用的搬运设备,而货架通道的宽度会直接影响到叉车的选用型号。

(5) 厂房结构。储存设备的选用须考虑梁下有效高度,以决定货架高度;梁柱位置会影响货架的配置;地面承受的强度和地面平整度也与货架的设计及安装有关。另外还须考虑防火设施和照明设施的安装位置。

虽然我国配送中心在利用仓储货架系统方面的能力逐渐提高,但是与发达国家相比,整体应用水平还很低,具体表现在:
- 往往只重视单一设备的质量与选型,没有通盘考虑使整个仓储系统达到最优化;
- 中低端仓储设备应用较多,自动化立体库等高端的仓储货架系统还不多;
- 大多数配送中心仍将价格作为选择货架产品的首要因素,忽视了对内在品质和安全指标的考察;
- 部分配送中心对仓储货架系统的作用缺乏足够的认识,在系统规划、设计时带有盲目性,造成使用的不便或资源的浪费。

针对上述问题,建议配送中心在建设仓储系统之前,做好以下工作:
- 一定要有总体规划,并且从土建时就考虑好物流仓储,拿出较为完善的设计方案;
- 根据实际需要,选择合适的仓储货架产品;
- 对供应商的规模、技术水平、设计能力进行考察,最好要有同行业经验。

(三) 托盘的选用

1. 托盘制造材料的选择

(1) 根据使用环境的不同,选择不同材质的托盘。

① 温度。不同的使用温度直接影响到托盘制造材料的选择。这是因为不同材料的托盘有其性能正常发挥的温度范围。

② 潮湿度。某些材料的托盘有较强的吸湿性,如木托盘就不能用于潮湿的环境,否则将直接影响其使用寿命。

③ 使用环境的清洁度。要考虑使用环境对托盘的污染程度。污染程度高的环境就一定要选择耐污染、易于清洁的托盘,如塑料托盘、塑木复合托盘等。

④ 所承载的物料对托盘材质的特殊要求。有时托盘承载的物料具有腐蚀性,或所承载的物料要求托盘有较高的清洁程度,就要选择耐腐蚀性强的塑料托盘或塑木复合托盘。

(2) 根据托盘的具体用途选择不同的托盘。

① 托盘承载的物料是否用于出口。许多国家对进口货物使用的包装材料要求进行熏蒸杀虫处理,这就相当于增加了出口成本。用于出口物料的托盘,应尽量选择一次性的塑料托盘,或者简易的免熏蒸的复合材料的托盘。

② 托盘是否上货架。用于货架堆放的托盘应选择刚度强的、不易变形的、动载较大的托盘。

2. 托盘尺寸的选择

为了使托盘在今后的使用中具有通用性,应尽可能选用国家标准托盘,这样便于日后托盘的交换与使用。由于各行业长期的生产实践,形成了自己固有的包装尺寸,所以对托盘的规格尺寸有一些不同的要求是可以理解的,但从长远来说还是应选择国标尺寸。具体选用时要考虑如下几个方面问题。

(1) 运输工具和运输装备的规格尺寸。合适的托盘尺寸应该刚好满足运输工具的尺寸,这样可以使运输工具的空间得到充分合理的利用,节省运输费用。

(2) 仓库的大小和每个货格的尺寸。

(3) 托盘的使用区间。装载货物的托盘的流向直接影响托盘尺寸的选择。通常发往欧洲的货物要选择 1 200 mm×1 000 mm 的托盘,发往日本的货物通常要选择 1 100 mm×1 100 mm 的托盘。

3. 托盘结构上的选择

托盘的结构直接影响到托盘的使用效率,合适的结构能够充分发挥叉车高效率作业的特点。

如果托盘作为地铺板使用,即托盘装载货物以后不再移动,只是起到防潮、防水的作用,则可选择结构简单、成本较低的托盘,如简易塑料托盘,但要考虑托盘的静载重;对用于运输、搬运、装卸的托盘则要选择强度高、动载大的托盘;根据托盘装载货物以后是否要堆垛来决定选择单面还是双面托盘;如果托盘是用在立体仓库内的货架上,还要考虑托盘的结构是否适合码放在货架上。

二、搬运设备

(一) 搬运设备的类型

常用的搬运设备以搬运车辆为主,可分为两大系列:一种是重负载、较长距离搬运的堆高车辆系列;另一种是轻负载、较短距离搬运的手推车系列。采用堆高车辆系列是为了以较安全的方式举升及搬运负载。以举升高度来说,主要有低举升的托盘车和高举升的叉车两种。搬运车辆按动力分类如表 7-11 所示;搬运车辆按功能分类如表 7-12 所示。

表 7-11 搬运车辆的分类(按动力分)

类型	设备	适用场合	优点	缺点
手动	手动托盘搬运车	短距离水平搬运、低频率低高度升降	灵活、占地少	效率低
电动	电瓶叉车	工况好的室内场所	洁净、噪声小	价格高、充电时间长
内燃	柴油叉车,液化气叉车	室外、大吨位	适合恶劣工况、补充燃料时间短	噪声大、排放废气

表7-12 搬运车辆的分类(按功能分)

类　型	设　备	适用场合	说　明
搬运短距离	手动托盘搬运车	平面搬运	步行式
搬运长距离	叉车	堆垛	驾驶式
堆垛	平衡重式叉车、前移式叉车	堆垛、平面搬运	最常用
拣选	拣选车	低位拣选、高位拣选	国内较少使用

低举升车辆即一般的托盘车,举升高度在100~150 mm,有手动式和电动式两种。手动式托盘车以人力操作实现水平和垂直的移动;电动式托盘车以电瓶提供动力实现提升和搬运工作。无论是手动式还是电动式,都可站立于地板上来操作,为步行式搬运车辆。若其具有一安全的操作平台及可以手抓的护栏,则可以进行像立式搬运车辆的操作方式。由于手动的拖动操作方式既费力又易造成作业人员受伤,因此,尽管电动托盘车的费用较高,但使用仍较普遍。

高举升车辆即一般的叉车,举升高度可达12 m。按操作员乘坐的方式,叉车可分为步行/立式及坐立式。一般步行/立式叉车可举升高度为2.7~3.9 m。按应用条件的不同,叉车又可分为配重式、窄道式、转柱式及侧边负载式等。因此,在选择叉车时,应根据实际需要,考虑负载能力、尺寸、扬程、行走及举升速度、机动性及爬坡力等基本因素。

手推车系列轻便好用,可以承载或搬运拣取后的物品。作为短距离搬运工具,其广泛地应用于仓库、制造工厂、百货商店、配送中心等物流场所。手推车在具体应用时要充分考虑手推车因负重小,一般限制在500 kg以下,且大多数没有举升能力的特点。手推车以其用途及负荷能力来分,一般分为二轮手推车、多轮手推车、笼车等。

(二)搬运设备的选用

选用搬运设备的因素有两个:使用需求和性能价格比。配送中心可以根据自己的功能需求和动力条件,对照表7-11、表7-12进行选择。下面分别进行介绍。

1. 手动液压托盘搬运车的选用

手动液压托盘搬运车(以下简称液压车)俗称"地牛"。选用这类设备时,关键是要确定好吨位、搬运货物(托盘)的尺寸。如果托盘尺寸规格是欧洲标准1 200 mm×1 000 mm的,叉孔高90 mm,那么就选叉长1 200 mm、叉宽680 mm、叉高80 mm的规格,这样升起时只需要压几下即可;如果选用叉高65 mm的,升起需要压多次,势必会降低效率。如果叉太长,可能会伸进后面托盘,叉车起升时可能抬起后面的托盘,造成事故;叉太短或叉太窄的话,搬运时托盘不稳,易倾覆;叉太宽或叉太高的话,有的托盘则无法叉取。

车轮也很重要,车轮材料有尼龙和聚氨酯的。尼龙硬,使用时噪声大,但耐磨;聚氨酯软,使用时噪声小,但易损伤,钉子、铁屑等很容易扎进车轮。工况好的地方尽可能选用聚氨酯的,噪声会小一些。后轮结构有单轮、双轮之分,如果地面有起伏或小的凹凸,选用双轮的比较合适。

液压车的保养十分重要,要及时清理卷进轮轴里的垃圾,及时剔除扎进轮子的杂物。不用时要泄压,不要放在通道里,以免发生安全事故。

2. 叉车的选用

叉车也称为铲车。叉车承担繁重的搬运作业,选用时须慎重考虑。

(1) 价格。国产叉车价格一般为几万元到几十万元不等。通常在内燃叉车类型中,装载国产发动机的叉车比装载进口发动机的叉车价格低;在电瓶叉车类型中,国产叉车的价格是进口叉车价格的一半左右。

如果仅从投资成本角度分析,举个简单的例子:将货物从甲地搬运到距离100 m外的乙地,我们既可以选择不花一分钱买叉车而完全采用人工将货物搬运过去,也可以选择用价值几千元、几万元、十几万元,甚至是几十万元不等的叉车设备将货物搬运过去。单从叉车采购成本而言,相差极为悬殊,但如果计算其综合运行成本,设备投资较少,货物单件搬运成本可能反而更高。作为叉车的最终使用者,其实用户真正关心的是叉车在其整个使用寿命中的综合运行成本,这不仅包括叉车的采购成本,还有叉车在今后使用过程中必将存在的维护维修成本、能耗成本、人工成本,甚至是机会成本、风险成本等。

(2) 地面承载。有的配送中心地面承载能力有限,只能选用自重轻的叉车。一般吨位相同的内燃叉车比电瓶叉车轻。标准生产厂房的楼面载荷约为 800 kg/m^2,较难采用电瓶叉车进行作业;标准办公楼载荷为 $200\sim500 \text{ kg/m}^2$,如果由办公楼改造为仓库,一般不要考虑使用叉车;标准楼房仓库载荷一般为 $1\,500 \text{ kg/m}^2$,可选用自重比较轻的叉车,以免太大的动载损坏楼面。如果在地面上作业,只要地面条件允许,叉车的自重就不成问题了。

(3) 额定起重量。额定起重量是指在规定载荷重心下的起重量。要注意额定起重量与载荷中心曲线,以保持叉车的稳定性。通常要选择额定起重量大于单元货物重量的叉车。

(4) 工作时间。相对来说,内燃叉车工作时间受能源的限制小,电瓶叉车因蓄电池容量有限和充电时间长等原因,更换电瓶或充电都比较费时费力。如果要求电瓶叉车连续工作时间超过 8 小时,则电瓶叉车须配有备用电瓶。

(5) 工况。在污染小的场合,一般采用电瓶叉车,车轮选实心的。在空旷的堆场、条件恶劣的地方,一般采用内燃叉车,车轮选充气的。石化、制药、煤炭等行业大多有防爆的要求,可选择防爆叉车。

(6) 提升高度。根据提升高度的要求,可以选择 2 级门架和 3 级门架的叉车,提升高度超过 5 m 的,一般采用高架叉车(堆高机、前移式叉车)。如果没有提升的要求,只是平面搬运,可选择电动托盘搬运车。有垂直升降要求且近距离搬运的可选用电动升降手动行走式的叉车(例如,立体仓库出、入库口的输送机上托盘货物的叉取)。

(7) 托盘规格。四向进叉的欧洲标准托盘可选择托盘搬运车、插腿式叉车和平衡重式叉车。而双向、双面托盘只能选择前移式叉车、平衡重式叉车。

(8) 叉车属具。叉车属具是货叉的延伸物,主要是便于叉取特定形状的货物,以提高工作效率。常见的叉车属具有叉套、桶夹、纸卷夹、纸箱夹、推拉器、侧移叉、多用托盘叉、倾翻叉架、前移叉、旋转器、旋转叉等,还可以根据需要定做叉车属具。

(9) 动力。叉车常用能源有柴油、汽油、液化气和电力。由于技术和消费习惯等原因,液化气叉车使用得不是很广泛。柴油、汽油叉车的关键在发动机,电动叉车的关键在蓄电池。

(10) 通道宽度。通道宽度至少要满足叉车的转弯或叉取货物的要求。一般在叉车的产品样本上都有具体说明。

(11) 售后服务。任何机械产品都有可能出现故障,需要维修,因此售后服务十分重要。在售后服务方面要注意三点:响应时间、备件供应和服务收费。

从管理角度讲,在现代配送中心中,叉车是物料搬运的整体解决方案的一部分,如何选择叉车对整个物流链的综合作业效率至关重要。叉车种类繁多,用途不一,不同的仓储模式需要不同的叉车,所实现的匹配模式在先进先出还是先进后出、空间利用率、作业效率以及投资成本方面都会有着很大的区别。例如,传统的重载型货架配合平衡重式叉车可实现任意货架位叉取货物,作业效率高,投资成本适中,适用面广,但空间利用率不够;驶入式货架往往配合前移式叉车或小吨位平衡重式叉车使用,堆垛密度高,空间利用率好,但无法实现任意货架位叉取货物;配合高架库使用的窄通道叉车,货物堆垛高度可超过 10 m,并可实现任意货架位叉取并拣选货物,空间利用率高,但其投资成本却很大,同时需要配合高效的信息管理系统。另外,经常有许多配送中心在完全建好仓库后才开始寻找合适的叉车,由于缺乏对该领域产品及发展趋势必要的了解,往往会发现建成仓库不是净空高度考虑不够,导致投入产出比不合理,就是立柱留着令人尴尬的间隔距离,致使无法实现最佳的空间利用率。还有一些配送中心习惯根据自己以往的经验选择叉车,结果虽然能够满足基本使用,但却无法充分发挥不同叉车的综合匹配效应以达到最佳的运作效率,同时也造成投资的浪费。

3. 拣选车的选用

拣选车的选用与叉车类似,但需要注意以下两点。

(1) 是否配车载终端。拣选车上可以配置 RF、标签打印机、LED 显示屏、对讲机等辅助设备,可根据配送中心的信息化程度来选择。

(2) 从地面拣选还是从货架上拣选。如果货物直接在地面堆放,选用一般的低层拣选车即可;如果从多层货架上拣选,则可选用垂直拣选车。

三、输送设备

配送中心使用最普遍的输送机是单元负载式输送机和立体输送机。

单元负载式输送机包括滚筒、皮带或链条等形式。这些输送机主要是用来作固定路径的输送,输送的单元负载包括托盘、纸箱或其他固定尺寸的物料。输送机形式的选择主要是基于物料的特性及系统的需求。单元负载式输送机根据动力源,可分为重力式和动力式两种。重力式输送机是利用物料本身的重量为动力,在一倾斜的输送机上,由上往下滑动。重力式输送机因滚动转子的不同,可分为滚轮、滚筒和滚珠三种形式。动力式输送机一般以电动机为动力,按传送的介质区分,主要有链条式、滚筒式和皮带式,其应用除最基本的输送功能之外,还可做其他多种用途。

立体输送机则以输送机空间所在位置来区分,主要分为垂直、悬吊和地轨三大类。

由于输送物料的表面与输送机直接接触,因此物料的特性直接影响设备的选择及系统的设计,输送物料的特性包括尺寸、重量、表面特性(软或硬)、处理的速率、包装方式及重心等均是重要的考虑因素。规划时,应将欲输送的所有物料列出,包括最小的及最大的,最重的及最轻的,有密封的及无密封的。在设备的设计上,并非最大的或最重的物料会影响设计,太轻或太小的物料也必须作为特殊的考虑来选择设备形式,例如,较轻的物料可能无法使传感器运作,较小的物料容易掉入输送机接缝中等。所有新的输送机,都必须与现有的物料搬运处理设备做最好的配合。简单的系统可使用托盘车或叉车,复杂的系统可使用机器人、无人搬运车或自动存取机。

作业条件是决定输送机速度及形式的因素,物料若只是短距离的暂存输送,采用重力式输送机最为经济,而动力式输送机的选用则必须依作业需求来衡量。

环境条件也是主要的考虑因素。大部分仓库是在有空调及灯光的情况下作业,如有极端温度条件下,需选用特别皮带、轴承及驱动单元。虽然仓库的环境相对较干净,但是输送机系统可能要连接较干净的区域与较恶劣的环境(如生鲜处理场)以及有些物料基于安全的因素,必须隔离,这些因素也会影响输送系统及储存区域的设计。

所有的物料搬运设备都需要不同程度的维护,其维护与搬运设备复杂程度成正比。对于重力式系统,通常只需定期检查,以确保滚轮的正常转动。较复杂的系统(如垂直升降输送机)由制造商提供定期的维护。一般物流中心对昂贵的生产制造设备均会有固定的维护人员,对仓库中的输送设备,也必须有固定的维护人员依输送设备使用频率来做不同频度的保养,以延长使用寿命。在初步规划阶段,对于复杂的搬运系统,其维护成本必须列入采购的预算中,而维护的需求也要列入系统的选择及评价的考虑因素之中。

由于输送设备常会由数种不同形式或不同厂家的输送机衔接结合而成,为了简化系统的结构及日后的扩充兼容性,对于控制系统的复杂程度、控制系统的信息处理方式及系统信息的功能,都应在选购输送机时一并考虑。

四、自动辨识及通信设备

自动辨识及通信设备包含自动辨识与认知设备以及自动化、无纸化通信设备等两大类。自动辨识与认知设备包括条码、条码阅读机、条码印刷机、光学字节、无线电频率标签、磁条、机器视觉等;自动化、无纸化通信设备包括无线电频率资料终端机、耳机、计算机辅助、智慧型卡片等。下面分别进行说明。

(1) 条码。条码是由一组印刷的线条所组成,各线条间有空白的间隙相隔离,线条与空白间隙的类型分别代表不同的字元。条码具有以下优点:资料传输保密效果好,作业速度快,错误率低。利用扫描器来读取表示货架位置的条码,可与RF终端机结合,做无线传输拣取,也可用在自动分类系统中进行辨识分类。

(2) 条码阅读机。条码可以利用接触式或非接触式的阅读机(扫描器)来读取。接触式扫描器分为可携型和固定型两种,并使用接触棒或光笔。将接触棒或光笔划过条码,扫描器就读取由条码反射回来光的类型。这些信息被完整地储存起来,可以输入计算机中。接触式扫描器需应用在稳定速度的情况。而非接触式扫描器可以处理大量物料,具有高作业速度,如可与输送带配合使用。

(3) 条码印刷机。条码印刷机是条码系统中最容易被忽视的设备。由于条码的印刷质量关系到系统的接收能力,所以印刷机的设计与选择对条码系统的成功与否,具有重要的影响。可采用一般条码打印机,如点阵式打印机、激光式打印机,或专业用条码印刷机,但不得与其他物流设备配合使用。

(4) 光学字节。光学字节可以同时供作业人员和机器阅读。光学字节辨认系统和计算机相同,可以读取并解读这些字节所包含的信息内容。其原理与条码系统接近,但读取速度较慢,需严格控制字节的印刷和阅读的环境,否则会导致无法译读或误读资料。

(5) 无线电频率标签。无线电频率标签是将资料编码在晶体内,再将晶体以标签方式加以包装。当标签在特定的无线电天线接收范围内,晶体内的资料就可以通过标签阅读机来译解。无线电频率标签的编码可以是程序化的,也可以是永久不变的。这些标签的接收距离可达 10 m,适用于高速的输送带。

(6) 磁条。磁条可以在很小的空间内储存大量的信息。灰尘和油污不会影响磁条的可读性,磁条的内容还可以变动。磁条系统通常比条码系统贵。由于磁条的读取需采用接触的方式,因此无法应用于高速分类作业环境。

(7) 机器视觉。机器视觉是利用镜头摄取物体的照片,再将照片编码,输入计算机进行解读。在某些环境中,机器视觉系统可以中等速度来获得具有相当精确度的信息,但容易受到照明质量的影响。虽然机器视觉系统已经日渐便宜,但较之其他系统仍然很昂贵。机器视觉系统的使用可在检查区、加工区,以及装配区考虑,其可提供一致性检验并且占用较少空间。

【经典案例 1】

托盘社会化的应用策略

一、托盘与托盘作业的特点

为了使物料能有效地装卸、运输、保管,将其按一定的数量组合放置于一定形状的台面上,这种台面有供叉车从下部叉入并将台板托起的叉入口,以这种结构为基本结构的平板台板和在这种基本结构基础上形成的各种形式的集装器具可统称为托盘。

托盘是一种重要的集装器具,叉车和托盘的共同配合,形成有效装卸系统,极大地促进了装卸活动的发展,托盘已经成为和叉车一样重要的集装方式,两者成为集装系统的两大支柱。托盘有以下主要特点。

(1) 自重量小。用于装卸、运输时,托盘本身的功耗较小,无效运输及装卸要比集装箱的小。

(2) 返空容易。托盘返空时占用运力很小,由于托盘造价不高,又很容易互相代用,可互以对方托盘抵补,所以无需像集装箱那样有固定归属者。

(3) 装盘容易。托盘不需像集装箱那样深入到箱体内部,装盘后可采用捆扎、紧包等技术处理,使用简便。

(4) 装载量有限。托盘装载量虽比集装箱的小,但也能集中一定数量,比一般包装的组合量要大。

(5) 保护性比集装箱的差,露天存放困难,需要有仓库等配套设施。

托盘被认为是经济效益较高的运输包装方法之一,它不仅可以简化包装、降低成本,而且易实现机械化,节省人力,可实现高层码堆,充分利用空间。

托盘是使静态货物转变为动态货物的媒介物,是一种活动的载货平台,或者说是可移动的地面。即使放在地面上失去活动性的物料,一经装上托盘,便立即有了活动性,成为活跃的流动物料,因为装盘物料在任何时候都处于可以转入移动状态中。这种以托盘为基本工具组成的动态装卸方法称为托盘作业或托盘化。

托盘作业不仅显著提高了装卸效果,更为重要的是,它使配送中心或仓库建筑的形式、船舶的构造、铁路及其他运输方法、装卸设施以及管理组织都随之发生变化。在物料包装方面,它促进了包装的规格化,甚至对装卸以外的一般生产活动方式也产生着显著的影响。随着生产设备越来越精密,自动化程度越来越高,生产的计划性越来越强和综合管理方式的逐步先进,工序间的搬运和向生产线供给材料毛坯和半成品的工作就显得尤为重要了。托盘作业是迅速提高搬运效率和使材料流动过程有序化的有效手段,在降低生产成本和提高生产效率方面起着巨大的作用,详见表7-13。

表7-13 托盘作业特点

项目	使用托盘前		使用托盘后	
	制造厂	用户	制造厂	用户
包装	靠手工作业,不能机械化,效率低		作业效率提高,降低包装费用	
搬运	人工搬运效率低,作业方法不固定	人工搬运效率低,作业方法不固定	使用叉车作业,效率提高2~3倍	提高效率,可原封不动地一直搬运至使用地点
破损	破损率高,且要拆封后才能发现	破损率高,且要拆封后才能发现	破损率大大减少,且容易发现	破损率大大减少,且容易发现
储存、保管	难以在仓库内堆高	难以在仓库内堆高	保管容易,储藏能力提高50%以上	保管容易,储藏能力提高50%以上
进货检验	困难	困难	容易,效率提高2~3倍	容易,效率提高2~3倍
拆封		费时费力,要处理包装废弃物		容易,劳动力大大减少

二、托盘社会化

既然使用托盘作业有这么多优点,那么怎样才能真正使托盘化的优点在现实中得到应用,于是便引申到另外一个概念:托盘社会化作业。

搬运作业的重大原则之一是作业量最少,即当物料移动时尽量减少"二次搬运"和"临时停放",使搬运次数尽可能减少。为了提高运输效率,最重要的当然是希望尽可能地减少转载作业。但是,运输上的途中换装作业是很多的。例如,铁路运输作业时,线路上的运输是一次完成的,但是其前后的作业则最少需要6～8次(不中转时为6次)。假如这6～8次换装作业每次都要将托盘上的物料转移到别的托盘上,特别是在改变了物料的运输方式时,如由铁路转变为公路运输,那么其中所经历的搬运和装卸次数就会更多。由此可见,全程的装卸作业很繁重,这样会丧失托盘运输的效果。如果物料一旦在始发地装上托盘,不管途中有怎样复杂的运输和储运作业过程,都不会改变托盘上的物料原状,直达终点,这样就能充分发挥托盘运输的效果。把托盘物料从发货地运到终点,并一直保持装盘原状的运输,称为托盘使用的社会化。

但是,我国绝大多数的企业都没能实现托盘的社会化使用,由此造成的人力、物力以及资源的浪费是十分惊人的。绝大多数的企业不仅拥有自己的托盘标准,而且都把托盘作为企业内部的周转工具,托盘很少离开企业,从而大大降低了托盘的使用效率,成为实现托盘社会化的重大障碍。因此,托盘的社会化使用是发展现代物流必不可少的方式之一。

作为重要的物流器具,托盘是使静态物料转变为动态物料的载体,有"活动的货台""可移动的地面"之称,在现代物流系统中起着不可替代的作用。托盘虽小,但它贯穿于现代物流的各个环节,是最基本的集装单元。托盘的社会化、标准化及其推广应用,直接关系到物流机械化、自动化程度的高低,关系到物流系统现代化的水平。可以说,物流不实现托盘化,就没有快速、高效和低成本的现代物流。其实我国如果要加快托盘社会化的发展,也不是无例可循,在一些发达国家,托盘的使用已经有很多有益的经验值得我们借鉴和学习。下面就介绍托盘使用较好的例子。

托盘的拥有总量是衡量这个国家物流现代化运作水平高低的标志之一。有关资料显示,美国的托盘拥有总量为15亿～20亿个,人均占有7～8个;日本的托盘拥有总量已接近10亿个,人均占有4～5个;韩国拥有总量也非常大,人均占有1.1个;澳大利亚和欧洲的一些国家的托盘应用也非常广泛。我国托盘的应用水平与国外相比还有很大差距,据有关行业组织调查,截至2012年年底,我国托盘拥有量达到了8.6亿个,人均不到0.7个。

在韩国,为了提高托盘的利用率,政府采取对使用者给予补偿的办法,大力提倡使用不易损坏、原料可以再生的塑料托盘。

在北欧地区,从20世纪50年代后期开始,在研究高效率的托盘运输方式方面取得了显著成果,即托盘交换方式。这种方法是运输公司在接收发货方的码货托盘时,将同数量的空托盘交给发货主,当货物到达目的地时,运输公司再以同数量的空托盘与收货方交换。

在欧洲,成立了托盘共用机构的组织,已有17个国家加入此机构,采用即时交换方式,使托盘跨越国境。

在美国,这种即时交换方式的托盘运输是最一般的形式。发货方、汽车司机、收货方各自准备有用于交换的托盘,使货物的托盘运输得以实施。

在澳大利亚,为了管理空托盘,消除多余的返送作业,所采用的方法就是利用托盘租赁系统。这种系统的特点是:托盘租赁公司把托盘租给发货方,在到达目的地卸下物料后把托盘还给当地的租赁公司营业所,而不必向发货地返送。该营业所再把这些空托盘租给附近别的货主利用,解决了空托盘的返送问题。

在日本,从1965年起,日本工业技术院委托日本包装技术协会进行包装模数的设计以及托盘尺寸统一化的调查研究工作。首先研究通用托盘的尺寸及规格问题,然后考虑地面利用率、可操作性对物流模数的适配性等问题,提出了28项考核内容,通过逐项评分,最后得分最高的1 100 mm×1 100 mm T-11型托盘被选中。之后,在日本国家标准JIS中的JISZ0601规定,1 100 mm×1 100 mm×144 mm 的JIS-T11型托盘作为平托盘的标准规格。在托盘标准化以后,货主广泛采用了T-11型托盘搬运及运输系统,提高了物流效率,降低了物流成本。

从各国的标准托盘普及率来看,普及率最高的是澳大利亚,达到95%;欧洲地区和加拿大为90%;美国为60%。

托盘使用在一些发达国家有许多有益的经验值得我们学习,吸取这些好的经验,认识到我们自身的缺陷和不足,考虑我国的实际情况,切实有效地完善托盘的使用和运行机制,不仅可以使企业获得更大的利润空间,增加竞争力,而且对整个国民经济来说也有举足轻重的贡献。

【学习并分析】

1. 上网查阅资料,了解我国托盘使用的现状,分析我国托盘在使用中存在的问题。
2. 你对我国托盘社会化有哪些想法和建议?

【经典案例2】

安得物流股份有限公司武汉配送中心信息系统的现状分析

一、概述

安得物流股份有限公司(以下简称为"安得物流")创建于2000年1月,系国内最早开展现代物流集成化管理,以现代物流理念运作的第三方物流企业之一。目前,公司管理仓库总面积400多万平方米,年运输量60亿吨公里,配送能力200万票次,在全国范围内设立200多个物流服务平台。安得物流武汉配送中心位于武汉市东西湖区武汉供销农资物流有限公司院内。安得物流武汉配送中心地处武汉市区的西北交通要道,紧挨武汉舵落口物流园区,邻近硚口区和汉阳开发区。完成覆盖整个武汉市区的配送和面向襄阳、十堰、黄石、仙桃、荆州、宜昌、红安、丹江口、纱帽、走马岭等多个网点的省内运输配送。配送大致的流程为:制造工厂将货物送至安得物流武汉配送中心;经销商或客户会在几小时前通过网络提出要货需求,安得物流武汉配送中心发出货物,同时更新系统数据,做到"账物相符"。

二、人员结构

安得物流武汉配送中心人员结构:经理一人,副经理两人,文员两名,其余为仓库管理员。经理主要负责日常工作的安排和重大事情的决策等。文员的主要工作是负责将出货确认单输入信息系统。由于安得物流和他们的客户系统并没有对接,当客户的订单传真过来之后,生成五联单,当货物发出之后,由文员将信息手工输入安得信息系统。

仓库管理员主要分为两类:一类就是货物的装卸人员,另一类是仓库的管理人员。他们主要负责仓库货物的接收入库(登记入库单、扫描货物条码并将数据录入计算机)和货物盘点,一般为每周盘点(确认货物结存量)。

三、配送流程及仓库安排

1. 仓库的地理位置和环境

(1) 优越的地理位置。仓库位于武汉市东西湖区武汉供销农资物流有限公司院内,处于武汉市区的西北交通要道,紧挨武汉舵落口物流园区,邻近硚口区和汉阳开发区。

(2) 便利的交通条件。仓库处在武汉三环线边,318、107国道,京珠、沪蓉高速公路在附近交汇,距汉水货运码头仅4 km,仓库区内有铁路复线,集铁路、公路、水运于一体,有利于综合物流发展的优越的交通条件,便于市区和周边城市的配送,所在区域已成为物流集散地。

(3) 行业聚集效应。现代大型物流公司纷纷在此区域安家落户,如中储物流、中海物流、华宇物流等国内著名物流企业均在此租设了仓库,适合发展集载和配载运输,能够节省运输成本。

(4) 专业化仓库。有大量闲置土地和仓库,以及由台商投资的大量现代化仓库。

(5) 廉价劳动力的可获得性。市郊有大量廉价剩余劳动力。

从以上可以看出,选址完全满足物流配送中心选址目标:费用低、辐射强、服务好。安得物流武汉配送中心仓库布局规划图如图7-10所示。在图7-10中,仓库内铁轨连接到汉丹铁路(图中黑色粗线所示),货车皮可以直接沿铁轨到达沿线仓库。

2. 安得物流武汉配送中心配送区域和配送模式(以美的货物为例)

安得物流武汉配送中心的美的货物来自于美的全国各个工厂,配送区域覆盖整个武汉市区和完成面向襄阳、十堰、黄石、仙桃、荆州、宜昌、红安、丹江口、纱帽、走马岭等多个网点的省内运输配送。配送模式如下。

(1) 送往家电卖场。主要是送往苏宁电器卖场,一般配送车为中型货柜车,

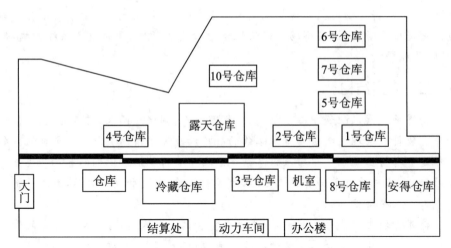

图 7-10 安得物流武汉配送中心仓库布局规划图

配送大件的家电件数为 15 件左右,同类型产品运输量少。

(2) 送往消费者家中。小型货车,能送 2 到 3 台大件家电。

(3) 送往省内网点城市。大型货车,送货量大。

3. 仓库布局、进出货流程

1) 仓库布局

安得物流武汉配送中心的仓库面积约 1 000 m²,呈长方形。四周都有出口,每个长边有 10 个门,在其中一个短边上有 4 个门,共有 28 个出口供货物进出,从而保证了货物进出的效率,同时,也减少了货物在库内的运输距离。另外,物流中心并没有设置专门的出入口,每一个门都是通用的,既可以作为出口也可以作为入口。

在仓库内,按照 3 m×6 m 的储位对仓库进行划分,中间的通道宽度大约为 1.5 m,便于手拖车的通行。

货物在摆放时是按照固定储位的方式进行摆放的,仓库内主要有五大品牌的货物(美的、万家乐、荣事达等)。同一品牌的货物往往放在一起,货物种类有冰箱、空调、微波炉等常用家电以及小家电。

2) 进货流程

进货流程介绍如下:

(1) 工厂会在前一天利用网络告诉安得物流武汉配送中心今天的到货情况;

(2) 司机会在送货的同时,将送货单交给物流中心;

(3) 物流中心的接货人员利用手持条码扫描仪对货物条码进行扫描;

(4) 登记入库单据;

(5) 将货物摆放入库位;

(6) 将扫描数据输入计算机。

入/出库单据如表 7-14 所示。

表 7-14 入/出库单

货物型号				单位		库位		
货物编码				货物类别				
——年月日	单号	来源/去向	收	发	结存/盘	操作人	库龄(月)	

入库单和出库单是同一张单据,通常在一个货区只有一张单据,其中包括了入库和出库的时间、数量、来源和去向以及单号、操作人等信息。我们在调研的过程中发现大多数货物的库龄在 1 个月左右,部分货物达到 6 个月。

3) 出货流程

其出货流程介绍如下:

(1) 经销商或客户会在几小时前通过网络提出要货需求;

(2) 当客户的车到达时,安得物流武汉配送中心利用手拖车取货,进行装载;

(3) 在装载过程中,对货物的条码进行扫描;

(4) 填写出库数据;

(5) 将扫描数据输入计算机。

4) 先进先出

在仓库管理中,有一条重要的原则就是先进先出。在安得物流武汉配送中心里,出货时会首先看货物上是否有先出的标志,有这种标志说明货物的存放期至少在 3 个月以上。然后根据登记的单据日期,选择要发出的货物。

5) 账物相符

在仓库管理中,还有一条重要的原则就是账物相符。在安得物流武汉配送中心里,通常采用每周盘点物料的方式对物料进行盘点,盘点的结果也会登记在单据上,与入/出库的数据进行核对来保证账物相符。同时,客户也会每半年对仓库中的物料进行盘点,与安得物流武汉配送中心核对账目。

四、信息系统现状

物流配送中心信息化作为现代物流的一个基本特征,已成为物流配送中心提高物流服务水平、获取竞争优势的重要手段之一,这也是现代物流配送中心越来越重视建设自己的物流信息系统的重要原因。

尽管现代物流配送中心日趋向多样化和全面化发展,但构成其核心竞争能力或有助于其获取竞争优势的还是其核心业务,如汇集客户的订货信息,从供应商处采购货物,组织货物的入库、配货、分拣、储存、出库、配送等业务。

1. 安得物流信息系统的发展

安得物流成立之初,主要依托美的集团进行业务拓展,业务主要是仓储托管和公路运输。由于业务发展迅猛,公司面临着手工信息记录和处理的方式所带来的问题,严重影响了工作效率。2002年,安得物流寻找物流软件开发商开发物流信息管理系统,经过近一年的努力,系统终于投入运行使用。但是由于业务变化太快,原来的需求与现实的业务管理存在一定的差距,该系统只能做简单的仓储、运输的记账,信息系统远远满足不了业务和管理的要求。在2002年年底,安得物流决定升级信息系统,但该项目最终失败了。2003年年底,安得物流成立IT部,自行开发信息管理系统。到2004年7月,安得物流自主研发、具有自主知识产权的安得物流供应链管理信息系统(ALIS2.0)的第一个模块——仓储系统正式使用,至今已经发展得比较完善。

2. 现行信息系统介绍

在对安得物流武汉配送中心的调研过程中,工作人员向我们介绍了现行信息系统的情况。

2004年7月,公司的第一个模块——仓储系统正式使用,之后有订单系统、运输系统、配送系统、财务系统、人力资源系统、合同管理、保险管理、接口系统、决策分析、计划管理,客服管理等16个模块先后启用,为安得物流持续发展发挥着不可估量的作用。2005年安得物流又进行了一次系统升级,信息系统更加方便实用。

3. 安得物流武汉配送中心信息系统的功能模块设计

1) 业务主系统

这是信息系统的核心部分,主要具有订货管理、入库管理、配货管理、在库管理、出库管理和配送管理等信息处理和作业指示等功能。

(1) 订货管理。订货管理主要包括客户订单接受与处理、客户订货确认两个功能模块,具体说明如下。

① 客户订单接受与处理。该配送中心要求客户采取网上订货，进行在线实时信息传递，这样，配送中心不仅可以有效克服以前通过电话、传真等订货方式所造成的订货成本较高的弊端，而且还可以使客户的订单信息自动地转入配送中心的信息系统，从而减少了订单输入的工作量，并防止了订单输入错误的发生。

② 客户订货确认。通过客户订单的跟踪，全程控制货物的流向，实现对客户订货的确认。

(2) 入库管理。入库管理的主要功能包括接收货物入库、入库确认、生成相应的财务数据信息等。这一环节更多的属于员工业务操作工作范畴。配送中心应采用条码技术、RF 技术等来提高员工入库操作的准确度和工作效率。

(3) 配货管理。客户通过网上、电话以及传真等方式下达订单，然后配送中心工作人员对其进行配货。配货作业是配送中心员工对客户订单的相关信息（如商品名称、数量、到货时间等）进行与配货有关的处理时所作出的相关作业指示。

(4) 在库管理。在库管理的核心工作在于确定货物的保管位置、数量和入库日期，使在库数据与实际物料保持一致。从不同物料接受订货处理到作出物料出库指示的过程中，应保证物料快进快出和先进先出。在库管理主要有以下几个环节。

① 接收货物。该环节主要确认客户的订货是否到货或入库。系统管理人员可首先对当天未到货的订货清单或当天计划到货的订货清单进行详细核查，然后将订货清单打印并交给验货人员进行核对。验货人员可采用手持条码输入终端进行验货确认。

② 入库保管。信息系统的应用，不仅能提高作业效率和精度，而且能最大限度地利用有限的商品储存空间，尽量避免缺货或货物出库后货位空闲所造成的损失和资源浪费。

③ 货物盘点。货物盘点是作业人员对在库货物的实数与信息系统的在库数据进行核实并作相应更正。货物盘点工作主要是为了防止因作业人员在出库操作时出现差错，或货物损坏等原因而造成实际在库货物与信息系统数据不吻合。

(5) 出库管理。货物出库管理包含出库计划、出库指示等内容。其中，出库计划包括出库日期的指示、每个客户的订货数据汇总、分批发货和完成发货等内容，出库指示包括出库部门输出各种出库用的票据。

(6) 配送管理。配送管理既是最后一个主要环节，又是全部配送工作中的核心业务。要想合理、经济地进行货物配送，必须尽可能地实现"六个最"，即最少环节、最短距离、最低费用、最高效率、最大效益和最佳服务。

2) 业务支持系统

配送中心的业务支持系统为信息系统提供了一个完备的后台支持和保证系统正常运转的信息平台，主要包括自动扫描系统和条码系统。这些自动化信息技术的应用是为了更好地配合信息系统管理效用的发挥。没有上述先进技术手段的应用,信息系统的优势很难发挥出来,这也是配送中心在建设信息系统之前应当解决的主要问题。

在安得物流武汉配送中心日常使用的主要是仓储管理系统模块,每天完成的工作主要有:

① 与用户系统对接,按时接收订单和配送要求的信息,并转化为仓库作业的格式,进行处理;

② 在出入库作业时,利用手持扫描仪收集信息,并传送到计算机终端记录和处理;

③ 每天对操作作业生成五联单,并进行核对,将信息传送到公司总部汇总。

安得物流武汉配送中心的工作人员一直强调,信息系统大大提高了他们的效率,降低了公司的运作成本。

五、存在的一些问题

安得物流的信息系统发挥了很大的作用,但还是存在着一些问题。

(1) 调查发现,很多信息的录入还是靠手工录入,效率极其低下。工作人员需要录入大量的单据,工作十分枯燥。

(2) 信息系统与配送中心的作业没有实现无缝衔接。信息系统与配送中心作业的衔接往往存在许多问题,例如,如果信息系统输出的配货清单有误或不易辨认,则会造成配货效率低下和错误,造成信息系统中货物在库数据与实际的货物数据不相符的现象。

(3) 在调查中发现,该物流配送中心的信息系统还缺乏一些业务辅助系统的支持,只有条码技术、RF技术、自动扫描技术的应用。

总体来说,安得物流武汉配送中心给我们的感觉是作业比较规范,仓库整洁,设计规范,工作流程明确,定期盘存,操作规范,但是没有想象中的现代化的操作流程。公司有了自己的信息系统,查询比较方便,但是没有和客户系统对接,确认订单还是需要文员手动输入,操作烦琐且容易出错。

总之,安得物流武汉配送中心有其值得肯定的一面,同时也存在有待改进的地方。从现在的发展趋势及他们规范的流程来看,我们有理由相信安得物流会越走越好。

【学习并分析】

1. 从安得物流武汉配送中心的运作模式中,我们学到了什么?
2. 针对安得物流武汉配送中心业务系统和信息系统的实际运作情况,试提出改进方案。

【本章关键术语】

物料搬运系统　system of material handling
搬运系统分析　analysis of material handling system
物料搬运方法　method of material handling
物料搬运设备　facility of material handling

【本章思考与练习题】

1. 简述配送中心搬运系统分析的阶段构成与程序模式。
2. 三种基本的搬运路线系统是什么？它们各适用于哪些物流场合？
3. 配送中心搬运方案的分析评价方法有哪几种？
4. 你了解哪些物料搬运设备？
5. 根据费用对物料搬运设备进行分类时可以分为哪几种？它们各适用于哪种物流场合？
6. 选择你日常生活中有物流活动的一场所，按照本书中的程序模式对它进行搬运系统分析。

第八章 物流配送中心设施规划软件与仿真

本章重点理论与问题

绝大多数物流系统是离散事件系统,例如,离散货物的储存、销售、配送等物流过程都是离散系统;也有部分物流系统为连续系统,如连续的化工产品物流等。因此,绝大多数物流系统仿真软件都是离散事件系统的仿真软件(以下简称仿真软件),也有部分仿真软件提供了处理连续系统仿真的功能。

本章重点介绍四种仿真软件。其中:AutoMod 已经在物流领域得到较多应用,不少大型物流企业采用 AutoMod 进行复杂物流系统的仿真辅助决策;Flexsim 是一款相对较新的仿真软件,由于其研发较晚,所采用的技术与前一代软件相比有所不同,它更贴近现代的建模思想和用户需求,在科研和应用领域内都具有较好的前景;Arena 在国内外的应用都较广泛,被较多地用来进行流程类问题的仿真,且广泛地被高校、科研单位和物流企业所采用;Extend 是一款应用领域广泛、功能强大、低价位的仿真软件,在物流领域较多地应用于供应链仿真和交通运输仿真。

第一节 物流配送中心设施规划仿真软件介绍

系统仿真技术发展到今天,已经在汽车、烟草、医药、化工、军事、配送、机械、第三方物流、食品、电器、电子等行业得到了广泛的应用,其应用贯穿于产品设计、生产过程、销售配送,直到产品寿命结束废弃以及回收阶段。离散事件系统仿真技术在物流管理的技术与手段方面已取得了不可替代的地位。随着日益增长的技术需求,提供功能强大、方便、灵活、可靠的决策支持工具已成为物流软件商的时代使命。自 1955 年第一个仿真软件问世以来,目前市面上已经涌现了多种仿真软件。

按照新技术出现的时间顺序,仿真软件的发展可分为六个阶段,即通用程序设计语言、仿真程序包及初级仿真语言、完善的商品化的高级仿真语言、一体化(局部智能化)建模与仿真环境、智能化建模与仿真环境、支持分布交互仿真的综合仿真环境。

从总体来看,各种仿真软件集中体现了这样几种趋势。首先,仿真软件越来越注重与外界的数据交换,许多仿真软件可以接受多种输入形式,如电子表格文件、数据库文件、CAD图形文件等,同时也可以向这些应用软件进行输出。其次,软件的动画显示功能不断增强,新的软件推出,或者软件的升级都往往在动画显示方面进行了功能改进和提高。第三,越来越多的软件提供专门的输入/输出分析工具,作为软件内置模块,或者作为可选择的模块,成为仿真软件产品的组成部分，为用户建立输入数据模型和对系统进行统计分析提供更多的方便。第四，仿真软件的发展趋势是提供优化功能，仿真优化模块成为越来越多的仿真软件不可缺少的功能模块。

目前已经发布的在计算机上运行的离散事件仿真软件产品有五六十种，且这些软件都有不同的应用目的和背景。软件商通过各种方式与他们的用户保持一定频率的沟通和联系，从而进一步促进软件产品的不断更新和发展。随着人工智能等技术的发展，一些仿真软件采用了新的建模仿真方法，使得软件的建模仿真功能得到进一步的改善。

功能界面化已经成为仿真软件的一个发展特征。很多仿真软件都具有将其建模功能集成在其界面中的特征，Awesim（基于 SLAM）、Witness、Promod、Taylor 2 和 AutoMod 等都将建模功能集成到界面中，强调各自的易用性和全面的强大功能。

在建模技术上，有些软件采用层次建模结构。例如，Arena 和 Slx 就是具有层次建模结构的软件。这样的层次结构为应用导向的仿真器带来了优势，较低层次的模型允许其与通用仿真语言相关联。有些软件则同时具有两种方式，通过层次设计，在顶层允许用户与程序互动，而同时又提供了从最基本的层面使用语言的机制。这样就为软件提供了很好的灵活性。

与其他计算机软件一样，仿真软件越来越多地与其他应用软件共享信息。许多软件能够从不同类型的电子表格和数据库文件中接收数据，并同时向它们输出数据。绝大多数软件都提供程序语言（如 C 语言、VB 等），可以与仿真代码连接，以获取特定的信息资源或者进行专门的计算，如仿真系统内的调度和决策计算等。

仿真软件包的集成度越来越高。通过软件商提供的附加软件，仿真软件在能力规划、排程调度、输入建模和运行控制等方面的功能越来越全面。对于那些没有包括输入建模的软件，用户往往通过其他工具来对观测数据进行拟合，从而生成输入数据模型。这种分析工具如 ExpertFit 和 StatFit 等，都可以进行观测数据拟合，提供多种分布，并且还提供了与部分仿真软件的接口。

这些软件可谓各有特点，各有所长。人们通常选择三维实体效果比较好的软件进行物料搬运和物流机械的仿真分析，选择适合作系统分析和流程分析的软件进行供应链网络的系统分析，而选择能嵌入优化算法的扩展功能较好的软件来进行复杂物流系统的调度问题的研究。

未来的仿真软件将在以下几个方面得到进一步的发展：
(1)随着互联网技术的发展，仿真软件将逐步实现云端化；
(2)仿真软件的设计与优化将紧密结合；
(3)引入机器学习的方法改善建模仿真功能；
(4)增强对建模仿真全生命周期活动的支持功能；
(5)支持复杂系统虚拟样机的开发；
(6)开发及完善支持分布仿真工程的支撑框架；
(7)实现业务驱动仿真。

目前几个应用较多的大型仿真套件有英国 Lanner 公司推出的 Witness，美国 Brooks Automation 公司开发的 AutoMod，美国 System Modeling 公司开发的 Arena 和美

Imagine That 公司开发的通用仿真平台 Extend,美国 3i 公司设计开发的 SIMAnimation,美国 Flexsim Software Products 公司开发的 Flexsim,日本 AIS 公司开发的 Ralc 等。本章将选择性地介绍 AutoMod、Flexsim、Extend、Arena 四种在物流系统分析中常用的仿真软件,其目的在于给读者一个关于物流仿真软件的初步认识,了解不同软件之间的异同,并引导有兴趣的读者对四种软件进行初步的学习,了解其基本功能和应用。对于各种软件的详细了解和深层次的应用,需要读者参考有关软件提供的教程和帮助文件进行更深入的学习。

一、AutoMod 软件的功能和特点

AutoMod 仿真软件由美国 Brooks Automation 公司出品,其研发基地位于美国犹他州的盐湖城。AutoMod 于 20 世纪 80 年代开始研发,目前已成为国际上较成熟、应用较广泛的仿真软件之一。AutoMod 的应用覆盖汽车、家电、造船、化工、烟草、图书等制造业领域,军事、核工业等国防领域,以及邮政通信、港口、航空、仓储、配送、物料操作等物流及其他服务行业和领域。AutoMod 在美国、欧洲各国、中国,以及世界其他地区拥有制造、服务行业和教育科研领域等多种类型的用户。AutoMod 在国外的应用较多,如惠普公司在美国俄勒冈州的喷墨打印机工厂,在进行自动化物流改造时选择了 AutoMod 仿真软件包作为物流方案选择的工具。美国的 Strachan & Henshaw(S&H)也选择了 AutoMod 作为 MOD's Future Carrier 项目的仿真工具。在国内,AutoMod 也被越来越多的用户采纳,如昆明船舶设备集团有限公司采用 AutoMod 对物流产品设计时的对象节拍控制进行参数优化,中邮科技有限责任公司采用 AutoMod 作为邮政物流,以及烟草、医药、图书领域生产配送物流系统规划设计的支持工具。在科研教育领域,如清华大学、香港大学等都引进了 AutoMod 作为相关研究的工具。本节基于 AutoMod 11.2 来介绍 AutoMod 的功能和特点。

(一) AutoMod 软件的基本功能

AutoMod 是一款比较成熟的离散事件系统仿真软件,可完成对制造系统、仓储系统、物料处理、企业内部物流、港口、车站、空港、配送中心,以及控制系统等的仿真分析、评价和优化设计等。

AutoMod 可分成五大模块,分别是建模(AutoMod Model Editor)模块、运行(AutoMod Runtime)模块、结果分析与优化(AutoStat)模块、自动显示(AutoView)模块,以及由一些应用程序构成的辅助模块。此外,AutoMod 有着丰富的文档材料帮助用户使用软件,安装程序将这些文档自动拷贝在 AutoMod 安装目录下。AutoMod Model Editor、AutoMod Runtime、AutoStat 这三部分是 AutoMod 软件的主要模块。

AutoMod Model Editor 模块用于建立仿真模型。Model Editor 提供一系列的物流系统模块来仿真现实世界中的各种类型的物流系统,如输送机模块(辊道、链式)、自动化存取系统(立体仓库、堆垛机)、基于路径的移动设备(AGV 等)、起重机模块等,用户可选择适当的模块和建模单元来组建自己的模型。

AutoMod Runtime 模块用来运行仿真模型。Runtime 提供了运行设定与仿真环境,可设定运行参数。同时 AutoMod 提供了两种随机数发生器,可支持完成稳态仿真或终止型的多次独立重复仿真。

AutoStat 模块用来进行实验设计、统计分析和系统优化。AutoStat 提供统计分析工

具,用户可以自定义测量和实验的标准,定义试验场景和方案,自动在 AutoMod 的模型上执行系统的统计分析。

AutoView 模块用来显示模型的 3D 运行画面或者生成动画影像文件。该模块使用脚本语言,记录关键帧,进而控制动画,生成影像文件。可以允许用户通过 AutoMod 模型定义场景和摄像机的移动,产生高质量的 avi 格式的动画。用户可以缩放或者平移视图,或使摄像机跟踪一个物体的移动,如叉车或托盘的运动,提供了动态的场景描述和灵活的显示方式。

AutoMod 的辅助模块包括模型间通信模块、3D 图形生成模块等。通过 MCM 模块,AutoMod 还可以实现半实物仿真(Emulation)。安装版本不同,辅助模块的组成也可能不同,但一般会有 3D 图形生成工具、文本编辑器和表格编辑器等。三维图形生成工具软件 ace.exe 和 dtrace.exe 用于制作 3D 图形。这些 3D 图形格式是 AutoMod 软件使用的专门三维图形格式。

(二) AutoMod 软件的特点

AutoMod 是一个具有精确三维建模功能,可进行虚拟现实动画显示,在物料操作方面具有优势,同时可仿真连续系统的仿真软件。从仿真策略上看,它是一个基于进程交互策略的、由流动实体驱动的仿真软件。其特点说明如下。

1) 模型精度高

AutoMod 仿真软件提供了建立精确模型的平台,与其他仿真软件不同,AutoMod 对模型的精细程度没有限制,可以根据用户的需要,刻画模型的任何程度的细节,因此,可以提供极高的建模精度。在图形显示上,AutoMod 也有较高的精确度。AutoMod 采用的实体构建方法相对较为复杂,但模型中实体的 3D 显示可以逼真得接近现实,对模型的确认、表达设计方案等有很大帮助。AutoMod 在实体建模和图形显示上的精度,使 AutoMod 在处理物料搬运等方面具有相对优势。

2) 虚拟现实 3D 图形显示

AutoMod 可以生成 3D 虚拟现实动画。AutoMod 使用类似 CAD 制图的方式来建立其物理模型的系统空间布局和实体空间构造。同时软件采用虚拟显示,使实物形状美观,尺寸精确,满足了市场对显示效果的需求。

3) 较强的物料搬运建模功能

AutoMod 提供给用户一套物料搬运系统模板,这些模板大多来源于 Brooks Automation 公司工业自动化实践经验。AutoMod 将其定义为几种不同的子系统,用户可以方便地将其引入模型中,用户只需要修改图形并输入参数来完成对模型的建模定义,大大加快了建模速度。

4) 连续生产过程建模

AutoMod 提供了专门的子系统模块,如 Tanks(容器)和 Pipes(管道),可对流体和散货(如粮食、橡胶颗粒等)物料的储存和流动进行仿真,从而可以处理具有连续生产过程特性的系统的建模与仿真。

5) 基于进程交互策略

AutoMod 是基于进程交互仿真策略的软件。在 AutoMod 所建立的仿真模型系统中,流动实体是模型的驱动成分,整个系统的运行是靠流动实体驱动的。系统将流动实体所发生的事件及活动按时间顺序进行列表组合,形成相对每个流动实体的进程。当一个流动实体进入某个进程时,系统试图将该进程执行下去,直到进程结束,或者进程被时间延迟或者其他条件所中断。系统对不同类型的进程规定了不同的优先级,以使得当不同进程在时间上处于并发时,系统能够按照确定的次序分别执行这些进程。

二、Flexsim 软件的功能与特点

Flexsim 由美国 Flexsim Software Products 公司出品,是一款商业化离散事件系统仿真软件。Flexsim 已成功地应用在多个领域,特别适合于生产制造、仓储配送、交通运输等物流系统领域。Flexsim 在生产制造领域的应用案例有半导体晶片制造、肉类联合加工厂的肉类加工过程、钢铁生产、电子产品生产等;在仓储和配送领域的应用有在港口装卸集装箱轮船、配送中心、拣选、输送机系统及其布局、移动式货架、旋转式货架以及自动化立体仓库等;在交通运输领域也成功地进行了高速公路入口的车流、人员和列车在铁路车站的运动、上下河道的船舶运输、边境线上交叉路口的交通阻塞等问题的仿真研究;Flexsim 还被应用于矿石开采和加工、快餐店制作食物并向顾客提供服务、游乐设施上游客的运动、喷气飞机引擎的维修、医院对病人和食品的处置、可共享访问网络存储器中的数据流、银行业务流程中对支票的处理等。Flexsim 的用户包括有国际著名的物流公司,如德国 DHL 等。Flexsim 在国内的用户目前主要是一些高校,如清华大学、上海交通大学、华中科技大学等。本章第二节中的案例是基于 Flexsim 17.0.1 版本的,有兴趣的读者可自行学习。

(一) Flexsim 软件的基本功能

Flexsim 是用来对生产制造、物料处理、物流、交通、管理等离散事件系统进行仿真的软件,也可以使用 Flexsim 进行 Emulation(模型中含有真实的物理实体)仿真。Flexsim 采用面向对象技术,并具有 3D 显示功能。建模快捷方便和显示能力强是 Flexsim 仿真软件的重要特点。该软件提供了原始数据拟合、输入建模、虚拟现实显示、运行模型进行仿真实验、对结果进行优化、生成 3D 动画影像文件等功能,也提供了与其他工具软件的接口。

Flexsim 提供了仿真模型与 ExperFit 和 Microsoft Excel 的接口。通过 ExperFit 对输入数据进行分布拟合,可以同时在 Microsoft Excel 中方便地实现和仿真模型之间的数据交换,包括输出在运行模型过程中动态修改的运行参数。Flexsim 主要研究复杂的多目标系统。Flexsim 将众多目标的不同参数组合的运行结果输出后供分析者比较,选取较优的参数组合。Flexsim 可以为使用者提供逼真的图形动画显示、完整的运作绩效报告,可以在比较短的时间内比较各种方案的优劣,同时对预选的各种方案进行评估。

(二) Flexsim 软件的特点

Flexsim 仿真软件的特点主要体现在采用面向对象的建模技术,具有突出的 3D 显示效果,建模和调试简单方便,建模的扩展性强,易于和其他软件配合使用等方面。

1) 基于面向对象的建模技术

Flexsim 中所有用来建立模型的资源都是对象,包括模型、表格、记录、库、GUI(图形用户界面)等。用户可以使用 Flexsim 提供的对象库,实现对现实世界的对象、过程和系统的

建模。同时，Flexsim 的对象库可以扩展，用户可以使用 C＋＋语言或者软件自带的 Flexscript（一个 C＋＋代码的预编译库）来修改这些对象。面向对象的建模技术使得 Flexsim 建模过程生产线化了，为某个模型所建立的对象可以用于其他模型，减少了建模工作人员的重复劳动。其可扩展性为不同用户提供了方便，用户可以根据自己的行业和领域特点，扩展对象，构建自己的对象库。

2）突出的 3D 图形显示功能

第一次接触 Flexsim，首先会被其色彩鲜艳的 3D 显示效果所吸引。Flexsim 仿真环境中所有的模型都是逼真的 3D 模型，使用的技术和今天的 3D 游戏技术是一样的，并且在仿真环境中操纵这些 3D 模型也非常容易。点击鼠标就可移动或者旋转图形，转动鼠标的滚轮可以放大或缩小画面。图形可以从各个角度观看，也可以在模型中做虚拟的近距离观察。Flexsim 中的图形显示不仅带来视觉上的美观，更可以帮助用户对研究的模型有一个直观的认识，也有助于对模型的验证。

3）建模和调试简单方便

通常，仿真建模要耗去工作人员大量的时间和精力，特别是在对计算机仿真模型提出 3D 可视化要求时。而且，很多仿真软件哪怕建立一个简单的模型也需要编写程序，这无疑提高了对使用人员的要求。使用 Flexsim 建立仿真模型就容易得多，没有特殊要求一般不用编程，而且可以很轻松地做出 3D 模型。Flexsim 采用鼠标拖动和释放对象进行建模，从对象库中拖动预先制成的对象，在工作区中释放，并设置或修改对象的各种属性和行为，包括外观、输入/输出、速度等。之后，通过鼠标的选中和在两个对象之间画线来建立对象间的连接，并同时为这些连接关系设定属性。按照这种方法，就可以很简单地把整个模型逐步建立起来。在拖动建模方式中，以灵活性和可用性为导向，但降低了对尺寸和位置精度的关注。

4）建模的扩展性强

Flexsim 通过支持建立用户对象，融合 C＋＋语言编程，体现了其可扩展性。但其扩展性还远不止这些。用户不但可以直接使用 Flexsim 来建模和运行模型，还可以在其之上利用 C＋＋语言和软件提供的接口和函数开发仿真应用程序，这些应用程序一般用来对特定行业建模并进行仿真。

5）开放性好

能提供与其他软件的方便接口是 Flexsim 结构上的特点。Flexsim 完全支持 C＋＋，所以用户可以通过使用 C＋＋语言在 Flexsim 内编程，甚至修改 Flexsim 来实现特定的要求。所有的动画都是 OpenGL，支持工业标准的 3DS、DXF、WRL 或者 STL 图形对象，都体现了 Flexsim 的开放性。同时，Flexsim 可融合第三方软件，如 OptQuest、Visio、ExpertFit 等，为用户使用增添了很多便利。此外，Flexsim 可以容易地连接到任何 ODBC 数据库（如 Oracle）、通用数据结构（如文本文件、Excel 和 Word 文件等）。易于和其他软件配合使用也是 Flexsim 的一大特点。Flexsim 中提供了与 Microsoft Excel 的直接接口，通过 Flexsim 提供的函数，可以动态地读写 Excel 的数据。此外，Flexsim 还可以完成与一般数据库的连接等。

三、Arena 软件的功能与特点

Arena 是美国 System Modeling 公司于 1993 年开发的基于仿真语言 SIMAN 及可视化环境 CINEMA 的可视化交互集成式商业化仿真软件,为不同需求的用户开发出多种产品类型。

作为通用的可视化仿真环境,Arena 的应用范围十分广泛,几乎覆盖可视化仿真的所有领域。在物流领域,Arena 的应用涉及从供应商到客户的整个供应链,包括供应商管理、库存管理、制造过程、分销物流、商务过程以及客户服务等。

在制造过程仿真应用中,Arena 常用来进行四个方面的仿真分析:①生产过程中的工艺过程计划、设备布置等;②生产管理中的生产计划、库存管理(如库存规划、库存控制机制)等;③制造过程的经济性、风险性分析,降低成本或辅助企业投资决策等;④各种先进制造模式如虚拟组织与敏捷供应链管理的可视化仿真等。

在分销物流仿真应用中,Arena 常用来进行配送中心选址规划、运输方法选择、承运商地点选择以及调度规则的仿真等。

在服务系统应用中,Arena 常用来进行医疗系统的医院临床设备和医生、护士的配备方案选择等;交通运输中的高速公路的交通控制,出租车的管理和路线控制,港口运输计划模型,车辆调度等;公共服务的紧急救援系统等。本节将对其推介的基础版本来进行介绍。

(一) Arena 软件的基本功能

Arena 提供了建模、仿真、统计分析优化和结果输出的基本功能。具体介绍如下。

1) 建模功能

Arena 支持图形化建模。Arena 提供了多个称为"模块"的可视化建模单元,并依照层次化的体系结构,组合封装成不同类型的面板和模板。用户可以在其图形建模窗口中,通过对模块的拖放、链接等操作,构建单层或多层级的模型。

2) 仿真功能

Arena 可通过仿真运行的参数设置来完成仿真过程。在仿真显示方面,Arena 支持二维动画和动态图像。系统的可视化图形动画会随着模型的运行而变换,且可显示统计指标的即时变化信息。

3) 统计、分析及优化功能

Arena 提供专门的输入分析器(input analyzer)、输出分析器(output analyzer),辅助用户进行各种类型的输入、输出数据的处理和分析。OptQuest for Arena 是 Arena 专用的优化工具包,可以为用户决策最优化的绩效参数提供参考。

4) 报告和图表输出功能

Arena 可以生成基于一次或多次仿真运行的标准报告或用户自定义的分类评估报告,并可由输出分析器生成多样的显示图表,还可以控制和定制用户的输出报表。

5) 客户支持和文档

Arena 为用户提供客户支持和文档资源。Arena 提供软件学习教程,其中带有多个应用案例。

（二）Arena 软件的特点

Arena 软件的特点集中体现在如下几个方面。

1）可视化柔性建模

Arena 采用直观的图形用户界面及流程图式的建模方法，同时 Arena 具有层次化的体系结构，使其具有易于使用和建模灵活的特点。由于对象具有封装和继承的特点，使得对象构成的模型也具有对象的特点，即模型本身也是模块化的。这样的模型又可以与其他模块或对象构成新的更大、更复杂的模型，从而形成层次建模，保证了模块层次分明，而且易于管理和扩展。一般的 Arena 的建模过程不需要编写任何代码。

Arena 将仿真语言、通用过程语言和仿真器的优点有机地整合起来，采用面向对象技术、层次化的结构，优点是简单易用，同时建模灵活。

2）方便的输入/输出分析器

Arena 提供专门的输入/输出分析器来辅助用户进行数据输入处理和输出数据预加工，对于仿真研究的质量和效果具有重要意义。输入分析器可产生含 15 种常用分布函数的随机数，也可对实际数据、经验数据进行拟合和分析；输入分析器支持数据文件以 ASCII 文本文件的格式导入，大大方便了用户的前端输入。输出分析器可对输出数据文件进行多样的显示处理（如条形图、柱状图等）和数理统计分析（如标准差置信区间、均值比较等），为进一步的科学决策提供准确有力的数据支持。

3）定制与集成

Arena 开发了两项 Windows 技术以增强桌面应用程序的集成性。一是 ActiveX 自动化，允许应用程序间通过一个编程界面相互控制。用户可以使用 C++、VB 或 Java 这样的编程语言来实现对许多桌面程序如 Microsoft Office、AutoCAD 和 Visio 等的控制。二是 Arena 的应用程序集成技术解决了编程界面的问题。Arena 在工具菜单中集成了 Visual Basic 的支持 ActiveX 自动化的编程环境 Visual Basic for Application(VBA)。通过这两项 Windows 技术，Arena 可以和其他支持 ActiveX 自动化的程序集成到一起。

4）与其他开发工具的兼容和接口

Arena 提供与过程语言的接口功能。使用 Arena 专业版(Professional Edition)，在最底层，用户可以使用 VB、FORTRAN 或 C/C++ 等过程语言来建立模型，用来满足一些特别需求，如复杂的决策规则或外部数据的选取等，也可以通过这些编程语言实现对如 Microsoft Office、AutoCAD 及 Visio 等桌面程序的控制，还可以定制用户化的模块和面板。Arena 通过集成 ActiveX 自动化及 VBA 两项 Windows 技术，实现了与 Microsoft Office 的兼容，因此，Arena 的操作具有 Windows 风格。Arena 可通过对象连接与嵌入(OLE)使用其他应用程序的文件和函数，如在 Arena 的模型中放入 Word 文件、添加声音文件等。Arena 可以将 Excel 编辑的数据对象导入模型，还可以驱动 Visio 绘制的流程图。

四、Extend 软件的功能与特点

Extend 软件是由美国 Imagine That 公司开发的通用仿真平台。Extend 目前有连续、离散、工业和套装四个版本的商业产品。

Extend 提供了自成一体的集成环境，为不同层次的用户提供了多种工具，并且 Extend

的模块可以很容易地搭建并组合在一起，大大方便了建模。Extend 在众多行业的应用得到了企业、学校和政府的广泛认可，其应用领域包括通信、制造、服务、卫生、物流和军事等。Extend 作为一款功能强大、低价位、主要基于 Windows 的仿真软件，已经广泛应用于供应链物流仿真、交通运输仿真、银行金融流程管理、社会和经济系统以及生态系统等各个领域。Extend 既可以用于离散事件仿真，也可用于连续事件仿真。

（一）Extend 软件的基本功能

针对不同的用户，Extend 有不同功能的四个版本：Extend CP、Extend OR、Extend Industry 和 Extend Suite。Extend 提供了模块化的建模功能，用户可以采用 Extend 软件提供的基本模块，或者自己建立的模块搭建模型。与 Arena、Automod、ProModel 和 eM-Plant 等仿真软件相比，Extend 的独特之处在于提供了一个充分扩展的平台和一个随意发挥的仿真环境，用户只要有自己的行业经验，只要懂 C 语言，就可以开发自己的行业模块。在横向应用领域方面，Extend 可用于生产线负载平衡、路径规划、优化算法、作业成本法、流程改善、生产调度、库存管理、瓶颈分析、风险管理、批量管理、排队论等的仿真模拟；在纵向应用领域方面，可用于供应链管理、物流、生产制造、运营管理等仿真模拟。

（二）Extend 软件的特点

总体来说，Extend 继承了当代仿真软件的一般特点，即可重复使用的建模模块、终端用户界面开发工具、灵活的自定义报告图表生成机制和与其他应用系统集成的方法。除了具有一般仿真软件的特点外，还具有许多独特的功能和特点，这些特点使得建模者能够把精力集中在建模过程中并迅速建立容易理解、沟通的模型。

1）交互性

Extend 的交互性主要体现在能够方便地修改模型参数和即时看到修改后运行结果两个方面。它的记事本和"克隆"功能使用户能够把所有模型的参数和运行结果集中到一起，即使在模型运行过程中，Extend 参数和模型逻辑也可以即时修改，并可以立即显示修改的效果。Extend 方便的交互性可以快速回答和重新分析各种问题。

2）可扩展性

公开的体系结构、公开的源代码和自带的集成开发环境（integrated development environment）使得 Extend 具有极强的扩展能力。用户只要懂得 C 语言，就可以改写所有的模块、逻辑和动画，因此，用户的应用范围不局限在软件所提供的模块和算法之内。这推动了建模技术的进步，用户能够完善并开发自己特有的模块。

3）可重复使用性

Extend 的可扩展性和分层次建模功能使用户可以开发自己的模块，并将 Extend 模块（组件模块和分层子模型）保存在模块库里，被其他模块甚至其他建模者所使用。这一特点增加了模型设计的效率和连续性。其内嵌的编译语言 MODL（类 C 语言）能够使系统工具的开发者便捷地创建可重复使用的建模模块。所有这些都是在自成一体的集成环境中完成的，不需要外部接口、编译器和代码产生器。

4）规模性

由于 Extend 的分层结构是无限制的，所以可以用来创建含有成千上万个模块的企业模型,使模型条理更加清晰、逻辑更加分明。

5) 连接性

Extend 支持 ActiveX/OLE 控件和 ODBC 数据源。与其他仿真软件不同,Extend 以模块的形式来处理这些功能,以拖拉鼠标的方式来完成而无需编程,还可以通过拷贝/粘贴、导入/导出文本(ASCII)文件、动态链接库(DLLS)等多种方式与其他应用程序进行交互。Extend 提供了 600 多个系统函数,充分利用 Windows 操作系统的资源,实现与数据库、Excel 及其他数据源的集成,以及与 Delphi、C++Builder、Visual Basic、Visual C++ 代码链接。

6) 第三方开发支持

因为 Extend 良好的集成开发环境,相比其他仿真软件来说,使得第三方应用更多地选择 Extend 作为仿真引擎。

第二节 物流配送中心设施布局仿真实例

一、Flexsim 的应用介绍

(一) 使用 Flexsim 建模

运行 Flexsim,选择 New Model 按钮即可打开主界面。界面分为主菜单区、工具栏、标准对象库区、工作区。Flexsim 基于标准对象库进行建模,标准对象库是建模的主要模块之一。界面左侧面板是 Flexsim 对象库中提供的标准对象。关于每个对象的详细含义请读者参考 Flexsim 软件用户手册。在对象的 Parameters Window 和 Properties Window 界面中,用户可以修改对象和连接的属性,这也是建模的主要模块。

1) 建模工具

Flexsim 提供标准对象库,定义了多种常用的界面单元供用户使用。同时 Flexsim 提供了大量的预先定义好的行为供用户选择,并提供与 C++ 接口(下拉菜单式)供用户按照自己的要求定义特定行为,用户可用 C++ 在 Global Modeling Tools 中编程,例如,定义 User Events 等。User Events 可以定义在模型运行的一定状态下触发模型本身或者整个计算机系统的动作,可以实现模型与外界程序的衔接,特别是系统内参数的动态修改,这对实现 Emulation(包含实物的仿真)十分关键。Flexsim 还提供了 1000 多个函数支持用户编程,用户可以使用 C++ 语言调用这些函数,例如,用 Excelopen 函数可打开 Excel 程序等。这些函数的原型可以在 Hints 菜单中查看。

2) 建模方式

Flexsim 是面向对象的建模方式。用户通过鼠标拖动对象到工作区域来建立对象。在模型中需要某种对象实体时,如货架,用户只要从该对象库中选用所需对象货架,拖动并释放到工作区便可。库中的标准对象可以满足一般性系统的要求,但是如果用户要建立要求细致的系统,可以使用 Flexsim 建立对象。建立对象后,根据系统的关联建立模型对象之间的关联,对象属性和连接属性均可在 Parameters Window 和 Properties Window 界面中进行修改。

3）建模步骤

在 Flexsim 中建立仿真模型可分为三步。

(1) 在工作区中建立对象。从标准对象库中选取标准对象或者由用户创建的对象，拖放到工作区的合适位置。一个系统一般以对象开始，用货仓（sink）或者货架（rack）等储存货物，使流动实体停止向前运动。

(2) 设置对象属性。右键单击对象图形可以打开对象的 Parameters Window 和 Properties Window 界面，在这里编写用户需要的表达式。Parameters Window 一般用于设置对象的逻辑参数以及一些行为，如对象自身方法和上、下游对象间消息的沟通等。Properties Window 一般用于设置对象的外形参数，以及在仿真运行中对模型中的对象进行数据统计等。

(3) 建立对象间的联系。对象和对象之间通过端口连接。一个对象有三个端口：input port、central port 和 output port。input port 和 output port 表示进入和离开，用于过程的衔接；central port 主要用于特定的控制。连接对象有两种方式：临时实体的顺序流动逻辑连接，由前一对象的 output port 与后者的 input port 连接起来；实体间的控制逻辑连接，由前者的 central port 与后者的 central port 连接起来。具体操作方法请参考 Flexsim 用户手册。

(二) 仿真运行与试验分析

(1) 运行设定。单击仿真实验（experimenter）按钮，可以打开控制仿真运行的组件 Simulation Experiment Control，用来设置仿真场景（scenario）的数目、每个场景重复的次数以及仿真运行的时间长度和模型的预热时间等。要设定对象的标准报告，可以按住 Ctrl 键，用鼠标左键点中选取欲进行统计的对象，被选中的对象周围会出现红色的方框。选择菜单 Stats\Stats Collecting\Selected Objects On，该对象的默认报告就会在模型运行中自动生成。用户也可以通过修改 Stats\Standard Report 设定标准报告的内容。

(2) 运行中模型参数的动态修改。运行时，只要点击 Run 按钮即可运行 Flexsim 仿真模型。Flexsim 支持在模型运行中动态修改模型中的参数，并将系统的运行参数记录到 Excel 或者数据库中，该功能是实现 Emulation 的基础。在 Flexsim 中，有一个用户可以灵活编程的 User Events 模块，该模块内编写的程序不但可以控制仿真模型，还可以调用仿真模型外部程序。例如，在模块内使用 Flexsim 提供的函数可以打开 Excel 程序，然后在模型运行中动态地储存或者读取其中的数据，完成对运行中模型参数的修改。

(三) 仿真结果输出

Flexsim 仿真模型运行的结果保存在安装目录 Experiment 文件夹中，打开任一文件，点击其中的 Stats\State Report 选项，可以读取保存在 Excel 中的数据。Flexsim 运行中的动态数据也可以通过 Recorder 对象在模型环境中动态地显示出来。Recorder 对象可以生成动态的饼图或条形图。此外，对象的 Properties\Statistics 选项卡内也可以读出模型的运行状态。Flexsim 可以非常方便地与一些工具软件衔接。如提供了统计软件 ExpertFit 以及 Excel 菜单按钮，可以方便地打开统计软件，进行数据的导入和导出。Flexsim 还可以使用 ODBC 与其他数据库软件,如 Oracle 进行动态衔接,进而 Flexsim 可以使用其他数据库的信息系统,如企业 ERP、SCM 系统或物流管理信息系统,进行物流系统仿真分析和优化。

二、Flexsim 仿真实例一

在第一个仿真实例中,我们将研究三种产品离开生产线进行检验的过程。有三种不同类型的临时实体将按照正态分布间隔到达。临时实体的类型分别为 1、2、3,在三个类型之间均匀分布。当临时实体到达时,它们将进入暂存区并等待检验,有三个检验台用来检验。一个用于检验临时实体类型 1,另一个检验临时实体类型 2,第三个检验临时实体类型 3。检验后将临时实体放到传送带上,再由传送带终端送到吸收器中,从而结束仿真。

(一) 模型设施与规划

1. 总体流程图

总体流程图如图 8-1 所示。

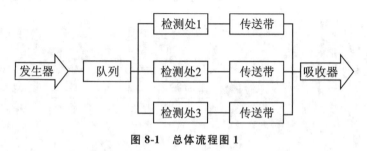

图 8-1 总体流程图 1

2. 模型数据

发生器到达速率:normal(20,2) s。

暂存区最大容量:25 个临时实体。

检验时间:exponential(0,30) s。

传送带速度:1 m/s。

临时实体路径:临时实体类型 1 到检验台 1,临时实体类型 2 到检验台 2,临时实体类型 3 到检验台 3。

(二) 建模步骤

为了检验 Flexsim 软件安装是否正确,双击桌面上的 Flexsim17.0.1 图标,打开应用程序。软件打开后,将看到 Flexsim 菜单和相关工具按钮、实体库以及正投影视图的界面。

步骤一 从库里把相关实体拖到正投影视图的界面中,如图 8-2 所示。

按图 8-2 所示的内容完成后,将看到这样的一个模型,即模型中有 1 个发生器、1 个暂存区、3 个处理器、3 个传送带和 1 个吸收器。

步骤二 连接端口。

根据实体的路径连接端口。具体连接方法是:按住工具栏中的"A"键,然后单击发生器同时按住鼠标左键将其拖曳到暂存区,再释放鼠标左键。拖曳时看到一条黄线,如图 8-3 所示,释放后变为黑线,如图 8-4 所示。

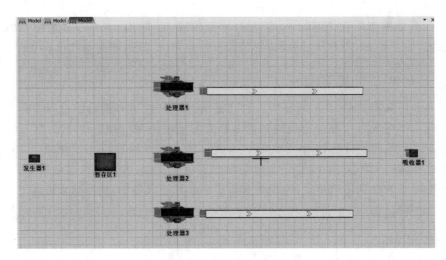

图 8-2 正投影视图界面

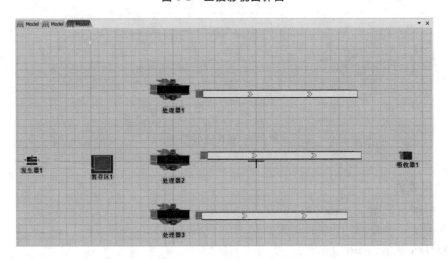

图 8-3 拖拽时出现的黄线

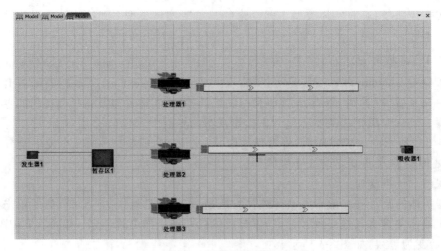

图 8-4 释放后变为黑线

将每个处理器与暂存区相连,连接每个处理器到传送带,连接每个传送带到吸收器。完成连接后,所得到的模型布局如图 8-5 所示。

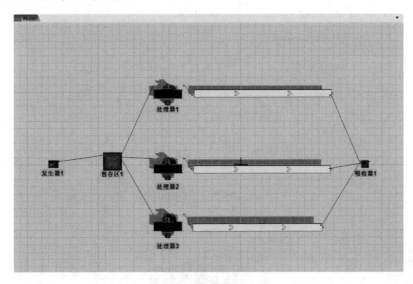

图 8-5　完成端口连接

然后根据实体的行为特性为各个实体设置不同的参数。首先从发生器开始设置,最后到设置吸收器结束。

步骤三　指定到达速率。

每个实体都有其特定的图形用户界面(GUI),通过此界面可以将数据与逻辑关系加入模型中。双击实体可以打开参数的 GUI。对于这一模型,我们想要有三种不同类型的产品进入系统,为此,将应用发生器的"离开触发器"为每个临时实体指定一个 1 到 3 之间均匀分布的整数值来作为实体类型。双击发生器打开其参数设置界面,如图 8-6 所示。

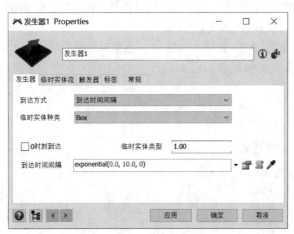

图 8-6　发生器参数设置界面

所有的 Flexsim 实体都有一些分页或标签页,提供一些变量和信息,建模人员可根据模型的需求来进行修改。在这个模型中需要改变到达时间间隔和实体类型来产生三种实体。

根据模型要求,要设定到达时间间隔为 normal(20,2),然后按下到达时间间隔下拉菜单中的箭头,选择"统计分布"中的"正态分布"选项,改变正态分布的参数设置正态分布的均值为 20,标准差为 2。如图 8-7 所示,单击"应用"按钮。

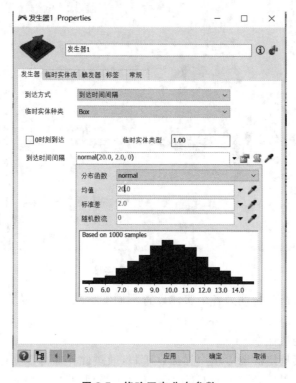

图 8-7　修改正态分布参数

下面需要为临时实体指定一个实体类型,使进入系统临时实体的类型服从 1 到 3 之间的均匀分布。最好的做法是在发生器的"离开触发器"中改变实体类型。

步骤四　设定临时实体类型和颜色。

选择发生器的触发器分页,如图 8-8 所示。在"离开触发"框中,选择设置临时实体类型和颜色,改变临时实体类型和颜色。在选定改变临时实体类型和颜色的选项后,可看到如图 8-9 所示的信息。

图 8-8　选择发生器触发器分页

图 8-9 显示参数信息

离散均匀分布与均匀分布相似,但返回的不是给定的参数之间的任意实数值,而是离散整数值,单击"确定"按钮退出界面。

然后详细设定暂存区参数。由于暂存区是在临时实体被处理器处理前存放临时实体的场所,因此需要做两件事。首先,需要设定暂存区最多可容纳 25 个临时实体的容量;其次,设定临时实体流选项,将临时实体类型 1 的实体发送到处理器 1,临时实体类型 2 的实体发送到处理器 2,以此类推。

步骤五 设定暂存区容量。

双击暂存区,打开暂存区参数界面,设定最大容量值为 25,如图 8-10 所示,单击"确定"按钮。

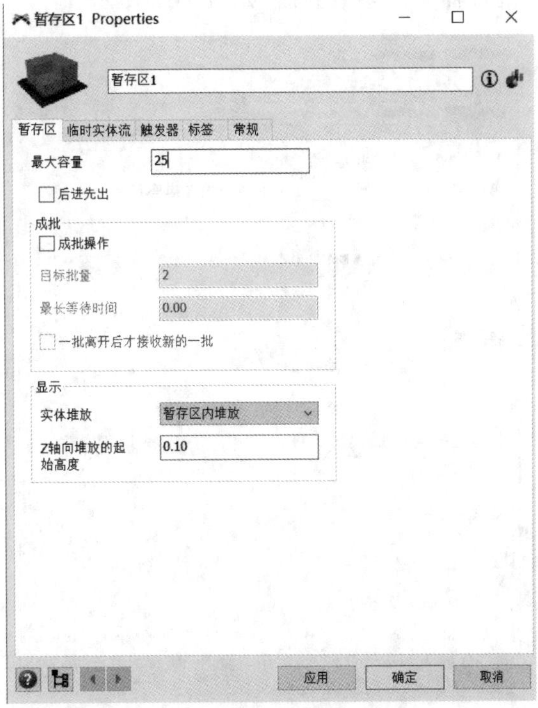

图 8-10 设定暂存区容量

步骤六　为暂存区指定临时实体流选项。

在参数界面选择临时实体流分页来为暂存区指定流程，在"发送至端口"下拉菜单中选择"指定端口"，选中后输入表达式"getitemtype(item)"，如图 8-11 所示。

图 8-11　为暂存区指定临时实体流选项

由于已经分配的实体类型号为 1、2、3，可以用实体类型号来指定临时实体通过的端口号。处理器 1 应连接到端口 1，处理器 2 应连接到端口 2，以此类推。选定了"指定端口"后，单击"确定"按钮。然后设定处理器时间参数。

步骤七　为处理器指定操作时间。

双击处理器 1，打开处理器 1 的参数界面，如图 8-12 所示。

图 8-12　为处理器指定操作时间

在处理器预置时间下拉菜单中选择"统计分布"中的"Exponential"(指数分布),将指数分布参数中的"比例"改为 30,修改后的结果如图 8-13 所示。单击"确定"按钮关闭本界面。这仅仅是一次对处理器所作的改变,今后的学习中还要考察其他操作。对其他处理器重复上述过程。

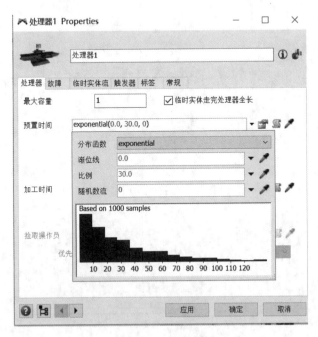

图 8-13 为处理器指定操作时间

因为传送带的系统默认速度已经设为 1 m/s 了,所以这次不需要修改传送带的速度。现在可以重置和运行模型了。

步骤八 重置模型。

为了在运行模型前设置系统和模型参数的初始状态,总是先单击主界面上部的"重置"键。

步骤九 运行模型。

单击"运行"按钮使模型运行起来,这时可以看到临时实体进入暂存区,并且移动到处理器。实体从处理器出来后将移动到传送带,然后进入吸收器。可以通过主界面的速度滑动条来改变模型运行的速度。

步骤十 模型导航。

当前,我们是从正投影视图界面中观察模型的,也可以从 3D 视图中来观察它。单击工具栏中的"3D"按钮,打开 3D 视图,如图 8-14 所示。

步骤十一 查看简单统计数据。

为了观察每个实体的简单统计数据,选择视图窗上的视图设置菜单,选中"显示名字和统计",即可看到简单的运行统计数据,如图 8-15 所示。

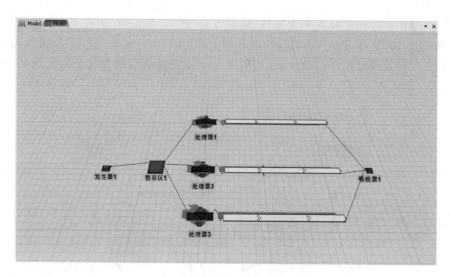

图 8-14　打开 3D 视图

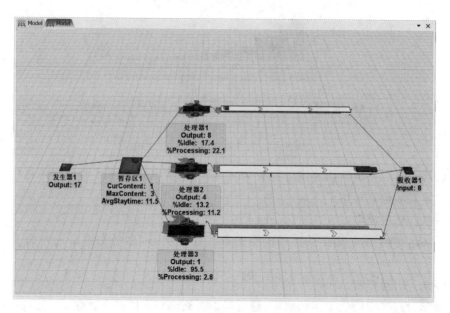

图 8-15　查看简单统计数据

步骤十二　保存模型。

可使用"文件"→"另存为"来保存模型。

现在已经完成了仿真实例一的模型。在模型运行的时候,要花一些时间来回顾一下各个步骤并观察一下模型。

三、Flexsim 仿真实例二

仿真实例二中将采用一组操作员来为模型中的临时实体的检验流程进行预置操作。检验工作需要一个操作员来进行预置,预置完成后,就可以进行检验了,检验无需操作员在场操作。操作员还必须在预置开始前将临时实体搬运到检验地点。检验完成后,临时实体转移到输送机上,无需操作员协助。

当临时实体到达输送机末端时,将被放置到一个暂存区内,叉车从这里将其拣取并送到吸收器。观察模型的运行,可能会发现有必要使用多辆叉车。当模型完成后,查看默认图表和曲线图,并指出关注的瓶颈或效率问题。

(一)模型设施与规划

(1)总体流程图如图8-16所示。

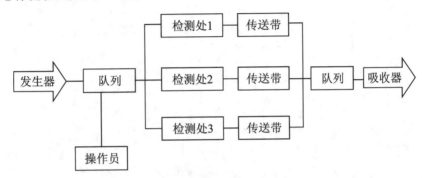

图 8-16　总体流程图 2

(2)有关数据

检测器的预置时间:常数值为 10 s。

产品搬运:操作员从暂存区到检测器,叉车从传送带末端的暂存区到吸收器。

传送带暂存区:容量为 10。

(二)模型的建立

步骤一　打开模型 1。

单击工具栏中的"文件"→"打开",选中前面储存模型1的文件(.fsm文件)。

步骤二　向模型中添加一个分配器和两个操作员。

分配器用来为一组操作员或传送带进行任务序列排队。在该例中,它将与两个操作员同时使用,这两个操作员负责将临时实体从暂存区搬运到检测器。从库中单击相应图标并放到模型中,即可添加分配器和两个操作员,如图8-17所示。

步骤三　连接中间和输入/输出端口。

在暂存区要求一个操作员来拣取临时实体并送至某个检测器。临时实体的流动逻辑已经在先前的暂存区设置好了,无需改变,只需请求一个操作员来完成该任务。由于使用两个操作员,可以采用一个分配器对请求进行排队,然后选择一个空闲的操作员来进行这项工作。如果只有一个操作员,则不需要分配器了,可以直接将操作员和暂存区连接在一起。

为了使用分配器指挥一组操作员进行工作,必须将分配器连接到需要操作员的实体的中间端口上。单击工具栏中的"S"(连接中间端口)后单击任务分配器,按住鼠标左键拖到暂存区,即可将分配器的中间端口连接到暂存区,如图8-18所示。

中间端口位于实体底部的中间位置,很明显它并非输入或输出端口,为了让分配器将任务发送给操作员,须将分配器的输出端口与操作员的输入端口连接。实现方法是:单击工具

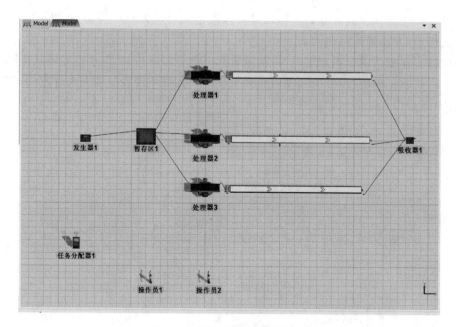

图 8-17 添加分配器和操作员

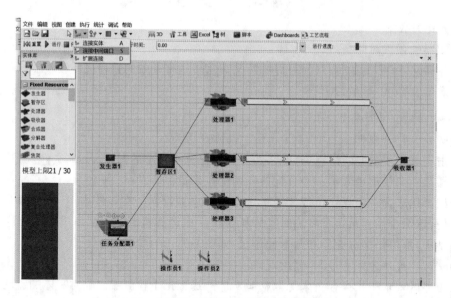

图 8-18 连接任务分配器与暂存区的中间端口

栏中的"A"(连接端口),单击分配器并按住鼠标左键拖动到操作员,如图 8-19 所示。必须对每个操作员分别进行此操作,连接结果如图 8-20 所示。

步骤四 编辑暂存区临时实体流,设置使用操作员。

这步是修改暂存区临时实体流属性来使用操作员完成搬运任务。可以双击暂存区打开参数界面完成上述修改。界面打开后,选择"临时实体流"分页。选中"使用运输工具"复选框,如图 8-21 所示,当选择了"使用运输工具"后,在默认参数设置下,将根据端口号来选择

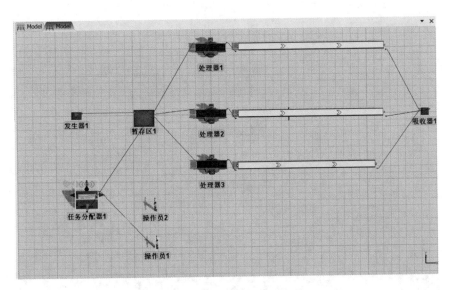

图 8-19 单击"A"并按住拖动

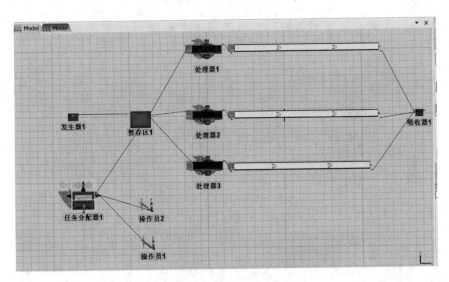

图 8-20 分配器与操作员相连

运输机或操作员去搬运临时实体。在本例中,暂存区被连接到分配器,由分配器将任务分配给操作员。单击"确定"按钮关闭页面。

步骤五 重置、保存模型和测试运行。

现在运行模型来确认前面所作的改变是否生效。在开始运行前首先要重置模型,并保存此模型。运行模型来验证操作员正在从暂存区搬运临时实体到检测器。

步骤六 为检测器的预置时刻配置操作员。

为了使检测器在预置时使用操作员,必须连接每个检测器的中间端口和分配器的中间端口。操作是:单击工具栏中的"S"(连接中间端口)后单击任务分配器并按住鼠标左键拖到检测器释放,即可将分配器的中间端口连接到检测器,如图 8-21 所示。

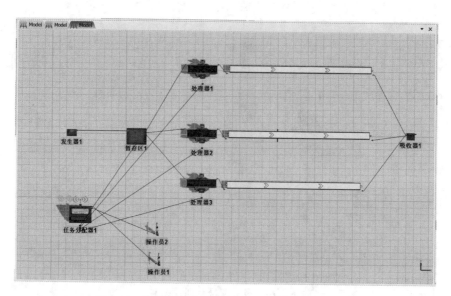

图 8-21　连接任务分配器与每个检测器的中间端口

现在需要为检测器定义预置时间。双击第一个检测器打开其参数界面,如图 8-22 所示。

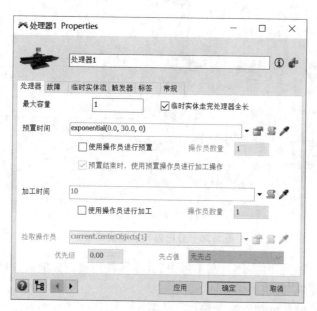

图 8-22　检测器参数界面

在"预置时间"后选择"统计分布"→"duniform"(整数均匀分布),单击后设置最大值和最小值均为 10,即将预置时间改为常数 10,如图 8-23 所示。单击"应用"保存此改变。

单击选中使用操作员进行预置,选择后,可以编辑操作员数量和拣取操作员选项。其中,预置所需的"操作员数量"为 1,"拣取操作员"的被选内容应设置为中间端口 1,如图 8-24 所示。

图 8-23 修改预置时间

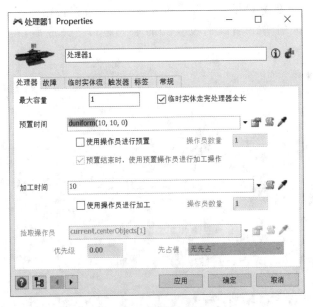

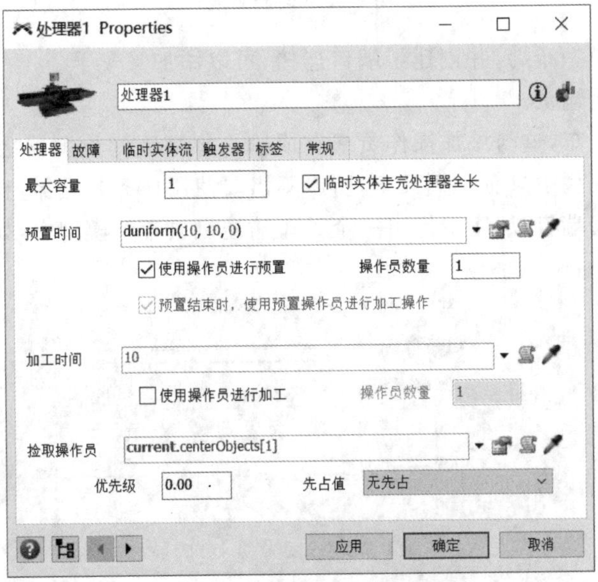

图 8-24 使用操作员进行预置

单击"确定"按钮保存此改变并关闭视窗。对模型中的每个检测器重复此步骤,然后重置模型,并运行模型以确认在预置时间期间确实使用了操作员。

建模的下一步是添加输送机暂存区,并重新连接输入和输出端口。

步骤七 断开传送带到吸收器的端口连接。

应在添加传送带暂存区前断开传送带和吸收器之间的输入、输出端口连接。操作过程为:单击工具栏中的"Q"(断开 A 连接),单击传送带并拖动到吸收器。端口都被断开后,从库中拖一个暂存区放置在中间那个传送带的末端。然后连接传送带的输出端口到暂存区的输入端口，连接暂存区的输出端口到吸收器的输入端口。完成后，模型的布局如图 8-25 所示。

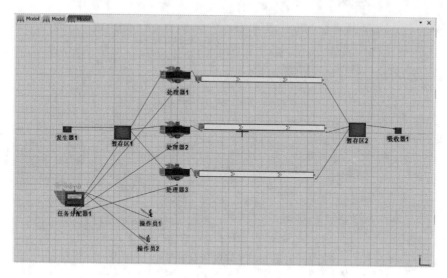

图 8-25　连接完成

现在已修改了模型布局，并创建了端口连接，可以添加叉车了。

步骤八　添加运输机。

在模型中添加叉车，这与添加操作员来完成输入暂存区到检测器之间的临时实体搬运是一样的。由于此模型中只有一辆叉车，所以不需要使用任务分配器，直接将叉车连接到输出暂存区的一个中间端口，从库中拖出一个叉车输送机放置到模型中，如图 8-26 所示。

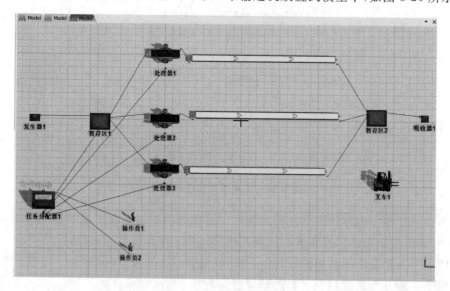

图 8-26　在模型中添加叉车

添加叉车后,将暂存区的中间端口连接到叉车。完成后,模型如图 8-27 所示。

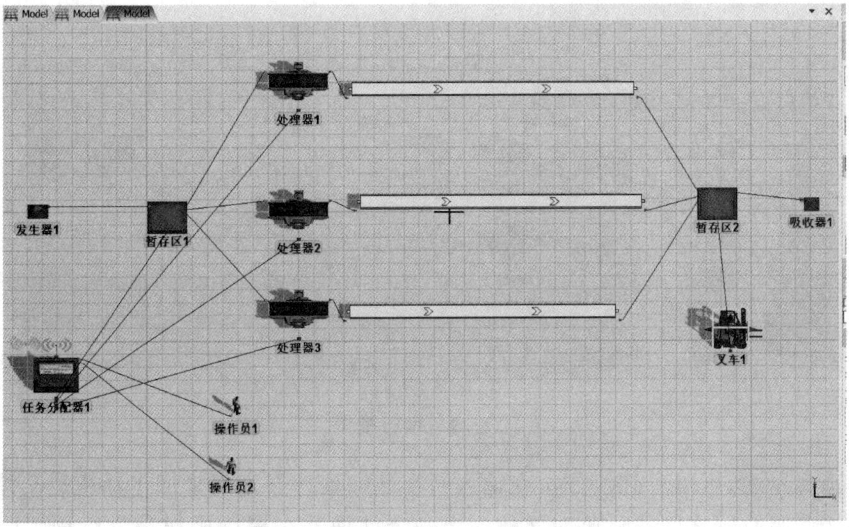

图 8-27 将暂存区的中间端口连接到叉车

步骤九 调整暂存区的临时实体流参数来使用叉车。

这一步是调整暂存区的临时实体流参数来使用叉车。双击暂存区打开其参数界面,选择"临时实体流"分页,并选中"使用运输工具"复选框,如图 8-28 所示。暂存区的中间端口 1 已经被连接上,因此无需其他调整。单击"确定"按钮关闭视窗。重置并保存模型。

图 8-28 设置暂存区临时实体流参数

步骤十 运行模型。

这一步可以检验模型是否可以如愿运行。在模型运行中,可使用动画显示来直观地检查模型,看模型各个部分是否运行正常,如图 8-29 所示。

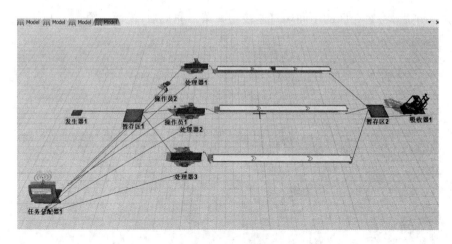

图 8-29 运行模型

在动画显示中,可以看到操作员在输入暂存区和处理器之间来回走动搬运实体,叉车在输出暂存区和吸收器之间搬运临时实体。当一个处理器在等待操作员进行预置时,一个黄色的方框会显示在处理器下。

步骤十一 输出分析。

查看实体的实时统计数据,单击工具栏中的"统计"→"报告与统计"即可看到模型实体相关参数的汇总报告和状态报告,如图 8-30 所示。单击页面右下角的"生成报告"选项,即可生成相应的 Excel 统计报告,其中包括各个实体的各种统计数据,如图 8-31 所示。通过观察动画显示和统计数据,判断此模型是否存在瓶颈。

图 8-30 模型报告与统计

	A	B	C	D	E	F	G	H	I	J	K	L
1	Flexsim Summary Report											
2	Time:	8930.988885										
3												
4	Object	Class	stats_co	stats_co	stats_co	stats_co	stats_in	stats_ou	stats_st	stats_st	stats_st	state_cur
5	发生器1	Source	0	0	0	0		443				5
6	暂存区1	Queue	1	0	3	0.696436	443	442	3.793937	69.58304	14.04016	10
7	处理器1	Processor	0	0	1	0.435785	169	169	20	29.82304	23.02954	1
8	吸收器1	Sink	1	0	1	0.989824	440	0	0	0	0	7
9	处理器2	Processor	0	0	1	0.315413	131	131	20	31.04242	21.50343	1
10	处理器3	Processor	0	0	1	0.36401	142	142	20	28.9524	22.89417	1
11	任务分配	Dispatcher	0	0	0	0			0	0	0	0
12	操作员1	Operator	0	0	1	0.191921	324	324	3.734946	6.310474	5.29026	14
13	操作员2	Operator	0	0	1	0.068035	118	118	3.700074	6.308462	5.149327	1
14	暂存区2	Queue	0	0	2	0.161665	440	440	2.863871	8.426124	3.281432	6
15	叉车1	Transporter	0	0	1	0.133915	440	440	2.715971	3.652111	2.718166	1

图 8-31 Excel 统计报告

模型运行表明,如果添加一个或更多操作员,模型运行会更好。当添加第三个操作员时,尽管临时实体仍然会在输入处的暂存区中堆积,但可能是系统的最佳配置。从库中拖出一个图片即可再添加一个操作员,连接分配器与操作员,重置、保存,然后运行模型。

以上介绍了用 Flexsim 仿真软件构造两个物流系统模型的过程和步骤,以期望读者对 Flexsim 仿真软件有更深入的认识。

【经典案例】

基于 Flexsim 仿真软件的配送中心分拣系统的设计

一、配送中心分拣系统概述

在传统意义上,分拣就是把不同的物品按照一定的原则分类,实现物品有序的空间位置搬移。随着现代科技的高速发展,具有高技术含量的自动化处理模式逐渐取代人工处理模式,成为现代分拣的主要实现方式。自动化的处理模式较之以前的人工处理模式不是简单地以功能模块的形式出现,而是以系统处理模式的形式来实现。其通过各种设备可以高效、准确地判别物品的体积、重量或者颜色等物理属性,也可以自动识别各种载体信息,依照不同的管理要求而设定不同的处理逻辑关系达到分拣的目的。

分拣作业就是将用户所订购的货物从保管处取出,按用户的要求分类并集中处理放置。随着商品经济的发展,用户需求向小批量、多品种方向发展,配送中心配送货物的种类和数量将急剧增加,分拣作业在配送中心作业中所占的比例越来越大(见图 8-32),是最耗费人力和时间的作业。所以分拣配货就成为配送中心的核心工序,也是直接影响配送中心的作业效率和经营效益的重要因素。

配送中心在整体规划过程中,分拣作业系统的规划是其中最重要的部分。因此,分拣作业系统规划是配送中心总体规划过程的中心环节,并且主导其他规划环节的进行。分拣系统的合理规划分为订单资料分析、拣货单位决定、拣货策

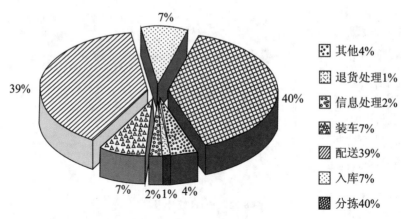

图 8-32　物流成本比例分析图

略运用、拣货咨询设计和设备选用及布置五个阶段。

应用 Flexsim 模拟设计软件对分拣系统乃至配送中心的辅助设计和分析在我国仍属起步阶段，但其发展潜力巨大。若能灵活地应用物流仿真软件，在项目投资建设之前对其进行有效的模拟分析，分析设计中存在的不足，找出合理的设计策略，就可大大减少投资风险，给企业乃至整个社会带来更大的效益。

二、分拣系统的分类

1. 拣选作业方式

配送中心的拣选作业方式有许多种：按订单组合可以分为按单拣选和批量拣选；按人员组合可以分为单独拣选方式（1人1件式）和接力拣选式（分区按单拣选）；按运动方式可以分为人至货前拣选和货至人前拣选等。

按单拣选即按订单进行拣选，拣选完一个订单后，再拣选下一个订单；批量拣选方式是将数张订单加以合并，一次进行拣选，最后根据各个订单的要求再进行分货。

单独拣选方式即1人持1张取货单进入拣选区拣选货物，直至将取货单中的内容完成为止；分区拣选方式是将拣选区分为若干区，由若干名作业者分别操作，每个作业者只负责本区货物的拣选，携带一张订单的拣选小车依次在各区巡回，各区作业者按订单的要求拣选本区段存放的货物，一个区域拣选完移至下一区段，直至将订单中所列货物全部拣选完。

人至货前拣选即人（或人乘拣选车）到储存区寻找并取出所需要的货物；货至人前拣选是将货物移动到人或拣选机旁，由人或拣选机拣选出所需的货物。

2. 拣选信息

拣选信息是拣货作业的原动力，主要目的在于指示拣货的进行。常见拣选信息传送方式有传票拣选、拣选单拣选、拣选标签拣选、电子标签辅助拣选、RF辅助拣选、IC卡拣选与自动拣选等方式。

（1）传票拣选。传票拣选是最原始的拣选方式。它是直接利用客户的订单或公司的交货单作为拣选指示。依据顾客的订货单拣选，拣选员一面看着订货单的货物名,一面寻找库中的货物。通常拣选员需来回多走几趟才可完成一张订单。

(2) 拣选单拣选。拣选单拣选是目前最常用的拣选方式。它是将原始的客户订单输入计算机后进行拣选信息处理,打印拣货单。拣选单的货物名系按照货位编号重新编号,让拣选员来回一趟就可以拣足一张订单。拣选单上印有货位编号,拣选员按其地址寻找货物,即使不识货物的新手也能拣选。拣货单一般根据货位的拣货顺序进行打印,拣货人员根据拣货单的顺序拣货。拣货时将货物放入搬运器具内,同时在拣货单上作记号,然后再执行下一货位的拣货。

(3) 拣选标签拣选。这种拣货方式由拣选标签取代了拣选单。拣选标签的数量与分拣量相等,在分拣的同时将标签贴在物品上以便确认数量。其原理为当接单之后经过计算机处理,依据货位的拣货顺序排列打印拣货标签,订购几箱(件)货物就打印几张标签,标签张数与订购数一样,作业者根据拣货标签上的顺序拣货。拣货时将货物贴标之后放入拣货容器内,当标签贴完后代表该项货物也已经拣货完成了。标签拣货主要被应用在高单价的货物拣货上,也可以应用在商店类别拣货及货物类别拣货上,利用标签上的条码自动分类,其效率非常高。

(4) 电子标签辅助拣选。电子标签辅助拣选是一种计算机辅助的无纸化的拣货系统,其原理是在每一个货位安装数字显示器,利用计算机的控制将订单信息传输到数字显示器,拣货人员根据数字显示器所显示的数字拣货,拣完货之后按确认钮即完成拣货工作,也叫电子标签拣货。

(5) RF辅助拣选。RF是拣选作业的人(拣选员)机(计算机)界面,让计算机负责繁杂的拣选顺序规划与记忆,以减少"寻找货品"的时间。RF通过无线式终端机,显示所有拣选信息。RF拣货方式可以用于按单拣选和批量拣选方式中,因为成本低且作业弹性大,尤其适用于货物类别很多的场合,故常被应用在多品种、少数量的订单的拣选上,与拣货台车搭配最为常见。

(6) IC卡拣选。IC卡拣选是一种计算机辅助的拣货方式,其原理是利用计算机及条码扫描器的组合,将订单资料由计算机拷到IC卡上,拣货人员将IC卡插入计算机,根据计算机上所指示的货位、拣货数量进行拣货,拣货完成之后按确认钮即完成拣货工作;拣货信息是利用IC卡传回计算机同时将料账扣除。

(7) 自动拣选。分拣的动作由自动化的机械负责,电子信息输入后自动完成拣选作业,无需人工介入。自动拣选方式有A型拣选系统、旋转仓储系统、立体化自动仓储系统等多种系统。

3. 拣选策略

拣选策略是影响拣选作业效率的重要因素,对不同的订单需求应采取不同的拣选策略。决定拣选策略的四个主要因素为:分区、订单分割、订单分批及分类。

(1) 分区策略。分区就是将拣选作业场地作区域划分,按分区原则的不同,有以下四种分区方法。

① 按货物特性分区：按货物特性分区就是根据货物原有的性质，将需要特别储存或分离储存的货物进行分开存放，以保证货物在储存期间的品质。

② 按拣选单位分区：将拣选作业区按拣选单位划分，如箱装拣选区、单品拣选区、具有特殊货物特性的冷冻品拣选区等。其目的是使储存单位与拣选单位分类统一，以方便分拣与搬运单元化，使分拣作业单纯化。一般来说，按拣选单位分区所形成的区域范围是最大的。

③ 按拣选方式分区：在不同的拣选单位分区中，按拣选方法和设备的不同，又可以分为若干区域。通常以货品销售的 ABC 分类为原则，按出货量的大小和分拣次数的多寡作 ABC 分类，然后选用合适的拣选设备和分拣方式。其目的是使拣选作业单纯一致，减少不必要的重复行走时间。在同一单品拣选区中，按拣选方式的不同，又可分为台车拣选区和输送机拣选区。

④ 按工作量分区：在相同的拣选方式下，将拣选作业场地再作划分，由一个或一组固定的拣选人员负责分拣某区域内的货物。该策略的主要优点是拣选人员需要记忆的存货位置和移动距离减少，拣选时间缩短，还可以配合订单分割策略，运用多组拣选人员在短时间内共同完成订单的分拣，但要注意工作量平衡问题。

以上的拣选分区可同时存在于一个配送中心内，也可单独存在。

(2) 订单分割策略。当订单上订购的货物项目较多，或是拣选系统要求及时快速处理时，为使其能在短时间内完成拣选处理，可将订单分成若干子订单，交由不同拣选区域同时进行拣选作业。将订单按拣选区域进行分解的过程叫订单分割。

订单分割一般是与拣选分区相对应的，对于采用拣选分区的配送中心，其订单处理过程的第一步就是要按区域进行订单的分割，各个拣选区根据分割后的子订单进行分拣作业，各拣选区子订单拣选完成后，再进行订单的汇总。

(3) 订单分批策略。订单分批是为了提高拣选作业效率，而把多张订单集合成一批，进行批次分拣作业，其目的是缩短分拣时平均行走搬运的距离和时间。订单分批的基本方法如下。

① 总合计量分批。合计拣选作业前所有累积订单中每一货物项目的总量，再根据这一总量进行分拣以将分拣路径缩至最短，同时储存区域的储存单位也可以单纯化，但需要有功能强大的分类系统来支持。这种方式适用于固定点之间的周期性配送，可以将所有的订单在中午前收集，下午作合计量分批分拣单据的打印等信息处理，第二天一早进行分拣、分类等工作。

② 时窗分批。当从订单到达到拣选完成出货所需的时间非常紧迫时，可利用此策略开启短暂而固定的时窗，如 5 min 或 10 min，再将此时窗中所到达的订单做成一批，进行批量分拣。这一方式常与分区及订单分割联合运用，特别适合于到达时间短而订购量和品项数不宜太大的订单类型。

③ 固定订单量分批。订单分批按先到先处理的基本原则，当累计订单量达

到设定的固定量时,再开始进行拣选作业。其适合的订单类型与时窗分批的订单类型相类似,但这种订单分批的方式更注重维持较稳定的作业效率,但处理的速度较前者慢。

④ 智能型分批。智能型分批是将订单汇总后经过较复杂的计算,将分拣路径相近的订单分成一批同时处理,可大量缩短拣选行走距离。采用这种分批方式的配送中心通常将前一天的订单汇总后,经计算机处理,在当天下班前产生次日的拣选单据,因此对紧急插单作业处理较为困难。

(4) 分类策略。当采用批量拣选作业方式时,拣选完后还必须进行分类,因此需要相配合的分类策略。分类方式大概可以分成两类。

① 分拣时分类。在分拣的同时将货物按各订单分类,这种分类方式常与固定量分批或智能型分批方式联用,因此需使用计算机辅助台车作为拣选设备,才能加快分拣速度,同时避免错误发生,较适用于少量、多样的场合,且由于拣选台车不可能太大,所以每批次的客户订单量不宜过大。

② 分拣后集中分类。分批按合计量分拣后再集中分类。一般有两种分类方法:一是以人工作业为主,将货物总量搬运到空地上进行分发,而每批次的订单量及货品数量不宜过大,以免超出人员负荷;另一种方法是利用分类输送机系统进行集中分类,是较自动化的作业方式,当订单分割愈细、分批批量类别愈多时,常使用这种方式。

以上四大类拣选策略可单独或联合运用,也可以不采用任何策略,直接按单拣选。

4. 拣选设备

配送中心常用的设备主要包括储存设备、分拣设备和搬运设备。储存设备包括托盘货架、轻型货架、储柜、流动货架和高层货架等;搬运设备包括动力拣选台车、动力牵引车、叉车、拣选车、拣选式堆垛机、无动力输送机、动力输送机和计算机辅助拣选台车等。储存设备与搬运设备搭配使用的情形如表8-1所示。

表8-1 储存设备与拣选搬运设备配合

拣选搬运设备 储存设备	无动力拣选车	动力拣货台车	动力牵引车	堆垛机	拣选式堆垛机	搭乘式存取机	无动力输送机	动力输送机	计算机辅助拣选台车
托盘货架	◎	◎	◎	◎	◎	◎		◎	
轻型货架	◎	◎							
储柜	◎	◎							◎
流动货架	◎	◎					◎	◎	
高层货架					◎				

三、分拣系统规划

在配送中心整体规划过程中,拣选作业系统的规划是其中最重要的部分。因此,拣选作业系统规划是配送中心总体规划过程的中心环节,并且主导其他规划环节的进行。分拣系统的规划程序如图8-33所示。

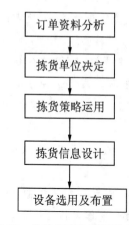

图8-33 分拣系统的规划程序

1. 拣选单位

1）基本拣货模式

拣选单位基本上可分为托盘、箱、单品三种。一般以托盘为拣选单位的货物的体积和重量最大,其次为箱,最小者为单品。其基本拣货模式如表8-2所示。

表8-2 基本拣选模式

拣选模式编号	储存单位	拣选单位	记 号
1	托盘	托盘	P → P
2	托盘	托盘＋箱	P → P+C
3	托盘	箱	P → C
4	箱	箱	C → C
5	箱	箱	C → B
6	箱	箱＋单品	C → C+B
7	单品	单品	B → B

配送中心规划时必须先决定拣选单位、储存单位,同时协调外部供应商,以确定货物的入库单位。所有单位的决定都来自客户的订单。也就是说客户的订单决定拣选单位,拣选单位决定储存单位,再由储存单位要求供应商的入库单位。

2）分拣方式的确定

两种常用的分拣方式为按单拣选和批量拣选,两种拣选方式具有各自的优缺点和适用场合。下面介绍一种定量确定分拣方式的方法。

根据EIQ的分析结果,如表8-3所示,按当日EN值（订单品项数）及IK值（类别重复数）的分布判断出货物项数的多寡和货物周转率的高低,确定不同的分拣作业方式。

EN值越大,表示一张订单所订购的货物的种类越多、越杂,批量分拣时分类作业越复杂,采取按单拣选较好。相对的,IK值越大,表示某类货物的重复订购频率越高,货物的周转率越高,此时,采用批量分拣可以大幅度提高拣选效率。

表 8-3 分拣方式选定对照表

		货物重复订购频率 IK 值		
		低	高	中
出货类别数 EN 值	多	S+B	S	S
	中	B	B	S
	少	B	B	S+B

注：S 为按单拣选，B 为批量分拣。

3) 拣选策略的运用

拣选作业系统规划中最重要的环节就是拣选策略的运用。图 8-34 是拣选策略运用的组合图，从左至右是拣选系统规划时所考虑的一般次序，可以相互配合的策略方式用箭头连接，所以任何一条由左至右可通的组合链就表示一种可行的拣选策略。

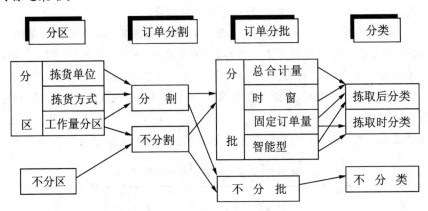

图 8-34 拣货策略运用组合图

(1) 分区的考虑。在设计拣选分区之前，必须先对储存分区进行了解、规划，才能使系统整体的配合更加完善。图 8-35 所示的是进行分区设计时的程序，每个分区考虑的因素和重点都不尽相同，但其基本概念是由大到小，从广入深的。

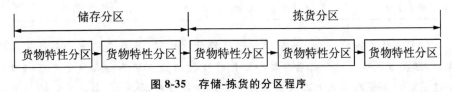

图 8-35 存储-拣货的分区程序

① 货物特性分区：根据货物原有的性质，将需要特别储存搬运或分离储存的货物进行分隔，以保证货物在储存期间的品质。在拣选单位的决定过程中，货物特性分组已将货物按其特性分类完成，接下来要做的就是根据不同的分组特性来设计储存区域，该过程的原则是尽量使用共同设备，以使设置操作成本降低。

②储存单位分区:同一货物在特性分区内可能因储存单位不同而分别储放在两个以上的区域,这种按储存单位划分的区域称为储存单位分区。货物储存单位已在拣选单位的决定中求出,因此,只需将货物特性分区中具有相同储存单位的货品集中,便可形成储存单位分区。

③拣选单位的分区:在同一储存单位分区内,有时又可按拣选单位的差异再作分区设计,如 AS/RS 自动仓储系统及托盘货架都是以托盘为储存单位,AS/RS 自动仓储系统又以托盘为取出单位,而托盘货架则以箱作为拣选单位。

④拣选方式分区:拣选方式除有批量分拣和按单拣选的分别外,还包括搬运、分拣机器设备等的差异,如想在同一拣选单位分区之内,采取不同的拣选方式或设备时就必须考虑拣选方式的分区。通常拣选方式分区中要考虑的重要因素是货物被订购的几率以及订购量。几率和订购量越高就应采取越具时效的拣选方式和设备。

⑤工作量分区:按拣选人员负责的拣选工作范围进行分区,一般先订出工作分区的组合并预计其拣货能力,再计算出所需的工作分区数。一般工作分区数=总拣选能力需求/单一工作分区预估拣货能力。

(2)订单分割策略。订单分割的原则取决于分区策略,因此在拣选单位分区、拣选方法分区及工作分区完成之后,再决定订单分割的方式。订单分割可以是在原始订单上作分离的设计,也可以是在订单接受之后作分离的信息处理。

(3)订单分批的策略。在批量分拣作业方式中,如何决定订单分批的原则和批量的大小,是影响分拣效率的主要因素。一般可以参考表8-4所示的情况,根据配送客户数、订货类型及需求频率等三项条件,选择合适的订单分批方式。

表8-4 订单分批方式与适用情况

分批方式 \ 适用情况	配送客户数	订货类型	需求频率
总合计量分批	数量较多且稳定	差异小而数量大	周期性
固定订单分批	数量较多且稳定	差异小且数量不大	周期性或非周期性
时窗分批	数量多且稳定	差异小且数量小	周期性
智能型分批	数量较多且稳定	差异较大	非即时性

(4)分类方式的确定。采取批量分拣作业方式时,其后必须有分类作业与之配合,分类方式可分为分拣后分类和分拣时分类两种。分拣后集中分类可以由分类输送机完成或在空地上以人工方式分类。分拣时分类,一般由计算机辅助拣选台车来进行,这种分类方式较适合与固定订单量分批及智能型分批方式配合。

2. 拣选信息的处理

1) 传票

拣选传票产生的方式基本上有两种。第一种是复印订单的方法,在接到订单之后将其复制成拣选传票。这种方式费用较高,但其弹性较大,可适应不同大小的订单形式。另一种方式是直接由多联式订单中撕下拣选专用的一联。这种方式有时会因订单联数过多而产生复写不清的现象,导致错误发生。

以传票方式作为拣选信息的先决条件是货物种类不多,通常在100种以下,无论是填写式或勾选式的订单表格,应以不超过一页为标准。适合传票的拣选方式为按单拣选。

2) 拣选单

按单拣选的拣选单处理程序是:接到订单之后利用键盘输入方式或光扫描方式进入计算机系统中,核对货物存量并查出货物的储存位置,最后再按工作排程的顺序打印出拣选单,并产生补货指示和出库指示等。

批量拣选的拣货单与按单拣选的拣货单的不同点就在于订单输入时的汇总。订单汇总必须按订单分批的原则,将同属一批的订单按货物种类统计订购数量,然后核对存量、寻找货位,最后打印出分批拣选单,以及产生补货、出库与分类等指示的信息。其中分类指示在自动分类中由计算机程序直接提供信号给控制系统,若用人工分类,则分类指示通常可由分批拣选单中直接得到。

3) 拣选标签

拣选标签大致可以分为价格标签和识别标签两种。价格标签用于标出价格。常见的识别标签为条码,此条码通常为流通条码或店内条码。通常在输入订单之后经过拣选作业信息处理就打印好标签,这类标签的功能除标出价格以外,对拣选作业的贡献主要有两类:一是分拣时贴标签代替了清点货品数量的过程;二是附有流通条码的标签可提供自动分类系统识别的信息。

4) 电子信息

电子信息处理一般由计算机拣选信息处理程序将指令传给控制器,接着由控制器输出控制信号使设备动作,所以在电子信息的处理中偏重于软硬件的结合。一般常见的电子标签系统或计算机辅助拣选系统以及RF拣选系统都属于这种类型的应用。

电子信息与前三种拣选信息最大的差别就是无纸化,因此,拣选信息的传送可以更迅速而正确,且可以做到及时的控制与管理。

3. 拣选系统设备配置

拣货系统是由仓储设备、搬运设备及信息传送设备所组成的,根据自动化程度的不同,可分为全自动方式、半自动方式及人工方式等几种模式;根据拣货单位的不同又可以分为整盘拣货(P→P)、整箱拣货(P→C)、拆箱拣货(C→B)和单品拣货(B→B)等几种模式。以下介绍针对各种模式的设备配置。

1) 全自动方式

此种拣货模式多数是利用计算机与自动化设备相配合的拣货方式,完全不需要手工作业,而自动地将订购的货物拣出来。目前常见的设备配置如表8-5所示。

表8-5　自动化拣货方式的设备配置

保管→出货	设备配置
P→P	托盘式自动仓储系统＋输送机（穿梭车）
P→C	自动仓储系统＋拆盘机＋拣取机＋输送机
P→C	自动仓储系统＋穿梭车＋机器人
C→C	流动式货架＋拣货机＋输送机
C→B	流动式货架＋机器人＋输送机
B→B	自动拣取机＋输送机

2) 半自动方式

此种拣货方式大部分是利用自动仓库与人工进行配合，且作业人员不用移动，利用设备将货物自动搬运到作业人员面前拣货的方式。目前常见的设备配置如表8-6所示。

表8-6　半自动拣选方式的设备配置

保管→出货	设备配置
P→C	自动化仓库＋输送机
C→B	水平旋转自动化仓库＋输送机
B→B	垂直旋转自动化仓库＋手推车

3) 人工方式

此种拣货方式是合理利用仓储搬运设备与人工进行配合，且作业人员必须走动而货物固定不动，而将货物拣出的拣货方式。此方式必须依靠储位指示才能顺利进行。目前常见的设备配置如表8-7所示。

表8-7　人工拣选方式的设备配置

保管→出货	设备模式
P→P	托盘式货架＋叉车
P→C	托盘式货架＋叉车（托盘车）
P→C	托盘式货架＋笼车
P→C	托盘式货架＋手推车
P→C	托盘式货架＋输送机
C→B	流动式货架＋笼车
C→B	流动式货架＋手推车
C→B	流动式货架＋输送机
C→B	箱式平货架＋手推车
B→B	箱式平货架＋手推车

四、基于Flexsim的分拣系统研究

1. 对分拣方式的研究

前面提到了两种常用的分拣方式，即按单拣选和批量拣选，下面用Flexsim

设计几个简单的分拣模拟系统,并就不同的 EN 值及 IK 值,对其进行适用范围的 EIQ 分析。

（1）构建分拣系统模型。

① 当 EN 值高、IK 值低时,即订货种类多、重复次数低时,所设计模型一如图 8-36 所示。

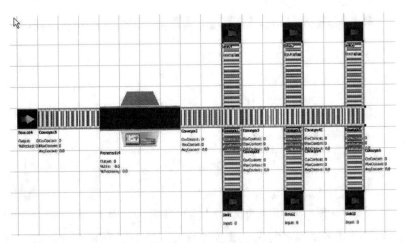

图 8-36　模型一

修改分拣系统货源,产生货物种类数为 20,并为每种货物指定不同的颜色加以区分,如图 8-37 所示。

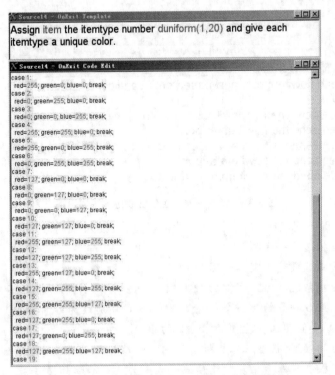

图 8-37　设定货物种类数为 20 并定义不同颜色

此时若采用批量拣选,则要设置 20 的几何次方的出货口,超出了实际的限制,所以只能按单拣选,根据单据利用检货器对进入的货物进行标注,分别标注为 6 个不同出口的货物,在此改变了货物的颜色,如图 8-38 所示。

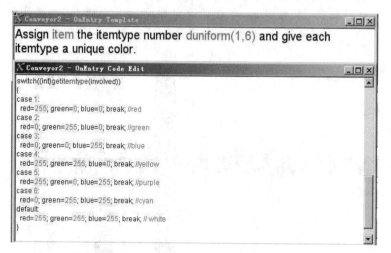

图 8-38 把货物按 6 个出口分类并定义不同颜色

之后,让其进入不同的通道。设置方法与程序如图 8-39 所示。

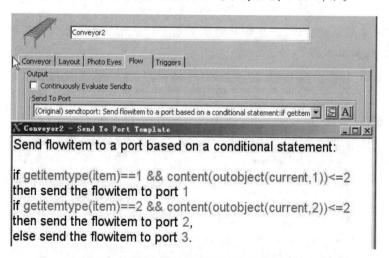

图 8-39 设置不同颜色的货物进入不同通道

② 当 EN 值低、IK 值高时,即订货种类少、重复次数高时,可以设计出按单拣选与批量拣选两个模型。

按批量拣选设计模型二如图 8-40 所示。

修改分拣系统货源产生货物种类数为 2,并为每种货物指定不同的颜色加以区分。假设 5 种货物为一个批量,出口 1~6 分别设为 6 种组合(5 蓝、4 蓝 1 红、3 蓝 2 红、2 蓝 3 红、1 蓝 4 红、5 红)的出口。

按订单的模型(模型三),把模型一的入口改为两种货物,如图 8-41 所示。

把所有模型货源产生货物速度统一设置为 1 个/秒,如图 8-42 所示。

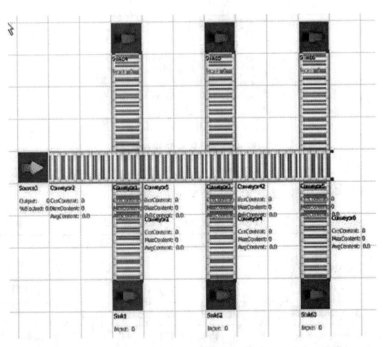

图 8-40　模型二

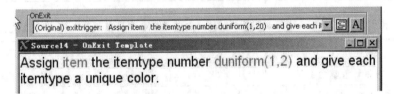

图 8-41　更改货物种类

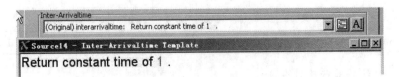

图 8-42　更改货物产生速度

将处理机处理速度设置为 2 个/秒，如图 8-43 所示。

图 8-43　更改处理机处理速度

设置传送带速度统一为 1 m/s，如图 8-44 所示。
其他均为默认值。
至此，三个模型已建立完成。
（2）利用模型生成数据并加以分析。

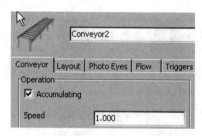

图 8-44 设置传送带速度

① 导出 EN 值低和 IK 值高时模型二、模型三的模拟分拣处理结果。表 8-8 所示的为模型二的结果,表 8-9 所示的为模型三的结果。

表 8-8 模型二各时间段累积处理件数　　　　　　　　单位:件

分拣时间	A口	B口	C口	D口	E口	F口	总计
5 min 时累计处理个数	43	54	60	47	42	44	290
10 min 时累计处理个数	101	99	123	96	84	90	593
20 min 时累计处理个数	206	215	199	193	93	185	1 091
40 min 时累计处理个数	405	430	384	367	406	397	2 389
60 min 时累计处理个数	597	668	589	556	590	589	3 589

表 8-9 模型三各时间段累积处理件数　　　　　　　　单位:件

分拣时间	A口	B口	C口	D口	E口	F口	总计
5 min 时累计处理个数	31	23	24	21	18	26	143
10 min 时累计处理个数	56	52	46	46	46	48	294
20 min 时累计处理个数	105	109	86	97	96	99	592
40 min 时累计处理个数	198	204	203	187	206	196	1 194
60 min 时累计处理个数	303	312	307	270	320	281	1 793

② 对结果进行比较分析。

由于处理开始时有几秒的准备时间,所以定义:

平均处理速度 = (60 min 时累计处理个数 − 5 min 时累计处理个数)/(60 − 5)

模型二的总体平均处理速度为

$$(3\ 589 - 290)/(60 - 5) \approx 60 \text{ 个/分钟}$$

模型三的总体平均处理速度为

$$(1\ 793 - 143)/(60 - 5) \approx 30 \text{ 个/分钟}$$

由此可见,模型二的处理速度约为模型三的两倍,因此,当 EN 值低、IK 值高时,使用批量拣选远好于按单拣选。

我们对两个模型作进一步分析,会发现造成这种结果的主要原因是模型三比模型二多了一个处理机,而处理机正是模型三的瓶颈,它的处理时间(2 s)低于货源的产生时间(1 s)。

在实际应用中,通过条码技术等一些现代的信息处理技术可以把处理机的工作时间大大缩短,但需要增加分拣设备和技术方面的投资。在规划分拣系统时应充分考虑系统的使用情况,结合实际分拣方式适当选择。

2. 对分拣机选用的研究

尽管近些年来出现了一些新型的分拣机,但它们仍然可以归纳为两大类:线形分拣和环形分拣。下面用 Flexsim 模拟这两种分拣方式,并比较它们之间的不同之处。

(1) 构建分拣系统模型。

如图 8-45、图 8-46 所示,分别构建线形和环形分拣系统。

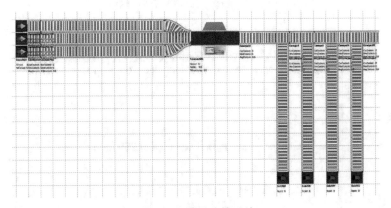

图 8-45　线形分拣系统

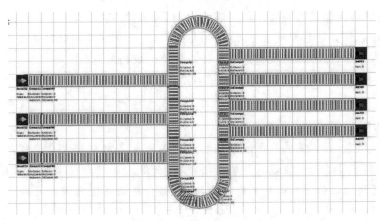

图 8-46　环形分拣系统

为了保证贴近现实,货源不同时出货,入口处设置方法如图 8-47 所示。

其中,三个货源的"Arrival Time"应不同。

假设货物处于仓库,将货物设为单一品种,如图 8-48 所示。

三个货源颜色应不同。其他组件设置方法在这里不一一介绍,详见 Flexsim 使用说明书。

(2) 利用模型结合实际进行比较分析。

线形分拣机可使用许多不同类型的转向装置,包括滑梭式和上跃转轮式。

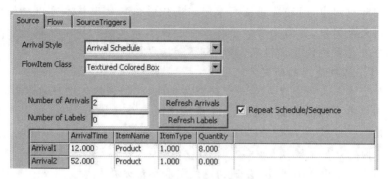

图 8-47　设置入口使其分时到达

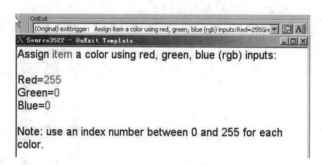

图 8-48　设置货物为单一颜色

滑梭式分拣机通过转向靴的横向移动来控制输送物品向分拣机任何一侧进行移动和转向,速度可达 9 000～12 000 件/小时。它能处理的货物范围从长 150 mm、重 50 g 的包裹到长 1 m、重 50 kg 的包裹。但所分拣物品不能在分拣机中进行再循环,除非输送机为达此目的而经过特殊的连接。

另一种线形输送机方案是上跃转轮式。位于输送机结构底部的易操纵的辊道转向是一个弹跳装置,并随着辊道的向左或右的螺旋上升将产品从分拣机输出。其分拣率将近 7 500 件/小时。

根据模型,我们发现线形分拣机的一个缺点是它们需要设立非常复杂的汇合站,以引导货物高效地进入系统。汇合站(在图 8-45 中简化为一个处理机)将货物从几个输送带导入一条主输送线,并根据分拣的类型在货物之间产生固定的或不同的空隙,以促使它们进入分拣机。

环形分拣机主要有皮带横移式和翻碟式两种。

环形分拣机具有单独带式输送机的独立承载器,可将货物精确地送至指定地点,因此分拣线可紧密地集中起来,并具有很高的空间利用率。该分拣机的设计可以适合于多种货物,包括许多被认为是不适合输送的物品,如类似于小瓶及小包裹的零散物品。通过增加分发线数目,以及使用双层承载器,可以使分拣速度达到 40 000 件/小时。

翻碟式分拣机系统通过独立的输送碟来承放分拣的物品,并将分拣的货物送至要求的分发点,它同样适合于多种货物的传送。它的进出速度可达 10 000

件/小时,并通过使用多导入口及配置多种不同的分发斜道来达到提高速度的目的。

环形分拣机的成本要高于线形分拣机,但它可提供比线形分拣机更强的功能及灵活性。导入环形分拣机要比导入线形分拣机容易操作,因此它更适合交叉多方位输送的应用。

通过对模型的研究,我们发现环形分拣机的在线存储量高于线形分拣机,并且在分拣道口出现故障时,环形分拣机能利用其在线存储量高的优点避免阻塞。

五、小结

在设计配送中心时分拣系统的设计是主要的组成部分,利用系统的方法进行规划、建设是不可或缺的。本案例全面地介绍了分拣系统的种类和规划过程,在规划建设时应按照文中介绍的方法进行全面分析,找到切合实际的规模与分拣方式,切忌盲目追求大规模、自动化。

目前,我国正在大力发展物流基础设施的建设,为了避免建设的盲目性,应该大力发展对模拟设计软件的开发和利用。利用 Flexsim 等物流 CAD 软件对分拣系统乃至整个物流中心的分析在国内仍属起步阶段。本章就分拣系统的分拣方式和分拣机的选用利用 Flexsim 进行了简单的设计与分析,也得出了一些结论以供参考。经过对 Flexsim 软件的学习与应用,作者认为 Flexsim 等模拟设计软件还有很大的潜力可以挖掘,若能充分地应用于实际,将会给企业和社会带来极大的效益。

【学习并分析】

1. 利用 Flexsim 仿真软件来设计配送中心分拣系统的步骤有哪些?
2. 根据本章介绍和分析,归纳和总结出不同结构的分拣系统的应用条件和范围。

【本章关键术语】

物流系统仿真　　logistics system simulation
系统仿真软件　　software of system simulation

【本章思考与练习题】

1. Inter Arrival time 的意思是(　　)。
   A. 两个产品到达间隔所需的时间　　B. 生产出一个产品所需的时间
   C. 产品通过传输带所需的时间　　　D. 检验两个产品所需的时间

2. 如果我想要单步执行模拟,该按下( )按钮。

  A. Reset   B. Run   C. Stop   D. Step

3. 在运行模型时,如果我想立体地旋转整个模型,我应该( )。

  A. 按鼠标右键   B. 按鼠标左键

  C. 滚动滚轮并且前后动一动   D. 停止这个软件

4. 试在模型中添加一个3D曲线图来显示暂存区的当前数量,添加一个3D柱状图来显示暂存区的等待时间,添加一个3D饼图来显示每个操作员的状态分布。

5. 试为运输机设定一个行进路径网络,使用全局表定义路径,建立一个定制的输出报告。

第九章 物流配送中心作业管理

本章重点理论与问题

> 物流作业是按照客户的要求,将货物分拣出来,按时、按量发送到指定地点的过程。物流作业是物流配送中心运作的核心内容,因此,物流作业流程的合理性,以及物流作业效率的高低都会直接影响整个物流系统的正常运行。具体来说,物流作业一般包括以下几项内容:进货作业、储存作业、搬运作业、订单处理、拣货与补货作业、配货作业、送货作业、直接转运等。

第一节 进货作业

物流配送中心规划是一个系统工程,要求规划的流程合理化、简单化和机械化。所谓合理化就是各项作业流程具有必要性和合理性。要使流程合理化,必须对流程设计提出很高的要求,因为物流配送中心的类型确定之后,其功能区域的设置需要考虑具体流程设计。如果流程设计不合理,将导致功能区域分布不合理,严重影响作业效率。物流配送中心的规划流程如图5-1所示。

物流配送中心的作业活动可以按照常规作业和非常规作业进行分类,结合已有的资料来确定基本和辅助作业流程。分析各流程的必要性和合理性,建立作业流程规划。物流配送中心的主要活动有订货、进货、发货、仓储、拣货和配送等。在确定了物流配送中心的主要活动及其程序之后,才能规划设计整个作业流程。有的物流配送中心还要进行流通加工、贴标签和包装等作业。当有退货时,还要进行退货货物的分类、保管和退回等作业。物流配送中心的主要作业流程如图9-1所示。

一、进货作业的基本流程

进货作业包括领取货物,卸货,开箱,检查数量、质量,然后记录有关信息等一系列工作。进货作业流程一般包括以下五个步骤:

(1) 掌握货物的品种、数量;
(2) 预先计划临时存放位置;
(3) 尽可能准确地预测送货车的到达日期;
(4) 结合停泊信息,协调进出货车的交通问题;
(5) 计划好货车的停车位置,方便卸货及搬运。

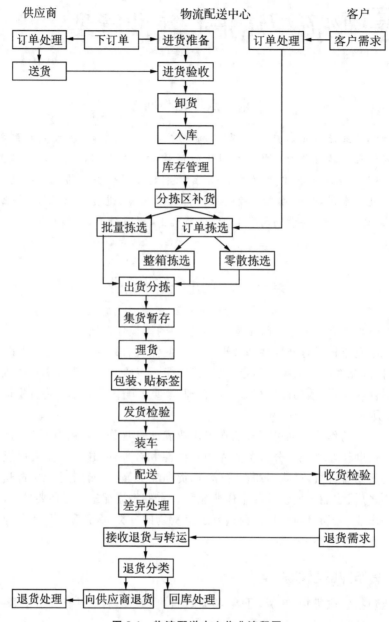

图 9-1 物流配送中心作业流程图

二、进货流程安排

（一）进货流程安排的原则

为了安全有效地卸货以及使物流配送中心能按时正确地收货,在安排进货流程时应注意以下原则:

(1) 多利用配送车司机卸货,以减少物流配送中心的作业人员,避免卸货作业的拖延;

(2) 尽可能平衡码头或车站的配车调用,例如,按进出货需求状况制定配车排程,或分

散安排部分耗时的进货作业,尽量避开进货高峰期;

(3) 尽可能将多个作业活动集中在同一工作站,以节省必要的空间;

(4) 在进货高峰期使货物维持正常速率的移动;

(5) 码头、车站至储存区的活动应尽量保持直线流动;

(6) 依据相关度安排活动,以达到距离最小化;

(7) 详细记录进货资料,以备后续存取核查;

(8) 尽量使用同样的容器,以节省更换容器的时间;

(9) 在进出货期间尽量减少不必要的货物搬运及储存。

(二) 进货考虑的因素

在安排进货流程以前,需要考虑所有相关的影响因素,以便统筹规划。在进货方面需考虑以下几个因素:

(1) 进货对象及供应厂商的总数、地理分布、交通运输情况;

(2) 进货车种与车辆台数;

(3) 货物种类与数量;

(4) 货物的形状、特性(包括散货、单元的尺寸及重量、包装形态、有无危险性、托盘堆放的可能性、人工搬运或机械搬运、货物的保存期等);

(5) 每一车的卸(装)货时间;

(6) 进货所需的作业人员数量;

(7) 配合储存作业的处理方式;

(8) 在进货时间内流经的车辆数。

其中,"配合储存作业的处理方式"是指物流配送中心储存货物时采用的托盘、箱子、小包三种方式。货车进货同样也有三种方式。因而如何在进货与储存作业之间对这三种方式进行转换是十分重要的。通常有以下三种转换方式。第一种是进货与储存都采用同样的方式,即进货时的托盘、箱子、小包都原封不动地转入储存区。在这种方式下,进货输送机可直接把货物运到储存区。第二种是进货采用托盘、箱子的形式,而储存则要求是小包的形式,这时必须把托盘和箱子在进货点拆装之后,以小包的形式放在输送机上,再送至储存区。第三种是进货采用小包或箱子的形式,而储存要求用托盘形式,这就必须先将小包或箱子堆放在托盘上或把小包放入箱子后再储存。

三、货物编码

进货作业是物流配送中心作业的首要环节。为了让后续作业准确而快速地进行,保持货物品质及作业水准,在进货阶段对货物进行有效编码是一项十分重要的工作。

(一) 货物编码的原则

(1) 简易性。编码结构应尽量简单,长度尽量短,这不仅便于记忆,还可以节省计算机的储存空间,减少代码处理的差错,提高信息处理效率。

(2) 单一性。每一个编码只对应一种货物。

(3) 完全性。每一种货物都用一种代码表示。

(4) 充足性。采用的文字、符号或数字应足够用来编码。

(5) 一贯性。编码要统一，有连贯性。

(6) 适应性。编码应尽可能反映货物的特点，易于记忆，具有暗示或联想的作用。

(7) 可扩充性。为未来货物品种的扩展及货物规格的增加留有余地，使其可因需要而自由延伸，或随时从中插入。

(8) 组织性。编码应有组织性，以便存档或查找账卡及相关资料。

(9) 实用性。管理计算机化已成为目前趋势，编码应与计算机配合。

(10) 分类展开性。若货物过于繁多、复杂，使得编码庞大，则应使用渐近分类的方式来进行编码。

(二) 货物编码的方法

货物编码的方法很多，常见的有无含义代码和有含义代码。无含义代码通常可以采用顺序码和无序码来编排，有含义代码则通常是在对货物进行分类的基础上，采用序列顺序码、数值化字母顺序码、层次码、特征组合码及复合码等进行编排。物流配送中心常用的编码方法如下：

(1) 顺序编码。顺序编码又称流水编号，即将阿拉伯数字或英文字母按顺序往下编码的方法，常用于账号及发票编号等。在品种少、批量多的物流配送中心也可用于货物编码，但为了使用方便，常与编码索引配合使用。

(2) 分组编码。分组编码是按货物特性将数字组成多个数组，每个数组代表货物的一种特性的编码方法。例如，第一组代表货物的种类，第二组代表货物的形状，第三组代表货物供应商，第四组代表货物尺寸等。至于每一个数组的具体位数应视实际需要而定。

(3) 数字分段编码。数字分段编码是把数字进行分段，每一段数字代表具有同一共性的一类货物的编码方法。

(4) 实际意义编码。实际意义编码是指按照货物的名称、重量、尺寸、分区、储存位置、保存期限或其他特性等实际情况来编码的方法。此方法的优点在于通过货物的编码就可知货物的内容及相关信息。

(5) 暗示编码。暗示编码是指用数字与文字的组合进行编码，编码本身虽不直接指明货物的实际情况，但却能暗示货物的内容的编码方法。此法容易记忆又不易让外人知道。

第二节 储存作业

在物流系统中，储存是极其重要的环节。它与运输形成了物流过程的两大支柱，是物流系统的中心环节。储存作业的核心目标是提高仓库的运作效率。储存管理是否合理，保管工作质量的好坏，直接影响着物流系统的整体功能。因此，实施货物的合理储存，不断提高货物保管质量，对加快物流速度，降低物流费用，改善物流系统整体功能都起着重要的作用。

一、储存作业的内容

(一)储存计划管理

储存计划一般包括入库计划、出库计划、保管养护计划、作业人员组织计划和储存费用计划等内容。其中,入库计划和出库计划是储存计划管理的基础,它是制订其他各项计划的主要依据。因此,在储存管理,特别是在制订储存计划的过程中,必须做好预测工作并正确编制入库、出库计划。

(二)入库管理

入库工作是储存业务活动的开始,也是储存作业管理的重要环节。货物入库是根据入库计划和供货合同规定进行作业的。入库流程图如图 9-2 所示。

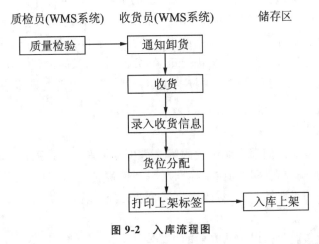

图 9-2 入库流程图

在接收货物入库时,需要进行一系列的作业活动,一般包括验单、接货、卸货、分类、商品检验、签发入库凭证、货物入库堆码、登记入账等。对这些作业活动要进行合理的组织与安排,尤其要做好以下工作。

(1) 接货。接货是仓库或物流配送中心进行货物入库时与交通运输部门或供货单位直接发生交接的一项工作。它的主要任务是与交通运输部门和供货单位密切协作,及时准确地向运输部门提取入库货物。要保证货物入库快而不乱,必须做好入库前的准备工作,一般包括以下三项。

① 仓位准备。根据货物的性能、数量、体积、重量等确定货物堆放地点,并进行清理消毒等工作。

② 接货人员、设备等准备。

③ 作业操作顺序的安排。根据货物入库的数量、时间、品种做好接货、验收、搬运、堆码等各环节的协调配合。在使用机械的情况下,要事先安排好定人、定机的作业序列。

(2) 验收。验收是货物在入库前,按照一定的程序和手续进行数量和质量的检验,以验证其是否符合合同规定的一项工作。验收是货物入库前的重要工序,也是储存作业质量管理的重要一环。对于要入库的货物,一是核对货物单据、凭证等;二是对实物进行检查验收,包括数量检验和质量检验,并做好验收记录。

质量检验可采取感官检验和理化检验等方法。质量检验分为全数检验和抽样检验。在批量小、规格尺寸和包装不整齐以及严格验收时采用全数检验;在批量大、规格尺寸和包装整齐、商品质量信誉较高以及验收条件宽松的情况下采用抽样检验。质量检验的方法一般由供货方和订货方通过签订协议或合同加以规定。

数量检验分计数和计重两种。计数可采取大数点收、逐件计总,或集中堆码点数等方法。计重的货物若需要验收净重,可根据货物包装的具体情况,采用扣除平均皮重或除皮核实两种方法。

为了准确划分储存单位和运输部门的职责,保证入库货物的质量,对验收中出现的问题要严格按照制度规定处理。货物入库凭证不齐或不符时,应将所到货物另行堆放,暂作待验处理,仓库有权拒收或要求重办入库凭证。当验收中发现货物质量不符合规定时,应立即会同交货单位或有关人员进行详细记录,将有问题的货物单独存放,同时采取必要措施,防止损失扩大,并迅速通知有关单位到现场查看,共同协商,及时处理。在数量检验中,计件货物一般不允许有短缺。对计重货物所发生的损益在规定标准以内的,仓库可按实际数量验收入库;超过规定时,也应会同交货人员进行记录,分清责任,及时处理。在验收中对有索赔期的货物,应及时检验。发现问题时必须按照规定的手续,在规定的期限内,向有关部门提出索赔要求。

(三) 在库管理

货物在库保管作业是储存作业过程的第二个步骤。采取一系列保管、保养措施,妥善保管好储存中的货物,确保在库货物质量标准水平和使用价值,是储存工作的中心任务,也是衡量储存工作质量的重要标志,它对改善物流企业的经营管理,提高企业的经济效益有着重要的作用。

货物在库保管作业包括以下几方面的工作。

(1) 提高仓库利用率。根据不同货物的性能、包装形状,采用不同的堆垛方法,正确使用堆垛工具,改进堆垛技术,充分利用货位空间。

(2) 分区分类,合理摆放。根据储存货物的不同品种、规格、特点和要求,合理划分保管区,不同货物应当存放在不同的货位。

(3) 固定货位,统一编号。推行货位管理制度,把储存货物按储存地点、排列位置,采用统一标记,顺序编号,并绘制仓库平面图。

(4) 建立相应的盘点制度。针对大宗货物管理难的特点,仓库要建立相应的盘点制度,内容包括货物盘点的方式、盘点的程序、盘点职责和要求,以及盘点发现问题的处理办法等。应根据具体内容逐一执行,力求做到仓库内所有货物"账、卡、物"三者一致,确保万无一失。

(四) 出库管理

发货业务是根据业务部门开出的货物出库凭证,按所列的货物编号、名称、规格、牌号、数量等项目组织货物出库的业务。出库流程图如图9-3所示。

出库工作是储存的一个重要环节,是储存业务活动的结束。出库及时、准确、方便是对物流企业的基本要求,也是反映储存工作质量的重要标志。目前,有两种常见的出库形式:一种是客户凭出库通知单到仓库提货;另一种是仓库根据出库凭证将货物送到客户单位。

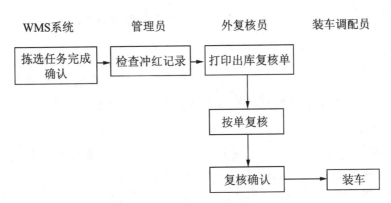

图 9-3 出库流程图

发货前准备一般包括:原件货物的包装整理;零星货物的组配、备货和包装;待运货物、机具用品、组装场地的准备,作业人员的组织安排等。出库时仓库一般应做好以下几项工作。

(1) 核对出库凭证。仓库发货人员根据出库凭证,仔细核对出库货物的品种、规格、数量及其他有关事项,经核对无误后方能发货。

(2) 备货。核对完毕无误后,按出库单备齐货物,准备出库。

(3) 核对实物。按出库单所列出的货物,一一核对,如无问题,才可付货,完成出库任务。

(4) 登账。登账是货物出库作业的最后一道工序。在发货完毕之后,仓库管理人员根据有效的发货凭证,确实做好发货登记工作。为了提高登账工作质量,必须做到"日账日清",为编制仓库货物统计业务打下坚实的基础。

二、储存作业安全管理

(一) 劳动安全

劳动安全是储存安全工作的重要内容之一。为了确保仓库员工的生产安全,提高劳动效率,防止各类工伤事故的发生,应采取以下必要的防范措施:

(1) 将开展劳动安全条例的教育、学习与考核制度化;

(2) 对业务操作所用的机械设备和设施经常检查和维修保养,严格遵循使用者、维修保养者和检查者分离的制度,并切实做好相关记录;

(3) 定期或不定期开展业务安全操作技能竞赛以及业务安全操作的检查,发现问题及时纠正,严重时可以采取相应的行政手段,直至消除隐患。

(二) 治安保卫

仓库治安保卫工作要立足于防范,预防各种有政治或经济影响的事故发生。具体防范措施包括:

(1) 建立和完善仓库出、入库制度和日常安全检查制度;

(2) 经常开展法制宣传,并将其制度化;

(3) 加强库区的巡逻检查;

（4）仓库内部重要部位和存放易燃、易爆、剧毒物品的场所，要指定专人负责并加强检查；

（5）仓库管理人员一旦发现货物有异常情况，应当立即组织检查，并做好现场记录，直到情况弄清为止；

（6）重要库房应配备电子报警装置，应用现代科技手段确保仓库安全。

（三）消防安全

消防是保障仓库货物和全体员工安全的重要工作，仓库管理人员必须认真地做好每一项预防工作，彻底保证仓库安全。消防安全的基本措施包括：

（1）建立消防系统，保障消防通道、安全门、走道畅通无阻；

（2）加强防火宣传和教育，普及基本灭火科学知识；

（3）任何有明火的操作，必须经消防部门或安全部门审查批准，并配置防火安全措施后，方能实施操作；

（4）加强火种管理，严禁任何形式的火种进入库区；

（5）保护电器设备的完整性，对避雷和防静电装置要经常检查，工作结束后要切断所有电源；

（6）发生任何火警和爆炸事故，必须立即通知公安消防部门，认真调查事故原因，严肃处理事故责任者，直至追究刑事责任。

三、储存作业组织

储存作业组织包括空间组织和时间组织两方面的内容。空间组织是指确定储存保管作业过程在空间的运动形式，即划分作业区及确定它们在一定平面上的布置，使得货物在空间上运动的路线最短，避免往返转运。这就要求合理划分作业班组。仓库班组主要是根据仓库的吞吐、储存规模，储存货物的种类及作业流程的特点等因素来确定的。在一般情况下，仓库按专业化形式来设置，即集中同类设备和同一种作业人员，完成作业过程中某一道工序。例如，装卸搬运队专门负责装卸、搬运、堆码等作业，验收组专门负责商品的检验作业，维护保养组专门负责货物质量的维护保养作业等。时间组织是研究货物在整个储存保管过程中所处的各个阶段，如何在时间上得到合理安排，保证作业连续不断地进行，并且尽可能地减少作业人员和设备的停工时间。作业过程的时间组织与作业班组和工序的结合形式等有很大的关系，需要综合各方面的情况合理组织。

四、储存作业经济指标

在储存管理中，储存作业经济指标是反映仓库业务活动全过程的动态指标体系，它不仅表明业务活动的数量，更体现业务活动的质量。因此，储存作业经济指标的核算对仓库业务发展规模、水平、速度都具有重要意义。储存作业主要经济指标如下。

（一）货物储存量指标

这一类指标是用来反映货物储存数量的。核算该类指标的目的在于从货物储存总量上反映企业的经营情况，衡量库容利用的程度，是储存业务部门最基本的经济指标。它主要包括以下两种指标。

(1) 吞吐量。指一定时期内货物实际进出仓库的吨数。吞吐量反映仓储工作的强度,并影响和决定其他指标。它取决于仓库的面积、设备和作业人员等因素。一般分为月、季、年吞吐量,计算公式为

$$吞吐量=\frac{总入库量+总出库量}{总入、出库量计算期}$$

(2) 单位面积储存量。指仓库每平方米的实际储存面积所储存货物的吨数。它反映仓库利用程度。由于受所存货物的影响,这一指标必须结合具体货物进行考核,计算公式为

$$单位面积储存量=\frac{日平均储存量}{仓库实际面积}$$

(二) 货物储存质量指标

这一类指标是用来反映货物储存作业质量的。通过这类指标的核算,可以全面反映储存工作质量,体现对储存工作方便迅速、优质完好、高效低耗的要求。它主要包括下面几种指标。

(1) 平均货物保管损失。指按平均储存每吨货物计算的保管损失金额。货物保管损失的计算范围包括:因保管、养护不善造成的货物霉变、残损、丢失、短少,超定额损耗及不按规定验收入库或错收错付等造成的损失。计算公式为

$$平均货物保管损失=\frac{计算期保管损失总额}{同期平均储存量}$$

(2) 仓库利用率。指衡量和考核仓库储存面积利用的程度。该指标是反映仓库管理工作水平的主要质量指标之一。这一指标的核算,可以反映货物储存面积与仓库实际面积的对比关系以及仓库面积利用的合理程度,它为有效利用仓容,提高仓库利用率提供了量化依据。计算公式为

$$仓库利用率=\frac{货物堆放占用面积}{仓库实际面积}\times 100\%$$

(3) 货物损耗率。指货物在库保管期间自然损耗量占该种货物入库量的比率。货物损耗率可反映货物在库保管与在库养护的实际状况。通过对比,可以促使保管、养护人员尽量采用降低货物损耗的措施,最大限度地降低仓耗。计算公式为

$$货物损耗率=\frac{货物损耗金额}{平均库存货物金额}\times 100\%$$

(4) 平均收、发货时间。指收、发每笔货物(即每一张出、入库单据上的货物)平均所用时间。它是一项反映储存劳动效率和服务质量的指标。确定和考核平均收、发货时间的目的,是为了缩短仓库收、发货时间,提高劳动效率和仓库使用率,加速货物和资金的周转速度,提高企业的经济效益。

收、发货时间的计算方法:收货时间是指从订单上的货到齐开始计算,经过验收入库后,把入库单送交账务员登账为止;发货时间是指由仓库接到调拨单开始,经过备货、包装、填发装运清单等,到办妥备货手续为止。在库待运时间不列为发货时间。计算公式为

$$平均收、发货时间=\frac{收、发货时间总和}{收、发货总笔数}$$

（三）人均工作量

人均工作量是计算每位作业人员每日收、发货物吨数或计算每人每日保管的货物吨数。它是反映作业人员工作效率的指标。计算公式为

$$人均收、发货物吨数 = \frac{计算期平均收、发货吨数}{同期平均收、发货人数}$$

$$人均保管吨数 = \frac{计算期平均储存量}{同期平均保管人数}$$

（四）平均保管费用

平均保管费用是指为储存货物所支付或发生相关费用的金额。保管费用一般包括工资、福利费、固定资产折旧费、养护费等内容。这项指标就是反映保管每吨货物的实际成本，即费用总额，也称"吨成本"。它综合反映了储存部门的经营管理、劳动生产率、技术设备利用率等情况。计算公式为

$$平均保管费用 = \frac{计算期保管费用总金额}{同期平均储存量}$$

第三节 搬运作业

一、搬运作业的指导原则

（一）降低搬运作业次数原则

虽然搬运是物流过程不可避免的作业，但是应该将搬运的次数控制在最小范围内。通过合理安排作业流程、采用合理的作业方式、物流配送中心内合理布局，以及仓库或物流配送中心的合理化设计来实现货物搬运作业次数最小化。图9-4为物流配送中心内搬运活动发生的时机图。

（二）提高搬运活性原则

货物所处的状态会直接影响搬运的效率，在整个物流过程中，货物要经过多次搬运，前道作业的卸货与后道作业的搬运关系密切。因此，在组织搬运作业时，应该灵活运用各种装卸、搬运工具和设备，前道作业要为后道作业着想。从作为物流起点的包装作业开始，应以装卸、搬运活性指数最大化为目标。

（三）集装单元化原则

集装单元是指用各种不同的方法和器具，把有包装或无包装的货物整齐地汇集成一个扩大了的、便于装卸搬运的作业单元，这个作业单元在整个物流过程中保持一定的形状。采用集装单元化技术，使货物的储运单元与机械等搬运手段的标准相一致，从而把装卸、搬运劳动强度降到最低限度，便于实现机械化作业。通过集装单元化不仅可以降低物流费用、提高装卸搬运效率，而且还可以防止货物损坏和丢失，数量的确认也变得更加容易。

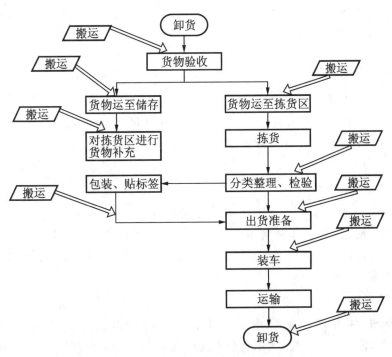

图 9-4　搬运活动发生的时机图

（四）移动距离（时间）最小化原则

移动距离（时间）的长短与搬运作业量大小和作业效率高低联系在一起。在货位布局，车辆停放位置，出、入库作业程序等设计上应考虑货物移动距离（时间）的长短，以货物移动距离（时间）最小化为原则。

（五）机械化原则

机械化是指在装卸、搬运作业中用机械作业替代人工作业。实现作业的机械化能提高效率，通过机械化作业改善物流作业环境，将人从繁重的体力劳动中解放出来。当然，机械化的程度除了技术因素外，还与物流费用等经济因素有关。机械化的原则同时也包含了将人与机械合理地组合到一起，这样可以发挥各自的长处。在许多场合，人和机械的配合同样可以达到提高效率的目的。但是，片面强调全自动化会造成物流费用增长，增加经济负担。

（六）系统化原则

所谓系统化原则是指将各项搬运活动作为一个有机整体，实施系统化管理。也就是说，运用综合系统化的观点，提高搬运活动之间的协调性，提高搬运系统的柔性，以适应多样化的物流需求，提高搬运效率。

（七）利用重力原则

利用重力原则是指借助货物本身的重力实现货物的移动。在搬运时，最好能利用重力将货物从高处移向低处，达到降低人工作业强度的目的。

（八）搬运顺畅原则

在搬运货物时，常常将搬运前后的相关作业进行有机结合，各作业之间要紧密衔接，作业路径尽量为直线,消除迂回和交叉,使货物的运动十分顺畅,从而提高搬运效率。这样,在货物连续流动时,才能获得较好的经济效益。

二、搬运作业合理化

(一)防止和消除无效作业

所谓无效作业是指在搬运作业活动中,超出必要的搬运量的作业。防止和消除无效作业对提高搬运作业的经济效益起着重要作用。为了减少无效作业,可以从以下几个方面入手。

1. 尽量减少搬运次数

物流过程中,货损主要发生在装卸环节,而搬运作业又是反复进行的。过多的搬运次数必然导致货损的增加。从发生的费用来讲,一次搬运的费用相当于几十公里的运输费用,因此,每增加一次搬运,物流费用就会有较大比例的增加。此外,减少搬运次数也是提高物流速度的重要因素。

2. 包装要适宜

包装是物流过程中不可缺少的辅助作业手段。包装过重、过大,在装卸时会消耗较大的劳动量,包装的轻薄化、简单化、实用化会不同程度地减少作用于包装上的无效劳动。

3. 提高被搬运物料的纯度

物料的纯度是指物料中除去与物料性质无关的物质后的含量。在反复搬运时,这些无效物质反复消耗劳动,因而形成无效装卸。物料的纯度越高,装卸作业的有效程度就越高。

4. 缩短搬运作业的距离

货物在搬运过程中,要实现水平和竖直两个方向的位移,选择最短路线完成这一活动,就可避免超过这一最短路线以上的无效劳动。

(二)充分利用重力

搬运即通过做功实现货物竖直或水平位移,在这一过程中,要尽可能使搬运作业省力,在搬运作业中应尽可能地消除重力的不利影响。在有条件的情况下,利用重力进行搬运,可减轻劳动强度和能量的消耗。利用货物本身的重量,进行有一定落差的搬运,可减少或根本不消耗搬运的动力,这是合理化搬运的重要方式。将没有动力的小型运输带(板)斜放在货车、卡车或站台上进行搬运,使物料在倾斜的输送带(板)上移动,这种搬运就是靠重力的水平分力完成的。在搬运作业中,不用手搬,而是把货物放在台车上,由器具承担货物的重量,只要克服滚动摩擦力,就能使货物水平移动,这无疑是十分省力的。重力式移动货架也是一种利用重力的搬运方式。重力式移动货架的每一层、格均有一定的倾斜度,利用货箱或托盘,可沿着倾斜的货架层板滑到输送机械上。货物滑动的阻力越小越好,因此,货架表面通常处理得十分光滑。在货架层上装上滚轮或者在承重货物的货箱或托盘下装上滚轮,将滑动摩擦变为滚动摩擦,货物移动时所受到的阻力会更小。

(三)提高搬运活性

货物平时存放的状态是各式各样的,可能是散放在地上,也可能是装箱放在地上,或放在托盘上等。由于存放的状态不同,货物的搬运难易程度也不一样。货物从静止的存放状态转变为搬运状态的难易程度称为搬运活性。如果很容易转变为下一步的搬运而不需过多地做搬运前的准备工作,则搬运活性就高;如果难于转变为下一步的搬运,则搬运活性就低。

(四) 合理组织搬运设备

搬运设备的运用组织是以完成搬运任务为目的,以提高搬运设备的效率、搬运质量,降低搬运作业成本为中心的技术组织活动。它包括下列内容。

(1) 确定搬运任务量。根据物流计划、订货合同、装卸作业不均衡程度、搬运次数和装卸车时限等,确定作业现场年、季、月、旬、日平均搬运任务量。搬运任务量有事先确定的因素,也有临时变动的因素。因此,要合理地运用搬运设备,就必须把计划任务量与实际搬运作业量两者之间的差距缩小到最低水平。同时,搬运作业组织工作还要对所搬运货物的品种、数量、规格、质量等指标以及搬运距离进行尽可能详细的规划。

(2) 根据搬运任务的情况和搬运设备的效率,确定搬运设备需用的台数和技术特征。

(3) 根据搬运任务的情况、搬运设备的效率和搬运设备需用的台数,编制搬运作业进度计划。计划通常包括:搬运设备的作业时间表、作业顺序、负荷情况等详细内容。

(4) 下达搬运作业进度计划,安排作业人员和作业班次。

(5) 统计和分析装卸作业成果,评价搬运作业的经济效益。

(五) 合理安排搬运作业过程

合理安排搬运作业过程是指对整个搬运作业的连续性进行合理安排,以缩短运输距离和减少装卸次数。搬运作业现场的平面布置是直接关系到装卸次数、搬运距离的关键因素,搬运设备要与货场长度、货位面积等互相协调。要有足够的场地满足搬运设备工作面的要求,场内的道路布置要为搬运创造良好的条件,有利于加速货位的周转。要使搬运距离达到最小,合理的平面布置是缩短搬运距离最理想的方法。

要提高搬运作业的连续性,应做到:作业现场搬运设备合理衔接;不同的搬运作业在相互连接时,力求使它们的搬运速率相等或接近;充分发挥搬运调度人员的作用,一旦发生搬运作业障碍或停滞的情况,要立即采取有力的补救措施。

第四节 订单处理

一、订单处理的含义

从接到客户订单到着手准备拣货之间的作业,称为订单处理。订单处理通常包括订单资料确认、存货查询、单据处理等内容。订单处理分人工处理和计算机处理两种方式。人工处理具有较大的弹性,但只适合少量的订单处理,一旦订单数量较多,处理将变得缓慢且易出错。计算机处理速度快、效率高、成本低,适合大量的订单处理,因此目前主要采用计算机处理方式。

二、接受订货

接受订货为订单处理的第一步。随着流通环境的变化和现代科技的发展,接受客户订货的方式也渐渐由传统的人工下单、接单,演变为计算机直接收发订货资料的电子订货方式。

(一)传统订货方式

(1)供应商派巡货员前一天先到各客户处查询需补充的货物,隔天再予以补货。这样供应商可利用巡货员为店铺整理货架、贴标签或提供经营管理意见等机会来促销新产品或将自己的产品放在最占优势的货架上。

(2)口头订货。订货人员以电话方式向供应商订货,但因客户每天需订货的种类可能很多,数量也不尽相同,因此这种订货方式的差错率较高。

(3)传真订货。客户将缺货资料整理成书面资料,利用传真机发给供应商。利用传真机可快速地传送订货资料,但传送的资料常因品质不良而增加事后的确认作业。

(4)邮寄订单。客户将订货表单或订货磁片、磁带邮寄给供应商。目前,邮寄效率已基本不能满足市场的需求。

(5)业务员跑单接单。业务员到各客户处推销产品,而后将订单带回公司。

不管采用何种方式订货,上述订货方式都需人工输入资料,且经常重复输入。在输入、输出过程中常有时间误差,造成无谓的浪费。随着现代经济的发展,现在客户更趋于高频率地订货,且要求快速配送,传统订货方式显然已无法满足要求,因而新的订货方式——电子订货应运而生。

(二)电子订货方式

电子订货,即采用电子方式取代传统人工书写、输入、传送的订货方式,它将订货资料由书面资料转为电子资料,通过通信网络进行传送。这种订货系统称为电子订货系统(electronic order system,EOS)。电子订货的做法通常可分为以下三种。

(1)订货簿或货架标签配合手持终端机及扫描器订货。订货人员携带订货簿及手持终端机巡视货架,若发现某种商品缺货则用扫描器扫描订货簿或货架上的商品标签,再输入订货数量,当所有订货资料皆输入完毕后,再将订货数据传给供应商或总公司。

(2)POS(point of sale,销售时点管理系统)订货。客户若有POS收银机,则可在货物库存记录里设定安全库存量,每当销售一件商品时,计算机自动扣除该商品库存,当库存低于安全库存量时,即自动产生订货资料,将此订货资料确认后通过网络传给总公司或供应商。

(3)订货应用系统订货。客户信息系统里若有订单处理系统,就可将应用系统产生的订货资料经转换软件转换成与供应商约定的格式,再在约定时间将资料传送出去。

电子订货方式是一种传送速度快、可靠性及正确率高的订单处理方式,它不仅可大幅度提高客户服务水平,也能有效地缩减存货及相关成本。但其运作费用较为昂贵,因此在选择订货方式时应视具体情况而定。

三、客户信用确认

不论订单由何种方式传至物流配送中心,配送系统的第一步都要核查客户的财务状况,以确定客户是否有能力支付该订单的账款。通常的做法是检查客户的应收账款是否已超过其信用额度。系统一般采取以下两种途径来核查客户的信用状况。

(一) 客户代号或客户名称输入

当输入客户代号、名称等资料后,系统即检验客户的信用状况,若客户应收账款已超过其信用额度,系统加以警示,以便输入人员决定是继续输入订货资料还是拒绝订单。

(二) 订购项目资料输入

若客户此次的订购金额加上以前累计的应收账款超过信用额度,系统应将此订单资料锁定,以便主管审核。审核通过后,此订单资料才能进入下一个处理步骤。原则上客户的信用调查由销售部门负责。

四、货物数量及日期的确认

货物数量及日期的确认是对订货资料项目的基本检查,即检查货物名称、数量、送货日期等是否有遗漏、笔误或不符合公司要求的情形。尤其当送货时间有问题或出货时间已延迟时,更需与客户再次确认订单内容或更正运送时间。同样地,若采用电子订货方式接单,也须对已接受的订货资料加以检验确认。

五、订单形态确认

物流配送中心虽有整合传统批发商的功能以及有效率的物流信息处理功能,但在面对较多的交易对象时,仍需根据客户的不同需求采取不同做法。在接受订货业务时,表现为具有多种订单的交易形态,所以物流配送中心应对不同的客户采取不同的交易及处理方式。

(一) 一般交易订单

一般交易订单是指按正常的作业程序拣货、出货、发送、收款的订单。接单后,将资料输入订单处理系统,按正常的订单处理程序处理,资料处理完后进行拣货、出货、发送、收款等作业。

(二) 间接交易订单

间接交易订单是指客户向物流配送中心订货,而供货则由供应商配送给客户的交易订单。接单后,将客户的订货资料传给供应商由其代配。采用此方式需注意的是,客户的送货单是自行制作或委托供应商制作的,物流配送中心应对出货资料加以核对确认。

(三) 现销式交易订单

现销式交易订单是指与客户当场交易,直接给货的交易订单,如业务员到客户处巡货、补货所得的交易订单或客户直接到物流配送中心取货的交易订单。订单资料输入后,因货物此时已交给客户,故订单资料不再参与拣货、出货、发送等作业,只需记录交易资料即可。

（四）合约式交易订单

合约式交易订单是指与客户签订配送契约交易的订单,如签订某期间内定时配送某数量的货物。在约定的送货日,将配送资料输入系统处理以便出货配送;或一开始便输入订货资料并设定各批次送货时间,以便在约定日期系统自动产生所需的订单资料。

（五）寄库式交易

寄库式交易是指客户因促销、降价等市场因素先行订购一定数量的货物,往后视需要再要求出库的交易。当客户要求配送寄库货物时,系统应检验客户是否确实有此项寄库货物。若有,则出库,否则应加以拒绝。采用这种方式需注意交易价格是依据客户当初订货时的单价计算,而不是依现价计算。

由上述可以看出,不同的订单交易形态有不同的订单处理方式,因而接单后应先确定其交易形态,然后针对不同形态的订单采取不同的处理方式。

六、订单价格和加工包装确认

不同的客户(批发商、零售商),不同的订购批量,可能对应不同的售价,因而输入价格时系统应加以检验。若输入的价格不符(输入错误或业务员降价接受订单等),系统应加以锁定,以便主管审核。

客户订购的货物是否有特殊的包装、分装或贴标签等要求,或是有关赠品的包装等资料,系统都需加以专门的确认并记录。

七、设定订单号码

每一份订单都要有单独的订单号码,此号码一般是由控制单位或成本单位来指定。它除了便于计算成本外,还有利于制造、配送等一切相关的工作。所有工作的说明单及进度报告都应附有此号码。

八、存货查询和存货分配

（一）存货查询

存货查询的目的在于确认库存是否能满足客户需求。存货资料一般包括货物名称、号码、库存量、已分配存货、有效存货及期望进货时间等。

在输入客户所订货物的名称、代号时,系统应核查存货的相关资料,看是否缺货;若缺货,则应提供货物资料或此货物的已采购未入库信息,以便接单人员与客户协调,从而提高接单率及接单处理效率。

（二）存货分配

订单资料输入系统,经确认无误后,最主要的处理业务在于如何对大量的订货资料进行最有效地分类、调拨,以便后续物流作业的顺利进行。

输入所有的订单资料后,进行库存分配。物流配送中心因订单数量多,客户类型等级多,且多为每天固定次数配送,因此采取批次分配是确保物流配送中心库存能力的最佳分配方式。进行批次分配,需注意订单分批原则,即批次的划分原则。根据作业的不同,各物流配送中心的分批原则可能不同,通常有以下几种划分方法。

(1) 按接单时序划分。这种方法是将整个接单时段划分为几个合理区段。若一天有多个配送批次,可配合配送批次将订单按接单先后顺序分为几个批次来处理。

(2) 按流通加工需求划分。这种方法是将需加工处理或需相同流向加工处理的订单一起处理。

(3) 按车辆需求划分。若配送货物需特殊的配送车辆(如低温车、冷冻车、冷藏车等)或由于客户所在地、卸货特性等需要特殊形态车辆,可将这些货物汇总,合并一起处理。

(4) 按配送区域/路径划分。即将同一配送区域/路径的订单汇总后一起处理。

九、订单资料处理输出

订单资料经上述处理后,即可开始打印出货单据,实施后续的物流作业。

(一) 拣货单

拣货单用于提供货物出库指示资料,以作为拣货的依据。拣货资料的形式需配合物流配送中心的拣货策略及拣货作业方式来设计,以提供详细且有效率的拣货信息,便于拣货作业的进行。

(二) 送货单

货物在交货时,通常需附上送货单给客户清点、签收。送货单是客户签收和确认出货资料的凭证,因此十分重要。打印送货单时要特别注意以下内容。

1. 单据打印时间

最能保证送货单资料与实际出货资料一致的方法是在运输前完成一切清点工作,而且将不相符的资料在计算机上修改完毕,再打印出货单。但这种方法常因单据数量多而耗费较长的时间,进而影响出车时间。

2. 送货单资料

送货单上的资料除基本出货资料外,还应附上一些订单的异常情形的信息,如缺货项目或缺货数量等。

3. 缺货资料

库存分配后,对于缺货货物或缺货的订单资料,系统应提供查询或报表打印功能。对于库存缺货货物,提供按货物或供应商的名称代号来查询缺货货物资料,以提醒采购人员及时采购。对于缺货订单,提供按客户或业务员的名称代号来查询缺货订单资料。

第五节 拣货与补货作业

一、拣货作业的含义

拣货作业是配送作业的中心环节。所谓拣货,是依据客户的订货要求或物流配送中心的作业计划,尽可能迅速、准确地将货物从其储存位置或区域拣取出来的作业过程。在配送作业环节中,拣货作业不仅工作量大、工艺复杂,而且要求作业时间短、准确度高、服务质量好。因此,加强对拣货作业的管理非常重要。在拣货作业中,根据配送的业务范围和服务特点,即根据客户订单所反映的货物特性、数量多少、服务要求、送货区域等信息,采取科学的拣货方式。进行高效的作业是配送作业中关键的一环。图9-5为物流配送中心拣货作业流程图。

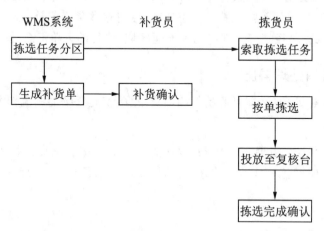

图9-5 物流配送中心拣货作业流程图

二、拣货在物流配送中心作业中的重要性

物流配送中心中最主要的作业是进货、储存、拣货和出货。最近,英国的一项最新调查表明,在物流配送中心整个营运成本中,高达63%的是拣货费用。所以,拣货在提高物流配送中心的生产效率中具有最高的优先权,因为拣货是所有仓储作业中劳动力最密集的部分。由于一些新的生产模式和运作方式的出现,像准时化生产(just in time,JIT),生产周期缩短、响应速度快,以及一些新的市场营销战略,如细分化市场营销和大品牌战略,所有这一切都需要更频繁、更准确地小批量向客户交货,并且必须与订单拣货系统相结合。为了进一步提高对客户服务的质量,要求以减少商品破损率、缩短业务处理时间、提高拣货准确性为出发点,重视订单拣货。

三、拣货作业的原理和方法

为了达到上面提出的拣货目标,在拣货作业中可以实施的原则和方法如下。

(一)鼓励整盘、整箱拣货

能整个托盘分拣,就不按箱分拣;能按箱分拣,就不拆箱分拣。对配送中心拣货作业的实际调查证明,客户要求整个托盘分拣和整箱分拣的比例常接近50%,这表明仓库中存在减少拆盘和拆箱分拣的可能性。

(二)在储存区拣货

将储存区移至拣货人员所在地(如采用旋转货架),这样可以极大地缩短拣货人员的行走距离和寻找时间。为了成批处理散箱,应将储存区移到固定的订单分拣地,这将提高拣货效率和准确性。

(三)尽可能减少或合并拣货任务

(1)拣货作业的人工活动可细分为以下各活动要素:
① 在各分拣地之间来回行走;
② 到达和弯腰以便接近拣货位取货;
③ 从储存地点拿取货物;
④ 记录拣货表并进行核对;
⑤ 按订单将物品分类;
⑥ 货物包装;
⑦ 寻找放置拣好货物的位置。

(2)当不能减少活动要素时,经常可通过合并几个活动要素,来提高拣货效率。一些有效的合并方法如下:
① 行走和提取货物;
② 行走和提供拣货表;
③ 拾起和分类;
④ 拾起、分类和包装。

(四)成批处理订单,减少整个行走时间

通过增加每个拣货人员在一次拣货路程中的订单数量,可缩短单个订单的行走时间。成批订单拣货是将原始订单中适合一起拣货的订单收集在一起,以进一步缩短在仓库内的行走时间。值得注意的是,当一张订单分配给一个以上的拣货人员时,就要花费时间重新将同一订单的各项货物完整地集合在一起,因此也会增加工作量,所以成批处理订单,虽然节省行走时间,但亦额外带来因工作量增加而引起成本的增加。当前仓库拣货作业中,主要采用以下三种拣货方式。

(1)单一订单拣货。在单一订单拣货中,每张订单的拣货人员一次只完成一张订单任务。对于人到货的拣货系统来说,单一订单拣货很像去超市购物,按列出的食品和日用品清单,将货物放入手推车中。每个拣货人员只要完成自己的订单就完成了任务。

(2)分区拣货。在分区拣货中,一个订单拣货人员在分配给他的区域中拣取订单上的货物。分配给拣货人员的区域可能是一个通道也可能是某一台设备。分区拣货时,拣货人员并不完成一张订单中所有货物的拣货,一张订单中的各种货物会安排多个人分别到数个分区中去拣货,最后亦有按单一订单集中的问题。就像夫妇同去超市购物,区域分拣货就是妻子去食品区购买食物,丈夫负责去生活用品区购买洗涤用品,两人共同完成家庭采购任务。

(3)成批拣货。成批拣货人员不是一次只完成一张订单,而是订单按批处理。订单拣货人员在一次拣货路程中,负责一批订单的拣货。

(五)建立前台和后备的分拣区域

由于仓库中少数货物会有大量拣货需求,应该建立一个需经常拣取货物的分拣区域,称

之为前台。前台区域的存货分配越少,前台就越小,行走时间也越短,生产效率也越高。然而,前台越小,前台和后备储存区域之间内部补充也就越频繁,需要的补货人员也就越多。

将经常拣取的货物放在仓库中最易接近的取用位置。一旦货物被指定了储存模式,将空间分配给了前台和后备储存区,就正式将货物分配到仓库中的具体位置。一般在仓库中,大多数分拣活动的对象是少数货物。利用这种现象,可以缩短订单拣货行走时间和弯腰取货时间。在存储位置系统设计中,应用这一原则最常见的错误是忽视了货物的尺寸。应依据拣货频率,将货物简单按所需运送空间(单元货物需要的体积空间)由大到小排序,排序在前面的货物应放在最容易取用的位置。

(六)平衡不同分拣位置的拣货作业,减少拥挤

在人到货的系统中,如果将常用货物放置在仓库中货物密集地区,会造成拥挤,降低生产效率。必须注意,应分配给分拣活动足够大的区域,以减少拥挤,但也不能太大,以致明显增加往返行走路程。经常采用马蹄形(U形单元)的拣货路线。一般要求分拣路线能使拣货人走过整个马蹄,而最常用的货物应放置在马蹄上或附近。在货到人的系统中,系统设计人员必须仔细设计,不能使任何一个旋转货架单元或小的运货通道超载。这样会使平衡后的系统效率会更高。

将需求相似的货物放在一起或放在靠近的位置,就像物流配送中心中少数的货物会大量而频繁地被拣取一样,物流配送中心中经常会发生同时需要某几种货物的情况,例如,成套的修理工具,来自同一供应商的一些货物,同一部件中的数个零件,同一尺寸的货物等。从订单中识别相关联的货物,并在仓库中将相关联的货物放在同一储存货位或靠近的位置,可以缩短同一订单中拣货的距离,也缩短了拣货所需的行走时间。

最新的信息技术,如数据库技术和数据分析技术,有助于将货物需求的常用性和关联性一同考虑,可用于制订智能化的储存分配计划。

(七)拣货地点排序,缩短往返行走时间

不论是在人到货还是货到人的系统中,将拣货地点的访问顺序进行排序,可以极大地缩短往返行走时间。

有效地组织拣货文件可减少拣货时间和错误。多数的拣货错误是由于拣货文件难以阅读造成的。粗大的字符、彩色编码、与目光齐平的显示,以及地面标志,有助于拣货人员找货。此外,要采取一切措施,在相邻拣货位置间去掉相似颜色或相似号码的货物标志,避免造成混乱。

(八)设计拣货车辆

设计拣货车辆,使分类时间最少、产生错误最小,提高拣货人员的舒适程度。分类拣货车是订单拣货人员的工作地点。就像工作地设计很关键一样,拣货车辆设计对拣货人员提高生产效率和振作精神也非常重要。

四、补货作业

补货作业一般是指物流配送中心内部补货,是指由整货区、自动化立体仓库向零货区的补货,或者直接入库至零货区的补货。图9-6为物流配送中心的补货流程图。

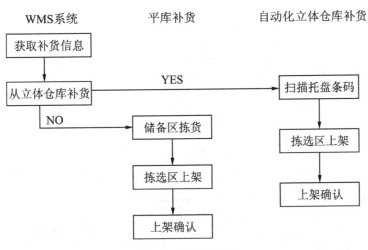

图 9-6 补货流程图

补货流程的基本步骤依次为：由仓储管理系统显示补货信息，补货人员到拣货区取得空容器后到仓储区，确认储存位置后取货，移动货物到拣货区，确认储存位置号码后将货物置入，将补货信息传回仓储管理系统并更改库存资料。

由于物流配送中心的存货是快速周转的，需要随时、及时补货。补货策略会影响物流配送中心的效益，补货目标是在不断降低存货成本的同时，充分满足客户需求。这就需要深入研究存货需求的变化规律，使用各种技术手段和工具，制定合适的补货策略。当客户的需求开始消耗现有存货时，补货系统需要根据以往的经验，或者相关的统计资料，或者计算机系统的帮助，确定最优库存水平和最优订购量，并根据所确定的最优库存水平和最优订购量，在库存低于最优存货水平时发出订购指令。这里所说的补货策略，既包含整个物流配送中心的补货，也包含仓储区内部的补货，如从自动化立体仓库补货到零货区等。

第六节 配货作业

一、配货作业基本流程

配货作业是指把拣取分类完成的货物经过配货检查过程后，装入容器并做好标志，再运到配货准备区，待装车后发送。配货作业流程图如图9-7所示。

二、分货

分货就是把拣货完毕的货物，按客户或配送路线进行分类的工作。分类方式一般有以下几种。

（一）人工目视处理

由人工根据订单或传票把各客户的货物放在已贴好客户标签的货箱里。

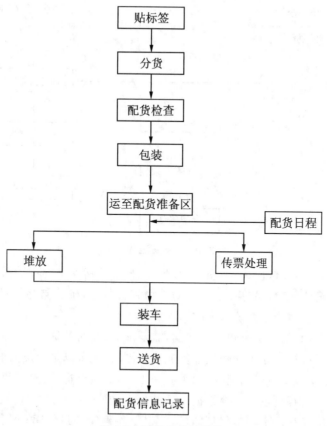

图 9-7 配货作业流程图

(二) 用自动分类机处理

利用自动分类机进行分类工作,不仅准确、快速,而且效率高。自动分类机的组成包括以下六项装置。

1. 搬运输送机

搬运输送机一般有皮带输送机、滚筒输送机、整列输送机、垂直输送机四种类型。

2. 移动装置

移动装置也称导入口、进入站,作用是把搬运来的货物及时取出,并移送到自动分类机上,通常有直线形和环形两种。直线形自动分类机的移动装置是指移载装置与分类装置成直线配置;环形分类机的移动装置是指移载装置与分类装置大多成 45°的角,也有 30°和 90°配置的。

3. 分类装置

分类装置是自动分类机的主体,按分出货物的方式可分为四种,即推出式、浮起送出式、倾斜滑下式、皮带送出式。

4. 输入装置

输入装置是在自动分类之前,把分类货物的信息输入控制系统的装置。输入方法常有:

键入式、条码及激光扫描式、光学读取式、声音输入式、反向记忆式、计算机输入式、体积测量式、重量测量式。

5. 排出装置

排出装置是能尽早将各货物搬离自动分类机,避免与下批货物相碰撞的装置。

6. 控制装置

控制装置是根据分类货物的信息,对分类机上的货物进行分类控制的装置。

上述六项装置的配置不同,自动分类机的类型、功能也不同,且六项装置各具特色,但按货物滑出形式大体可分为倾倒式和水平处理式两种。

对于易破损货物,采用倾倒式会有较大的破损率,所以常采用水平处理式。此外,当要求系统有较大分类能力时,则需采用高速自动分类机,并最好使用震动较小的窄皮带传送方式,以免损坏货物。所以,在选择自动分类机时,一般从以下五个主要方面来衡量:货物数量、货物形状、货物重量、容器尺寸、货物易损坏程度。

(三) 旋转架分类

为节省成本,也可采用旋转架分类的方式。这种方式将旋转架的每一格位当成客户的出货框,分类时只要在计算机中输入各客户的代号,旋转架即会自动将对应格位转至作业人员面前。即使采用没有动力的小型旋转架,旋转架也可作为人工目视处理的货框,只不过作业人员要按每格位上的客户标签自行旋转寻找,以便将货物放入正确的储位中。

三、配货检查

配货检查作业是指根据客户信息和车次对拣取的货物进行编号和数量的核实,以及对货物状态、质量的检查。配货检查员的工作是进一步确认拣货作业是否有误。配货检查最原始的做法是用纯人工方式检查,即将货物一一点数并逐一核对出货单,进而查验配货的质量及状况。用纯人工方式逐项或抽样检查货物的状态及品质确有必要,但用纯人工方式核对货物号码及数量,则效率太低且易发生错误。因此,目前在数量及号码检查的方式上有许多改进,常用的方法有声音输入检查法、条码检查法和重量计算检查法。

(一) 声音输入检查法

声音输入检查法是一项较新的技术,当作业人员发声读出货物名称、代码和数量后,计算机接收声音并自动判别,再转换成资料信息与发货单进行对比,从而判断是否有误。此方法的优点在于作业人员只需用嘴读取资料,手脚可做其他工作,自由度较高。但需注意,用此法,发音要准确,且每次发音字数有限,否则计算机识别困难,可能产生错误。

(二) 条码检查法

条码是随货物移动的,检查时用条码扫描器阅读条码内容,计算机再自动把扫描到的信息与发货单对比,从而检查货物数量和号码是否有误。

(三) 重量计算检查法

这种方法是把货单上的货物重量相加,再与货物的总重量相对比,来检查发货是否正确。

四、包装

包装是配货作业中重要的一环,它起到保护货物,便于搬运、储存,提高顾客购买欲望以及易于辨认的作用。包装与日常生活密切相关,应注意以下几个问题:第一,包装要适当,即避免包装过大及包装过度问题;第二,环保问题,即包装废弃物的处理问题;第三,包装的可靠性问题;第四,包装的安全性问题;第五,包装资源问题,即包装回收再利用问题。

包装分为个装、内装及外装等三种方式。个装又称商业包装,指货物的个别包装,有利于提高货物的价值,使货物美观,同时还可保护货物。内装是指为了防止水、湿气、光、热、冲击等对货物的影响而进行的货物内层包装。外装是指货物包装的外层,即把货物装入箱、袋、木桶、金属桶和罐等容器中。在没有容器的条件下,应对货物进行捆绑和标记等工作。外装容器的规格是影响物流效率的重要因素,它要求包装尺寸与托盘、搬运设备相适应,同时要求包装物具有承重、耐冲击和抗压等能力。内装和外装统称为运输包装。对于运输货物的包装,要求坚固耐用且便于装卸,以免货物经长距离辗转运输而遭受损失。

第七节 送货作业

一、送货作业的含义

送货作业是利用配送车辆把客户订购的货物从制造厂、生产基地、批发商、经销商或物流配送中心,送到客户手中的过程。送货通常是一种短距离、小批量、高频率的运输形式。它以服务为目标,以尽可能满足客户需求为宗旨。从日本配送运输的实践来看,配送的有效距离最好在 50 km 以内,国内物流配送中心的配送经济里程大约在 30 km 以内。

二、送货作业的特点

送货作业是物流配送中心最终直接面对客户的服务,具有以下几个特点。

(一)时效性

时效性是流通领域客户最重视的因素,也就是要确保在指定的时间内交货。送货是从客户订货至交货各阶段中的最后一个阶段,也是最容易引起时间延误的环节。影响时效性的因素很多,除配送车辆故障外,所选择的配送线路不当,中途客户卸货不及时等均会造成时间上的延误。因此,必须在认真分析各种因素的前提下,用系统化的思想和原则,有效协调,综合管理,选择合理的配送线路、配送车辆和送货人员,使每个客户在预定的时间收到所订购的货物。

(二)沟通性

送货作业是配送的末端服务,它通过送货上门服务直接与客户接触,是与客户沟通最直接的桥梁,它不仅代表着公司的形象和信誉,还在沟通中起着非常重要的作用。所以,必须充分利用与客户沟通的机会,巩固公司的信誉,为客户提供更优质的服务。

（三）可靠性

送货的任务就是要将货物完好无损地送到目的地。影响可靠性的因素有货物的装卸作业，运送过程中的机械振动和冲击及其他意外事故，客户地点及作业环境，送货人员的素质等。因此，在配送管理中必须注意可靠性的原则。

（四）经济性

实现一定的经济效益是企业运作的基本目标。因此，对合作双方来说，以较低的费用完成送货作业是企业建立双赢机制和加强合作的基础。不仅要满足客户的要求，提供高质量、及时方便的配送服务，还必须提高配送效率，加强成本管理与控制。

（五）便利性

配送以服务为目标，以最大限度地满足客户要求为宗旨。因此，应尽可能地让客户享受到便捷的服务。通过采用高弹性的送货系统，如采用急送货、顺道送货与退货、辅助资源回收等方式，为客户提供真正意义上的便利服务。

三、送货的基本作业流程

（一）划分基本送货区域

首先将客户所在地的具体位置做较系统的统计，并作区域上的整体划分，再将每一客户包括在不同的基本送货区域中，以作为配送决策的参考。例如，按行政区域或按交通条件划分不同的送货区域，在区域划分的基础上再作弹性调整来安排送货顺序。

（二）车辆配载

由于配送货物品种、特性各异，为提高送货效率，确保货物质量，首先，必须对特性差异大的货物进行分类。在接到订单后，将货物按特性进行分类，以分别采取不同的送货方式和运输工具，如按冷冻食品、速食品、散装货物、箱装货物等货物类别进行分类配载。其次，配送货物也有轻重缓急之分，必须初步确定哪些货物可配于同一辆车，哪些货物不能配于同一辆车，以做好车辆的初步配载工作。

四、暂定送货先后顺序和车辆安排

在考虑其他影响因素，作出确定的送货方案前，应先根据客户订单的送货时间预先确定送货的先后次序，为车辆配载做好准备工作。预先确定基本送货顺序可以有效地保证送货时间，提高运作效率。

车辆安排要解决的问题是安排什么类型、吨位的车辆送货。一般企业拥有的车型有限，车辆数量也有限。当本公司车辆无法满足需求时，可使用外雇车辆。在保证运输质量的前提下，是组建自营车队，还是以外雇车为主，则须视经营成本而定。无论选用自有车辆还是外雇车辆，都必须事先掌握有哪些车辆可供调派并符合要求，即这些车辆的容量和额定载重是否满足要求。在安排车辆之前，还必须分析订单上的货物信息，如体积、重量、数量、对装卸的特别要求等，综合考虑多方面因素的影响后，再作出最合适的车辆安排。

五、选择送货线路和确定最终的送货顺序

确定了每辆车负责配送的具体客户后,如何以最快的速度完成配送,即如何选择配送距离短、配送时间短、配送成本低的线路,还需根据客户的具体位置、沿途的交通情况等作出选择和判断。除此之外,还必须考虑有些客户或其所在地点环境对送货时间、车型等方面的特殊要求,如有些客户不在中午或晚上收货,有些道路在某高峰期实行特别的交通管制等。

做好车辆安排及选择好最佳的配送线路后,依据各车负责配送的先后顺序,即可确定最终的送货顺序。

六、完成车辆积载

明确了送货顺序后,接下来就是如何将货物装车,按什么次序装车的问题,即车辆的积载问题。要将货物依"后送先装"的顺序装车,但有时为了有效利用空间,可能还要考虑货物的性质(怕振、怕压、怕撞、怕潮)、形状、体积及重量等因素进行调整。此外,对于货物的装卸方法也必须考虑货物的性质、形状、重量、体积等因素后再决定。

第八节 直接转运

1979年,凯玛特(K-Mart)是零售业的巨头之一,拥有1891家商店,平均每家商店的年收入是5万美元。当时的沃尔玛(Wal-Mart)是美国南方的一家小零售商,只有229家商店,平均每家分店的年收入只有凯玛特的一半。但在10年里,沃尔玛改变了自己。从1992年开始,其单位面积的销售额是最高的,而且库存周转率和营运利润也是美国最高的。如今,沃尔玛是全世界规模最大、利润率最高的零售商。沃尔玛是如何成功的呢?其关键在于坚持不懈地致力于满足顾客的需求。沃尔玛的策略非常简单,仅仅在于保证无论在何时何地都能买到所需要的商品和服务,以及优化成本结构,提供具有竞争力的定价。

这个目标是通过直接转运的物流技术来实现的。在这种物流技术中,商品不断发送到沃尔玛的物流配送中心,从这里又不作停留地分送到各个商店。这个战略大大降低了沃尔玛的商品销售成本,并使沃尔玛向顾客提供天天低价成为可能。

物流配送中心的四大功能为收货、储存、订单拣选和出货。其中,储存和订单拣选功能是耗费成本最高的,而且,订单拣选也是人力耗费最大的作业。直接转运模式能够简化或省略货物的储存和分拣两个作业环节,极大地降低物流配送中心的物流成本,并且还能快速响应顾客的需求,增强企业的市场竞争力。通常的直接转运(cross docking)出货时间少于24小时,有时甚至少于1小时。因此,直接转运既是一种物流技术,又是一种经营管理理念和经营模式,直接转运本质上是将必须与其他货物分类整合的货物从进货的车辆转载到出货车辆的一种方法。从管理的角度看,直接转运是一项复杂的工作,涉及配送者、供应商和顾客之间的广泛协调和资源整合。直接转运必须知道把什么货物送给哪些客户,装在哪些车辆上,在什么时间到达。高水平的直接转运还必须制定运输车辆的到达时间表,以避免因过度拥挤而导致短期缺货。

以下着重介绍直接转运物流技术的相关应用方法和基本原则,以便连锁零售企业能更好地运用配送领域的JIT技术。

一、直接转运运作模式简介

连锁零售企业的物流配送中心目前较多采用"仓库＋运输"的仓储配送作业方式,这种方式需要建立巨大的仓库和庞大的运输车队。但是,从配货率和存货周转天数这两项关键指标来看,大多数物流配送中心并不能满足店铺的需要,而企业的投资压力和营运成本巨大。那么,物流配送中心是否在作业方式上存在问题,存在哪些问题,如何去有效解决?现在来探讨一种新型配送方式,即直接转运方式的原理与作业特点。直接转运流程图如图9-8所示。

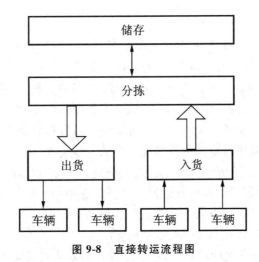

图9-8 直接转运流程图

(一)传统物流配送中心的作业方式分析

一般物流配送中心都采用仓储配送的作业方式,物流配送中心与店铺的关系类似于大水池和小水池的关系。物流配送中心的库存是大水池,店铺的库存是小水池。当店铺发现某种货物存量不足时,就向物流配送中心申请补货,物流配送中心处理店铺的补货申请,配送到门店,这是基本的仓储配送的作业流程。采购人员需要定期检查物流配送中心的库存,对存货不足的货物进行订货,供应商再按订单送货。

仓储配送方式把"店铺—物流配送中心"和"物流配送中心—供应商"分割成两个独立的业务链。在"店铺—物流配送中心"这一业务链中,所有与配货相关的要素都处于内部控制之下,因此反应速度很快,店铺当天的补货单最迟第二天就可以配到货。在"物流配送中心—供应商"这一业务链中,通过集中大批量订货,能得到供应商更好的配合。

物流配送中心还可以采取自动补货、货位管理等先进技术来提高服务水平,降低存货水平。因此,总体来讲,仓储配送方式能达到连锁企业对物流配送中心的一般要求,目前被大量采用。但是,这种作业方式是以物流配送中心保持相当大的库存为代价的。这种配送方式在长期营运中会暴露出越来越多的矛盾,具体分析如下。

(1)要维持高的配送率必须保持每个品种有较大量的库存,导致物流配送中心一般会储存整个企业15天左右销量的存货,这样会给物流配送中心带来巨大的资金压力。

（2）仓库容量和新增品种之间的矛盾会越来越深。仓库的容量总是有限的,新品种不断增加,滞销品却很难被完全淘汰,导致货位紧张,配送率也不断降低。

（3）无法准确预测哪些货物会被店铺继续订货,哪些将被淘汰,导致很多货物因无客户补货而积压,而畅销货物又因为店铺的补货单太集中而缺货。

（4）以库存为基础的运作方式,作业环节多,协调控制困难,最终很难达到预期的运行效果。

仓储管理的正常作业包括排位、上架、移库、拣货、盘点、并库等十余项操作,一项差错将连续影响几道相关的作业,因此,即使在严格的定位管理下,也难以保证拣货率达到99%以上,而没有采用定位管理的物流配送中心,拣货率很难超过85%的水平。

（二）直接转运方式简介

仓储配货的基础是库存管理,但是库存管理却是最容易出现问题的环节,虽然可以通过采用定位管理、加强供应链管理等部分改善库存,但最根本的存货周转慢、配货率低的问题并不会改观。如果有一种新的配货方式,在保证配货率的前提下,降低库存甚至达到零库存,无疑将大幅度提高物流配送中心的效益,这种配货方式就是直接转运。

直接转运方式脱胎于交叉配货（cross stocking）,通常所指的交叉配货是在美国、日本等国通过全自动传送机械进行自动分拣的配货方式。实际上,在一般的物流配送中心也完全可以通过完善信息系统的功能,实现手工交叉配货。按照直接转运的思路,物流配送中心是没有库存的,它是货物流转的枢纽和通路。物流配送中心的功能主要集中在货物汇集、分配和送货几个方面。直接转运方式的一般业务流程如下：

（1）所有客户定期向物流配送中心要求补货；

（2）补货单到达物流配送中心以后,被汇总成订单发送给对应的供应商；

（3）供应商按订单送货到物流配送中心,物流配送中心按订单收货,同时按照客户的补货单生成对应店铺的拣货单；

（4）货物存放在暂存区域；

（5）由作业人员按出货计划执行拣货和配货作业；

（6）拣货完成以后,进行装车送货。

（三）仓储与直接转运的区别

直接转运与仓储方式相比,最大的区别是取消了一般库存,所有收到的货物都有目的地,货物进入物流配送中心只是为了暂存和交叉分货。实际运作中,物流配送中心的作业区域被划分为收货区、直接暂存区和出货集货区。物流配送中心每天按计划在收货区完成收货,货物进仓后简单地放置在直接暂存区,一般一个供应商放在一个小区域,同时在后台信息系统中自动生成该批货物的分货/拣货单,每件货物都按照客户的补货单被指定了目标,并锁定了库存,当物流配送中心按照每天的运作计划需要对某个客户进行配货出货时,操作人员会把所有的拣货单打印出来,由拣货人员到直接暂存区按照单据指定的供应商、品种和数量进行拣货,拣货完成后将拣出的货物放置在出货集货位上,然后执行相关的复查、单据审核、制单和装车,完成全部的配货出货作业。

1. 直接转运的优点

(1) 流动性强。物流配送中心的货物都是有目的地的暂存货物,物流配送中心主要是起管道作用,货物在物流配送中心是流动的。

(2) 存货降低,仓库没有死货。与仓储相比,物流配送中心的存货周转天数可以从平均15天左右下降到2～3天,且只受配货频率的影响,大幅度降低了库存占用,真正实现类似于沃尔玛所宣传的"货物只存放在车轮和传送带上"的目标。

(3) 节约空间。直接转运方式不需要建立庞大的货架仓库区,只需要根据出货量设立足够大的直接暂存区和配货集货区,可以大幅度节约场地、设备。

(4) 作业流程连贯。直接转运方式下,从客户补货、供应商订货再到货物送到客户手中是一个连贯的作业流程,客户补货单可以一单跟到底,当出现异常情况时容易发现问题所在,采取有针对性的措施。而仓储方式由于作业流程被分割为两个闭环,无法进行连贯、全面地跟踪分析。

(5) 作业效率高,库存管理方面差错率低。直接转运方式下内部作业只有收货、暂存、拣(分)货、出货四个甚至三个步骤,且没有与货位管理相关的技术性操作,对作业机械和设备的要求也很低,员工的作业效率高,作业的差错率低。从实际应用的情况来看,直接拣货的效率是仓储拣货效率的2倍,拣货的准确率可以达到99.6%以上。因为作业环节少,直接转运只需要仓储配货的大约1/2的人手。

2. 直接转运的缺点

(1) 直接转运的周期相对较长,链式管理的要求更高。在直接转运方式下,从客户下补货单到货物到客户的周期为

$$直接转运的到货周期 = \frac{客户补货单汇总周期 + 供应商送货周期 + 物流配送中心送货周期}{2}$$

直接转运方式需要对供应商的送货周期、内部的转运频率进行比较精细的控制,需经过补货单汇总合并、供应商送货、暂存、配货几个环节,如果配货频率较低,会比仓储的周期长3～7天。

(2) 直接转运方式需要得到供应商的密切配合,一是订单到货率要高,二是订单到货周期要短。

(3) 直接转运的综合到货率受供应商订单到货率的制约,对于供应不稳定的货物,还是建议采用仓储配送的方式。

(4) 直接转运方式适合于整箱配货,不适合于拆零作业情况下的配货。

二、直接转运方式的应用

(一) 可以采用直接转运方式的企业和物流配送中心

直接转运方式可以在有限的场地中实现较大规模的货物周转,它所需要的场地为仓储式配送方式的一半或更少,并且对作业设备的要求较少,因此,对于中小型规模的连锁零售企业,如果需要新建物流配送中心,采用直接配送方式是最好的方案。

直接转运方式可以适用于所有连锁零售企业的物流配送中心,不管是干货物流配送中心还是生鲜物流配送中心,都可以较好地应用直接转运方式。对于已建立物流配送中心的企业,逐步采用直接转运方式,是提升物流配送中心运行效果的最佳方法。

(二) 直接转运和信息系统

直接转运方式的应用,要特别注意采用 KPI(关键绩效指标)来衡量、评估和管理。以下是常用的指标。用于财务评估的指标:配送费用率、仓佣收入率。用于服务效果评估的指标:综合配货率(综合配货金额/数量)、送货准时率、供应商订单到货率。用于存货控制的指标:存货金额、存货周转天数、缺货率、货位有效利用率、货位周转天数。用于作业控制的指标:拣货率(人均拣货数量/金额)、货位存货准确率、作业速度。用于货物异动管理的指标:损耗率、异常货位数量、静止货位与货物比率等。监控体系要抓住要点,成体系,并依靠信息系统做到实时现场管理。

对于直接转运方式的应用,信息系统是关键,它是业务顺利运作的核心。物流配送中心的信息管理系统在功能上至少要能达到以下三个方面的要求:

(1) 能提供对业务过程的支持,主要功能完善,方便作业人员操作,单据的自动合并和分解准确无误;

(2) 准确记录和反映各种 KPI 的值,为管理提供支持,并能监控整个物流配送中心的运作情况;

(3) 能够与 MIS 系统、电子商务平台等系统很好地整合到一起,促进整体物流水平的提升。

(三) 直接转运方式的一些应用经验

(1) 把仓储方式改成直接转运方式之后,如果要保持对客户补货申请的配货率,必须维持较高的订单到货率。

(2) 收货后的分货处理方法有两种:一种是立即分货,另一种是集中拣货。立即分货的方法要求为每个客户设立一个固定集货位,分货作业时把各个客户的货物分到其对应的集货位上。这种做法需要较大的空间,有时会造成货物和订单不一致。集中拣货与仓储配送的拣货类似,货物集中放在暂存区,轮到哪家客户出货时按单到暂存区拣货。集中拣货的方法差错较少,一般建议采用。

(3) 直接转运的货物是在不断流动的,货物入库后指定其流向并通过信息系统锁定库存,这一点很重要。货物到后就要进行单据上的分货作业,生成拣货单。对于部分数量少、品种多的货物,可以让供应商按客户要求配货并装箱,收货时再验收,并进行手工分货(需要信息系统的支持),对于大多数一般货物,收货时应让信息系统自动处理。

(4) 现场管理很重要,尤其是收货区、直接暂存区和配货集货区要保持通道畅通,不要出现堵塞情况。发现错误要立即改正,不要把错误留给下一道环节。

(5) 客户的补货周期、补货数量,客户补货单的汇总和处理,每个供应商的送货周期、配送频率等都会影响直接转运的效果,需要对几个环节进行持续监控,杜绝出现瓶颈。

三、直接转运在实际运用中的表现

理想化的直接转运模式在实际应用中是难以实现的,因为理想化的直接转运为货物在物流配送中心不作任何的储存。这要求高度的信息、运作整合,而且直接转运实施的货物也要合适。理想的货物应有如下特征:短补货提前期短,质量高,需求及流量相对稳定,包装规格化、顾客化,供应商运输准确。

根据直接转运在实际应用中的程度不同,有以下三种运作模式。

1. 持续运作

这种模式要求供应商的货物为顾客化包装,物流配送中心有较强的车次排程、信息交换能力,有入站货品直接转上出站车的运作机制。而且货物品种和数量满足直接转运的要求,可整车供应,或拣选搭配后能达到整车配送。

2. 配送整合

这种模式同样需要顾客化包装,但对车次排程、信息交换能力要求相对较低。货物运送至物流配送中心后,有些货物与其他需要整合配送的货物直接整合,按照直接转运模式发车,其他货物按照传统的仓储配送模式储存,等待下次订单的配送。

3. 配送运输

在物流配送中心中,有许多需要配送的项目,这些项目具有不同的配送数量,不同的配送目的地。直接转运在这种条件下很难顺利实施,但运用先进的自动拣选系统加上配送车次和路线编排系统就能很好地提供服务。这是一种相对较低级的直接转运运作模式(甚至是传统的仓储配送模式),但同样需要用到直接转运的理念来改进其运作表现。

直接转运是一种配送模式,更是一种运作理念。将直接转运中的消除浪费、加强流程整合等思想贯穿于作业中,就是直接转运模式应用的体现。

第九节 好美家团结店业务流程管理实例分析

一、背景概述

好美家装潢建材有限公司隶属于中国最大的商业集团——百联集团。百联集团成立于1998年,是一家全国性专业连锁超市公司,也是中国第一家引进欧式风格的装潢建材连锁超市,在上海、北京、广州、南京、成都、武汉、宁波等中国最主要的城市建有家好美家建材大卖场。

1998年9月,在上海虹口区曲阳商务中心,好美家第一家超市——曲阳店开业。之后公司的业务迅速发展。2002年2月1日,上海好美家装潢建材有限公司更名为好美家装潢建材有限公司。华北、华南、华中、华东四大区域总部的成立,标志着公司全国拓展战略的全面实施。

作为百联旗下一个专业从事建材销售和家庭装潢的民族品牌企业,好美家立足于长三角,并已经将在长三角地区成功的经营模式推广到全国各大主要城市。公司主要经营装潢建材和家居用品,经营品种规格达45 000余种,并提供居室装潢设计、导购选料、施工监理和维护保养等一条龙家装工程服务。

好美家团结店是好美家实现全国扩张的第一家外埠超市,经过慎重的选址、周密的筹备于 2001 年 10 月 20 日落户武汉市武昌区徐东大道 22 号,该地段地理位置十分优越,已形成较为成熟的商业圈,且有着极大的发展与消费潜力。

二、业务流程描述

（一）进货

1. 选择供应商

总部运营部不定期督察各家供应商的产品,并做好统计。根据一些指标淘汰一部分供应商。每年进行一次考核,淘汰销售量末三名的供应商,若某货物的投诉率过高,也会遭到即时淘汰。

2. 货物来源

(1) 对于好美家买断的产品,由好美家各分店自己采购(武汉一共有五家分店,没有物流配送中心)。

(2) 对于非买断的产品,由厂家负责送货到好美家团结店的仓库。

3. 进货流程

(1) 买断商品进货流程。

买断商品的进货流程图如图 9-9 所示。

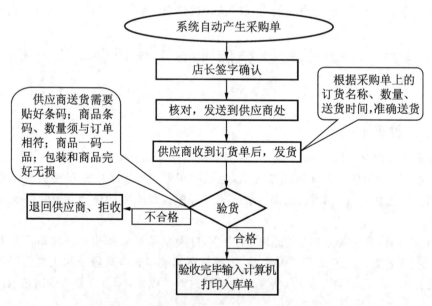

图 9-9　好美家团结店买断商品进货流程图

(2) 非买断商品进货流程。

非买断商品的进货流程图如图 9-10 所示。

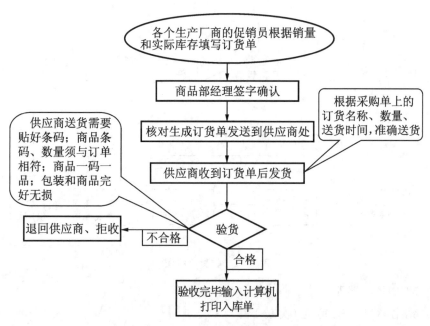

图 9-10 好美家团结店非买断商品进货流程图

4. 运输方式

供应商主要以整车方式将货物送往好美家团结店,当有临时紧急需求时,供应商为维护信誉与合作,也会采取零担运输方式,但此种情况较少用。

5. 订货提前期

客户订制产品需要 15～20 天的订货提前期,对于非订制商品,若其供应商在外地,则需 7 天左右的订货提前期,若供应商在本地,则提前期可大幅缩短。

(二) 仓储

好美家团结店的仓库地点在店面的后面部分(即后仓)。好美家团结店的后仓工作人员主要负责货物签收、库存维护以及运输前的配货,而货物的装卸搬运以及最后发往客户的运输步骤都交由另外聘请的临时工人负责。

1. 收货

由仓储部统一验收货物并将货物资料录入系统,为没有产品条码的货物贴上条码,便于收银管理。收货流程图如图 9-11 所示。

2. 储存

体积小、客户可自提的商品(如灯泡等)存放于卖场内该商品的展示物旁;好美家买断产品(如禾风牌实木地板等)、大量备货产品除存放于后仓内,还存放于卖场内货架的底层和顶层以提高空间的利用率;存放条件要求高的产品(如油漆等)在后仓设有专门的储存仓库。

3. 配货

仓储部的工作人员根据客户订单将当天需送至客户的不同货物分类配齐,再交给司机

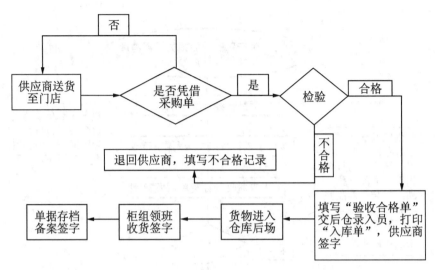

图 9-11 收货流程图

送至客户登记确认的地址。

(三) 销售地点——前仓(卖场)

前仓按所售产品的不同类别分为卫浴洁具、油漆涂料、橱柜、木制品、厨具、门窗型材、墙地砖、家具园艺、家用电器、工具五金锁具、电工电料等 11 大类,每个区域设一名主管、三名销售员(属好美家团结店工作人员),另外各个品牌供应商在卖场内还有自己的促销员(属供应商工作人员)。

1. 产品陈列

所有产品分区陈列。由卖场根据促销安排和销售量等多种因素统一规划各品牌产品陈列面积、地点。油漆产品提供现场免费计算机调色服务。

2. 收银

顾客购买的所有产品由卖场 POS 机统一收款。

3. 促销

由卖场统一制订促销计划,以扩大活动规模吸引顾客。严禁各品牌促销员恶意诋毁其他品牌产品。

4. 赢利方式

好美家的利润主要来自于供应商的产品入场费以及产品销售额扣点(注:买断商品另计)。

5. 补货

大部分产品由供应商管理库存,供应商派驻卖场的促销员负责对该品牌产品盘存,根据存量及销售预计通知供应商应送货物的种类及数量。这一过程由人工操作,缺乏相应的信息系统支持。

（四）客户服务

秉承"一站购齐"的理念，好美家提供的产品很多，从木制品到卫浴等，所有在家装中用到的产品都可以提供，除此之外，还包括装潢服务。也就是说一个顾客拿到一套房子，从设计到施工、监理等工作可以由好美家提供全程服务。目前好美家的业务发展已进入家具的零售业领域，从其提供的经营范围来看，服务已经和居家完全结合起来，不仅是硬装潢，而且是以整个居家的概念为顾客提供服务。

在退货保障方面，由于好美家提供的很多产品都是半成品，所以无法准确地计算出实际用量，比如顾客买瓷砖、地板时很难确定数量，好美家鼓励顾客多买，而且多买的商品一个月内可以退货，只要不影响再次销售，好美家都承诺可以退货（比如墙地砖只要没有泡过水就可以退货）。另外对因质量问题而发生退货的情况，则根据商品的"三包承诺"按相应的流程退货。低价保障，与同行业、同业态的商家相比，如果消费者能够提供在其他地方拿到的价格比好美家低的消费凭证，好美家可以返还差价的两倍。

在顾客投诉处理体系方面，投诉台受理的投诉（顾客投诉卡或电话）必须在 24 小时内按照投诉分类（产品质量问题、产品短缺、牌价不清等）送到相应的负责部门（市场管理部、商品部和店长），市场管理部核实情况，奖励顾客或赔偿顾客，通知相应供应商进行整改，并将事故记录归档，重大事件必须通知店长。对于本来由经销商或者厂商负责售后服务的产品，当顾客找不到相应的投诉受理对象时，好美家可以代为处理。

提货送货方式分两种：一种是在好美家的门店后仓提货，由好美家负责送货，这类产品主要是由好美家买断独家经销的产品；另一种是到经销商或厂商的商品部提货，由该货物的经销商或厂商送货，该类产品的供应商不在好美家的门店仓库设库存，客户订制的产品一般属于这一类。

在送货时间响应方面，一般产品和急需产品可以实现在订货三天内送货上门，特殊产品和订制产品可以在二十八天内送货。由于装潢材料一般都会提前来购买，顾客可以按装修安排的进度约定送货日期，送货时间灵活。

在顾客的货物比较多、比较集中，达到了好美家的免费送货标准的情况下，顾客可以享受免费送货服务，免费送货，不仅免费送货到顾客楼底下，还可以送货上楼。

（五）退货流程

好美家退货流程：

（1）门店商品主管填写商品退货单；
（2）生成退货单；
（3）商品部经理确认；
（4）录入员生成退货单，通知供应商；
（5）供应商根据退货单约定时间到门店收货；
（6）由门店商品主管和后仓员工与供应商一起清点货物；
（7）录入员在系统中打印退货单；
（8）财务部根据系统中的退货单核对应扣货款。

（六）相关费用

1. 运输仓储费用

（1）供应商承担货物运往好美家的运输费用，计入供应商的毛利润。

（2）好美家承担货物运送到客户家中的运输费用。

（3）储存于好美家后仓的货物的储存费用在半年以内由好美家承担，超过半年则由供应商支付。

2. 物流成本

没有明确的财务数据显示物流成本占销售额的比例，但由于大部分物流成本由供应商承担，所以好美家承担的物流费用并不高。

【经典案例1】

高效合理的联华便利物流配送中心

一、联华便利物流配送中心的需求背景与设计思想

随着形势的发展，上海连锁商业的竞争蔓延到了便利店。联华便利店发展势头迅猛，以每月新开60家门店的速度急剧扩张。但是规模的不断扩大也带来了新的问题，传统的物流已经不能为公司庞大的便利店销售网络中商品的顺畅流通提供保障。建立现代化物流系统、降低物流成本成为联华便利店在竞争中掌握先机的关键。然而，由于便利店商品价格低、物流配送中心投资有限，如何兼顾需求和投资合理性是项目成功的决定因素。

联华便利店在选择物流硬件设备和软件设计的整体方案时，充分考虑了上述实际情况，认真选择了一家有经验的设计方，量体裁衣，制定了一套完整的解决方案，即利用现有的建筑物改建成物流配送中心，采用WMS（仓库管理系统）实现整个物流配送中心的全计算机控制和管理，而在具体操作中实现半自动化，用上海先达条码技术有限公司提供的无线数据终端进行实时物流操作，用货架形式来保管货物，用自动化流水线来输送，用数字拣选系统（DPS）来拣选。另外，在设备的选择方面也采取进口设备与国产设备合理搭配的方式。这个方案既引进了先进的物流理念、提升了物流管理水平，又兼顾了联华便利店配送商品价值低、物流配送中心投资额有限的实际情况。在整个方案的设计中，设计方没有一味追求一步到位的先进性，而是力求使合理的投入得到较高的回报。

在细节方面也考虑得非常周到。联华便利店物流配送中心总面积8 000 m^2，建筑物共有4层楼。由于是多层结构，因此设计方对各层平台间的搬

送自动化作了特别的考虑,采用了托盘垂直升降机和笼车垂直升降机。其中两台托盘垂直升降机能对以托盘为单位的进货货物进行各层平台自动分拣,并将空托盘自动回收至一层的进货区域。空笼车另有专用电梯送往各层平台。为了提高拣选效率,物流配送中心被分成了十七个分拣区域,利用笼车良好的流动性,设计了区域拣选方式。在各个区域的起始位置装有商店号码显示器,拣选时将显示出库单上的商店号码,因此可多人进行拣选作业,即使逢年过节工作量增加也能大量出货,应对自如。物流配送中心采用托盘货架与流动式货架为主的布局设计。托盘货架保管以整箱为单位的货物,流动式货架保管非整箱货物。为了提高分拣作业效率和正确率,托盘货架的最下端和流动式货架的外侧都装有数码拣选显示器。

二、联华便利物流配送中心作业流程

进货后,立即由WMS进行登记处理,生成入库指示单,同时发出是否能入库的询问信号。如果仓库容量已满,无法入库时,系统将发出向附近仓库入库的指示。接到系统发出的入库指示后,工作人员将货物堆放在空托盘上,并用手持终端对该托盘的号码及进货品种、数量、保质期等数据进行进货登记。在入库登记完成后,工作人员用叉车将货物搬运至入库品运载装置处。按下入库开始按钮,入库运载装置开始上升,将货物送上入库输送带。在货物传输过程中,系统将对货物进行称重和检测,如果不符合要求(如超重、超长、超宽等),系统将指示其退出;符合要求的货物方可输送至运载升降机。输送带侧面安装的条码阅读器对托盘条码加以确认,计算机将对托盘货物的保管和输送目的地发出指示。接到向第一层搬运指示的托盘在经过升降机平台时,不再需要上下搬运,将直接从当前位置经过第一层的入库输送带自动分配到第一层入库区等待入库。接到向第二层至第四层搬运指示的托盘,将通过各层的入库输送带自动输送货物到入库区。货物在下平台前,工作人员根据入库输送带侧面设置的条码阅读器,将托盘号码输入计算机,并根据该托盘情况,对照货位情况,发出入库指示,然后由叉车从输送带上取下托盘。叉车作业者根据手持终端指示的货位号将托盘入库。经确认后,在库货位数将进行更新,完成入库作业。

当全部区域拣选结束后,装有货物的笼车由笼车升降机送至第一层。工作人员将分散在多台笼车上的货物归总分类,附上交货单,依照送货平台上显示的商店号码将笼车送到等待中的对应运输车辆上。计算机配车系统将根据门店远近,合理安排配车线路。出货完成后,工作人员将空托盘堆放在各层的空托盘平台上,并返回输送带上,然后由垂直升降机将空托盘传送至第一层,并由第一层进货区域的空托盘自动收集机收集起来,随后送到进货区域的平台上堆放整齐。

三、实际运作效果

联华便利物流配送中心在实际运作中收到了良好的经济效益和社会效益。原来为联华便利门店配送的江杨物流配送中心,每天的拆零商品配送能力在1万箱左右,单店商品拆零配置时间约需4分钟,由于场地狭小、科技含量低、人力资源浪费大,人工分拣的拆零差错率达6‰,而且每天只能配送200多家门店。

联华便利物流配送中心建成后,以其高效率、低差错率和人性化设计受到各界的好评。物流配送中心所有操作均由计算机中心的WMS管理,并将在库信息与公司ERP系统连接起来,使采购、发货有据可依。新物流配送中心库存商品可达10万箱,每天拆零商品可达3万箱,商品周转期从原来的14天缩短到3.5天,库存占用资金大大降低;采用DPS方式取代人工拣选,使差错率减少到万分之一,配送时间从4分钟/店压缩到1.5分钟/店,每天可配送400多家门店。配送准确率、门店满意度等都有了大幅提升,同时物流成本在整个销售额中所占的比例降低,从而为联华便利店的良好稳定发展奠定了坚实的基础。

【学习并分析】

1. 结合联华便利物流配送中心背景谈谈其设计的独特之处。
2. 联华便利物流配送中心的作业采用了哪些先进的作业管理方式?

【经典案例2】

从沃尔玛物流看直接转运在现代企业中的应用

在10年间,沃尔玛就改变了自己。从1992年开始,沃尔玛的销售额在美国一直是最高的,而且库存周转率和营运利润也是美国最高的,如今,沃尔玛已成为全世界规模最大、利润率最高的零售商。那么沃尔玛是如何成功的呢?其实沃尔玛的策略非常简单,仅仅在于保证无论在何时何地都能买到所需要的商品和服务,并提供具有竞争力的定价。而沃尔玛是通过直接转运这一现代物流技术实现这个具有挑战性的目标的,这一战略大大降低了沃尔玛的商品销售成本,并使沃尔玛向顾客提供"天天低价"成为可能。可以说,直接转运是现代化企业物流发展的准时化生产(just in time,JIT)技术,它的使用是提高物流效率的有效途径,随着科学技术以及管理信息系统的发展,直接转运模式越来越受到国内外企业的重视,那么我国的现代企业应该怎样利用直接转运走向成功呢?

一、直接转运的流程模式

直接转运可理解为是一种 JIT 的配送技术,是企业实现时间延迟策略的有效途径。在国家标准中直接转运又被称为直接换装,是指货物在物流环节中,不经过中间仓库或站点,直接从一个运输工具换载到另一个运输工具上的物流衔接方式。其英文为 cross docking,在我国主要有直接转运、接驳运输、直接换装等几种说法。

目前直接转运模式的作业流程为:供应商货物送货到物流配送中心,货物验收,整托盘卸货,整托盘验收,根据供应商预先以电子方式传来的数码抽象语言 ASN(abstract syntax notation),打印托盘标签(送货清单),通过分拣作业将物品分为不同客户所需要的物品,在理货区贴上托盘标签,准备发运和配送。更理想的情况是供应商预先贴好条码,货物可以直接从进货车辆进入出货车辆,以减少中间的理货搬运成本。在直接转运作业中,物流配送中心充当了库存的协调据点,而不是储存据点。直接转运一方面能够快速满足客户的需求,另一方面又可使库存费用、拣选费用降至最低,实现零库存。

二、直接转运具有更加优越的配送效率

在整个物流运输方式的发展过程中,产生过许多经典的策略,其中最有代表性的有直接运输策略、仓库保留库存策略和直接转运策略。表 9-1 列出了这三种运输方式的优劣。

表 9-1 三种转运策略对比

	运输成本	仓储成本	JIT 程度	反应能力	缺货风险	货物流通时间
直接运输	高	无	高	高	高	短
仓储	低	高	低	低	低	长
直接转运	一般	低	高	一般	一般	一般

三、直接转运的适用环境

从表 9-1 可以看出,直接转运在物流运输的各个方面都有不俗的表现,对于我国的企业而言,要具体采用直接转运技术,需要以下前提条件。

(一)具体货物的选择

通常适用于直接转运的货物需要满足以下两个条件,即稳定的需求和足够的数量。理想的情况是,货物需求是持续稳定的,物流配送中心可以在适合的时间里接受适当数量的货物并简单出货。如果货物需求不稳定、数量稀少,则直接转运难以运作,因为匹配需求与供应相当困难。如果需求太小,没有足够数量的货物来组成满车,此时频繁送货将导致送货成本的上升,在这种情况下,仓库维

持库存则会变得更加经济。

（二）企业的外部环境

现代企业之间的竞争逐渐转化为供应链之间的竞争，因此与供应商相互协调，也是实现直接转运的必要条件。与供应商的合作应做到以下几点：①与供货商合作，改善包装，尽量采用标准化组件，增加运输资源的利用率；②安排好供货时间，避免相互冲突；③通过与供应商分享利润来说服供应商承担预先分配货物的工作，从而可以得到"三赢"的结果。

（三）信息技术层次上的要求

要求信息系统实时化，就是要重视物流信息系统和物流管理的互动，既要根据自己的物流管理流程来选择适合的物流信息系统，也要通过物流信息系统来优化和再造自己的物流管理流程。具体的管理系统包括三个方面。

1. 实时物流管理系统

这里的实时包括两个方面的内容：一是信息的需求能立即得到响应，它涉及数据采集、数据通信、数据处理和数据库；二是物流的变化能立即引起信息的更新，它也涉及数据采集、数据通信和数据库。

目前国内通行的是用条码自动识别技术来实现数据的采集，而在数据传递方面，目前通行的做法是采用电子数据交换技术（EDI），其主要目的并不是消除纸张的使用，而是消除处理的延迟和数据的重新录入，对于具体的实时数据通信，则由自动识别设备和计算机管理系统连接而成。

2. 物流配送中心管理系统

物流配送中心管理系统必须具有以下功能：①通过 EDI 从供应方了解将要接收货物的品名、时间、数量、运载车辆等信息；②通过 EDI 获取需求方的订单详情；③安排进货车辆的进货库门；④安排出货车辆的出货库门；⑤记录每一个托盘的条码；⑥将扫描的条码与从供应方传来的条码比较，看是否相符，若不相符则发出错误信号；⑦监控搬运过程，记录现场状况和设备利用率等；⑧为货物贴标签及其他服务；⑨安排人力；⑩发出出货车辆放行信号。

3. 射频识别技术

RFID（radio frequency identification，射频识别）技术主要包括实时信息采集和实时追踪两个方面。信息采集又分为仓储信息采集和分拣信息采集两个部分。传统的仓储管理的核心是计算机，但货物信息输入还是依赖于手工操作，既增加了工作量，又导致数据准确率下降，而且存在储存环节上信息的时间延迟。使用 RFID 系统，可在仓库区设置一定数量的信号发射和接收装置，当带有电子标签的货物进入射频天线工作区后，电子标签被激活，标签上所有数据都会通过标签上的发射天线发射出去，就可以得到此货物的所有相关信息。

（四）车辆管理的技术要求

要实现直接转运，必须有大量的车辆进行支持，然而当车辆数目庞大时，管理就会出现很大困难。如何配置车辆、如何安排时间、如何知道车辆的在途情况都成了很重要的问题。一旦这些安排失误，可能出现货物运输错误，时间延误，最终导致直接转运失败。因此，必须有车辆管理系统对车辆进行管理。

1. 运输管理跟踪系统

当客户需要查询货物状态时，只要输入货物的发票号码，马上就可以知道有关货物的状态信息，确认货物是否将在规定的时间内送到客户手中，由此提高运送货物的准时性，提高服务水平，有利于物流配送中心做好进货准备。

目前沃尔玛已经在大约 50 个现场对 RFID 技术的应用进行了实验，并要求其前 100 家供应商全部使用 RFID 技术，来满足沃尔玛 85% 甚至更高比例的货物都能使用直接转运方式进行配送。世界排名前 20 位的零售商几乎都在向 RFID 技术方向发展，虽然目前 RFID 技术的成本还比较高，但是很快它将会作为一种广泛应用的工具，支持直接转运这种配送方式的顺利实施。

2. 先进的 AVI 系统，即车辆自动识别系统

将 AVI 系统安装在货车上，就构成了一个 AVI 系统移动站。汽车可以根据需要，停放在指定的仓库入口、路边、检查站或者收费站。AVI 系统能实时采集从它旁边经过的车辆数据信息或图像信息，利用射频识别技术和视频识别（VFID）技术，对这些信息进行识别处理，从而可以实时检查报告物流配送中心车辆的地理位置和车辆上的货物情况。

【学习并分析】

1. 从沃尔玛物流的例子中，分析直接转运在现代企业中的作用。
2. 通过三种转运策略的对比，分析说明直接转运的优势是通过哪些先进技术体现出来的。

【本章关键术语】

储存作业	stock process	搬运作业	transit process
订单处理	order handling	补货作业	replenishment process
配货作业	picking process	送货作业	delivery process

【本章思考与练习题】

1. 进货作业中货物编码有哪几项原则？货物编码的方法有哪几种？
2. 搬运作业有哪几项原则？采取什么措施可以使搬运作业更加合理？
3. 试比较传统订货方式和电子订货方式的特点，分析说明为什么电子订货方式比传统订货方式更有效。
4. 除了本文中提到的订单拣货方式外，在实际应用中还有哪几种拣货方式？
5. 配货作业中有哪几种配货检查的方法？分析各种方法的优缺点？
6. 直接转运与仓储的优缺点各是什么？

第十章 物流配送中心的绩效管理

本章重点理论与问题

一个设计合理的物流配送中心绩效评价体系可以使高层管理者判断现有经营活动的获利能力,及时发现尚未控制的领域,有效地配置企业资源,评价管理者的业绩。为了科学、客观地反映物流配送中心的营运情况,应该考虑建立与之相适应的物流配送中心绩效评价方法,并确定相应的绩效评价体系。反映物流配送中心绩效的评价指标有其自身的特点,内容比现行的企业评价指标更为广泛,它不仅仅代替会计数据,同时还提出一些方法来测定物流配送中心是否有能力及时满足市场的需求。本章介绍了物流配送中心建立绩效评价体系的原则与步骤,同时介绍了物流配送中心绩效评价的几种方法,并且对物流配送中心的物流成本进行了分析,总结了降低物流成本的对策和措施。

第一节 物流配送中心绩效评价及指标体系

一、绩效与绩效管理概述

"管理是从衡量开始的",这句话意味着没有衡量也就没有管理。从事各项管理工作都需要进行对比衡量。一个员工没有考核,没有衡量,就无法看清楚自己工作中的成绩和不足。同样对于物流配送中心而言,如果不对其进行考核,就无法知道经营绩效的好坏,无法看清楚自己与竞争对手之间的差异,就不能弥补不足,或者不能提升核心竞争力和增强自己的市场竞争力。无论是个人或者是物流配送中心都希望在实现一定的产出的情况下,使得投入最小,或者是在投入一定的情况下,实现产出最大。

(一)绩效的概念

Bates 和 Holton 指出,"绩效是多维建构,测量的因素不同,其结果也会不同。"因此,要想评测管理绩效,必须先对其进行界定,弄清楚其确切的内涵。一般可以从企业、团体、个体三个层面上给绩效下定义。层面不同,绩效所包含的内容、影响因素及其评测方法也不同。就个体层面来讲,对绩效的定义,尚无一个统一的认识。目前主要有两种观点:一种观点认为绩效是结果,对企业具有效益、具有贡献的结果;另一种观点认为绩效是行为。Bernadine 等人认为,"绩效应该定义为工作的结果,因为这些工作结果与企业的战略目标、顾客满意度及其投资的关系最为密切。"Kane 认为,绩效是"一个人留下的东西,这种东西与目的相对独立存在"。

现在，人们对绩效是工作成绩、目标实现、结果、生产量的观点提出了挑战，普遍接受绩效的行为观点，即"绩效是行为"。Murphy（1990年）给绩效下的定义是："绩效是与一个人在其中工作的企业或企业单元的目标有关的一组行为。"Campbell指出，"绩效是行为，应该与结果区分开，因为结果会受系统因素的影响"，他给绩效下的定义是："绩效是行为的同义词，它是人们实际的行为表现并能观察到。它只包括与企业目标有关的行动或行为，能够用个人的熟练程度来测量。绩效是企业雇人来做并需做好的事情。绩效不是行为后果或结果，而是行为本身，绩效由个体控制下的与目标相关的行为组成，不论这些行为是认知的、生理的、心智活动的或人际的。"

Borman和Motowidlo提出了绩效的二维模型，认为行为绩效包括任务绩效和关系绩效两方面，其中，任务绩效指所规定的行为或与特定的工作熟练程度有关的行为；关系绩效指自发的行为或与非特定的工作熟练程度有关的行为。

现在还有一种观点，认为应该采用较为宽泛的绩效概念，即包括行为和结果两个方面，行为是达到绩效结果的条件之一。行为由从事工作的人表现出来，将工作任务付诸实施。行为不仅仅是结果的工具，行为本身也是结果，是为完成工作任务所付出的脑力和体力劳动的结果，并且能与结果分开进行判断。这一定义要求，在对个体的绩效进行管理时，既要考虑投入（行为），也要考虑产出（结果）。绩效包括应该做什么和如何做两个方面。

在物流配送中心营运管理的绩效评价中，采用第一种观点，那就是绩效就是结果，研究的是用什么样的指标来衡量物流配送中心营运管理的结果，以及怎样来衡量这些结果，对员工的绩效用什么样的方法去考核，以及如何提高物流配送中心营运管理的绩效。

（二）绩效管理

绩效管理是指一系列以员工为中心的管理活动，目标是通过充分开发和利用每个员工的价值来达到改善企业绩效，实现企业战略目标的目的。

1. 绩效管理的意义

20世纪80年代以来，经济全球化的步伐越来越快，市场竞争日趋激烈。在这种竞争中，一个企业要想取得竞争优势，必须不断提高其整体效能和绩效。绩效管理是对产生绩效的员工进行管理。实践证明，提高绩效的有效途径是进行绩效管理。绩效管理是一种提高企业员工的绩效和开发团队、个体的潜能，使企业不断获得成功的管理思想和具有战略意义的、整体的管理方法。通过绩效管理，可以帮助企业实现其绩效的持续发展；促进形成一个以绩效为导向的企业文化；激励员工，使他们的工作更加投入，促使员工开发自身的潜能，提高他们的工作满意感；增强团队凝聚力，改善团队绩效；通过不断的沟通和交流，发展员工与管理者之间的建设性的、开放的关系；给员工提供表达自己的工作愿望和期望的机会。

2. 绩效管理的过程

绩效管理是一系列以员工为中心的管理活动。绩效管理的最终目标是通过充分开发和利用每个员工的潜能来提高企业绩效，即通过提高员工的绩效达到改善企业绩效的目的。有效的绩效管理的核心是一系列活动的连续不断的循环过程，一个绩效管理过程的结束，是另一个绩效管理过程的开始，它包括绩效计划、绩效管理、绩效考核和绩效反馈四个环节。

1）绩效计划

绩效计划是确定组织对员工的绩效期望并得到员工认可的过程。由于绩效包括结果绩效和行为绩效两个部分，因此，绩效计划必须清楚地说明期望员工达到的结果以及为达到该结果所期望员工表现出来的行为和技能，即确定工作目标和发展目标。

工作目标的设计是一个自下而上的目标确定过程，通过这一过程将个人目标、部门或团队目标与企业目标结合起来。目标设计也是一个员工全面参与管理、明确自己的职责和任务的过程，是绩效管理的一个至关重要的环节。因为员工只有知道了企业或部门对自己的期望是什么，才有可能通过自己的努力达到期望的结果。制定目标时注意以下几个方面：第一，领导与员工应该就员工个人发展目标达成一致；第二，员工有权利和责任决定自己的发展目标；第三，培训和发展活动应支持所确定的工作目标的实现；第四，培训和发展活动应符合员工学习的风格，因此，应该采用多种方法，如在职培训、进修、研讨会等来帮助员工提高工作的能力。

2）绩效管理

绩效计划制订完成之后，被评估者就开始按照计划开展工作。在工作的过程中，绩效管理者要对被评估者的工作进行指导和监督，及时解决发现的问题，并对绩效计划进行调整。绩效计划并不是在制订了之后就一成不变的，随着工作的开展会根据实际情况不断调整。在整个绩效考核期间内，都需要管理者不断地对员工进行指导和反馈。

3）绩效考核

在绩效评价阶段，依据预先制订好的计划，主管人员对下属的绩效目标完成情况进行考核。绩效考核的依据就是在绩效期间开始时双方达成一致意见的关键绩效指标，同时，在绩效管理过程中所收集到的能够说明被考核者绩效表现的数据和事实，可以作为判断被考核者是否达到关键绩效指标要求的依据。

4）绩效反馈

绩效管理的过程并不是到绩效评价打出一个分数就结束了，绩效管理者还需要与下属进行一次面对面的交谈。通过绩效反馈面谈，使下属了解管理者对自己的期望，了解自己的绩效，认识自己有待改进的方面；下属也可以提出自己在完成绩效目标中遇到的困难，请求管理者的指导。对于表现优异、绩效好的员工应进行有效的激励。

二、物流配送中心建立绩效评价体系的原则

（一）客观公正

坚持定量与定性相结合的原则，建立科学、适用、规范的评价指标体系及标准，避免主观臆断。以客观的立场评价优劣，以公平的态度评价得失，以合理的方法评价业绩，以严密的计算评价效益。

（二）责、权、利相结合

物流配送中心的绩效评价结果产生后，应分析责任的归属。在确定责任时，要明确是否在当事人责权范围内。评价的目的主要是改革绩效，不能为评价而评价，为奖惩而评价，为晋升而评价。此外应该注意评价指标包括的是否为当事人可控事项，只有这样奖惩才能公

平合理。

(三) 目标与激励

物流配送中心绩效评价体系的目标设计和激励是必不可少的。目标的实现是很重要的激励机制;另一方面,以报酬作为激励也是现代化物流配送中心不可缺少的有效管理机制。

(四) 多层次、多渠道、全方位评价

多方收集信息,实行多层次、多渠道、全方位评价。在实际工作中,可综合运用上级考核、同级评价、下级评价、职员评价等多种形式。

(五) 时效与比较

在评价绩效时,数据是最佳的衡量工具,但是如果没有比较的基准数据,再及时的评价也是徒劳的。因此物流配送中心的盈余或亏损,必须与过去的记录、预算目标、同行业水准、国际水平等进行比较,才能鉴别其优劣。只有将一定的基准数据与被评价企业的经营结果进行比较及分析,物流配送中心绩效评价才具有实际意义。为了及时了解物流配送中心营运的效益与业绩,应该及时进行评价。

(六) 连贯性

物流配送中心绩效评价体系的建立要依据连贯性原则,避免设定指标的大起大落和指标定义的变动。

(七) 经常化、制度化的评价

物流配送中心必须明确评价的原则、程序、方法、内容及标准,建立科学合理的绩效评价制度,将正式评价与非正式评价相结合,形成经常化、制度化的评价体系。

三、物流配送中心绩效评价体系的设计要求

(一) 现行的绩效评价指标的特点

现行的绩效评价指标侧重于对单个企业的评价,评价的对象是某个具体物流配送中心的内部职能部门或者员工个人,其评价指标在设计上有如下一些特点。

(1) 现行绩效评价指标的数据来源于财务结果,在时间上略为滞后,不能反映物流配送中心的动态营运情况。

(2) 现行绩效评价主要是评价物流配送中心职能部门工作的完成情况,不能对物流配送中心的业务流程进行评价,更不能科学、客观地评价整个物流配送中心的营运情况。

(3) 现行绩效评价指标不能对物流配送中心的业务流程进行实时评价和分析,而是侧重于事后分析。因此,当发现偏差时,偏差已成为事实,其危害和损失已经造成,并且往往很难弥补。

因此,为衡量物流配送中心整体运作绩效,以便决策者能够及时了解物流配送中心的整体状况,应该设计出更适合于度量物流配送中心绩效的指标和评价方法。

(二) 物流配送中心绩效评价体系的设计要求

1. 设计要求

任何一个体系的设计都与企业结构有着密不可分的关系。物流配送中心绩效评价体系

是在整个组织结构之内设计的,适应物流配送中心经营的组织结构,有助于实施适当控制,同时组织结构也影响信息的流向与流量。总体而言,这个体系的设计必须满足以下要求。

(1) 及时。只有及时获取有价值的信息,才能及时评价、及时分析,迟到的信息会使评价失真或无效。因此,何时计量及以什么样的速度将计量结果予以报告,是物流配送中心绩效评价体系的关键。

(2) 准确。要想使评价结果具有准确性,与绩效相关的信息必须准确。在评价过程中,计量什么、如何计量,都必须十分清楚。

(3) 可理解。能够理解的信息才是有价值的信息。难以理解的信息会导致各种各样的错误,所以确保信息的可理解是设计物流配送中心绩效评价体系的一个重要方面。

(4) 可接受。物流配送中心绩效评价体系,只有被接受才能发挥作用。不被接受或者被不情愿地接受下来,就称不上是有价值的体系。勉强被接受,可能导致信息不准确、不及时、不客观,所以在体系设计时必须满足使用者的需求。

(5) 目标一致。有效的物流配送中心绩效评价体系,其评价指标与发展战略目标应该是一致的。

(6) 指标的可控性与激励性。对管理者的评价必须限制在其可控范围之内,只有这样,他才能接受,对管理者也公平。即使某项指标与战略目标非常相关,只要评价对象无法实施控制,他就没有能力对该项指标的完成情况负责,非可控指标应尽量避免。另外,指标水平应具有一定的先进性、挑战性,这样才能激发被评价者的工作潜能。

(7) 及时的应变性。良好的绩效评价体系,应对物流配送中心战略调整及内外部的变化非常敏感,并且体系自身能够相应做出较快的调整,以适应变化要求。

(8) 反映企业的特性。一个有效的物流配送中心绩效评价体系,必须能够反映企业的特性。从控制的观点出发,绩效评价的焦点一般集中在公司及经理上,以确定被评价的物流配送中心的业绩及效益。

2. 注意的问题

物流配送中心在设计绩效评价体系时,除必须满足上述 8 项要求的大部分外,还应注意下列问题。

(1) 经济效益指标不可过高或过低。物流配送中心是服务性企业,特别是本公司的物流配送中心,其经营战略是使整体利益最大化。如果经济效益指标过高,企业无法接受。但是也不能过低,过低会失去评价的意义。

(2) 不可过分注重财务性评价。非财务性的绩效评价不能忽视,因为它能更好地反映物流配送中心的营运状况,如客户满意程度、交货效率和及时性、订货周期等。

(3) 以客户为中心。物流配送中心的绩效指标最好能有客户参与的空间,让客户直接选定他们关心的某些项目,这样会产生较好的效果。

(4) 如果物流配送中心的价格有较强的竞争力,但客户不多,则在利用评价结果与同行业进行比较性分析以及在体系设计时,应注意可比性。

(5) 若上市公司物流配送中心的财务绩效评价结果较好,而股票价格毫无起色,则需要审查体系设计的指标和标准是否合适。

(6) 评价体系应兼顾眼前财富最大化和长远财富最大化,能实现物流企业的可持续发展,使企业获取长期利益。

四、物流配送中心的评价要素

在物流配送中心的运作中,几乎每一项作业都有其不同的人力与设备,且每一项作业重点考虑的问题均不相同,有些作业集中在劳力的付出,有些作业取决于管理决策,而有些作业则与设备的多少、设施空间的大小有密切关系。虽然特性或规模不同的物流配送中心,其经营的作业管理方式不完全相同,但大致可将物流配送中心的活动划分为前面所讲的进货、储存、搬运、盘点、订单处理、拣货、补货、出货、配送等9项作业。因此,针对每一项作业,究竟应集中哪些资源,哪些资源才是此项作业的评价重点,这些将涉及选择评价要素的问题。对大多数物流配送中心的营运作业而言,评价要素不外乎以下几点。

- 设施空间:衡量整个厂房空间设施是否已充分利用。
- 人员:衡量每一人员有无发挥自己最大能力。
- 设备:衡量资产设备有无发挥最大产能。
- 货物、订单效益:衡量货物流动是否达到预定目标。
- 作业规划管理:衡量目前管理阶层所做的决策规划是否适合。
- 时间:衡量每一作业有无掌握最佳时间。
- 成本:衡量此项作业的成本费用是否最低。
- 质量:衡量货物及服务质量是否达到客户满意的水准。

一个物流配送中心必须先有设施空间、人员、设备、货物才能准备营运,而后管理者对这些资源进行规划管理,经过营运后,由营运结果才产生时间、成本、质量三个评价要素。

五、物流配送中心评价要素的特性分析

(一) 设施空间

以物流配送中心而言,设施可指除人员、设备外的一切硬件,包括办公室、休息室、储存区、拣货区、出货区等区域空间的安排及一些消防安全设施等外围硬件。因此,设施空间方面应针对空间利用是否有效、合理来进行综合考虑。尤其在地少人多、土地资源有限的地区,提高单位土地面积的使用效率刻不容缓,而对于货架、作业区的保管量、保管种类、保管面积与容积等的了解,也变成物流配送中心设施配置的重要课题。

(二) 人员

人是构成企业最主要的因素,公司的每位员工能坚守岗位、尽职尽责,发挥所长,将全部精力投入工作,方能维持企业的成长与进步。因而对于人员的考核分析,是每一企业经营评价的重要项目,在衡量各种企业的绩效时,它是最为常见的组成部分。尤其在物流配送中心,作业人员的绩效更是关键,不容忽视。一般来说,对于人员的绩效评价,可从人员编制、员工待遇和人员效率三方面着手。

左右物流配送中心劳动生产率水平高低的是作业人员的工作方法。但奇怪的是,在物流配送中心内进行作业的时候,很少讨论应该如何来更好地配置作业人员这个问题,特别是当工厂的生产现场已经在以秒为单位对作业进行管理的时代,物流配送中心却依然采取充

其量是以小时为单位的粗放管理的方式。

在系统的重新构筑完成之后,应将注意力集中于如何才能更大地发挥作业人员的潜力。例如,采取让每个作业人员拿上卡片,记录作业开始和结束的时间的方法;通过终端机器对时间和处理量进行检测等。

另一方面,要想将临时作业人员的工作潜能发挥到100%,连锁店的作业管理可作为我们的参考,其中以人工计划表程序(labor schedule program,LSP)的做法更具参考价值,如图10-1所示。这种程序原本是美国的零售连锁店用来进行作业管理的,是以追求"对作业进行单位管理"为目标而设立的。这一程序的基本理念在于"不是将作业分配到单个作业人员,而是将人按计划分配到作业上去"。

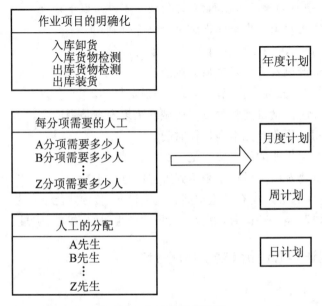

图10-1　人工计划表程序

下面简单地说明一下其具体的操作程序。首先对每一个作业范围、作业程序、作业技巧等进行充分的研究,对作业本身进行定义。如果在该时间段出现了无效的作业或者活动,就应彻底地对作业程序本身进行认真的改善。然后,针对每一个作业单位,通过研究比较优秀的作业者的操作,把握作业所需要的时间。之后基于对以上信息的把握,通过对销售额等的预测,推算出单个的作业时间,拟订作业人员的分配计划。最后,根据所把握的作业时间,对在实际工作中出现误差的部分,在分析、评价的基础上作出修正。这是一套完整的运作体系。这种体系不是把削减作业人员数量作为目标,而始终都是将有计划地进行控制管理放在重要的位置。

在许多物流配送中心,进入高峰作业期,经常可以看到管理人员亲自参与作业的情景。其实这不是管理者本来应该从事的业务,反而会使作业需要的人手、时间变得不透明。对作业进行有效的控制,以及考虑应该如何对作业进行评价,这才是管理者需要做的工作。

(三)设备

虽然机械设备不像人员情绪那样难以捉摸,但在作业中可能发生的故障和设备闲置等现象，很容易造成交货延迟、货物质量受损、工作中断等重大损失，因此不应忽视。前面已提及，物流配送中心不同于生产制造厂，机器设备的比例并不高，多是保管、搬运、存取、装卸、配送的设备。由于各作业有一定的时间性，设备工时不太容易计算，因而除以机械运转时间来评价设备运用情况外，还应着重掌握单位期间内机械设备的产出量、产出金额、作业单元数（托盘、纸箱）、操作速率与故障率等，以提升设备使用效率。

应当注意的是，在使用机械的作业过程中，增加生产量必须增加设备运转时间或是增大每单位操作时间内的生产量。前者是增加作业量最直接的做法，而后者则是借由改良机器性能或改善设备操作方式来达到增加生产量的目的。除此之外，人员与设备是否能密切配合亦是关键问题，设备效率与人员效率是两项相辅相成的因素。

（四）货物、订单效益

物流配送中心成立之前，第一步骤就是要决定流通何种货物，因此货物可以说是物流配送中心的果实，什么样的果实最能引起客户的注意，吸引客户前来订购，能得到多少订单，而这些订单又能为公司带来多少效益，这些都应是管理者非常关心的问题。

此外，必须在仓库中留有存货，以减少缺货的机会。但这些存货又不能过多，以免造成公司资金占用，因而在这两者间公司究竟已做到什么程度，也是一个评价重点。所以，对于货物、订单效益的衡量，主要在于探讨订单、货物给公司带来的收益及目前对存货的控制绩效。

（五）作业规划管理

规划是一种手段，用来拟订根据决策目标所要采取的行动，因此规划管理的目的在于为整个活动过程选择正确的行动方向。从所要求的某些构想开始，从所有可能的角度来思考所有的作业方式，然后决定最佳行动方向。如果有必要的话，可再修正或改变原先的决定等，这些都是规划管理包含的范围。在良好的管理下，一旦公司规划出最佳的作业方式，将使整个公司的生产力及效率大幅提升；反之，若规划的方式不适当，则经营后必会显现弊端，达不到预期的效果。

因此，要达到最佳的产出效果，规划管理人员必须先决定作业过程中最有效的资源组合，才能配合操作环境，设计出最好的作业方式，来执行营运过程中每一环节的工作。而这些规划出的行动在执行后，若可加以量化，其结果就可作为规划管理好坏的一项评价标准；如果评价的结果为主管部门所无法接受，则必须修正当前所采取的规划方式。所以对于作业规划管理方面的评价，主要是为了掌握公司的投资状况及规划效果。

（六）时间

缩短作业时间，一方面可使工作效率提高，另一方面可使交货期限提前。因此，物流配送中心对缩短作业时间很重视。此外，时间是衡量效率最直接的数据，最容易看出整体作业能力是否降低。但单凭时间无法探讨问题的成因，仍必须深入人员或设备等方面去发现问题。例如，某段时间生产了多少，平均一小时处理了多少，平均一天中赚了多少等，这些数据很容易让人了解公司整体经营运作的优劣。虽不能由此得到其他信息，但能促使管理人员去寻求问题的症结，尤其是一旦存在某些活动无法以人员或设备等来衡量生产率时，便可考虑以使用时间作为评价的因素。整体而言，评价时间效益，就是掌握单位时间内收入、产出量,作业单元数及各作业时间比率等情况。

(七) 成本

物流配送中心的成本是指直接或间接消耗于有关保管及销售活动的经济价值。而被消耗的经济价值则是指将财物或劳动力的消耗以货币价值来表示的形式,一般称为费用或成本。

(八) 质量

质量两字的意义不仅包括质量的优劣、质量的一致性,而且还包括各项作业过程的特性,如耗损、缺货、呆料、维修、退货、延迟交货、事故、误差等状况。

对于质量管理,除建立合理的质量标准外,还需重视对存货管理及作业过程的监督,尽量避免不必要的损耗、缺货、不良率等,以降低成本,提高服务质量。

维持质量标准的对策不外乎从人员、物料、机器设备和作业方法四方面着手。而有关质量的改善研究,已有许多研究成果可资借鉴,如今也有多种提高效率的方法可供使用。

六、物流配送中心绩效评价体系的实施步骤

物流配送中心绩效评价既包括物流企业内部的运作评价,也包括企业外部对企业经营管理的评价。企业内部的运作评价是建立在员工考核基础之上的,是企业日常管理的一部分。而企业外部进行的评价是对企业的管理水平、市场竞争地位的核查。一般要按照正规的评价过程逐步实施,主要包括以下几项内容。

(一) 确定评价工作实施机构

1. 评价组织机构

由评价组织机构直接实施评价,评价组织机构将负责成立评价工作组,并选聘有关专家组成专家咨询组。如果委托社会中介机构实施评价,应与选定的中介机构签订委托书,然后由中介机构成立评价工作组及专家咨询组。无论由谁来组织实施评价,对工作组及专家咨询组的任务和要求都应明确。

2. 参加评价工作的成员应具备的基本条件

(1)熟悉物流配送中心绩效评价业务,有较强的综合分析判断能力。

(2)具有较丰富的物流管理、财务会计、资产管理及法律等方面的专业知识。专家咨询组的专家还应具有一定的工程技术方面的知识。

(3)专家咨询组的专家应在物流领域中具有高级技术职称,有一定的知名度和相关专业的技术资格。

(4)评价工作主持人员应有长期的经济管理工作经历,并能坚持原则,秉公办事。

(二) 制定评价工作方案

由评价工作组根据有关规定制定物流配送中心评价工作方案,经评价组织机构批准后开始实施,并送专家咨询组的每位专家审核。

(三) 收集并整理基础资料和数据

根据评价工作方案的要求及评分的需要来收集、核实及整理基础资料和数据。收集的

数据包括:
(1) 选择物流行业同等规模企业的评价方法及评价标准值;
(2) 收集连续三年的会计决算报表、有关统计数据及定性评价的基础材料,并确保资料的真实性、准确性和全面性。

(四) 评价计分

运用计算机软件计算评价指标的实际分数,这是物流配送中心绩效评价的关键步骤。
(1) 核实会计决算报表及统计数据,计算定量评价指标的实际值。
(2) 根据选定的评价标准,计算出各项基本指标的得分,形成"物流配送中心绩效初步评价计分表"。
(3) 利用修正指标对初步评价结果进行修正,形成"物流配送中心绩效基本评价计分表"。
(4) 根据已核实的定性评价基础材料,参照绩效评价指标参考标准进行指标评价和打分,形成"物流配送中心绩效评价计分汇总表"。
(5) 将"物流配送中心绩效基本评价计分表"和"物流配送中心绩效评价计分汇总表"进行校正、汇总,得出综合评价的实际分数,形成"物流企业绩效得分总表"。
(6) 根据基本评价的四部分(财务效益、资产营运能力、偿债能力、发展能力)得分情况计算各部分的分析系数。
(7) 对评价的分数和计分过程进行复核,为了确保计分准确无误,必要时用手工计算校验。

(五) 评价结论

将绩效基本评价得分与物流产业中相同行业及相同规模企业的最高分数进行比较,将财务效益、资产营运能力、偿债能力、发展能力这四部分内容的分析系数与相同行业的比较系数进行对比,对物流配送中心绩效进行分析判断,形成综合评价结论,并听取物流配送中心有关方面负责人的意见,进行适当的修正和调整。

(六) 撰写评价报告

评价报告的主要内容包括评价结果、评价分析、评价结论及相关附件等。评价报告应送专家咨询组征求意见,由评价项目主持人签字后,报送评价组织机构审核认定。

(七) 评价工作总结

将评价工作背景、时间、地点、基本情况、结果、工作中的问题及措施、工作建议等汇总成书面材料,建立评价工作档案。同时报送物流配送中心备案。根据行业或企业进行分析和排序,其步骤为确定评价对象、选定评价标准值、收集和核实基础资料、用计算机计算分数和排序、评价分析、撰写并报送评价分析报告。

第二节 物流配送中心绩效评价方法

一、平衡计分卡

物流配送中心的绩效评价是一个典型的多指标综合问题。物流配送中心的绩效评价包含了许多主观和不确定的因素,即使只考虑企业的库存,其规模和其中的变量也很难用传统的运筹学方法解决,因此决定了其性能评价模型以仿真模型为主。近年来,平衡计分卡作为一种来源于战略的、各种衡量方法一体化的新的绩效评价框架,在企业管理领域得到了广泛的关注。平衡计分卡源于企业战略绩效的评价,通过改进,该方法也可以适用于物流配送中心的绩效评价。这种方法具有较好的可操作性,简单、有效,可以分层次、多角度地评价物流配送中心的绩效。

(一)平衡计分卡的概念

1992年,Robert S. Kaplan和David P. Norton在《哈佛商业评论》上发表了关于"平衡计分卡"的文章,首次提出了"平衡计分卡"的概念。其核心思想如图10-2所示。

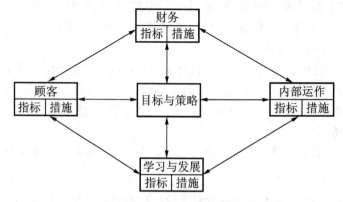

图10-2 平衡计分卡战略透视图

平衡计分卡克服了单纯利用财务报表进行绩效管理的局限性。财务报表传达的是已经呈现的结果和滞后于现实的指标,并没有向公司管理层传达未来业绩的推动要素是什么,以及如何通过对客户、供应商、员工、技术革新等方面的投资来创造新的价值。平衡计分卡从四个不同的视角,提供了一种考察价值创造的战略方法。

● 财务:从股东角度来看企业增长、利润率以及风险战略。
● 顾客:从顾客角度来看企业创造价值和差异化的战略。
● 内部运作:使各种业务流程满足客户和股东需求的优先战略。
● 学习与发展:优先创造一种支持公司变化、革新和成长的氛围。

从这四个方面建立平衡,兼顾短期和长期目标、理想的结果和结果驱动因素、客观目标和主观目标,可以科学地衡量企业包括客户关系、创造能力、质量水平、员工积极性和信息系统等在内的无形资产在创造持续的经济价值上所起的作用。

(二)平衡计分卡的设计原则

可以通过结合自身的实际情况,建立物流配送中心平衡计分卡,平衡兼顾各种指标。设计遵循了以下几个原则:第一,与物流配送中心的战略目标和供应链整体绩效一致;第二,定性衡量与定量衡量相结合;第三,内部评价与外部评价相结合;第四,长期目标与短期利益相结合。

由于绩效评价体系最终反映在供应链的价值上,因而在使用平衡计分卡对物流配送中心绩效进行评价时,不仅要考核当前状况,更要关注其长期发展能力。绩效评价指标应覆盖三个主要领域:第一,考查物流配送中心的当前赢利性;第二,分析物流配送中心对供应链赢利的持续贡献能力;第三,物流配送中心对培养供应链赢利的增长潜力的贡献。

建立物流配送中心平衡计分卡的关键在于供应链内部就战略问题达成共识,并弄清楚如何把战略方向转换成物流配送中心经营的目标和评估手段。平衡计分卡的制定必须让企业的各级员工参与进来。通常制定平衡计分卡可以包括以下几个步骤。

(1) 为平衡计分卡确定目标。在公司高层就制定平衡计分卡达成共识,并获得支持,明确平衡计分卡的主体意图。

① 选择适当的部门。最初的平衡计分卡工程,最好从一个具有战略意义的业务部门开始,这个业务部门的活动最好贯穿于公司的整个工作流程——创新、经营、销售和服务。

② 选择和设计评价手段。该阶段主要包括以下要点:第一,对于每个目标,设计出容易实现和能够传达这种目标意图的评价手段;第二,对每个评价手段,找到必要的信息源并且采取必要的行动;第三,对每个目标的评价体系之间的相互影响进行评价。

(2) 制订实施计划。以实施平衡计分卡目标部门的下属业务部门为单位,成立实施小组。各实施小组确定平衡计分卡的目标并制订实施计划。该计划包括如何把评价手段与数据库和信息体系联系起来,负责在公司内部传播平衡计分卡,并帮助下一级部门制订实施计划。对于物流配送中心的评价,需要针对不同类型的物流配送中心进行具体分析。加工型物流配送中心集成了物流活动的所有功能,包括备货功能、储存功能、分拣和配货功能、简单加工功能、配载功能和运输功能等,它可以看作是物流活动的缩影。

(三) 物流配送中心平衡计分卡

下面以具有简单加工功能的物流配送中心为例,说明物流配送中心平衡计分卡的主要内容。

物流配送中心平衡计分卡如表 10-1 所示,该系统有财务、客户、内部运作、学习与发展等四项指标。对于具体的物流配送中心,需要对关键因素进行选择,以及对某些关键因素进行进一步分解。

表 10-1 物流配送中心平衡记分卡

指　标	战略重点	关键因素(可选)
财务	达到供应链与物流配送中心价值最大化	资产回报率、销售总量、利润总额、存货周转率、库存天数、现金流
客户	满足客户合理需求	客户保有率、新客户开发率、客户价值率、客户满意度、供应商满意度
内部运作	在合理的成本下,高效率地运作	平均响应时间、最短响应时间、配送时间柔性、配送生产率
学习与发展	持续地改进、提高与创新	流程、技术的改进与创新,员工技能提高;客户关系管理,供应商关系管理与货物数据管理等方面的学习与发展

1. 财务

一般地,在物流配送中心的平衡计分卡中,财务指标在所有指标中仍然具有核心地位。物流配送中心在整个供应链中的作用是保证整个供应链在财务上有长期的、良好的收益。因此,物流配送中心的财务优化非常重要。财务指标包括资产回报率、销售总量、利润总额、存货周转率、库存天数、现金流等。

2. 客户

物流配送中心的目标之一就是为它的上游、下游客户创造价值,为他们提供稳定的收益。因此,对物流配送中心评价的核心内容之一就是客户管理,评价指标的选择应该集中体现客户的需求和客户价值等指标。客户指标包括客户保有率、新客户开发率、客户价值率、客户满意度及供应商满意度等。其中,客户满意度包括客户对物流配送中心的响应能力、服务能力的认同:客户能否就订单的包装、货物性能提出个性化的要求,以及这种个性化要求的实现程度。客户价值率是指客户对物流配送中心的满意度和服务过程中发生的成本进行比较的比率。

3. 内部运作

由于不同的物流配送中心所处的行业、面临的市场不同,采用的业务模式和发展的阶段也不尽相同。因此,在内部运作评价方面,可以根据物流配送中心的具体情况增加或者减少某些关键因素,也可以在某个阶段细化某一类关键因素。内部运作评价指标一般包括平均响应时间、最短响应时间、配送时间柔性、配送生产率等。其中,物流配送中心配送时间柔性是指市场需求变动导致非配送量增加到一定比例后,物流配送中心内部重新组织计划、生产和运输的时间。

4. 学习与发展

学习与发展一般包括流程、技术的改进与创新,员工技能提高;客户关系管理,供应商关系管理与货物数据管理等方面的学习与发展。物流配送中心在某种意义上就是一个信息中心,它的特点就是用信息代替存货,这是维持供应链伙伴关系和高效率运作的关键。信息共享的内容包括需求预测、销售点数据、生产计划、战略方向、客户目标等,重要信息的共享程度体现了一个物流配送中心实际实施供应链管理的程度。所以,在客户关系管理、供应商关系管理与货物数据管理等方面的学习与发展是不可缺少的评价指标。

二、模糊综合评价

由于物流配送中心绩效评价指标体系涉及因素相当多,且对各因素的评价结论大多是模糊的,一般不适宜用绝对数值来表示。单纯用定量分析的方法对物流配送中心的物流绩效进行评价是不可能的,而采用完全定性的评价方法不仅缺乏说服力,而且针对性也不强,不能明确反映问题出在什么地方,到什么程度。因此,有必要采用定性分析与定量分析相结合的评价方法,通过模糊综合评价法对物流配送中心绩效进行评价。根据上述物流绩效评价指标设计的原则,结合连锁超市物流配送中心的物流具体运作情况,在进行评价时,将物流绩效评价的指标体系分为两个层次,如表10-2所示。

表 10-2　物流配送中心绩效评价指标及权重设计表

一级指标 U_i	权重 A_i	二级指标 U_{ij}	权重 A_{ij}
采购功能 u_1	a_1	与供应商关系 u_{11}	a_{11}
		订单处理能力 u_{12}	a_{12}
		交货期限条件 u_{13}	a_{13}
		付款方式条件 u_{14}	a_{14}
库存功能 u_2	a_2	仓库总面积 u_{21}	a_{21}
		仓库利用率 u_{22}	a_{22}
		收发货能力 u_{23}	a_{23}
		库存成本 u_{24}	a_{24}
加工功能 u_3	a_3	流通加工能力 u_{31}	a_{31}
		流通加工成本 u_{32}	a_{32}
		流通加工数量 u_{33}	a_{33}
配送功能 u_4	a_4	送货及时准确 u_{41}	a_{41}
		配送成本 u_{42}	a_{42}
		运输安全性 u_{43}	a_{43}
		客户满意度 u_{44}	a_{44}
先进技术 u_5	a_5	管理手段先进性 u_{51}	a_{51}
		运输手段自动化 u_{52}	a_{52}
		储存设备自动化 u_{53}	a_{53}
		信息技术的利用 u_{54}	a_{54}

（表格最左侧合并列："物流配送中心物流绩效评价指标 U"）

模糊综合评价法是基于模糊变换理论对于多因素影响的问题进行单层次或多层次综合评价的评估方法，是解决带模糊性问题的有力的定量分析工具，该方法的基本步骤如下。

1. 建立评价因素集

对绩效评价指标进行合理划分，产生评价因素集，结合表 10-2 所示的内容，有

一级指标评价因素集：$U_i = \{u_1, u_2, u_3, u_4, u_5\}$；

二级指标评价因素集：$U_{1j} = \{u_{11}, u_{12}, u_{13}, u_{14}\}$，$U_{2j} = \{u_{21}, u_{22}, u_{23}, u_{24}\}$，$U_{3j} = \{u_{31}, u_{32}, u_{33}\}$，$U_{4j} = \{u_{41}, u_{42}, u_{43}, u_{44}\}$，$U_{5j} = \{u_{51}, u_{52}, u_{53}, u_{54}\}$。

2. 确定权重集

权重是各个评价因素重要程度的反映，它是与评价因素集相对应的模糊集合。根据表 10-2，一级指标的权重集 $A_i = \{a_1, a_2, a_3, a_4, a_5\}$，二级指标的权重集 $A_{ij} = \{a_{i1}, a_{i2}, a_{i3}, a_{i4}, a_{i5}\}(i=1,2,\cdots,5)$。权重的确定方法有多种，如专家估测法、层次分析法（AHP）、加权统计法、频数统计法等。为方便起见，本书采用权值因子判断表法，将定性问题定量化，具体评价指标的权重可通过以下步骤确定。

（1）成立评价小组。由物流配送中心相关管理人员和有关专家组成 L 人的评估小组。

（2）制订评价指标权值因子判断表。根据各级评价指标的数量多少确定 n 的值，如表

10-3 所示。

表 10-3　评价指标权值因子判断表

评价指标	U_1	U_2	U_3	…	U_n
U_1					
U_2					
U_3					
⋮					
U_n					

（3）填写评价指标权值因子判断表。方法是评价小组成员将行因子与列因子相互对比,若采用 4 分制时,两因子相比非常重要的指标记 4 分,比较重要的指标记 3 分,同样重要的指标记 2 分,不太重要的指标记 1 分,很不重要的指标记 0 分。

（4）确定评价指标的权值。根据各评价小组成员填写的权值因子判断表,首先计算每一行得分,其次求评价指标平均值。

3. 建立评价集

根据评价指标体系的性质,设评价集 $V_j = \{V_1, V_2, \cdots, V_m\}$,$V$ 表示评价标准,$j = 1, 2, \cdots, m$。如把评价等级定为优、良、中、差等四种,则 $m = 4$,即评价集 V 对应四维向量的评语集为{优,良,中,差}。

4. 找出评价矩阵

评价矩阵又叫隶属度向量矩阵,它是对评价因素集 U 内诸评价因素进行评定的一种模糊映射,它反映了各评价因素与评价等级之间的关系,是从 U 到 V 的 F 关系矩阵 $\boldsymbol{R} \in F(\boldsymbol{U} \times \boldsymbol{V})$。

5. 进行模糊综合评价

模糊综合评价计算公式为 $\boldsymbol{B}_k = \boldsymbol{A}_k \cdot \boldsymbol{R}_k$,即评价向量＝权重向量·隶属矩阵(其中,·表示模糊关系的合成运算符)。

6. 多级综合评价

由于物流配送中心绩效评价是相当复杂的过程,有些问题在实际评价时,往往需将评估指标分为多层级,其评价方法是重复运用以上计算过程,从低级指标向高级指标逐级判断。如三级指标的综合评价向量集可构成各二级指标的单因素矩阵,二级指标的单因素矩阵再乘以相应的权重系数可得到二级指标的综合评价向量,类似地可得到一级指标的综合评价向量,最后可得到总体指标的综合评价值。

第三节　物流配送中心绩效改进方法——基准化管理

无论什么企业,都应该设立了诸如"营业额增长 10％""物流成本降低 15％"这样针对每一个经营期的目标。然而,这些目标最终不过是基于预测值的模糊不清、缺乏事实根据的"努力目标"而已。如果不断地重复这种做法,目标将变成徒具形式的东西。

为了避免出现这种不利的情况,应该制定有事实根据的目标,也就是目标必须是可以实现的。如果一味拘泥于目标的可实现性,将变成只能在现状的延长线上研究如何提高效率,只要现状没有什么太大的不合理之处,自然就无法制定出融入了大幅度的改善效果的目标。结果只会造成同竞争对手之间的差距越拉越大,弄不清制定目标到底是为了什么。

对于这个问题,在美国广泛使用的"基准化(benchmarking)"的管理手段给出了清晰的答案。这就是如果确定了作为目标的企业,就通过"模仿"这个企业的"做法",踏踏实实地去追赶这个企业。

中国有句话曾经很流行,那就是"榜样的力量是无穷的",还有一句话是"他山之石,可以攻玉",这里面就渗透着基准化管理的思想。

一、基准化的含义

基准化是美国现代营销大师马克姆·波里奇于20世纪70年代提出来的。基准化就是指企业为了削减营运成本、缩短流通时间、增加产品稳定性、降低库存和提高客户满意度,确认与鉴别出那些出类拔萃的、并可以为企业直接采用的,或经过必要的改造后可为企业所采用的产品、服务、流程以及经营管理实践的系统化的思维方式。具体来说,基准化是企业将自己的产品、服务、生产流程与管理模式等,与行业内或行业外的领袖型企业进行比较,借鉴与学习他人的先进经验,改善自身的不足,从而提高竞争力、追赶或超越基准企业的一种良性循环的管理方法。其实质是一种促进企业绩效改进和提高的工具,是模仿、学习和创新的过程。

基准化管理最早起源于20世纪70年代末80年代初,美国企业学习日本企业的活动中,施乐公司首开先河。1976年以后,一直保持着世界复印机市场垄断地位的施乐公司遇到了来自日本企业全方位的挑战,市场份额从82%直线下降到35%。面对竞争威胁,施乐公司最先发起向日本企业学习的运动,开展了广泛、深入的基准化管理。通过全方位的集中分析比较,施乐公司弄清了这些公司的运作机理,找出了与佳能等主要对手的差距,全面调整了经营战略、战术,改进了业务流程,很快收到了成效,把失去的市场份额重新夺了回来。基准化管理成为施乐公司竞争力提升的惯用手法。

摩托罗拉公司成功发展的重要因素之一也归功于基准化管理的有效运用。1974年,摩托罗拉公司在日本企业的巨大压力下,被迫退出一些市场。它抱残守缺了好几年,直到20世纪80年代中期,开始详细研究日本企业的运作模式,尤其是研究日本最好的企业是如何在全球范围内确立竞争优势的,然后重新确定了自己的经营模式。摩托罗拉公司不仅研究竞争对手日本企业,为了缩短产品供货时间,他们还专门研究与自己企业没有直接关系的比萨饼外卖店和联邦快递公司,从而制定了自己新的送货标准,大大缩短了供货时间。摩托罗拉公司公开宣称将基准化管理作为企业绩效改进的强有力的工具之一。

基准化可以使企业开阔视野,在全球、全行业甚至跨行业的范围内寻找最佳企业,根据最佳企业的情况来设定自己既具有挑战性又具有现实可行性的奋斗目标。

二、基准化的特点

(1) 系统性。它不是简单抄袭,而是一个识别最佳实践并吸收消化的过程,致力于长期的绩效改善。

(2) 执行性。制定较高的绩效目标是一个方面,其实施过程才是关键。

(3) 价值化。基准化管理的最终目标是要创造价值。

(4) 指标化。如何设计和应用指标是基准化的关键所在。

(5) 持续性。基准化管理不是静止的,随着新标准的出现,绩效管理的过程也应不断变化。

(6) 变革性。就其本质而言,基准化管理是一次在制度、流程与营运模式上的变革。

三、基准化的类型

很多公司如美国电报电话公司、IBM 公司、柯达公司、杜邦公司以及摩托罗拉公司等都以基准化作为标准的经营手段。有些公司仅仅以其行业中最好的公司为基准,而有一些公司却以世界上"经营实践最好的公司"为标准实行基准化。例如,摩托罗拉公司的每一项基准化管理都从研究世界上"最好的企业"入手。据它的一位管理人员讲:"这种比较离我们的行业越远,我们就越高兴。毕竟我们是在寻求比较优势,而不仅仅是同行业竞争。"

按照基准的来源,基准化可以划分为内部基准化、外部基准化、竞争性基准化。只有正确全面地掌握基准化方法的定位和内涵,企业在运用基准化方法的过程中才不会出现偏差。每个企业应仔细评价自己的资源条件和竞争环境,开展基准化管理的唯一有效方法就是确定是为财务需要还是为满足客户的需要这一问题。任何类型的基准化,如果能正确地应用都将使企业受益。以下分别举例对它们进行说明。

1. 内部基准化

内部基准化主要是指单个企业内部的基准化。这是以企业内部操作为基准的方法,是最简单且易操作的基准化方法之一。它通过确立内部基准管理的主要目标,可以做到企业内的信息共享。确立企业内部最佳职能或流程及其实践,然后推广到企业内的其他部门,这不失为提高企业绩效最便捷的方法之一。

对基准化解释的最好方法是通过举例说明。这里有一个来自吉列公司的关于内部物流基准化的例子。吉列公司在拉美地区的业务网点包括设在墨西哥、智利、巴西、哥伦比亚、阿根廷、委内瑞拉、厄瓜多尔及秘鲁的产品制造厂和物流配送中心。每年,每一处经营网点的物流管理者的工作业绩都要通过 12 项物流绩效指标来进行衡量,这 12 项指标包括装运准确性、库存准确性、库存周转率、供应率、物流配送中心效率、物流配送中心储存密度、订单周转时间及订单执行绩效等。吉列公司为每一项指标都设了一个年度奖,各个经营网点相互友好地竞争各单项奖以及年度综合物流业绩奖。最重要的是,每一个获奖个人或单位必须向其他人讲授自己是怎样经过前一年的努力而获得成功的。通过这一方式,每一经营网点的仓储管理水平都得到了提高。

2. 外部基准化

外部基准化是指企业所在行业外的基准化。下面从施乐公司来看关于外部基准化的例子。

施乐公司致力于重新设计一个重要的配送网络,其中包含了对经营网点数、经营点位置、所有制成品设计及服务套件配送设施的重新考虑。为了设计高效的物流配送中心,施乐公司派代表参观了其他行业的一系列配送设施。在每次参观过程中,施乐公司都与受访企业进行信息交流,所交流的信息都是关于仓储绩效和仓储配送设施的操作方面的。同时,他们还探讨受访企业在设施的设计及操作方面的教训。一旦新的作业计划完成,施乐公司就与来自于基准化对象的公司代表们在关于新的操作方式上达成了一致。

为了迅速估算出参观途中每项作业设施的总体运行状况,施乐公司的物流工程师们提出了一个简单的方法,用以衡量每项配送设施的运行状况,即每项仓储设备每年装运出库的产品数与每年花费在该仓储设备上的劳动时间之比,简单地说,就是产品装运量与每人时之比。对比值较高的设备,公司还要对其进行仔细检查和重新衡量,以确保这些设备与施乐公司新的配送设施的设计相协调。

因为施乐公司的客户服务及其物流配送中心的作业绩效本身就相当出众,其基准化的对象就集中在了 L. L. Bean 公司上。许多正在 L. L. Bean 公司物流配送中心运作的操作方式被引入到施乐公司的设计中来。这些操作方式在施乐公司同样起作用,因为施乐公司在服务套件的配送作业上已达到了国际先进水平。施乐公司是一个具有代表性的外部基准化实例研究对象,它在所处的行业以外寻找基准化对象,这种从外部看问题的角度是成功实现基准化的关键所在。首先,大部分的物流实践及运作方式的创新突破是在不同行业间的物流活动中出现的;其次,当基准化的对象处在同一个行业时,它们就很难达到基准化过程中所必需的合作性;第三,如果在同行中设定基准化对象,就很可能只把自己设定为行业内的领导者,如果所在的行业在物流管理方面效率并不高的话,那么其结果就像"矬子里拔将军"一样。

与外部基准化同样重要的是选择物流管理上类似的基准化伙伴。在内部基准化和竞争性基准化中,这种类似性是显而易见的。但是,在外部基准化过程中,识别类似的物流作业就比较困难。在施乐公司和 L. L. Bean 公司的例子中,它们在物流作业方面之所以具有类似性,是因为两者的平均订单价值基本相等,平均订单所包含的货物体积也基本相等,平均每项订单所包含的产品数量基本相同,两者所处理的交易数量几乎相同,两者存货单元的数量基本一致等。如果在某种程度上,外部基准化对象与本企业具有物流作业方面的类似性,那么所建立的基准化伙伴关系就是成功的。选择基准化伙伴的过程不仅对选择者本身的基准化过程来说很重要,而且对具有伙伴关系的双方都很重要。一个良好的基准化伙伴关系必须具备以下要素:

(1) 一方的优势恰好就是另一方的劣势,反之,一方的劣势就是另一方的优势;
(2) 具有对机密消息的灵敏性;
(3) 能够承认劣势并吸取教训;
(4) 能够承认优势并与他人分享成果;
(5) 具有开放的思想;
(6) 具有物流作业上的相似性;
(7) 在不同行业或不同国家进行经营活动。

3. 竞争性基准化

竞争性基准化关注的是同行业内不同企业间的作业状况。这是以竞争对象为基准的基准化方法,也被称为竞争性基准法。该方法的目标是与有着相同市场的企业在产品、服务和工作流程等方面的绩效与实践进行比较,直接面对竞争者。

例如,某两个保健品批发公司合并后不久,新上任的副总裁就被委任管理新企业的配送网络,这个配送网络中包含 30 个物流配送中心,规模从 5 000 m^2 到 50 000 m^2 不等。由于该副总裁并不熟悉该行业的配送活动运行情况,所以他管理的出发点先从对本企业配送绩效的评价调查开始,以便与其他竞争者进行对比。一家大的咨询机构负责进行这项调查,调查的内容包括用装运量/(人·时)来衡量的劳动生产率数据、配送成本(以占销售额的百分比来表示)、库存周转率、准确性等。调查结果很快通过图示反映出企业配送活动中存在的优势和劣势,接着也就能很快据此制订出一系列改进的方案。

四、基准化的实施

"模仿"是一件平常的事情,然而,把模仿这个词的意思弄错的企业也非常多,如下面这个例子。

A 公司和 B 公司的物流经理参观 C 公司的某个物流配送中心,听了 C 公司的物流经理关于"我们物流配送中心的拣货劳动生产率为平均每人每小时拣货 600 个"的介绍之后,对于自己公司与 C 公司在这方面的差异(A 公司为 200 个,B 公司为 300 个)感到非常震惊。A 公司的部长回到自己的公司之后,立刻制作了一幅"将拣货的劳动生产率提高到每小时 600 个"的标语。

而 B 公司的部长带着"为什么两个公司的劳动生产率会有这么大的差距"的疑问,一边将自己公司的做法与 C 公司的进行"比较",一边仔细观察被视察方的作业情况。终于发现了被视察方的拣货员来回走动的距离与自己公司相比要短很多,再仔细观察,还注意到了两个公司在货物的保管方法上的差异。

相对于自己公司是按照妇女、男士、儿童等的商品系列进行区分来决定保管场所的做法,C 公司是以各个量贩店为单位,按不同顾客来决定保管场所。在自有品牌商品不断增加的情况下,B 公司的部长认为这是"最佳"的做法,准备通过对这项业务的模仿,来追赶 C 公司的拣货劳动生产率为平均每人每小时 600 个的目标。这种 A 公司同 B 公司对于改善活动所付诸的努力的差异,直接反映在他们的"目标达成度"上。单纯只是模仿 C 公司的劳动生产率的这项指标的 A 公司最终只不过是制定了一个"简单的努力目标"。也就是说,只有将作为创造优势的过程当作基准点(模仿的指标)的 B 公司,才具备了将来能够成为胜者的资质。所以,基准化过程一般应遵循下述 7 个步骤:

(1) 决定基准化哪项功能;
(2) 识别关键的可测定的绩效变量;
(3) 识别最好的一类公司;
(4) 测定最好的一类公司的绩效;
(5) 测定本公司的绩效;
(6) 制订缩小这种差距的具体方案和实施行动;

(7) 实施和监测结果。

实施基准化活动,要求企业清晰界定基准化的目标和项目。简单地说,就是企业在基准化活动中应该明确学什么,向谁学。

美孚石油公司在实施基准化管理活动中首先进行目标和项目的确定。1992年,美孚石油公司还只是一个每年只有670亿美元收入的公司,为了提高销售业绩,公司进行了一项调查,询问了光顾服务站的4 000位顾客什么对他们是重要的。调查结果是仅有20%的被调查者认为价格是最重要的,其余80%的顾客想要三件同样的东西:能提供帮助的友好员工、快捷的服务和对他们的消费忠诚予以认可。调查结果让公司决定对公司的服务进行变革。具体内容分别以速度(经营)、微笑(顾客服务)、安抚(顾客忠诚度)作为基准项目。然后对相应的最佳企业实践进行研究,寻找基准企业。有了明确的基准目标和项目,通过学习和研究整合,美孚石油公司最终形成了新的加油站概念——"友好服务",目的是努力使顾客体会到加油也是愉快的。结果当年加油站的平均年收入增长了10%。基准化管理法在有些企业取得了显著的成效,但在有些企业却收效甚微。基准化管理能否取得成功,以及能够取得多大的成功,在很大程度上取决于高层管理者的重视程度和支持程度。

高层领导必须提供各种资源,从组织构架方面予以保证。高层领导要提供时间和经费,组建基准化小组及委员会,选拔和圈定进入小组的成员,在企业年度战略规划与经营计划中列入或体现基准化管理的内容。

企业在甄选每一个基准化企业时,一定要根据企业自身所处的行业发展前景、企业发展战略、产品成本和收益等实际情况,仔细挑选出应该学习的基准企业。在选择基准企业时,要注意避免如下几个选择误区:一是只选择行业内的企业学习,其实找到行业外的基准,才可能有突破性进展;二是选概念好的企业,比如瞄准高科技企业,其实越是高科技企业对管理的要求相对而言反而越低,而越是没有技术壁垒的企业越要讲究管理竞争;三是选择国外知名企业,认为国外的企业在各方面都比中国企业好;四是选择大企业,认为大企业就是好,其实适合自己的才是最好的。

事实上,一个企业真正能发展,除了表面的规则之外,还有很多潜在的、非正式的东西做基石,而这些非正式的东西是基准企业在发展过程中积淀下来的,包括价值理念和行为规范等,而且未必是成文的东西。所以,企业在学习的时候,不要被基准企业表面的繁荣所迷惑,不能仅停留在基准企业的表层和形式上,一定要由表及里,要看到支撑基准企业发展的更有价值的潜在的东西。如果看不到这些,企业实施基准化不仅学不到先进的东西,反而会给企业带来灾难。

整个基准化流程中最最重要的环节是方案的具体实施与运作。任何好的方案如果不能付诸实施,就仅仅只是一堆废纸,不要总是处于对数据的无休止的分析和再分析之中而忘了基准化的最终目的。

第四节 物流配送中心成本分析

在物流过程中,为了提供有关服务,要占用和耗费一定的活劳动和物化劳动,这些活劳动和物化劳动的货币表现,即为物流成本。从微观角度上看,降低物流成本可以提高企业的物流管理水平,加强企业的经营管理,促进企业经济效益的提高;从宏观角度上看,降低物流成本对发展国民经济,提高人民生活水平都具有重要意义。

现代物流管理的最终目标是降低物流成本,提高物流服务的质量。物流被称作"第三利润源泉",在物流领域,降低成本有很大的潜力,特别是在物流水平不高的国家。而物流配送中心作为第三方物流的主力模式,降低运作成本有着非常重要的意义,物流配送中心运作成本的降低,可以使接受其物流服务的客户企业也从中受益。

一、分析物流成本的目的

物流配送中心计算和分析物流成本的目的:

(1) 以时序观点来看,是为了正确地观察成本的变化情况或与其他公司、其他行业进行比较;

(2) 为了制订物流活动计划,为了进行调控或评估;

(3) 为了更好地进行物流管理,向高层管理干部提供物流情况,在公司内部提供员工对物流重要性的认识;

(4) 为了指出由销售或生产部门引起的不合理的物流活动;

(5) 为了了解并评估物流部门对企业效益的贡献程度;

(6) 使用物流成本建立物流变化或改善物流状况的模型。

二、理解物流成本

(一) 物流成本的定义

在物流过程中,为了提供有关服务,开展各项业务活动,必然要占用和消耗一定的活劳动和物化劳动,这些活劳动和物化劳动的货币表现,即为物流成本(logistics cost),也称为物流费用。物流成本包括物流各项活动的成本,如货物包装运输、储存、装卸搬运、流通加工、配送、信息处理等方面的成本与费用,这些成本与费用之和构成了物流的总成本,也是物流系统的总投入。

(二) 物流成本的构成

物流成本是物流系统为实现货物在空间、时间上的转移而发生的各种耗费的货币表现,物流成本占货物销售额的比例从10%到40%不等。由于物流活动是随货物特点、行业特点而发生变化的,其成本表现形式也千差万别。国际上没有一套标准的物流成本计算方法,各国根据各自特点运用不同的方法进行物流成本的统计和分析。比较流行的方法有基于功能的计算方法和基于活动的计算方法。基于功能的物流成本的计算公式为

$$物流成本 = 运输成本 + 仓储成本 + 存货成本 + 资金成本 + 管理成本$$

从管理的角度来看,这种既能区分物流功能,又符合企业管理的财务控制结构的方法将被普遍接受。此种方法将物流成本分为运输成本、仓储成本、存货成本、资金成本、管理成本。

基于活动的物流成本方法是将物流成本按照不同的物流活动分解,然后计算各项活动

的成本总和即为物流总成本,基于物流活动的成本可以分解为以下几项:

(1) 订货费用;

(2) 订货处理及信息费用;

(3) 运输费用;

(4) 包装费用;

(5) 搬运装卸费用;

(6) 进出库费用;

(7) 储存费用;

(8) 库存占用资金的利息;

(9) 货物损耗;

(10) 分拣费用;

(11) 配货费用;

(12) 物流配送中心管理费用;

(13) 其他由于交货延误造成的缺货损失。

值得一提的是,物流成本之间存在背反规律,即在物流功能之间,一种功能成本的削减会使另一种功能的成本增多。由于各种费用互相关联,因此必须考虑整体的最佳成本。

物流成本研究的目的是要将混入其他费用科目的物流成本全部抽取出来,使不明显的物流成本凸显出来,以便找出可行的方法降低物流成本。

三、物流成本计算

(一) 基于功能的计算方法

1. 运输成本

在所有物流成本中,所占比率最高的是运输成本,通常运输成本占物流总成本的40%以上,因此,在总成本分析中,最为重要的是严格控制在运输方面的开支,加强对运输的经济核算。运输成本可以根据运费单来确定,也可以从企业自备车队运输的有关会计账目来核定。物流配送中心的运输成本控制的关键是制定出周密可行的运输规划,进行全程运输合理化,避免浪费运力、人力和相关资本。

2. 仓储成本

仓储成本包括因仓储设施数量变化而发生的所有费用。应该分清仓储成本和存货成本,大多数仓储成本不随存货水平变动而变动,而是随储存地点的多少而变。划分仓储成本和存货成本可以更好地分清成本,有利于企业作出正确决策。但有时,仓储成本被很不合理地划归到存货成本中。

例如,一家生产、销售成品药同时兼营包装物的公司,有若干由公司自行管理的温控仓库。温控仓库是专为成品药设计建造的,其安全性和库房管理作业的准确性远远超出另一项产品即包装物所需。为充分利用仓库设施,公司鼓励非药品部门将其产品存放于这些仓库中。仓库营运成本基本固定,尽管搬运货物的数量增加时需要额外雇员和支付额外的加班费,但由于仓库的构建与营运成本较高,这些费用几乎可以忽略不计。公司策略是按各部门在仓库中使用的空间比重分摊成本。用于储存成品药的仓库高昂的成本,使公司成本分摊远超过为一般货物提供仓储的公共仓库收取的费率。某部门物流经理发现,如果使用公共仓库,能以更低廉的成本达到类似的服务水平。鉴于此,他将货物从本公司仓库中运出,存入了该地区的公共仓库中。尽管公司物流配送中心搬运和储存的货物量明显减少,但是由于固定成本占据极大比重,结果,大致相等的成本分摊给了少数其他使用公司仓库的部门。这引发其他部门也同样换用公共仓库以寻求各自较低的成本。其结果是公司仓储成本更加高昂了。公司仓库的仓储成本基本固定,不管仓库空间利用如何,该成本都不会有太大变动。非成品药部门转而利用公共仓库时,公司还得继续为自营的仓库支付大致相等的总费用,而且还要支付额外的公共仓库使用费。

事实上,物流成本计算体系使得各部门物流经理以一种有损公司利益、增加公司成本的方式来工作,这一例子进一步肯定了理解成本的重要性。同样的问题也可能出现于物流配送中心,因此,区分仓储成本和存货成本,有助于企业作出正确决策。

3. 存货成本

存货成本只包括那些随存货量变动的成本。将存货成本分为以下三类进行具体分析:存货管理成本、资金成本、存货风险成本。

(1) 存货管理成本。

存货管理成本包括为持有存货而支付的税收与保险费,以及为取得存货而发生的订货费用。保险一般是买来担保特定时段一定货物的价值的,持有存货所缴税费(我国目前无此收费)与保险费率、存货水平之间存在严格的比例关系。

(2) 存货投资的资金成本。

物流配送中心保持存货关系到用于其他类型投资的资金,因而公司的资金机会成本应当确切反映实际发生的成本。现行会计制度中使用以下几种方法计算存货成本:先进先出法、后进先出法、加权平均法、移动平均法、计划成本法、毛利率法、零售价法等。不论企业采用哪种方法计算存货成本,有一点是肯定的,即存货越多,全部存货的资金成本也就越高,企业在存货上的投资将影响到企业决策的制定。

(3) 存货风险成本。

存货风险成本有四种,包括损坏成本、失窃成本、陈旧成本、易地成本。具体说明如下。

① 损坏成本。损坏成本仅包括随存货量变动的损坏部分,而运输期间发生的损失不包含在内,因为该损失的发生与存货无关。通常无法明确与存货量相关的损坏、失窃和易地成本到底占多大比重,所以有必要用数学方法确定这些成本与存货量之间存在的关系,可以用回归分析或绘制数据图等方法来确定。

② 失窃成本。很多公司认为存货失窃更难以管理与控制,这一成本更大程度上与公司的安全保卫措施相关。因此,最好是把失窃成本的大部分或全部计入仓储成本账户下。

③ 陈旧成本。这一成本是无法再按原价销售、不得不削价处理的单位成本之和。如果降价出售产品以避免过时,则陈旧成本就是商品的初始成本与其残值之差,或初始售价与降价后的售价之差。

④ 易地成本。易地成本是公司为避免商品陈旧过时,将其从一处仓储地运到另一仓储地所花费的成本。例如,在广东销售良好的商品未必在北方同样销售良好。公司将商品运

至销售地,虽然避免支出陈旧成本但却不得不支付额外的运输成本。通常,这项成本不单独列出,而是包括在运输成本当中。在此情况下,可以用运费单上载明的有关数字来计算。易地成本是运输成本、仓储成本、存货成本等之间互相权衡后产生的。

4. 资金成本

所谓资金成本是指企业取得和使用资金而支付的各种费用,包括资金占用费和资金筹集费,它是投资决策的有效工具。一般而言,一个项目的投资回报高于资金成本,就值得进一步考虑该项投资。资金成本的概念在不断地演化发展,现介绍三种简单的资金成本计算法。

(1) 简单资金成本计算法。

最简单的计算方法是考虑企业从银行贷款这种单一渠道筹资,计算公式为

$$资金成本=\frac{利息率\times(1-所得税率)}{1-筹资率}$$

公司内部自筹资金可以按照董事会确定的期望收益率计算。

(2) 加权平均资金成本(也称综合资金成本)计算法。

加权平均资金成本是指公司各种来源资金成本与该资金来源占全部资金比重的乘积之和,计算公式为

$$资金成本=\sum 各种渠道筹资的资金成本\times 从该渠道所筹资金占资金总数的比重$$

(3) 机会资金成本。

机会资金成本是把资金投入其他方面,而非投入目前考虑的项目时可能产生的报酬率。对于大多数决策而言,机会资金成本对既定决策的重要性要远远大于已经发生的实际资金成本的重要性。

5. 管理成本

管理成本是指用于对物流作业进行组织、管理的费用,包括人员管理费、财务管理费、物流现场管理费、物流机构管理费、分支机构给总公司缴纳的管理费、信息系统购置费及维护费等。

(二) 基于活动的计算方法

基于活动的计算方法主要有作业成本分析法(或活动成本法,activity based costing),简称 ABC 法,能够计算不同客户或者不同货物的成本。它是以成本动因理论为基础,通过对作业(activity)进行动态追踪,反映和计量作业和成本对象的成本,评价作业业绩和资源利用情况的方法。

作业成本分析不同于传统的成本分配、成本分析,近几年来在许多国家很流行,对物流系统而言,该方法既重要又实用。作业成本法可以为物流企业不断改善经营管理提供准确及时的有关活动、活动量、活动对象(货物或客户)的信息,从而可以用活动成本法所提供的信息,来改善企业物流链成本管理的过程。该方法非常适宜在第三方物流企业及其他物流企业中运用。

ABC 法的特点就是把实际作业程序中的"活动"作为成本计算的基本单位。实际作业程序中的活动有配货、货物检验、开收据、包装等。例如,对于散装配货的活动,一个月要花

100万元的成本。假设这个月散装货配货总处理量为20万个,那么一个散装货的配货单价就是5元。同样,整箱配货单价多少,检验一次货物单价多少,包装一个纸板箱单价多少,都可以按具体活动分别计算出来。

如果能确定这种单价,再后用"单价×数量",就能够计算出要求的成本。若需要了解不同客户的成本,只需分别算出每个客户的各种活动的处理数量,乘上各自所需的单价并汇总。在ABC法的计算过程中,最重要的是计算每个活动的成本。具体来说,一个月所花的人工费、场地费、设备费、信息费等的成本,用各个活动所占的比例进行分摊。这种按不同活动进行分摊的方法非常重要。ABC法的精髓是以现场实际情况作为计算基础的,人工费以作业时间为基准,场地费以占有空间的比例为基准,信息处理费则以处理次数为基准来计算。人工费是不能在计算机上分摊的,必须在实际现场进行作业调查。这样,通过导入ABC法,就能正确把握不同客户、不同货物的成本。

四、在物流成本方面应注意的一些问题

(1)必须明确物流成本,并设置恰当的计算基准,但更为重要的是要明确计算物流成本的目的。应找出最适合的计算方式。

(2)过去大多企业认为物流是一种没有效益的活动,只是简单地认为物流成本下降就会带来效益,因此,企业总是认为必须使之合理化以降低成本。这种观点是有问题的,不应该把物流只看作需要支付费用的活动,而应把它当作有效利用资源的活动,也就是将物流成本看作一种生产要素。应当利用物流成本资源促进销售,争取客户。为确保收益,必要时可以考虑加大物流成本,争取销售目标的实现。应该说现在已经进入物流活动可以产生收益的时代了。

(3)应当从与物流服务的关系着眼考虑物流成本。应该充分地考虑物流服务水平,然后在一定的服务水平的前提下考虑如何降低成本。

(4)物流成本要在销售和生产之后进行计算。有些成本是物流部门无法控制的,也就是说,物流成本之中,包含着物流部门能够控制和不能控制的两种成本。如果物流部门无法控制的成本也由物流部门负责,这样的管理是有问题的。

(5)物流预算是在生产计划和销售计划的基础上制订的,生产、销售出了问题,一般会直接使物流的预算和实际产生差异。应当想办法,在预算出现差异时,能够指明是物流的责任,还是生产或销售的责任。

(6)为控制物流成本,一般都要建立物流成本委员会。多数企业的物流成本委员会清一色地由物流部门人员组成。这种人员组成使降低成本受到限制,因为物流大多是由生产和销售的结果产生的,委员会应当有销售和生产部门的人员参加,以便通盘考虑生产和销售方面的因素。无论是在经营、管理和业务哪个层次设立的物流成本委员会,都应当吸收销售和生产部门的人员参加。

(7)在基层,销售部门常常打乱物流部门的规定,搞紧急运输或例外运输。关于这个问题,物流部门应在事前让销售部门清楚地了解,按标准物流服务水平运输费用是多少,超过标准费用又该是多少,如果不这样做,物流服务水平的规定将成为一纸空文。物流部门应努力向各部门随时提供与交货条件、货物搭配情况有关的运输费用等准确的物流成本信息。

必须分别在销售部门推销员中建立物流成本责任制。

最后,应该指出的是,过去企业只是把目光局限在如何掌握物流成本上。掌握物流成本确实非常重要,但今后应当把重点转移到如何运用物流成本上来。

五、控制物流成本的意义

物流成本的高低,直接关系到物流配送中心的赢利空间和客户价值。因此,如何进行物流配送中心的成本控制是决定物流配送中心营运成败的一个重要因素。从物流管理的发展历史看,降低物流成本是最初的出发点,也是当前人们采用现代物流技术和管理手段的主要原因。物流成本管理与运输管理、库存管理、配送管理等职能性管理不同,它贯穿物流管理的全过程,涉及人(劳动)、设备与技术、资金、物料等全部生产要素。物流成本的分析与控制方法,是合理组织物流、进行各层次物流系统决策分析的基础。

在物流的全过程中,时刻都凝结着所消耗的物化劳动和活劳动。物化劳动的消耗是指转移到物流产品中的生产资料价值。活劳动消耗分为两个部分:一部分是劳动者为自己劳动所创造的价值,即劳动者的工资部分;另一部分是劳动者为社会劳动所创造的价值,即企业上交的税金和企业创造的利润。

降低物流费用对企业、对国家都有重大意义。具体分析如下。

(1)有利于调整商品价格。物流费用是商品价格的组成部分之一,物流费用的高低,对商品的价格具有重大影响。

(2)有利于改进企业的物流管理。企业物流管理水平的高低,将直接影响物流费用水平。要达到降低物流费用的目的,对每个企业来说就意味着不断提高服务质量,不断改进物流管理。因此,降低物流费用是企业提高物流管理、服务质量的刺激因素。

(3)能为社会节省大量的物质财富。物流费用的降低,意味着在实物流动过程中劳动耗费的减少。在这种情况下,生产领域中的劳动就可以相应增加。在物流过程中必然伴随着一定量的物质损耗,加强物流管理就可以不断地降低这些损耗。这不但节约了物流费用,而且为社会节约了大量的物质财富。

(4)增加国家资金积累。积累是社会扩大再生产的重要来源。物流部门同样承担着上交国家利税的任务,这种利税是国家积累的一部分。物流费用的降低,就意味着相应提高和增加国家的积累。工厂企业物流费用的降低,对降低产品成本,提高企业的经济效益有特别重要的意义。

总之,降低物流费用与企业的经营、经济效益有着十分重要的关系。从宏观角度上看,降低物流费用对发展国民经济、提高人民生活水平都具有重要意义。

六、降低物流配送中心运作成本的策略

配送是按客户的订货要求,在物流配送中心进行分货、配货工作,并将配好的货物送交收货人的活动。它是流通加工、整理、拣选、分类、配货、配载、运送等一系列活动的集合。通过配送,才能最终使物流活动得以实现,而且,配送活动不仅增加了货物的价值,而且还有助于提高企业的竞争力。对物流配送成本的管理就是在配送的目标即满足一定的客户服务水平与配送成本之间寻求平衡。也就是说,在一定的配送成本下,尽量提高客户服务水平,或

在一定的客户服务水平下使配送成本最小。下面着重介绍在一定的客户服务水平下使配送成本减少的5种策略。

1. 差异化策略

差异化策略的指导思想是：货物特征不同，客户服务水平也不同。当物流配送中心拥有多种货物时，不能对所有货物都按同一标准的客户服务水平来配送，而应按货物的特点、销售水平来设置不同的库存、不同的运输方式以及不同的储存地点，忽视货物的差异会增加不必要的配送成本。例如，一家生产化学品添加剂的公司，为降低成本，按各种产品的销售量比重进行分类：A类产品的销售量占总销售量的70%以上，B类产品占20%左右，C类产品则占10%左右。对A类产品，公司在各销售网点的物流配送中心都备有库存；B类产品只在地区分销物流配送中心备有库存，而在各销售网点的物流配送中心不备有库存；C类产品连地区分销物流配送中心都不设库存，仅在公司的仓库才有存货。经过一段时间的运行，证明这种方法是成功的，公司总的配送成本下降了20%之多。

2. 混合法策略

混合法策略是指配送业务的一部分由企业自身完成，另一部分由专业物流公司完成。这种策略的基本思想是，尽管采用纯策略（即配送活动要么全部由企业自身完成，要么完全外包给第三方专业物流公司完成）易形成一定的规模经济，并使管理简化，但由于货物品种多变、销量不等、规格不一，超出一定程度后，采用纯策略的配送方式不仅不能取得规模效益，反而还会造成规模不经济。而采用混合策略，合理安排企业自身完成的配送和外包给第三方完成的配送，能使配送成本最低。例如，美国一家干货生产企业为满足遍及全美的1 000家连锁店的配送需要，建造了6个物流配送中心，并拥有自己的车队。随着经营的发展，企业决定扩大配送系统，计划在芝加哥投资700万美元再建一个物流配送中心，并配以新型的物料处理系统。董事会讨论该计划时，却发现这样不仅成本较高，而且即使物流配送中心建成也还是满足不了需要。于是，企业把目光投向租赁公共物流配送中心。结果发现，如果企业在附近租用公共物流配送中心，增加一些必要的设备，再加上原有的仓储设施，企业所需的仓储空间就足够了，但总投资只需20万美元的设备购置费，10万美元的外包运费，加上租金，也远远不到700万美元。

3. 合并法策略

合并法策略包含两个层次：一是配载上的合并；二是共同配送上的合并。

物流配送中心在安排车辆完成配送任务时，充分利用车辆的容积和载重量，是降低成本的重要途径。由于货物品种繁多，不仅包装形态、储运性能不一，在容重方面，也往往相差甚远。车辆如果只装容重大的货物，往往是达到了载重量，但容积空余很多；只装容重小的货物则相反，看起来车装得满，实际上并未达到车辆载重量。这两种情况实际上都造成了浪费。实行合理地配载，容积大小不同的货物搭配装车，不但可以在载重方面达到满载，而且也能充分利用车辆的有效容积，取得最优效果。最好是借助计算机管理系统确定货物配载的最优解。

共同配送也称集中协作配送。它是几个企业联合，集小量为大量，共同利用同一配送设施的配送方式。其标准运作形式是：在中心机构的统一指挥和调度下，各配送主体以经营活动（或以资产为纽带）联合行动，在较大的地域内协调运作，共同对某一个或某几个客户提供系列化的配送服务。

4. 延迟策略

传统的配送计划安排中,大多数的库存是按照对未来市场需求的预测量来设置的,这样就存在着预测风险,当预测量与实际需求量不相符时,就出现库存过多或过少的情况,从而增加配送成本。延迟策略的基本思想就是对货物的外观、形状及其生产、组装、配送应尽可能推迟到接到客户订单后再确定。一旦接到订单就要快速反应,因此采用延迟策略的一个基本前提是信息传递要非常快。一般来说,实施延迟策略的企业应具备以下几个基本条件。

(1) 货物特征。模块化程度高,货物价值密度大,有特定的外形,货物特征易于表述,定制后可改变货物的容积或重量。

(2) 生产技术特征。若采用模块化设计,则设备智能化程度高,定制工艺与基本工艺差别不大。

(3) 市场特征。货物生命周期短,销售波动性大,价格竞争激烈,市场变化大,货物的提前期短。

实施延迟策略常采用两种方式:生产延迟(或称形成延迟)和物流延迟(或称时间延迟)。物流配送中心中往往存在着流通加工活动,例如,某墙漆生产企业将配漆过程放在物流配送中心来进行,这既大大减少了不同规格的油漆的存货数量,又增加了油漆的保质期限。实施配送延迟策略既可采用形成延迟方式,也可采用时间延迟方式。具体操作时,常常发生在诸如贴标签(形成延迟)、包装(形成延迟)、装配(形成延迟)和发送(时间延迟)等领域。美国一家生产金枪鱼罐头的企业就通过采用延迟策略改变配送方式,降低了库存水平。这家企业为提高市场占有率曾针对不同的市场设计了几种标签,产品生产出来后运到各地的分销仓库储存起来。由于顾客偏好不一,几种标签的同一产品经常出现某种标签的产品由于畅销而缺货,而另一些标签的产品却滞销压仓。为了解决这个问题,该企业改变以往的做法,在产品出厂时都不贴标签就运到各分销中心储存,当接到各销售网点的具体订货要求后,才贴上各网点指定的标签,这样就有效地解决了此缺彼涨的矛盾,从而降低了库存。

5. 标准化策略

标准化策略就是尽量减少因货物品种多变而导致的附加配送成本,尽可能多地采用标准零部件、模块化产品。如服装制造商按统一规格生产服装,直到顾客购买时才按顾客的身材调整尺寸大小。采用标准化策略要求厂家从产品设计开始就要站在消费者的立场考虑节省配送成本,而不要等到产品定型、生产出来了才考虑采用什么技巧降低配送成本。

【经典案例1】

沃尔玛的无缝链接

连锁巨头沃尔玛被誉为全美最令人生畏的零售商。自1993年以来,沃尔玛一直雄踞世界十大零售商排行榜之首。1993年,沃尔玛第一次超越西尔斯荣登世界零售业榜首。1996年，沃尔玛进军中国，同年销售额达1 050亿美元，遥遥领先于同业其他公司，成为全世界第一家销售额突破1 000亿美元的连锁店，从而被惊叹为世界零售业的一大奇迹。那么，这一奇迹究竟是如何发生的呢？沃尔玛总结了三大竞争法宝：以顾客为导向、天天低价和激励员工。而在这三大法宝背后的镇山之宝，即是供应链制胜：实行"直接转运"的新物流战略，实现供应商、经销商、消费者之间的无缝链接。研究显示，与沃尔玛自建强大的物流配送中心的方法相比，美国另一家零售巨头凯玛特选择了把大部分物流作业外包出去的方法，从短期看，似乎降低了公司营运成本，但从长期看，却丧失了对物流的控制，使总成本大幅提高。沃尔玛的通信设施、车队和它的物流配送中心是一个完整的体系，它运用先进的技术，保证了企业的效益。统计显示，每1美元商品销售额中，凯玛特在配货方面要花费5美分，而沃尔玛只需1美分多。

一、供应链的无缝链接

在物流过程当中，要尽可能降低成本，因为在沃尔玛降低成本之后就可以让利于消费者，这是沃尔玛的哲学，就是"以最低的成本，提供最高质量的服务"。为了做到这一点，沃尔玛对自己提出了一些挑战。其中的一个挑战就是要建立一个"无缝、点对点"的物流系统，能够为商店和顾客提供最迅速的服务。"无缝"指的是，使整个供应链达到一种非常顺畅的链接。沃尔玛所指的供应链是产品从供应商到商店的货架，这种产品的供应链应当是尽可能平滑，就像没有缝一样。

物流实际上是一个循环的概念，它没有开始，也没有结束。在这个循环过程当中，任何一点都可以作为开始，而且循环涉及每一点。因为顾客是第一位的，因此，沃尔玛就从这里开始。顾客到一个商店中，买了一些产品，比如说给孩子买尿布。如果物流循环是比较成功的，那么在他买了之后，这个系统就开始自动地进行供货。这个系统应当是与物流配送中心联系在一起的。物流配送中心实际上是一个中枢，把供货方的产品提供给商场。这个供货商只提供给物流配送中心，因此这个物流配送中心可以为供货商节省很多成本，供货商只需要将货物送到物流配送中心这一个地方就可以了。

沃尔玛有的时候采用空运，有的时候采用水运，还有一些时候采用公路运输。在中国，沃尔玛百分之百采用公路运输。在沃尔玛的物流当中，有一点是非常重要的，那就是必须确保商店所得到的货物是与发货单上完全一致的。因为他们相信运过来的货物是没有任何失误的，这样就可以节省很多的时间。沃尔玛在这方面已经形成一种非常精确的传统，这个传统有助于降低成本，而商店在接收货物以后就直接放到货架上，提供给消费者，这就是沃尔玛物流的整个循环过程。

沃尔玛进行物流业务的指导原则，不管是在美国还是在世界上其他地方，都是百分之百的一致和完整的物流体系。不管物流的项目是大还是小，沃尔玛必须把所有的物流过程集中到一个伞形结构之下。在供应链中，每一个供应者都是这个链当中的一个环节,沃尔玛必须保证整个供应链是一个非常平稳、光滑的过程,一个顺畅的过程。这样,沃尔玛的运输、配送以及对于订单与购买的处理等所有的过程,都是一个完整网络当中的一部分,这样就可以大大降低成本。在沃尔玛的供应链当中,能够做到这一点,就可以把所有环节上可以节省的钱都节省下来。

二、信息技术:无缝链接的纽带

很难想象,像沃尔玛这样一个拥有庞大躯体的零售巨人,是怎样控制内部购、销的各个环节,并使其最大限度地降低运作成本的。其实,在庞大的集团式购销网络中,以卫星通信和计算机管理所代表的信息化高科技联络方式起着举足轻重的作用。20世纪80年代初,当其他零售商还在钻"信息化"这个词的牛角尖时,沃尔玛便与休斯公司合作,花费2 400万美元建造了一颗人造卫星,并于1983年发射升空和启用。沃尔玛前后共花了6亿多美元,建起了目前的计算机与卫星系统。沃尔玛所使用的各种大型计算机放在一起,可以占满一个足球场,沃尔玛还拥有一支500人的软件开发队伍。沃尔玛称:人们都说资讯就是力量,我们从计算机系统中所获得的力量,成为竞争时的一大优势。在卫星通信室里,技术人员坐在显示屏前用电话可跟任何一家连锁店联系。在这里看上一两分钟,就可以了解一天的营业情况。

沃尔玛与INFORMIX合作建立IN-FORMIX数据库系统,系统信息总量达到4 000千兆字节的海量,每天仅条码阅读机读写的信息就有2 500万字节之多,总部每天和各地分支机构交换的数据达1.5亿个字节,这也是世界上最大的民间数据库。依靠先进的信息化管理,任何一件商品的销售都会由计算机系统进行分析,当库存减少到一定量的时候,计算机会发出信号,提醒商店及时向总部要求进货,总部安排货源后送往离商店最近的一个发货中心,再由发货中心的计算机安排发送时间和路线,在商店发出订单后36小时内所需货物就会出现在货架上。作为沃尔玛的总裁,依靠信息系统,可随时调用任何一个地区、任何一家商场的营业情况数据,知道哪里需要什么商品,哪些商品畅销,从哪里进货成本最低,哪些商品利润贡献最大等。沃尔玛就这样和众多消费者保持着密切的联系,也成为许多消费品制造商联系市场的重要渠道,这个巨大的销售网络,决定着许多商品的生产消费过程。

沃尔玛进行全天候的运作,而且是每天24小时,每周7天的运作。沃尔玛的商品销量巨大,物流的支持确保这些商品不断地流向沃尔玛的商店,没有任何的中断。沃尔玛采用一些包括零售技术在内的最尖端的技术,提高效率、节省成本。

为了达到供应链的平滑,沃尔玛的补货系统采取高技术的运作。具体地讲,沃尔玛采用了统一的UPC货物代码。有了代码就可以对它进行扫描,可以对它进行阅读。在沃尔玛的所有商场中,都不需要用纸张来处理订单。沃尔玛的自动补货系统,可以自动向商场经理订货,这样就可以非常及时地向商场反馈信息。经理们在商场当中走一走,然后看一看这些商品,选择其中一种商品,对它扫描一下,就知道现在商场当中有多少这种货物,有多少订货,而且知道有多少这种货物正在运输到商店的过程当中,会在什么时间到达。所有关于这种货物的信息都可以通过扫描这种货物的代码得到,不需要其他人再进行任何复杂的汇报。在商场中,商场的经理可以不听从这些物流系统对他的建议。虽然系统提示这种货很多,但是经理还可以订更多的货,或是系统建议的数额太大,经理有自主权来减少一些。在美国,这个系统每天提供的这种信息,都下载到沃尔玛在世界各地的办公室当中,世界各地的这些信息又都可以传送到沃尔玛的总部来。只要有一个人进行订货,沃尔玛就通过这种电子方式来和供货商进行联系。

  沃尔玛还有一个非常好的系统,可以使得供货商们直接进入沃尔玛的系统,沃尔玛叫做零售链接。任何一个供货商可以进入这个系统中来了解他们产品的销售情况,昨天、今天、上一周、上个月和去年的销售情况。供货商们可以在沃尔玛公司每一个店中及时了解到有关情况。在中国,沃尔玛有300多家供货商,在深圳他们也可以进入沃尔玛的零售链接中,可以了解到他们的商品销售情况。通过零售链接,供货商们就可以了解销售情况,以此来决定生产的状况,还可以根据沃尔玛每天的销售情况,对将来的销售进行预测,以决定生产情况,这样可以降低产品的成本。整个过程是一个无缝的过程。

三、物流配送中心:物流的中枢

  如果把物流的信息系统比作沃尔玛的神经系统,那么,物流配送中心就是沃尔玛物流运作的中枢。目前在美国,沃尔玛有30家物流配送中心。这些物流配送中心分别服务于18个州的2 500家商店。美国的商店有各种不同的种类,有一些是超级市场,有一些是一般的日常用品商场,还有一些是山姆会员店。沃尔玛有一些区域物流配送中心,是一些比较大的物流配送中心,但同时沃尔玛也有一些比较小的可用于进口产品和副食品等的各类物流配送中心,所有这些不同种类的物流配送中心,都是沃尔玛整个网络当中的一员。

  沃尔玛的集中物流配送中心是相当大的,而且都在一层楼当中。之所以都在一层,是因为希望货物能够方便地进行流动,如果有电梯或其他物体,就会阻碍流动过程。因此,沃尔玛所有的物流配送中心都是一个非常巨大的一层的物流配送中心。每个物流配送中心使用传送带,让这些货物能够非常有效地进行流动,不需要对它进行重复处理。比如说,在某某货物卸下来以后,要对这些货物进行处理,如果处理好几次,这个成本就会提高,沃尔玛采用这种传送带,运用无缝的形式,就可以尽可能降低成本。

  沃尔玛每一个星期可以处理的货物是120万箱。由于沃尔玛公司的商店众多,每个商店的需求各不相同,沃尔玛的物流配送中心能够根据商店的需要,自动对货物进行分类,并放入不同的箱子当中。这样,员工就可以在传送带上取到自己所负责的商店所需的货物。为了知道应该取哪个箱子,传送带上有一些信号灯,有红的、绿的,还有黄的。员工可以根据信号灯的提示来确定货物应被送往的商店,来拿取这些货物,并将取到的这些货物放到一个箱子当中。这样,所有商店都可以在各自所属的箱子当中放入不同的货物。

　　沃尔玛的供应商将货物送到物流配送中心后,经过核对采购计划和货物检测等程序,将货物分别送到货架的不同位置存放。当每一样货物储存进去的时候,计算机就会把它们的方位和数量一一记录下来,一旦门店提出要货计划后,计算机系统将所需货物的存放位置查出,并打印一张有商店代号的标签,以贴到货物上。整包装的货物直接由货架送往传送带,零散的货物由工作人员取出后也送到传送带上。一般情况下,商圈内的商店要货,当天就可以将货物送出。

　　沃尔玛物流配送中心采用了一种效率极高的不停留"交叉装卸法"。物流配送中心的一端是卸货的站台,另一端是装货的站台。供应商的送货车到达物流配送中心收货处的接货口卸货以后,根据信息系统所提供的各分店需求信息与供货安排,有些货物马上被送上高速运转的传送带,在传送的过程中经过一系列的激光扫描,读取货物上的条码信息。当激光自动识别出货物上的条码后,传送带把相关门店需求的货物传送到物流配送中心的另一端,直接装上运货卡车送往急需货物的商店。在长约 13.7 km 的激光控制传送带上就能完成复杂的货物组合,大大地加快了流通速度,降低了物流成本。任务繁重的时候,这些传送带一天要处理约 20 万件货物。

【学习并分析】

1. 沃尔玛物流配送中心之所以运作这么成功,你认为应该归功于什么?
2. 沃尔玛是通过哪些手段来降低成本的?

【经典案例 2】

家乐福直接上架全球物流配送中心管理

　　家乐福集团在过去的几十年中,发展成为以连锁化、信息化和规模化为特征的零售业。从大环境来说,目前就销售额而言,零售企业已超过制造、金融服务、信息等类型企业而成为世界第一,这在过去是不可想象的。而其中连锁这个先进的企业组织形式的应用是今天商品零售企业能发展到如此大的规模的一个核心因素。最近几年,连锁企业的销售增长率均在 50% 以上。连锁企业逐步扩大的销售规模使连锁商业企业在供应链上的作用日益增大,并且对中国的流通现代化产生了巨大的推动作用。家乐福物流的实质是五个统一,即统一采购、统一配送、统一核算、统一标志、统一管理。而统一配送是家乐福集团核心竞争力的一个重要部分。

相对于工业物流,家乐福的物流特点有:
- 变价快;
- 订单频繁;
- 可拆零;
- 可退货;
- 可更换;
- 有保质期。

家乐福认为,物流配送中心就是从事货物配备(集货、加工、分货、拣选、配货)和组织对客户的送货,高质量实现销售和供应服务的现代流通设施。物流配送中心是基于物流合理化和发展市场两个需要而发展起来的,是以组织配送式销售和供应、执行实物配送为主要功能的流通型物流节点。它很好地解决了客户多样化的需求和厂商大批量专业化生产之间的矛盾,因此,逐渐成为现代化物流的标志。

物流配送中心是一种新兴的经营管理形态,具有满足多量少样的市场需求及降低流通成本的作用,家乐福物流配送中心有以下几种类型:
- 零售商型物流配送中心;
- 区域型物流配送中心;
- 储存型物流配送中心;
- 流通型物流配送中心;
- 加工型物流配送中心。

一、家乐福物流配送中心的功能

物流配送中心与传统的仓库、运输不同,传统的仓库只重视货物的储存保管,传统的运输只提供货物运输配送,而家乐福物流配送中心具有重视货物流通的全方位功能,同时具有流通行销、仓储保管、分拣配送、流通加工及信息提供等功能。具体介绍如下。

1. 流通行销功能

流通行销是物流配送中心的一个重要功能,尤其是在现代化的工业时代,各项信息媒体十分发达,再加上商品品质稳定及企业信用良好,因此有许多的直销业者利用物流配送中心,通过有线电视或互联网等配合进行商品行销。这种商品行销方式可以大大降低购买成本,因此深受消费者喜爱。如在国外有许多物流公司的名称就是以行销公司命名的。而批发商型的物流配送中心、制造商型的物流配送中心与进口商型的物流配送中心也都拥有行销的功能。

2. 仓储保管功能

商品的交易买卖达成之后,除了采用直配直送的批发商之外,均将商品经实际入库、保管、流通加工包装后出库,因此物流配送中心具有储存保管的功能。在物流配送中心一般都有库存保管的储存区,因为任何商品为了防止缺货,或多或少都有一定的安全库存。由于不同商品生产提前期不同,安全库存的数量也不同。一般国内制造的商品库存较少,而国外制造的商品因货期的原因库存较多,约为2个月的存货量。另外生鲜产品的保存期限较短,因此库存量比较少;冷冻食品因其保存期限较长,因此库存量比较多。

3. 分拣配送功能

物流配送中心的另一个重点功能就是分拣配送,因为物流配送中心就是为了满足多品种、小批量的客户需求而发展起来的,因此物流配送中心必须根据客户的要求进行分拣配货作业,并以最快的速度送达客户手中或者是在指定时间内配送到客户。物流配送中心的分拣配送效率是物流质量的集中体现,是物流配送中心最重要的功能。

4. 流通加工功能

物流配送中心的流通加工作业包括分类、磅秤、大包装拆箱、改包装、货物组合包装、贴标签等。这些作业是提升物流配送中心服务质量的重要手段。

5. 信息提供功能

物流配送中心除了具有行销、配送、流通加工、储存保管等功能外,还能为物流配送中心本身及其上、下游企业提供各式各样的信息情报,作为物流配送中心制定营运管理政策、商品路线、商品销售推广政策的参考。例如,哪一个客户订多少货物、哪一种货物畅销,从计算机的 EIQ 分析资料中说明得非常清楚,甚至可以将这些宝贵资料提供给上游的制造商及下游的零售商当作经营管理的参考。

二、家乐福直接上架全球物流配送中心成本分析

配送是按客户的订货要求,在物流配送中心进行分货、配货工作,并将配好的货物送交收货人的活动,它是流通加工、整理、拣选、分类、配货、配装、运送等一系列活动的集合。通过配送,最终使物流活动得以实现,而且,配送活动增加了产品的价值,还有助于提高企业的竞争力。对配送的管理就是在满足一定的客户服务水平与配送成本之间寻求平衡,即在一定的配送成本下尽量提高对客户的服务水平,或在一定的客户服务水平下使配送成本最小。

1. 有关保管活动的指标

- 仓库利用率 $=\dfrac{存货面积}{总面积}$

- 库存周转次数 $=\dfrac{年出库金额(数量)}{平均库存金额(数量)}$

$$=\dfrac{年出库金额(数量)\times 2}{(年初库存余额+年末库存金额)}$$

2. 有关装卸活动的指标

- 单位人时工作量 $=\dfrac{总工作量}{装卸作业人时数}$

其中,装卸作业人时数 = 作业人数 × 作业时间

- 装卸效率 $=\dfrac{标准装卸作业人时数}{实际装卸作业人时数}$

- 装卸设备开工率＝$\dfrac{装卸设备实际使用时间}{装卸设备标准使用时间}$
- 单位工作量修理费＝装卸设备修理费×工作量单位

3. 有关物流信息活动的指标

- 物流信息处理率＝$\dfrac{物流信息处理数量(传票张数等)}{标准物流信息处理数(传票张数等)}$
- 单位产品物流信息流通费＝$\dfrac{物流信息流通费}{总产量}$

三、家乐福全球物流配送中心成本控制

在家乐福全球配送项目中，物流配送中心主要成本有人工成本、仓储成本、设备成本，该项目采取了以下策略来降低成本。

1. 混合法策略

采用混合法策略，合理安排企业自身完成的配送和外包给第三方公司完成的配送，能使配送成本最低。在家乐福全球配送项目中把货运代理、海关报关等业务外包给货运公司及海运公司负责，有效地节约了成本。这样物流配送中心可以把主要精力投入到流通加工、整理、拣选、分类、配货、装配等核心业务上。

2. 送货控制

考虑到仓库储存空间有限，家乐福要求供应商一定要按照送货计划进行送货，这样不至于出现货物没有地方堆放而导致另外租仓库的情况。如果供应商没有按照送货计划送货而导致出口平台储存空间不够，家乐福将有权拒绝收货。

四、家乐福全球物流配送中心效率提高

提高物流配送中心作业效率也是提高公司竞争力的重要因素，家乐福从以下几方面着手提高效率。

1. 作业测定及作业研究

通过对物流配送中心的作业采用什么样的形态、时间、频率、票据数、品种和配货方法等进行调查、研究，决定从有较高价值的方面入手改善。通过测定和分析每项作业的内容、与前后作业的关系、作业单据、商品的流程和停滞、到货时间等，发现了很多问题。例如，因为产品没有及时从仓库送到装配线上而导致装配线停工等待，根源是由于仓库送货组的人手及车辆数量不够，而且在产品品种比较多的情况下更加明显，因此物流配送中心租用了两台叉车以及从其他职能部门调来人手，大大地缓解了供货压力，提高了流通加工的效率。

2. 时间研究和方法研究

对物流配送中心时间的研究，首先就要设定作业的标准时间，如果没有作业的标准时间就不能够正确掌握每天的作业量和需要的人员数量。原来利用经验进行标准时间设定的情况较多，但是在商品出库、入库、配货、流通加工、计量、贴标签、包装和分拣等一系列作业已经机械化、自动化的今天，为了使人与机械系统最好地配合，正确的时间研究和方法研究变得非常重要。家乐福对于每种重

要作业都进行了时间研究,规定了标准工时,如一件产品从贴标签到放入包装箱内的时间,一箱货物从接到指令到送到装配线上的时间。通过研究可以衡量每个人的工作效率,为绩效考评提供了依据。

3. 合理动作原则的应用

物流配送中心的作业依赖于人员手工作业的很多,因而对于多品种少量配送的情况,人员手工作业的效率也很关键。由人类基本的动作要素总结出来的"合理动作的原则",在相当长时间里对工厂人员手工作业的合理化起到了很大的作用,对提高生产性作业的水平、排除作业中的浪费、效率低等因素,改善、改良、开发工具和机械设备,都具有重要价值。在物流配送中心,可以在很广的范围内应用这一原则。例如,为了提高配货的效率,将出库频率高的货物存放在出库用传送带或电梯附近,放在货架位置中易于存取的高度。补充用货物放置于货架的高处或最下方。采用能够实现货物先进先出的重力货架,从货架的前部取货、从后部进行补充。比较重的货物,如电池,放到货架的第一层,日后可以使用手推车进行搬运而不需要等待叉车。

4. 实现3S(标准化、单纯化、专门化)

如果不进行标准化,那么人员、机械系统和计算机系统的自动化、机械化就不能实现。例如,如果没有家乐福直接上架全球物流配送中心管理经验方法,没有流通加工的包装、捆包、贴标签等方法,就不能够推进信息化系统的实施。

【学习并分析】

1. 家乐福物流配送中心管理有何特点?
2. 家乐福与沃尔玛在降低物流成本方面有哪些异同点?

【经典案例3】

K公司的仓储绩效评价方法

一、K公司的组织结构

K公司的基本组织结构如图10-3所示。

K公司物流管理部下设三个主要的职能部门:库存计划与控制部、储运部和采购部。库存计划与控制部负责全国的成品库存控制与调动,以及公司的产出计划和MRP部分。储运部负责公司所有的成品、原材料的实物运输和储存,以及进口业务。采购部负责供应商的选择,商务谈判及原材料价格的确定,以及采购订单的执行。

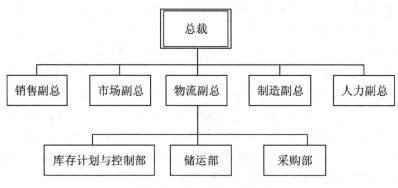

图 10-3　K 公司组织结构图

二、矩阵式绩效评估的基本原则

公司决定尝试采用矩阵式的绩效评估方法,主要有以下基本原则。

(1) 副总裁级以下的每个员工(含副总裁)的年终绩效评估来源于两个主要方面:50%来自公司的整体效益,50%来自员工的个人业绩表现(或其他部门的业绩表现)。

(2) 衡量员工的个人业绩表现(或其他部门的业绩表现)时,要尽可能的量化。

(3) 量化的指标为 5~7 个。

(4) 5~7 个个人业绩指标(或其他部门的业绩指标)中,要有两个指标来源于该员工或该部门的业务所影响的其他员工或部门的业绩衡量指标。

(5) 在每个员工及员工之间,每个指标所占的权重,根据业务要求有所不同。

(6) 对于各个指标的考核,分 5 个档次:0%、5%、100%、150%和 200%。事先要制订相对应的计量方法。

三、矩阵式绩效评估的实施步骤

第一步,在前一年度的第四季度,公司的管理团队(总裁和副总裁)经过充分的讨论,确定各业务管理部门(和相对应的副总裁)在下一年度的主要业务目标。其中物流管理部门的业务考核项目有:库存水准控制、原材料成本控制、储运费用控制、服务水准保持、销售业绩增长和生产制造成本控制等。继而,确定有关这些业务目标的主要指标及比重,如表 10-4 所示。有些项目的考核用一个指标是不够的,如在表 10-4 中,对服务水准的考核就选用了订单完成率、缺货率和过期货物比例三个指标。

表 10-4　物流管理部门的业务考核指标

考核指标	比重	指标的描述
库存水准	25%	全公司的库存天数平均不超过 4 周
原材料成本	25%	原材料成本占成品成本的比例由 56% 下降到 52%
储运费用	15%	储运费用占销售额的比例由 6.7% 降到 5.5%
服务水准	15%	
	5%	订单完成率不低于 98%
	5%	缺货率不超过 2%
	5%	过期货物比例不超过 0.5%
人员培养	5%	
	2%	50% 以上的经理级人员和 80% 以上的主管级人员参加过 5 天以上的物流专业培训
	3%	100% 的职工参加 3 天以上的一般技能培训
销售业绩	10%	销售业绩的增长（与销售部门的主要考核指标相同）
生产制造费用	5%	生产制造费用的降低（与生产制造部门的主要考核指标相同）

另外，公司对物流部门的考核，也考虑到物流管理所直接影响的两个主要部门的业绩实现。例如，物流管理部门 10% 的业绩来自于销售部门的业绩实现（如销售额的增长、销售费用的降低、零售客户数量的增加、市场份额的增加等）。同样，公司物流管理部门业绩表现的 5%，还来自于生产部门降低制造费用的努力。矩阵评估机制在此将会使相互影响的部门（如此例中的物流管理部门与生产部门、物流管理部门和销售部门）在工作中为相同的目标而努力。

第二步，为每个衡量指标制定评估办法。公司管理层意识到，一个较好的评估办法应尽可能地避免受到部门或个人短期行为的影响。

例如，衡量库存水准不应该仅仅用一个时间点（如年末）的数据，因为任何时间点上的库存水准都不会对公司的营运资金带来直接的影响，而较长时期（如一年）内的库存水准的一贯表现，才会对公司的营运资金带来影响。同时，如果采用几个时间点（如 12 个月末的库存天数）的简单平均数作为衡量指标，则有可能发生这样的情况：个别月份的库存水准奇高，而通过拼命压低其他月份的库存水准，使得一年下来的平均值能够达到指标。针对这种现象，在第二年的实际操作中，公司决定对每周末的库存水准进行考核。对应一年里的 52 周的数据，根据表 10-5 所示的标准，将物流管理部门的表现分为杰出、良好、一般、待提高和差五个档次。

表 10-5　库存水准的考核标准

指标档次	表现档次	档次描述
200%	杰出	全部 52 次的库存水准小于 4 周
150%	良好	库存水准大于 4 周的情况小于 8 次,没有库存水准超过 8 周的情况发生,超过 6 周的情况少于 3 次
100%	一般	库存水准大于 4 周的情况小于 8 次,没有库存水准超过 8 周的情况发生
50%	待提高	库存水准大于 4 周的情况小于 16 次,没有库存水准超过 8 周的情况发生
0	差	未满足上述情况

又如,公司对于原材料成本和储运费用的考核,则是分别计算全年的总原材料采购支出和储运支出占全年销售货物的成品成本的百分比。在制订评估办法时,公司曾考虑将业务目标直接定为节省的金额,如原材料成本支出节省 800 万元人民币,但考虑到原材料支出或储运费用的支出,将会受到销售量增减的直接影响。一年下来,如果销售量增加幅度大,则原材料采购量势必增大,那么固定的原材料成本节省目标将会很难比较。简单地将目标定为与上一年度的原材料采购总支出相比,对于采购人员来说就不太现实。而一旦销售量下降,则原材料采购量势必减少,那么固定的节省目标对采购人员来说,又变得轻而易举。因此,公司最后认为,采用相对的比例(如采购成本占成品成本的比例)进行评估,能避免由于销售波动带来的对于目标的争议。虽然这也会存在一定的不平等现象,如销售量下降带来的采购量下降,势必会增加采购人员因采购规模的缩小而与供应商议价的难度。在某年的实际操作中,公司对物流管理部门的原材料成本指标和储运费用指标的考核办法,分别如表 10-6 和表 10-7 所示。

表 10-6　原材料成本的考核标准

指标档次	表现档次	档次描述
200%	杰出	原材料成本占产品成本的比例小于 50%
150%	良好	原材料成本占产品成本的比例介于 50%~52%
100%	一般	原材料成本占产品成本的比例介于 52%~54%
50%	待提高	原材料成本占产品成本的比例介于 54%~56%
0	差	未满足上述情况

表 10-7　储运费用的考核标准

指标档次	表现档次	档次描述
200%	杰出	储运费用占销售额比例小于5.5%
150%	良好	储运费用占销售额比例介于5.5%~5.8%
100%	一般	储运费用占销售额比例介于5.8%~6.2%
50%	待提高	储运费用占销售额比例介于6.2%~6.6%
0	差	未满足上述情况

一旦物流管理部门的绩效评估办法确定下来,公司的物流副总裁就要将部门的这些指标分解到下面的各业务部门。在考虑各部门的指标时,公司的策略和业务重点将被考虑进去。

在制订库存计划与控制部门的指标时,除了要考虑其自身的主要业务,还要根据矩阵式绩效评估机制,制定其他考核指标,如表10-8中销售业绩表现、原材料、成本、生产制造费用和储运费用等。而这些指标的考核,主要取决于其他与该部门业务相互影响的业务部门的业绩表现。在库存计划与控制部门,如仅仅考虑自身的库存控制责任,则该部门可能会通过采用快速的运输方式或非经济的批量运输方式控制库存水准,从而造成运输部门费用的上涨。为了提高反应速度,有时甚至采取增加库存点的手段,这也可能造成运输费用的上涨。而生产制造费用的约束,使得计划人员在实际工作时不得不考虑频繁地改变生产计划或小批量的生产对生产制造费用的影响。

表 10-8　库存计划与控制部的考核指标

考核指标	比重	指标的描述
库存水准	50%	全公司的库存天数(产品、原材料和半产品)平均不超过4周
服务水准	25%	
	5%	成品缺货率不超过2%
	5%	原材料缺货率不超过1%
	10%	订单完成率不低于98%
	5%	过期货物比例不超过0.5%
储运费用	5%	储运费用的降低(取决于储运部门的年终评估)
原材料成本	5%	原材料成本的降低(取决于采购部门的年终评估)
生产制造费用	5%	生产制造费用的降低(取决于生产制造部门的年终评估)
销售业绩	5%	销售业绩的增长(取决于销售部门的年终评估)
人员培训	5%	100%的职工参加过3天以上的一般技能培训(由人力资源部组织)

同样,在制定采购部的评估指标时,采购部的行为对储运费用、库存水准、生产制造费用和新产品研发的影响也被考虑进去,如表10-9所示。为了获得库存(原材料)水准的降低,采购部必须试图降低供应商的最小订单量。需要指出的是,许多公司的管理人员并不十分清楚采购部的行为对生产制造费用的影响,因为这种影响往往是间接的。很多采购人员认为,一旦原材料符合公司的品质控制要求,同时材料价格满足直接采购成本的要求,就算万事大吉了。难道就不能进一步提高了吗?试想,如果不仅仅停留在上述阶段,而进一步考虑原材料(或零部件)对生产制造成本的间接影响,如果同样质量、同样价格的原材料,却对生产部门的制造成本(有时体现为生产效率的影响)有不同影响,会选取哪种原材料?毫无疑问,如果原材料的选择能使生产速度加快、原辅料的耗费减少、能源的使用减少,甚至人力资源的效率提高或需要减少,那么就肯定会选择这样的原材料。这就是之所以公司在制定采购部评估指标时要考虑其与生产制造费用之间的影响的原因。

表10-9 采购部的考核指标

考核指标	比重		指标的描述
原材料成本	50%		原材料成本占成品成本的比例由56%下降到52%
服务水准	25%		
		5%	采购订单完成率不低于98%
		5%	原材料缺货率不超过1%
		10%	供应商原材料合格率不低于99.5%
		5%	原材料采购周期减少10%
储运费用	5%		储运费用的降低(取决于储运部门的年终评估)
库存水准	5%		库存水准的降低(取决于库存计划与控制部门的年终评估)
生产制造费用	5%		生产制造费用的降低(取决于生产制造部门的年终评估)
新产品研发	5%		研发周期的缩短(取决于市场部与研发部门的年终评估)
人员培训	5%		100%的职工参加3天以上的一般技能培训(由人力资源部组织)

不难理解公司评估采购部时,要考虑采购行为对储运费用的影响。公司的管理人员认为,采购行为将对储运费用有如下影响:

① 原材料的包装形式增加了仓库人员对卸货和验收的投入;
② 原材料的尺寸和堆放要求增加了仓库空间的投入;
③ 原材料的特性对储存条件如温度、湿度的要求增加了仓库设施的投入;
④ 在财务部门来调整费用科目的时候,由于进口原材料而产生的清关费、提货费(港口和机场的仓储费、检验/疫费等)、运输等费用均耗用储运部门的

预算。

因此,储运费用的节省将成为采购部业绩评估的一部分。最后,公司对储运部矩阵式的绩效评估指标如表10-10所示。

表10-10 储运部的考核指标

考核指标	比重	指标的描述
储运费用	40%	储运费用占销售额的比重由6.7%降低到5.5%
服务水准	40%	
	15%	订单完成率不低于98%
	10%	四个主要城市的市内配送时间不超过24小时,其他城市不超过36小时
	10%	库存报告准确率不低于99.5%
	5%	货物破损率不超过0.05%
库存水准	5%	库存水准的降低(取决于库存计划与控制部门的年终评估)
原材料成本	5%	原材料成本的降低(取决于采购部门的年终评估)
销售业绩	5%	销售业绩的增长(取决于销售部门的年终评估)
人员培训	5%	100%的职工参加3天以上的一般技能培训

在达到了储运部的主要业务指标(储运费用和服务水准)的同时,其他部门的相关业绩表现也要被考虑进去。储运部门对各库存点的补足周期时间及不稳定性的降低(主要体现在运输时间),将会使库存计划与控制部门在设定各库存点的目标库存水准时,有更多的降低余地。而储运部与采购部的共同努力,将会使得原材料价格(到仓库价)有所降低。实践操作中,公司的采购人员先对各种大宗的原材料进行成本分析,找出其中从供应商到公司的运输费用的含量。储运部人员再根据自身业务(主要是成品运输)所覆盖的区域、线路,来考虑运力的充分利用。对于自营车辆,在运送成品之后,如果没有回程产品货物,则可承担部分原材料的运输。而对于外租车辆,则可通过价格比较、集中运量、回程配载等手段,降低原材料的采购成本。

事实上,矩阵式的绩效评估办法,不仅仅局限在对部门或经理人员的考核,还可以一层一层地分解到主管,乃至每个员工。

【学习并分析】

1. K公司对储运部的绩效评估方法有什么值得借鉴的地方。
2. 矩阵式评估方法用于评价一线员工,有什么不足之处。

【本章关键术语】

绩效评价　performance evaluation
基准化与绩效　benchmarking and performance
物流成本　logistics cost
平衡记分法　balanced scorecard
模糊综合评判　fuzzy comprehensive evaluation

【本章思考与练习题】

1. 物流配送中心绩效评价体系的实施步骤是什么？
2. 将平衡记分卡用于物流配送中心绩效评价的核心和难点是什么？
3. 模糊综合评价法和平衡记分卡的优缺点各是什么？
4. 计算物流成本的方法一般有哪几种？
5. ABC法的优势与不足是什么？
6. 降低物流配送中心运作成本的策略是什么？

参考文献

[1] 缪六莹.物流运输管理实务[M].成都:四川人民出版社,2002.
[2] 何明珂.物流系统论[M].北京:中国审计出版社,2001.
[3] 许胜余.物流配送中心管理[M].成都:四川人民出版社,2002.
[4] 郭继伟.货仓采购生管物控管理实例与问答[M].广州:广东经济出版社,2000.
[5] 郝聚民.第三方物流[M].成都:四川人民出版社,2002.
[6] 陈福军.如何做物流管理[M].大连:大连理工大学出版社,2000.
[7] 李新华.企业物流管理[M].北京:中国广播电视出版社,2002.
[8] 陈义仁.现代企业物资管理[M].广州:广东经济出版社,2001.
[9] 孙宏岭,戚世均.现代物流活动绩效分析[M].北京:中国物资出版社,2002.
[10] 周全申.现代物流技术与装备实务[M].北京:中国物资出版社,2002.
[11] 上海现代物流人才培训中心.现代物流管理[M].上海:上海人民出版社,2002.
[12] 崔介何.企业物流[M].北京:中国物资出版社,2002.
[13] 卡丁.全球物流管理:新千年的竞争优势[M].綦建红,杜培枫,祁宁,译.北京:人民邮电出版社,2002.
[14] 王自勤.现代物流管理[M].北京:电子工业出版社,2002.
[15] 王槐林,刘明菲.物流管理学[M].武汉:武汉大学出版社,2002.
[16] 丁立言,张铎.物流企业管理[M].北京:清华大学出版社,2000.
[17] 宋华,胡左浩.现代物流与供应链管理[M].北京:经济管理出版社,2000.
[18] 俞仲文,陈代芬.物流配送技术与实务[M].北京:人民交通出版社,2002.
[19] 刘昌祺.物流配送中心设计[M].北京:机械工业出版社,2002.
[20] 郝渊晓.现代物流配送管理[M].广州:中山大学出版社,2001.
[21] 王之泰.现代物流管理[M].北京:中国工人出版社,2001.
[22] 李元.中日韩共同物流中心的发展[J].中国物流与采购,2007(5):72-73.
[23] 赵秋红,王寿阳,黎建强.物流管理中的优化方法与应用分析[M].北京:科学出版社,2006.
[24] 贾争现,刘康.物流配送中心规划与设计[M].北京:机械工业出版社,2004.
[25] 姚城.物流配送中心规划运作与管理[M].广州:广东经济出版社,2004.
[26] 李军,郭耀煌.物流配送车辆优化调度理论与方法[M].北京:中国物资出版社,2001.
[27] 王焰.配送中心规划与管理[M].长沙:湖南人民出版社,2006.
[28] 董海,梁迪.设施规划与物流分析[M].北京:机械工业出版社,2005.
[29] 张福容.物流管理[M].北京:中国纺织出版社,2003.
[30] 张学琴,梁军.物流中心运作管理[M].北京:机械工业出版社,2003.
[31] 李万秋.物流中心运作与管理[M].北京:清华大学出版社,2003.
[32] 吴清一.物流管理[M].北京:中国物资出版社,2003.
[33] 林立千.设施规划与物流中心设计[M].北京:清华大学出版社,2003.
[34] 朱耀祥,朱立强.设施规划与物流[M].北京:机械工业出版社,2004.
[35] 彭扬.物流系统优化与仿真[M].北京:中国物资出版社,2007.
[36] 张晓萍,颜永年,吴耀华,等.现代生产物流与仿真[M].北京:清华大学出版社,1998.

[37] 孟烈钢.电子商务下的物流配送[J].科技情报开发与经济,2006,16(16):150-151.
[38] 王敏.我国物流配送现状与发展[J].科技创业月刊,2006(11):93-94.
[39] 顾启泰.离散事件系统建模与仿真[M].北京:清华大学出版社,1999.
[40] 蔡希贤,夏士智.物流合理化的数量方法[M].武汉:华中工学院出版社,1985.
[41] 邢文训,谢金星.现代化计算方法[M].北京:清华大学出版社,1999.
[42] 许胜余.自动分拣系统:上[J].物流科技,1996(2):42-48.
[43] 许胜余.自动分拣系统:下[J].物流科技,1996(3):43-48.
[44] 郭剑平,王宇新.货运配送中心最新分拣系统[J].物流技术与应用,1998(4):30-32.
[45] 朱铮涛.计算机控制自动分拣系统[J].计算机工程与设计,2001,22(6):66-68.
[46] 黄启明.自动分拣系统及其应用前景分析[J].物流技术,2002(5):7-15.
[47] 张祥国.简论分拣及分拣系统[J].物流技术,2002(10):9-10.
[48] 许胜余.自动分拣系统及其应用[J].物流技术与应用,2002(3):33-39.
[49] 杨庚,王爱军.分拣系统的软件结构与应用研究[J].计算机应用研究,2003(5):80-82.
[50] 栗野赖明.高速自动分拣系统[J].中国储运,2003(2):46-50.
[51] 朱蕴.分拣输送机和分拣系统[J].现代制造,2000(10):66-67.
[52] Francis R L,McGinnis L F,White J A. Facility layout and location:An analytical approach[M]. New Jersey:Prentice Hall,1992.
[53] 刘田.仓储系统中分拣-存取效率优化模型与策略研究[D].华中科技大学,2016.
[54] 邹碧攀.基于自动小车存取系统的运行策略优化研究[D].华中科技大学,2017.
[55] 沈古文.紧致化仓储系统绩效及运作策略研究[D].华中科技大学,2014.
[56] Zou B,Gong Y,Xu X,et al. Assignment rules in robotic mobile fulfilment systems for online retailers[J]. International Journal of Production Research,2018:1-18.
[57] Nils B,de Koster René,Felix W. Warehousing in the e-commerce era:A survey[J]. European Journal of Operational Research,2018:S0377221718307185.
[58] Zou B,Xu X,Gong Y Y,et al. Evaluating battery charging and swapping strategies in a robotic mobile fulfillment system[J]. European Journal of Operational Research,2018:S0377221717310901.

与本书配套的二维码资源使用说明

本书部分课程及与纸质教材配套数字资源以二维码链接的形式呈现。利用手机微信扫码成功后提示微信登录,授权后进入注册页面,填写注册信息。按照提示输入手机号码,点击获取手机验证码,稍等片刻收到4位数的验证码短信,在提示位置输入验证码,成功后再设置密码,选择相应专业,点击"立即注册",注册成功(若手机已经注册,则在"注册"页面底部选择"已有账号? 立即注册",进入"账号绑定"页面,直接输入手机号和密码登录)。接着提示输入学习码,需刮开教材封面防伪涂层,输入13位学习码(正版图书拥有的一次性使用学习码),输入正确后提示绑定成功,即可查看二维码数字资源。手机第一次登录查看资源成功以后,再次使用二维码资源时,只需在微信端扫码即可登录进入查看。

图书在版编目(CIP)数据

物流配送中心规划与运作管理/徐贤浩主编. —3版. —武汉：华中科技大学出版社，2021.9(2023.8重印)
ISBN 978-7-5680-7456-8

Ⅰ.①物…　Ⅱ.①徐…　Ⅲ.①物流配送中心-经济规划　②物流配送中心-企业管理　Ⅳ.①F252.24

中国版本图书馆CIP数据核字(2021)第165020号

物流配送中心规划与运作管理（第三版） 徐贤浩 主编
Wuliu Peisong Zhongxin Guihua yu Yunzuo Guanli(Di-san Ban)

策划编辑：周晓方　陈培斌
责任编辑：余　涛
封面设计：刘　卉
责任监印：周治超
出版发行：华中科技大学出版社(中国·武汉)　　电话：(027)81321913
　　　　　武汉市东湖新技术开发区华工科技园　　邮编：430223
录　　排：武汉正风天下文化发展有限公司
印　　刷：武汉开心印印刷有限公司
开　　本：787mm×1092mm　1/16
印　　张：22.75　插页：1
字　　数：540千字
版　　次：2008年1月第1版　2023年8月第3版第3次印刷
定　　价：58.00元

本书若有印装质量问题，请向出版社营销中心调换
全国免费服务热线：400-6679-118　　竭诚为您服务
版权所有　侵权必究